普通高等教育"十三五"创新创业教育系列教材

大学生职业生涯发展与就业创业指导

主　编　彭　军　谭　军　刘　义
副主编　禹　露　郭　佳
参　编　陈　静　蔡运花　侯　波

北京理工大学出版社
BEIJING INSTITUTE OF TECHNOLOGY PRESS

内 容 简 介

本书紧扣教育部《大学生职业发展与就业指导课程教学要求》，涵盖了"大学生职业生涯规划""大学生就业指导"和"大学生创业指导"三门课程的教学内容，包含十二章内容：职业生涯规划基本理论、职业认识、职业生涯规划、职业素质培养、就业准备、就业技巧、角色转变、创新与创业内涵、创业者和创业团队、创业准备、创业实施、在校大学生创业实践活动载体。

本书由具有多年大学生就业指导工作经验和有着丰富的大学生职业发展教育教学和个性化咨询经验的优秀一线老师编写而成。本书内容丰富，结构清晰，概念清楚明确，并配有大量的阅读材料和实例说明，提供课件、教学案例等配套资料，适合高等院校作为大学生职业生涯规划与就业指导课程的教材使用，也适用于教师培训。

版权专有　侵权必究

图书在版编目（CIP）数据

大学生职业生涯发展与就业创业指导 / 彭军，谭军，刘义主编. —北京：北京理工大学出版社，2019.8
ISBN 978-7-5682-7450-0

Ⅰ. ①大…　Ⅱ. ①彭…②谭…③刘…　Ⅲ. ①大学生–职业选择–高等学校–教材　Ⅳ. ①G647.38

中国版本图书馆 CIP 数据核字（2019）第 176673 号

出版发行 / 北京理工大学出版社有限责任公司	
社　　址 / 北京市海淀区中关村南大街 5 号	
邮　　编 / 100081	
电　　话 / （010）68914775（总编室）	
（010）82562903（教材售后服务热线）	
（010）68948351（其他图书服务热线）	
网　　址 / http://www.bitpress.com.cn	
经　　销 / 全国各地新华书店	
印　　刷 / 涿州市新华印刷有限公司	
开　　本 / 787 毫米×1092 毫米　1/16	
印　　张 / 18	责任编辑 / 陈莉华
字　　数 / 391 千字	文案编辑 / 毛慧佳
版　　次 / 2019 年 8 月第 1 版　2019 年 8 月第 1 次印刷	责任校对 / 周瑞红
定　　价 / 49.80 元	责任印制 / 李志强

图书出现印装质量问题，请拨打售后服务热线，本社负责调换

前言

大学生就业是就业工作的重中之重，大学生在校期间的就业指导工作对促进就业成效明显。大学生职业发展与就业指导课程建设是高校人才培养工作和毕业生就业工作的重要组成部分。根据国办发〔2007〕26号文件关于"将就业指导课程纳入教学计划"的文件精神，从2008年起，国家提倡所有普通高校开设职业发展与就业指导课程，并作为公共课纳入教学计划，经过3~5年的完善后全部过渡为必修课。各高校要依据自身情况制订具体教学计划，分级设立相应学分，建议本课程安排不少于38学时的学习。

大学生就业指导课作为必修课，主要是通过课堂教学和相应的实践活动，使学生了解就业形势，熟悉就业政策，提高就业竞争意识和依法维权意识；帮助学生培养职业发展意识，树立科学就业观；提升学生就业技能和综合素质；引领学生主动思考、积极探索，加快学生角色转变，提早进行职业定位，提高社会适应能力。

根据教育部有关"大学生职业发展与就业指导"课程的教学要求，我们在参阅大量同类教材和总结多年"就业指导"课教学经验的基础上，结合当前我国大学生就业指导发展需求，特别是地方师范院校的实际情况，编写了这本《大学生职业生涯发展与就业创业指导》。

本书的创新之处：1. 针对性强。就业导向明确，在充分尊重教育部颁布的"职业发展与就业指导"教学大纲要求和完整反映大纲关键知识点的基础上，根据多年的教学效果，对本书的内容选择与编排进行了适度的创新。2. 应用性强。本书理论知识与典型案例相结合，体现应用型人才培养特色。在理论知识取舍上，本书以应用型人才培养为标准，对就业的相关理论知识进行了大幅度地精减，在理清基本概念及意义的基础上，与案例有机结合，给读者以启发，增强了本书的趣味性和可操作性。3. 系统性强。本书按照职业生涯规划与职业选择、就业与创业所涉及的方方面面，全面系统地阐述了从职业选择到职业适应，从就业素质提升到就业准备，从创新精神到创业实施，力求使读者把握择业、就业、创业与个人发展方面的主要问题。

本书既可以作为课堂教学用书，也可以作为学生的课外读物以及求职者们的参考书籍。

本书在编写和出版的过程中得到北京理工大学出版社、绵阳师范学院有关领导、专家和同仁的大力支持和帮助。在此，衷心感谢所有关心该书出版的领导、专家和同仁。

本书在编写过程中参阅了不少的专著、论文，并引用了大量相关资料，在此特向它们的作者一并表示真诚的感谢。由于编写时间仓促，编者水平有限，书中如有错误和疏漏之处，欢迎同仁、专家和读者提出宝贵的意见和建议，以便修订和完善。

编　者

2019 年 5 月 3 日

上篇　职业生涯发展与职业认识

第一章　职业生涯规划概论 (3)
第一节　职业生涯规划的意义 (3)
第二节　职业生涯规划的基本理论 (10)

第二章　职业认识 (17)
第一节　当代职业常识 (17)
第二节　社会转型期大学生职业发展 (28)
第三节　互联网＋时代职业发展趋势 (31)

第三章　职业生涯规划 (34)
第一节　职业生涯选择的相关理论 (34)
第二节　当代大学生职业生涯规划 (44)
第三节　职业生涯规划的设计与实施 (65)

中篇　职业素质提升与就业准备

第四章　职业素质培养 (85)
第一节　当代大学生的职业素质 (85)
第二节　大学阶段的自我管理 (90)

第五章　就业准备 (112)
第一节　认知准备 (112)
第二节　心理准备 (120)

第三节　知识能力准备 …………………………………………………………（124）
第四节　材料准备 …………………………………………………………………（135）

第六章　就业技巧
第一节　就业信息的搜集和处理 …………………………………………………（141）
第二节　择业技巧 …………………………………………………………………（146）
第三节　面试 ………………………………………………………………………（149）
第四节　笔试 ………………………………………………………………………（161）

第七章　角色转变——最后送给高校毕业生的礼物 …………………………（164）
第一节　大学生毕业前后的角色差异 ……………………………………………（164）
第二节　角色转变的障碍 …………………………………………………………（165）
第三节　角色转变的对策 …………………………………………………………（167）
第四节　实习与就业 ………………………………………………………………（173）

下篇　创新精神与创业素质

第八章　创新与创业内涵 …………………………………………………………（181）
第一节　创新内涵 …………………………………………………………………（181）
第二节　创业内涵 …………………………………………………………………（196）
第三节　创新与创业的关系 ………………………………………………………（200）

第九章　创业者和创业团队 ………………………………………………………（203）
第一节　创新创业要素评估 ………………………………………………………（203）
第二节　大学生创业的优惠政策 …………………………………………………（218）

第十章　创业准备 …………………………………………………………………（220）
第一节　明确创业目标 ……………………………………………………………（220）
第二节　创业项目选择 ……………………………………………………………（222）
第三节　创业模式选择与市场分析 ………………………………………………（223）

第十一章　创业实施 ………………………………………………………………（230）
第一节　创业实用技能 ……………………………………………………………（230）
第二节　创业风险的评估 …………………………………………………………（246）

第十二章　在校大学生创业实践活动载体 ………………………………………（256）

附录 ………………………………………………………………………………（265）
附录一　国家支持大学生就业创业系列文件及优惠政策 ………………………（265）
附录二　四川省大学生就业创业扶持政策清单（2018年版）……………………（268）

上 篇

职业生涯发展与职业认识

第七章

第一章

职业生涯规划概论

第一节 职业生涯规划的意义

著名管理学家彼得·杜拉克（Peter F. Drucker）认为："越来越多的职场人需要学习经营、管理自己，他们要懂得将自己放在最有贡献的地方，并努力发展自己的特长。"学会职业生涯规划的本领能让你拥有更独特的眼光、远见和洞察力，能够发现问题、正视问题，并采取积极和有效的方法解决问题，从而不断改善自己的处境。

一、职业生涯和职业生涯规划

1. 职业生涯

"生涯"是我们在日常生活中运用得较广泛的一个词，比如：学习生涯、革命生涯、军旅生涯、教书生涯等。在《现代汉语词典》中，"生"是指活着的意思，"涯"泛指边际。一般认为，生涯就是指人的一生。在西方，生涯的英文是"career"，其本义是指战车，现引申为人生发展历程，还蕴含着竞争、竞赛的意思。汉语中，"career"也被翻译成职业生涯。《辞海》对"生涯"一词的定义是：指从事某种活动或职业的生活。

目前，大多数西方学者所接受的生涯定义是萨柏（Donald E. Super）的论点：生涯是生活里各种事态的演进方向和历程，它统合了人一生中的各种职业和生活角色，由此表现出个人独特的自我发展形态。生涯也是人生从青春期到退休之后，一连串有酬或无酬职位的综合。除了职业之外，还包括任何与工作有关的角色，如学生、退休者，甚至包含家庭和公民的角色等。

职业生涯不仅仅局限于"工作"或"职业"，还包含了个人的"生活风格"，即包含一个人在其一生中所从事的所有活动。工作是指在一个组织机构中，一群类似的、有薪资的职位，且要求工作者具有类似的特性,如建筑、贸易、教育工作者、医护人员、公务员等;职业是指在许多工商事业或机构中的一群类似的工作,如工人、商人、教师、医生等。而生涯的定义要比这两者都宽泛很多,除了工作和职业之外,它还涵盖了人一生所从事的各种活动的集合。人的一生,扮演着不同的角色,从孩童、学生、上班族、社会公民直到为人父母,不同社会角色的组合就形成了人的"生活风格",这样的发展过程就构成了"生涯"。

2. 职业生涯规划

一般而言,职业生涯规划是一个人尽其可能地规划未来生涯发展的历程,在考虑个人的智能、兴趣、价值观以及阻力、助力的前提下,妥善安排,并借此调整并摆正自己在人生中的位置,以期自己能适得其所。

从定义可以看出,职业生涯规划是一个人主动的、有意识的行为。"尽可能地规划未来"的意义在于:对于我们所能做到的,要全力以赴;对于生命中诸多个人无法掌握的因素,要冷静面对。简单地说,职业生涯规划就是找到引领自己坚定前进的方向。

大学生职业生涯规划可定义为:大学生在大学阶段通过对自身和外部环境的了解,为自己确立职业方向、职业目标,选择职业道路,确定教育计划(特别是大学阶段的学习计划)和发展计划,为实现职业生涯目标而确定行动时间和确立行动方案。

二、职业生涯规划的意义

职业生涯规划可以帮助我们突破障碍,开发自我潜能,从而达到自我实现。"如果说职业是无法逃避的选择,那么,职业生涯规划则是一种立足于现实、理想和梦想之上的管理艺术。"

1. 职业生涯规划能够帮助个人确定职业发展的目标和方向

职业生涯规划可以帮助个人进行自我分析,从而认识自己,了解自己的特点和兴趣,评估自己的能力、优势和不足。个人在对职业生涯进行设计和规划的过程中,通过对客观环境的分析,可以明确职业发展的方向,正确选择职业目标,并运用适当的方法,采取有效的措施,克服职业生涯发展中的困难和障碍,使自己的才能得到充分发挥,从而获得事业上的成功,实现人生的理想。随着社会的快速发展,社会为大学生施展才华提供了更为广阔的舞台,大学生追求事业成功的愿望更为迫切。然而机遇和挑战并存,面对社会的发展、竞争的残酷,那些毫无准备的人将会感到茫然无措、惶恐不安,产生巨大的心理压力。因此,大学生在大学期间认真做好职业生涯规划,全面剖析自己,科学地确立自己的职业发展目标,选择职业发展方向,并不断开发自己的潜能,才能正确掌握自己人生的航向,驶向人生成功的彼岸。

2. 职业生涯规划能够促进个人努力工作

任何工作都必须经过个人的艰苦努力方能获得成功。因此,职业生涯规划一方面让自己明确了努力的目标,另一方面也成为不断督促自己努力工作的鞭策力。制订职业生涯规划就好似给自己树立一个明确的镖靶,唯有目标明确,我们才能奋勇直前。这些规划内容的逐步实现,增强了自己对目标的成就感,也进一步促进了自己向新的目标前进。制订和实现职业生涯规划就好似一场比赛,随着时间的推移,一步一步地实现,自己的思想方式和工作方式又会不断地完善和发展。

3. 职业生涯规划有助于个人抓住工作重点

制订职业生涯规划的一个最重要作用就是有助于合理的安排日常工作，评价工作的轻重缓急。没有职业生涯规划，就很容易被日常事务所缠绕，无法实现人生目标。职业生涯规划能够使我们紧紧抓住工作重点，增强成功的可能性。有人曾经说过："智慧就是懂得该忽视什么东西的艺术"。任何事情、任何项目都有其工作的重点，如果不能把握重点，按轻重缓急进行排序，必然是对工作面面俱到、浅尝辄止，而重要的工作却没有用足够的精力去完成，其结果难以成功。正如一个有目标意识的人和一个无目标意识的人同时观察同一件事，其注意点和注意的角度是完全不同的，结果也是迥异的。一个人要想成就一番事业，必须树立明确的目标，抓住重点，才会有意识地为工作重点下最大的功夫，为工作的需要创造最有利的条件，从而取得成功。

4. 职业生涯规划能够激发个人潜能

没有制订职业生涯规划的人，很难全神贯注地工作，也很难充分发挥自己的才干。职业生涯规划能够帮助我们集中精力，为实现自己的职业目标尽可能发挥个人的潜能。其实一个人的潜在能力是无限的，需要我们充分的挖掘。并不是所有人都在某些方面具有得天独厚的天赋，唯有善于激发个人潜能，才会努力学习，从而实现能力的提高。比如，并不是每一个大学生在组织、科研等方面有优势，但是相当一部分大学生在这些方面都有很大的潜能。因此，一旦赋予这些大学生以工作任务，调动他们的激情，他们就会努力学习，充分激发出其潜能，最后将学习和工作完成好。历史上很多伟大的科学家、军事家，开始也都不是从事这些方面工作的，但是在客观环境要求和个人人生追求的鞭策下，他们经过刻苦努力，个人潜能被激发，最后都获得了巨大成功。因此，个人通过职业生涯规划，明确了发展的目标和方向，激发的潜能，都可以实现事业的发展。无论从事什么职业，科学的职业生涯规划，都可以帮助一个人更好的实现职业目标，获得事业的成功。

三、大学生职业生涯规划——大学的第一堂必修课

大学阶段是大学生职业生涯发展的重要准备阶段，能否很好地完成大学阶段的学习，直接影响到大学生毕业后的就业竞争力和未来的职业生涯发展力。所以，为自己做一个合理的学业生涯规划，也是职业规划中至关重要的环节。大学阶段的学习不同于高中阶段的学习，其有着更加丰富的内涵，同时也要求大学生树立全新的学习观念，优化学习方法。大学有各种各样的社团活动和社会实践活动，充分利用这个舞台，不要放过任何锻炼的机会，让自己拥有良好的素质、优秀的能力，把握机遇，积极地管理自己的学业，才能把握职场和人生的各种机会。

案例1-1　　求职，不只是到大四才考虑的事

从11月2日到现在，我已经在求职的路途上奔波1个多月了。这段时间我总共向40多家单位投过简历或提出过职位申请，然而，大多数单位都在简历筛选阶段就把我淘汰了。我

也曾有机会进入笔试、面试环节，但最终还是一次次地被拒之门外。我深切地体会到：找工作不只是大四这个阶段的事情，而是与自己整个大学生活的规划和前期的职业定位等密不可分。如果有机会重来，我一定在大学的前3年好好为自己积累"资本"。

找工作之初，虽然我在网上向很多单位投了简历，但仅有交通银行一家给了我复试通知。究其原因，简历上"个人奖励"这一栏我几乎没可填内容，而用人单位通常根据奖项的多少来评判一个人的能力与素质的高低。

后来我争取到了安踏公司销售岗位的面试机会，但是，作为一个法学专业的普通本科生，我没有营销学的理论知识和实际经验，销售能力方面受到人力资源总监（HR）的质疑，加上回答提问时，我没有控制好语速，手势过多，条理不明，给HR留下不太好的印象，最终败北。在建发集团的面试中，HR问我的英语口语如何，我迟疑了一下，坦诚地说："还可以，但是仍然需要加强。"此话一出，HR露出迟疑的表情，不用说，又没了下文。给我印象最深的是，在华帝燃具公司面试时，HR看过简历，让我用英语介绍自己，我磨磨蹭蹭地挤出几句话，但不知道怎样才能清楚地表达自己的意思。HR又问："假如我们接到一个客户的订单，接下来该怎么办？"面对这个从来没有思考过的问题，我不知道该如何回答。

遇到这些问题，我开始反省，为什么这么多单位都不接纳我？为什么他们的问题我都不能给出令人满意的答案？我又为求职做过什么准备呢？

回想起来，读大学3年多，我很少有拿得出手的成绩。大一时很茫然，想去尝试一些东西，却没有胆量，总怕失败。结果，班干部、学生会干部、协会干事我都没有参加竞选，社会活动也没参加。虽说加入了5个协会，可是我唯一做的就是等别人把项目做好后，自己去观看，根本没有动手锻炼。大二时考英语四级，大三时考英语六级并准备考研，但大四时却放弃考研而决定去找工作。在这个过程中，我看似没有闲着，但基本上是在随大流儿，周围的人干什么我就干什么，没有有意识地为以后的就业创造真正有用的条件和提高相应的素养，导致专业知识掌握得很一般，英语口语不流利，表达能力还存在欠缺，做项目、做课题的经验缺乏。

而今，大学生活已经接近尾声，我才猛然意识到，曾经总觉得很遥远的就业问题已经迫在眉睫，如果当初就有紧迫感，为今天的求职进行定位，并有针对性地弥补自己欠缺的素养，创造自己所不具备的条件，大概就不会出现今天的尴尬了。

就大学生而言，需要在不同年级给自己制订不同的目标，可参考下面的目标制订方法。

大学一年级——职业规划的试探期。此阶段应加深对本专业的培养目标和就业方向的认识，增强专业学习的自觉性，确定专业学习目标。对自己所学专业的特点、将来可能选择的职业、以后的发展方向以及与该专业相对应行业的具体特点、从事该行业所必须具备的基本素质和技能、从事该行业需要付出什么和将会得到什么、该行业近几年和以后的就业前景等方面做详尽而具体的了解并积极参加与该行业相关的各种活动。

大学二年级——职业规划定向期。此阶段应在学好本专业的基础知识、培养良好素养的同时，选择一些对自己未来发展有意义的选修课，以提高自身的基本素质；通过参加各种活动锻炼自己的能力，检验自己的知识技能；可利用课余时间尽可能多地从事与自己未来职业或本专业有关的工作；注意培养自己解决问题的能力（组织能力、沟通能力等），提高自己的责任感、主动性和受挫能力；增强英语口语表达能力和计算机应用能力，考取英语和计算机的相关证书；根据个人兴趣与能力修订自己的职业生涯规划，努力把自己培养成复合型人才。

大学三年级——职业规划冲刺期。此阶段的目标应锁定在提高求职技能、搜集工作信息方面，积极参加相关职业培训，尽可能多地获取相应的能力资格证书或职业资格证书，注意培养自己的创业能力；确定自己是否要考研究生；希望出国留学的应多接触留学顾问，参与留学系列活动并准备参加 TOEFL、GRE 考试，注意留学考试资讯；如果毕业后马上就业，则应开始学习写简历、求职信。

大学四年级——职业规划分化期。此阶段应对前三年的准备做一个总结：首先检验自己制订的职业目标是否明确，是否与自己所追求的职业目标一致，之前的准备是否充分；然后开始积极参加招聘活动，在实践中检验自己的积累和准备，并注意弥补自己的缺陷；最后，是预习或模拟面试，积极利用学校提供的条件，了解就业信息，强化求职技巧。

当然，具体情况要具体分析，大学生需要针对自己的专业、教育背景和就业形势对以上计划作出调整。

对大学新生来讲，适应大学生活是进行职业生涯规划的第一步。

1. 了解专业，选择职业

每个人都有一个大学梦，进入大学之前，面对眼花缭乱的专业，有许多考生不免望文生义，从院系和专业的名称上臆想专业性质、培养目标和教学内容。等到进入大学后，揭开了专业的神秘面纱，很多大学生却会感到迷茫和困惑：自己所选的专业是否适合？如果能再给一次机会，是否还会选择现在的专业？

专业的选择决定未来职业的定向。一方面，一个好的、对口的专业能极大地调动一个人的学习热情，同时专业在极大程度上影响着职业的决策过程，在一定程度上也影响着一个人的职业生涯；另一方面，择业过程的变迁和社会职业的发展又在一定程度上反作用于大学生的专业选择和高校专业的设置等。

但是，社会高速发展，人才竞争日趋激烈，竞争导致单一专业型人才已经不能适应社会发展的需求：一方面社会需要知识面广、一专多能、综合素质高的"厚基础、宽口径、高素质"的复合型人才；另一方面，随着分配制度的改革，学生有了更大的"择业"自主权，他们迫切希望最大限度地扩展自己的知识面，以便毕业后能有更多的择业机会，所以了解专业之前必须了解社会需求情况。

人生就像马拉松比赛，选择专业，只是比赛的开端而已。开始领先，并不代表最终就能胜利；开始落后，也并不能说明没有超越的可能。只有经过不懈的努力，才能朝着胜利的方向迈进。无数事实证明：一个人无论主动或者自从地选择了某一专业，都无法保证那个专业的方向一定是自己将来要从事的职业或事业。在大学毕业时，当初的专业选择只是人生过程中的一段经历而已。未来的成功绝不仅仅依靠所学的专业，更多的是靠明确的目标、坚定的信念和个人的发展潜力。大学时的专业也不会成为职业选择的唯一条件而决定一个人的一生。大学不仅仅以传授知识为主，更是一个人能力的全面发展和塑造的开始。大学生在进入大学后不能把眼光仅仅局限于本专业，更重要的是学会科学的方法和积极的心态，以备将来发展之用。大学生有必要接触各个学科领域，进行全方位学习，培养自己的综合素质，不断充实自己，不断提高自己解决问题的能力，成为当今社会所青睐的"复合型人才"。

案例 1-2

一位已经上大二的计算机专业的大学生要求退学，家长非常苦恼地找到了学校和老师。其实这位大学生从初中开始就非常喜欢计算机，自己能动手组装、修理计算机。而且上大一的时候，学习成绩非常优秀，还获得了奖学金，这更激发了他对计算机学习的兴趣，父母也非常高兴。但上了大二，有些新加的编程课程怎么学也跟不上，他感到学习非常吃力，一下子像掉进了泥潭，无奈他只好跟父母说："计算机专业学这些课有什么用？真烦！"这种烦躁的情绪持续了一段时间后，他终于受不了了，要退学。

父母不明白，到底是什么原因让孩子产生了退学的想法。经过科学测试，发现这个大学生的数学逻辑能力一般，而空间判断能力和动手能力较强；经过分析，这个大学生在计算机软件学习上可能有些困难，但硬件学习却是强项；这个大学生的"持之以恒性"较低。于是，老师鼓励这个大学生："你的优势很明显，将来在计算机硬件方面可以很好地发挥。虽然你学习计算机编程暂时有困难，但如果努力了，学到什么程度是什么程度，这也是锻炼毅力的机会。"

这个大学生最终接受了老师的建议，满怀信心地继续学习下去。毕业后，一家计算机公司老板很欣赏他在计算机硬件方面的才华，为他提供了能发挥才干的岗位。

2. 把握时间，管理自己

走进大学校园，很多大学生便觉得从此拥有了一个几乎完全属于自己的生活空间，在选课、上课、吃饭、休闲的过程中享受着自由支配时间的乐趣。而在享受这份乐趣的同时，却不曾发现时光飞逝。大学4年的时光是宝贵的，也是不可重复的。所以，大学生要学会把握时间，树立强烈的时间观念，养成良好的学习和生活习惯，这对于管理自己的大学生活、规划自己的学业生涯和未来起着至关重要的作用。

杰克·弗纳对时间管理的定义是："有效地应用时间这种资源，以便我们有效地达成个人目标"。时间管理实际上就是自我管理，它针对自己在时间管理上的种种困难，通过详尽的计划和检讨，了解如何运用有效方式提升自己的学习和工作效率。时间管理的重点不在于如何管理自己的时间，而是在如何善于从时间的角度来管理自己，自我管理才是时间管理的核心任务。

如何合理地分配自己的大学时光，使大学生活有序而且有趣，应注意以下3个问题。

（1）树立时间管理意识。

树立时间管理意识，是管理好时间的前提。因为人的行为是由意识来支配的，包括欲望、目标、行动和持之以恒的毅力。有强烈的时间管理欲望，是进行有效时间管理的关键，只有在欲望的驱使下才能制订出有效的目标并为之付出行动。树立正确的价值观，明确什么事对自己最重要，就能合理分配时间，充分利用时间，从而提高效率。

（2）改变对时间的态度。

俗话说：时间就是金钱。其实时间比金钱更重要，因为有效地管理时间不仅可以提高生活质量，还可以帮助我们实现理想、塑造形象、提高自我价值、实现自我管理等。

（3）列出时间清单，设定优先顺序。

时间对于每个人都是公平的，合理地分配与使用时间是一个人获取成功的关键。每个人每天都有非常多的事情要做，仅靠大脑的记忆，很难保证不会遗漏某些重要的事情。把自己每天要做的事情写下来，根据80/20原则（在日常工作中，有20%的事情可以决定80%的成果）进行安排。所以，必须将事情根据其紧迫程度与重要程度进行分类，然后有重点地处理。按照紧迫的事情先办，重要的事情先办，重要但不紧迫的事情后办，不重要而且不紧迫的事情最后办的顺序和方法处理，这样处理事务便会有条不紊，应对自如，不会被烦琐的事情搞得焦头烂额。

3. 学会思考，享受独立

"我思，故我在。"这是笛卡尔的一句名言。思想是人本身最重要的东西，做一个有思想的人，才能获得人格意义上的独立，才不会依附于别人，才能真真切切地实现自我。

诚然，一切成果的取得，都离不开实践。光想不干，想得再好，于事无补；脱离实际，想入非非，还会把事情搞砸。所以，要学会从实际出发，进行思考，学会分析的方法，养成分析的习惯，在实践中思考，在思考中实践。

要学会思考，必须掌握一些诀窍。

（1）经常用脑，提出问题。

思考对大脑来说，正如机器的运转，不思考的大脑就会像久停的机器一样锈蚀。经研究证明，人脑智能远未被完全开发出来。经常用脑无疑是开发智能的良方，多阅读多提问，能促进脑细胞更好地新陈代谢，提高思考能力和记忆力。

（2）信息筛选，有张有弛。

人脑可以储存大量信息，如此多的信息如果不加以筛选，必将互相干扰，影响记忆效果。当思考研究某一个问题时间过长时，人往往会感到疲劳，效率会下降。这时可转换一下思考的内容，或者去阅读一些图书资料，进行一些娱乐活动，使紧张的大脑放松下来。

（3）明确目的，面面俱到。

做事情的时候应该将所做事情的目的铭记于心，将注意力集中在如何解决问题上，避免思维的不必要发散，这样就可以很快找到解决问题的方法。此外，在思考的同时要面面俱到，不要有所遗漏，也不要有所忽视，任何细节的遗漏和忽视，都会影响你做出决定的正确性。所以，要辩证地思考，既要明确目的，又要面面俱到。

（4）客观思考，剔除成见。

我们在思考任何一件事情的时候，都不要戴着有色眼镜去观察事物，要客观地认识周围的事物，不要被大脑中的思维定式所左右，以免在思考中带着偏见，让思维陷入某种困境中。

（5）突破传统，解放思想。

固有的思维模式经常会束缚人的创新思维。当我们遇到问题，百思不得其解时，不妨突破固有思维模式，这时便会达到柳暗花明的境界。必要的时候，大胆地设想，也许就会有所创造。

第二节 职业生涯规划的基本理论

一、职业生涯规划的基本理论

职业生涯规划是一个人长期的发展过程,在不同的发展阶段,个人有着不同的职业需求和人生追求。比如,20多岁的人注重多学习、长见识,把职业工作更多地看成是历练的机会;30~40岁的人开始成家立业,追求人生的发展;40岁以上的人想获得稳定的社会地位和收益,追求事业的稳定,趋向于回避风险;到了50岁以后,就开始享受职业生活的恩赐,为退休后的生活做准备。职业生涯发展阶段的划分是职业生涯规划研究的一个重要内容。对于具体阶段的划分,不同的专家学者有不同的观点,在这里,我们主要介绍两种著名的理论:萨柏(Super)的职业发展阶段论和施恩(Schein)的职业锚理论。

1. 萨柏的职业发展阶段论

我们最常见的、应用得最广泛的职业生涯规划理论是萨柏的职业发展阶段论。经过长期的研究,萨柏系统地提出了有关职业生涯发展的观点。萨伯认为,每个人都有一个职业周期(Career Cycle)。1953年,他根据自己"生涯发展形态研究"的结果,将人生职业生涯发展划分为成长、探索、建立、维持和衰退5个阶段。之后他又提出了一个更为广阔的新观念——生活广度、生活空间的生涯发展观,这就是职业生涯彩虹图(图1-1)。在图1-1中,纵向层面代表的是纵观上下的生活空间,是由一组职位和角色所组成,分成:子女、学生、休闲者、公民、工作者、持家者(家长)6个角色,他们相互影响,交织出个人独特的职业生涯类型。

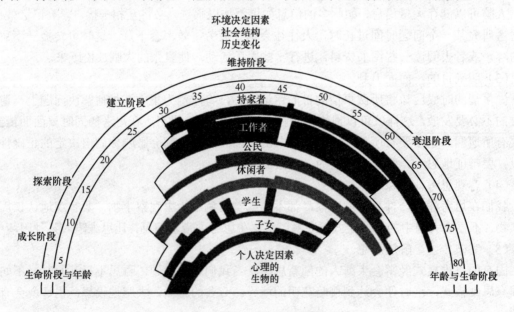

图1-1 职业生涯彩虹图

（1）成长阶段（0~14岁）。

成长阶段属于认知阶段。在这个阶段,孩童开始发展自我概念,学会用各种方式来表达自己的需求，且经过对现实世界不断地尝试，修饰自己的角色。这个阶段发展的任务是：发展自我形象、发展对工作世界的正确态度并了解工作的意义。这个阶段共包括三个时期。

① 幻想时期（0～10岁）：它以"需求"为主要考虑因素。在这个时期，扮演幻想中的角色很重要。

② 兴趣时期（11～12岁）：它以"喜好"为主要考虑因素。喜好是个体抱负与活动的主要决定因素。

③ 能力时期（13～14岁）：它以"能力"为主要考虑因素。能力逐渐具有重要作用。

（2）探索阶段（14～25岁）。

探索阶段属于学习打基础的阶段。该阶段的青少年，通过学校的活动、社团体验活动、打零工等机会，对自我能力、角色和职业作了一番探索，因此选择职业时有较大弹性。这个阶段发展的任务是：使职业偏好逐渐具体化、特定化并表现出职业偏好。这个阶段也包括三个时期。

① 试探时期（15～17岁）：考虑需求、兴趣、能力及机会，做出暂时的决定，并在幻想、讨论、学业及工作中加以尝试。

② 过渡时期（18～21岁）：进入就业市场或专业训练，更重视现实，并力图实现自我观念，将一般性的选择转为特定的选择。

③ 实验承诺时期（22～24岁）：职业生涯初步确定并实验其成为长期职业生活的可能性，若不适合则可能再经历上述各时期以确定方向。

（3）建立阶段（25～44岁）。

建立阶段属于选择、安置阶段，它是大多数人工作生命周期的核心部分。由于经过了上一阶段的尝试，不合适者会谋求变迁或做其他探索，因此该阶段较能确定在整个职业生涯中属于自己的职位，并在31～40岁开始考虑如何保住该职位并稳定下来。建立阶段发展的任务是：统整、稳固并求上进。这个阶段细分又包括两个时期。

① 尝试时期（25～30岁）：个体寻求安定，也可能因生活或工作上的若干变动而尚未感到满意。

② 稳定时期（31～44岁）：个体致力于工作上的稳定，由于资历深厚，往往业绩优良。

（4）维持阶段（45～65岁）。

维持阶段属于升迁和专精阶段。个体仍希望继续在维持属于他的工作职位时会面临新的挑战。这一阶段发展的任务是维持个体已有的成就与地位。

（5）衰退阶段（65岁以上）。

衰退阶段属于退休阶段。由于生理及心理功能日渐衰退，个体不得不面对现实，从积极参与到隐退。这一阶段，个体往往注重发展新的角色，学会适应退休生活，寻求不同方式来替代和满足需求。

2. 施恩的职业锚理论

1978年，施恩在《职业动力论》一书中首次使用职业锚的概念。在他的描述中，职业锚由早期工作实践而来，是自我意向的一个习得部分。个人进入早期工作情境后，由习得的实际工作经验所决定，与在经验中自省的动机、需要、价值观、才干相符合，达到自我满足和补偿的一种稳定的职业定位。职业锚就是个人能力和内心动机、需要、价值观、态度等相互作用并逐渐整合的结果。在实际工作中，通过不断审视自我，逐步明确自己的需要与价值观、特长及今后发展的重点，最终在自己的潜意识里找到长期稳定的职业定位。

施恩认为，要想对职业锚提前进行预测是很困难的，这是因为一个人的职业锚是在不断变化的，它实际上是一个不断探索过程所产生的动态结果。职业锚有2个特点：一是由个人的职业经验逐步稳定、内化下来的；二是当个人面临多种职业选择时，职业锚是最不能放弃的自我职业意向。

施恩和他的学生从大量跟踪调查研究中总结了8种职业锚类型。

（1）技术/职能型。

技术/职能型的人愿意在专业领域里发展，追求在技术或职能领域的成长和技能的不断提高，以及应用这种技术/职能的机会。他们对自己的认可来自他们的专业水平，他们喜欢面对专业领域的挑战；往往不喜欢从事一般的管理工作，因为这意味着他们将放弃在技术/职能领域取得成就的机会。以前，在我国经常将技术拔尖的科技人员提拔到管理岗位上，但他们本人往往并不喜欢这种工作，而是更希望能继续从事自己专业领域的研究。

（2）管理型。

管理型的人有强烈的愿望去管理他人，同时经验也告诉他们，自己有能力得到高层领导职位。他们倾心于全面管理，追求权力；具有强烈的升迁动机和价值观，追求并致力于职位和收入的提高；善于与人沟通；具有较强的分析能力和领导、操纵、控制他人的能力；对组织有很大的依赖性；他们愿意承担整体的责任，把组织的成功看成自己的成就。

（3）创造型。

创造型的人希望创造完全属于自己的东西，用自己的能力去开创自己的事业，或以自己名字命名产品或工艺，或是拥有能反映个人成就的私人财产，而且愿意为此冒险。他们认为只有这些实实在在的成果才能体现自己的才干。他们具有强烈的创造需求和欲望；他们可能正在别人的公司里工作，但他们一直在学习和寻找机会，一旦时机成熟，他们会开创自己的事业。

（4）安全/稳定型。

安全/稳定型的人最关心的是工作的长期稳定性与安全性。他们为了稳定的工作、可观的收入与优越的福利以及养老制度等付出努力。对他们来说，这些是至关重要的。有时他们能得到一个较高级别的职位，但他们并不关心具体的职位和工作内容。

（5）自主/独立型。

自主/独立型的人更喜欢独来独往，希望随心所欲地安排自己的工作和生活；追求能施展个人才能的工作环境，最大限度地摆脱组织的限制和制约。他们宁可放弃提升和发展的机会，也不愿放弃自由和独立。很多有这种职业向往的人同时也有相当高的技术/职能型职业定位，但他们不同于那些处于单纯技术/职能型职业定位上的人，他们并不愿意在组织中发展，而是宁愿做一名咨询人员，或是独立开业，或是与他人合伙开业。另一些自主/独立型的人往往会成为自由撰稿人，或是开一家小零售店。

（6）服务型。

服务型的人一直追求他们认可的核心价值观并用其影响自己所服务的组织或机构，他们喜欢帮助他人，如医师、护士、社会工作者。在缺少他人支持的情况下，他们会向有更大自由度的职业（如咨询师方面）转移。即使变换了工作岗位或单位，他们也不会接受不允许他们实现这种价值观的变动或晋升。服务型的人希望自己的贡献能得到公平的回报，如晋升到有更大影响力和工作自由度的职位。这对他们而言，这是比金钱更大的激励，他们需要来自高层管理者和同事的赞扬和支持，他们自我价值需要得到高层管理者的认可。

（7）挑战型。

挑战型的人喜欢解决看上去难以解决的问题，战胜实力强大的对手，应对难以克服的困难和障碍。对他们来说，做一件事情的原因就是这件事情允许他们去战胜各种不可能，他们需要新奇、变化和挑战。如果事情很简单，他们就没有兴趣了。

（8）生活型。

生活型的人希望将生活的各个主要方面整合成一个整体，善于平衡个人的、家庭的、职业的各种需求，因此，生活型的人需要一个能够提供"足够弹性"的工作环境来实现这一目标。他们对成功的定义远远超出了字面的范围。相对于具体的工作环境和工作内容，他们更关注自己如何生活、在哪里居住、如何处理家庭事宜等方面的问题。

上述8种职业锚之间可能会存在交叉，其中最强烈、最突出、最易识别的特征就是你的职业锚。由于职业锚是个人与工作环境之间相互作用的产物，而必须经过实际工作的内化沉积，才能被发现。

职业锚实际上是个人能力、动机、需求、价值观和态度等相互作用和逐步整合的结果。在实际工作中，通过不断审视自我，逐步明确个人的需求与价值观，明确自己特长所在及今后发展的重点，最终在潜意识里找到自己长期稳定的职业定位——职业锚。

要清楚地了解职业锚的内容，应该先回答3个问题：我到底想干什么，我到底能干什么，我到底为什么干。许多人对这些问题回答得很草率，认为找到一个压力少一点、工资高一点、管理松一点的工作就算找到了好工作。事实并非如此。当我们离开学校进入社会时，就像驾驶人生之舟在智慧的海洋里航行，总有一天，你的职业生涯要找到一个锚地，即你的职业生涯要找到一个最佳贡献区（最佳停靠区）。在找到职业锚之前，你只是人生之舟上的一个水手，因为你不知道应该向何处航行。找到职业锚后，你才真正成为人生之舟上的船长。

无论我们现在是否找到了自己的职业锚，这个职业规划的工具都可以给我们启发。未来的职业生涯是否成功，关键是我们要找准自己的定位，这样才能过我们想要过的生活，而不是盲从他人的做法。

二、职业生涯规划的步骤

职业生涯规划不但要寻找自己喜欢且适合的工作，也要考虑怎样的工作会带来怎样的生活。科学的职业生涯规划包括了知己、知彼、抉择、制定目标和行动五大要素，并按照以下7个步骤进行。

1. 确立志向

"志不立，天下无可成之事。"纵观古今中外，各行各业的佼佼者之间都有一个共同的特点，就是具有远大的志向。职业理想指人们对未来职业表现出来的一种强烈的追求和向往，是人们对未来职业生活的构想和规划。一旦在心目中有了自己认为理想的职业，就会按照职业理想的目标，去规划自己学习和实践的方向，并为获得自己认为理想的职业而做各种准备。你的职业生涯是一条险象环生但同时也充满机遇的道路，在这条道路上，只要你不放弃目标，每一次挫折，每一次失败都是有价值的。

2. 自我探索

有效的职业生涯设计，必须在充分正确的认识自身的条件与相关环境的基础上进行。自我探索包括自己的兴趣、特长、性格、学识、技能、智商、情商、思维方式、道德水准以及在社会中的自我等内容。

作为刚开始大学生活的新生，应该尽可能多地积累知识和能力，发展自己的兴趣爱好。这些有助于你更好的定位自己，发现自己在哪一方面更有潜力。由于信息不对等，中国的大学生大多数在高中阶段进行专业选择时没有经过认真的考虑和调研。现在有足够的时间和条件来重新考虑这个问题，可以选择一个真正感兴趣而且适合自己的专业并潜心钻研了。

3. 环境评估

我们生活在一个信息发达的社会中，有关职业的信息扑面而来，判断一项职业是否可以满足自己的需求，就需要去了解该职业的工作内容、薪资水平、所需要的技能和训练、工作条件、典型的工作环境以及晋升的机会等。在职业生涯规划中，当你做决定时，就应该对自己的职业选择有清楚的了解。环境因素评估主要包括：组织环境、政治环境、社会环境、经济环境这几方面。所以，在制订个人的职业生涯规划时，要分析环境条件的特点、环境的发展变化情况、自己与环境的关系、自己在这个环境中的地位、环境对自己提出的要求以及环境对自己的有利条件与不利条件。

4. 确定职业发展目标

目标是指引我们获取生活中想要获得东西的路标。职业发展目标是指一个人渴望获得的与职业相关的结果。职业发展目标的设定，其抉择是以自己的最佳才能、最优性格、最大兴趣、最有利的环境等条件为依据。从目前的就业环境来看，选择职业发展目标时，切忌贪高贪快。我们的目标越具体，实现的可能性就越大。一个具体的职业发展目标包括具体的行动方案、条件和时间计划，在确立职业发展目标时你需要问自己：我愿意为之做出多大的牺牲？完成大目标和小目标的时限是多久？目标高到不能实现的地步了吗？在实现目标之后应该怎样奖励自己？

5. 设定职业发展路线

职业发展路线是指当一个人选定职业之后，为实现其职业目标和职业理想所选择的方向和路径。一个人在选定职业并确定目标之后，因为发展路线不同，对其要求也就不同。因为，即使同一职业，也有不同的岗位，有的人适合搞行政，可在管理方面大显身手，成为一名卓越的管理者；有的人适合搞研究，可在某一领域有所突破，成为一名专家；有的人适合搞经营，可在商海大战中屡建功勋，成为一名优秀的经营者。如果选择的方向和路径不正确，再多的努力都是徒劳的。

6. 制订行动方案

仅有计划无行动，一切便如梦幻泡影。对于有些大学生来说，职业规划程序作到决策的时候就停止，可是若不行动，选择又有何意义？确定目标后，需要把目标转化成具体的方案和措施。目标与现实之间总是存在差距，从观念、知识、能力、心理等方面寻找差距，然后制订改进措施，这就是行动方案的制订，比如如何提高综合能力、如何改掉不良习惯、如何培养特长、如何完善人格、如何提高成绩并寻求弥补差距的办法，等等。

7. 反馈与评估

职业生涯规划是一个周而复始的过程。职业生涯规划的评估与反馈过程是个人对自己不断认识的过程，也是对社会不断认识的过程，是使职业生涯规划更加合理的有力手段。

成功的职业生涯规划需要时时审视内外环境的变化，妥善、快速地将新信息吸纳到自己的职业计划中去，调整自己的前进步伐，以一种积极向上的态度应对难以预料的困难。目标的存在只是为你的前进指示出一个方向，而你是目标的创造者，可以在不同时间、不同环境下对它进行调整，让它更符合你的理想。

三、职业生涯规划的方法

1. "5W"分析法

"5W"分析法是职业生涯规划的主要方法之一，其5个具体问题如下。

（1）我是谁？（Who am I？）面对自己，真实地写出每一个能够想到的答案，并按这些答案的重要性排序，比如自己的专业、家庭情况、年龄、性别、性格、动手能力、思考能力等。

（2）我想做什么？（What will I do？）从小时候开始回忆，将自己喜欢做的事情写下来。

（3）我能做什么？（What can I do？）可以把自己有能力做的，还有通过潜能开发能够做的事写下来。

（4）环境支持或允许我做什么？（What does the situation allow me to do？）将自己所处的家庭、单位、学校、社会关系等各种环境因素考虑进去。

（5）我的职业与生活规划是什么？（What is the plan of my career and life？）明确了前面4个问题，就会从各个问题中找到对实现有关职业目标有利和不利的条件，列出不利条件最少的、自己想做而且又能够完成的职业目标，那么有关"自己最终的职业目标是什么？"自然就有了最终的答案。

2. "三角模式"职业生涯规划法

美国伊力诺依大学的斯威恩（R. Swain）教授为帮助大学生对职业生涯作出良好的规划，提出了职业生涯规划的三角模式（图1-2）。斯威恩认为，职业生涯目标的决策来自3个方面的依据："自我""环境""教育与职业"。职业生涯规划的过程，就是通过价值观、个人兴趣、个人风格的自我评估，结合对来自家庭和所在环境等社会背景的助力和阻力的分析，再根据自己在教育与职业中的实践、考察中树立起来的榜样，逐渐发展对自己职业生涯的认同，最终建立起自己的职业生涯目标。

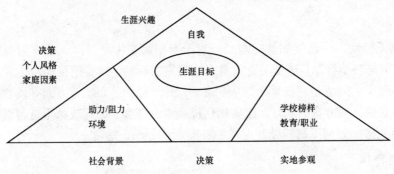

图1-2 职业生涯规划的三角模式

3. 职业测评法

职业测评法是一种了解个人与职业相关的各种心理特征的方法，即职场的心理测评法。它通过一系列科学的手段对人的基本心理特征（包括能力、兴趣、性格、气质、价值观等方面）进行测量和评估，分析你的特点，再结合工作要求，帮助你进行职业选择。

这些测评都需要大学生到正规的职业规划机构去做，需要有专门的测评咨询人员和职业规划指导师来完成。需要注意的是，职业测评是人与人的测试，具有相对性。一方面，测评方案的设计及测试活动的实施都是凭借施测人的个人经验进行的，而不同的施测人对测评目标的理解、测评工具的使用及对测评结果分数的解释都难免带有个人色彩，不可能完全一致；另一方面，作为测评对象的人，其构成是极其复杂的，且测评工具本身也带有一定的局限性。因此，我们只能把测评的结果和职业规划指导师的意见作为参考，至于想要规划出适合自己的职业生涯，则还需要结合自己的特点具体分析。

第二章

职业认识

第一节 当代职业常识

掌握职业特性,了解职业常识,才能更好地选择职业,进而顺利就业。职业常识主要包括职业认知、职业变迁、职业定位、职业选择和职业测评等 5 个方面。

一、职业认知

对于大学生来说,要开启自己的职业生涯,首先要了解什么是职业。

1. 职业的含义

现实中,人们往往要在一定的工作岗位上实现就业。但对于"职业"一词,人们却有着不同的理解。有人觉得职业等同于工作,也有人把职业视为生活来源,还有人认为职业代表了身份和地位。那么,职业的含义究竟是什么呢?

作为一种社会现象,职业是社会分工的产物。从字面上看,"职业"一词由"职"和"业"两个字组成,"职"指职务、职位、职权、职责和义务;"业"指专业、事业、行业、业务。"职业"表示行业性专业活动,具有某种责任、义务和权益。所以,所谓职业是指参与社会分工,利用专门的知识和技能,为社会创造物质和精神财富,获得合理的报酬,满足物质生活、精神需求的工作。职业包含以下 4 方面含义:

(1) 人与社会的关系。从事某种职业,就意味参与了社会分工。

(2) 知识技能与创造的关系。利用知识技能创造物质和精神财富,由此引入职业的概念。

(3) 创造财富与获得报酬的关系。只有为社会创造物质和精神财富,才有资格获得合理的报酬。

(4) 工作和生活的关系。人们通过工作获得合理的报酬,满足其物质、精神生活的需求。

人们在生活中习惯使用的"岗位""工种"等概念，实质上就是按不同需要或要求将职业进行了具体划分。一个职业通常包含一到多个工种，一个工种又包含一到多个岗位。所以，职业与工种、岗位之间是包含与被包含的关系，其间的内在联系非常密切。例如"焊工"这一职业就包含"气焊工""电焊工"等十多个工种。另外，同属"销售"这一工种，有的侧重客户服务，有的侧重市场开拓，有的侧重市场调研，据此可细分为市场专员、销售经理、客户代表、终端服务员、大客户专员等不同岗位。

职业在社会生活中的地位非常重要，成千上万种职业组成了现代文明社会的复杂结构，不同的职业分工成为社会与个人、整体与个体之间的纽带。

2. 职业特征

职业的特征包括社会性和时代性特征、专业性和规范性特征、经济性和稳定性特征、知识性和技能性特征、多样性和层次性特征5方面。

（1）社会性和时代性特征。

职业是生产力发展和社会化分工的结果，它的形式和内容都离不开社会，受到社会政治、经济、文化等因素的影响，还与社会制度和社会政策相关。随着时代的发展和社会的进步，旧的职业不断被淘汰，新的职业不断产生，职业在不断地发生变化。相同的职业在不同时期会有不同的内容和形式。从不同时期出现的不同热门职业可以看出，职业具有鲜明的时代特色。例如我国曾出现过的"从军热""从政热""从商热"等，都反映出特定时期人们对热点职业的热衷程度。

（2）专业性和规范性特征。

一个人要从事某种职业，就必须具备职业化的专门知识、能力并遵从特定的职业道德要求，如医生必须要有一定的医疗专业知识、技能和救死扶伤的精神；教师要有学科教学能力和教学育人的职业操守等。随着社会的发展、科技的进步，劳动的专业化程度越来越高，职业的专业性越来越强。职业主体所从事的职业活动必须符合国家的法律规定和社会伦理道德准则。职业分为正当职业和不正当职业两种。不正当职业包括有组织的走私、贩毒、贩黄以及非法传销活动等。这些职业要么不符合国家的法律规定，要么有悖于社会伦理道德的准则要求，特别需要提醒的是，非法传销活动作为不正当职业，对大学生影响很大，应予以警惕。

（3）经济性和稳定性特征。

人们从事职业的重要目的是获得一定的报酬，维持自己和家庭的生存与发展。作为从事专门生产劳动的职业，它的形式和内容在一定时期内是相对固定的，这也保证了劳动者能通过连续从事这一职业获得稳定的收入。在职业范畴里，经济性和稳定性是不可分割的，只有稳定性没有经济性的工作不是职业，如家庭主妇；只有经济性没有稳定性的工作也不是职业，如彩票中奖，获得赠予等。

（4）知识性和技能性特征。

不同职业要求不同的知识和技能，有的知识和技能比较简单，容易掌握，不需要专门的学习和培训，可以在社会生活中通过经验的总结和常识的积累来获得（如农耕文明就是先民们在天文、气象、水利等方面的知识和耕作方面技巧的积累和总结），但对于大型仪器操作，则需要进行专业培训。在现代社会中，职业分工越来越细，各种新职业层出不穷，职业的知识含量越来越高，技术越来越复杂，需要从业者经过专业的学习和培训，具备专门的知识和技能，才能胜任特定工作。即便是农业生产，随着现代农业的发展，也呈现出越来越明显的专业化态势。

（5）多样性和层次性特征

职业的多样性非常明显，职业领域的范围十分广泛，涉及人类社会生产和生活的方方面面，而且职业的分化还在继续，职业的种类还在不断增加。同时这些不同的职业对劳动者的素质和条件有着多样化的要求。职业的层次性包括各类职业间的层次和各个职业类型内部的层次。虽然我们一直强调职业没有高低贵贱之分，但不可否认的是，收入水平的高低、工作任务的轻重、社会声望和地位的高低确实使职业出现了层次性，影响着人们对职业的看法。

3. 职业分类

职业分类是指国家采用一定的标准和方法，依据分类原则，对从业者所从事的各种专门化的社会职业进行全面、系统的划分与归类。

因为各国经济发展水平、历史和国情各不相同，职业分类也不相同。英国在1841年将职业分成了431种；美国在1820年的人口普查工作中就已列出职业统计项目，1850年，美国进行了专门的职业普查，划分为15大行业，共232种职业，1860年职业种类又增至584种，1965年确定为21 714种，1980年，《美国百科全书》已认定美国有25 000种职业；法国在20世纪80年代中期被确定的职业有8 600种；加拿大1982年出版的《职业分类词典》将职业分为23个主类、81个子类、499个细类；日本的职业分为12大类、52中类、279个小类。

从以上职业分类情况看，各国职业分类的标准不一。为了使国际间的职业分类具有可比性，1958年，国际劳工组织制定了《国际标准职业分类》。1966年，日内瓦第11届国际劳工专家统计会议通过了《国际标准职业分类》的修订版。目前，根据国际通行做法，职业分类一般被划分为大类、中类、小类和细类4个层次：大类依工作性质的同一性进行分类；中类是在大类的范围内，根据工作任务与分工的同一性进行分类；小类是在中类之内按照工作的环境、功能以及相互关系分类；细类是在小类的基础上，依照工作的工艺技术、操作流程等再进行划分和归类。国际劳工组织将职业分为8大类：专家、技术人员及有关工作者；政府官员和企业经理；事务性工作者和有关工作者；销售工作者；服务工作者；农业、牧业和林业工作者，渔民和猎人；生产和有关工作者，运输设备操作者和劳动者；不能按职业分类的劳动者。8大类又划分为83个小类、284个细类和1 506个职业项目，包含1 881种职业。

中华人民共和国成立以来，开展了大量的职业分类调查工作，参照国际劳工组织的《国际标准职业分类》，制定了有关职业分类的标准与政策。近年来，为加强培训就业工作，中华人民共和国劳动部（1998年改名为中华人民共和国劳动和社会保障部）在职业分类、新职业开发和国家职业标准制定方面做了大量的工作：1986年颁布了《职业分类与代码》（GB 6565—1986），1992年编制并颁布了《中华人民共和国工种分类目录》，1999年颁布了《中华人民共和国职业分类大典》。根据《中华人民共和国职业分类大典》，我国职业按种类被划分为8个大类、66个中类、413个小类、1 838个细类。

8个大类分别为：

(1) 国家机关、党群组织、企业、事业单位负责人，其中包括 5 个中类、16 个小类、25 个细类；

(2) 专业技术人员，其中包括 14 个中类、115 个小类、397 个细类；

(3) 办事人员和有关人员，其中包括 4 个中类、12 个小类、45 个细类；

(4) 商业、服务业人员，其中包括 8 个中类、43 个小类、147 个细类；

(5) 农、林、牧、渔、水利业生产人员，其中包括 6 个中类、30 个小类、121 个细类；

(6) 生产、运输设备操作人员及有关人员，其中包括 27 个中类、195 个小类、1 119 个细类；

(7) 军人，其中包括 1 个中类、1 个小类、1 个细类；

(8) 不便分类的其他从业人员，其中包括 1 个中类、1 个小类、1 个细类。

具体说明如下。

① 高等学校校长属于第 1 大类——国家机关、党群组织、企业、事业单位负责人；中类——事业单位负责人；小类——教育教学单位负责人。其他如各级各类学校校长、卫生及科研单位负责人等都属于这一类。

② 高等学校教师属于第 2 大类——专业技术人员；中类——教育人员；小类——高等教育老师。这一职业是指在高等学校专门从事教育教学及科研工作的人员。

③ 导游属于第 4 大类——商业、服务业人员；中类——饭店、旅游及健身娱乐场所服务员；小类——旅游及公共游览场所服务员；细类——导游，这一职业名称是指为中外游客组织安排旅行和游览事项，提供向导、讲解和旅途服务的人员。

4．职业功能

(1) 谋生需要。

职业是人类生活的重要组成部分，人的职业生活首先体现为必须通过参加社会劳动来获取生存必需的生活资料。为了获取一定的报酬作为生活资料来源的那一部分劳动，被称为职业劳动。人们通过参加某一岗位的职业劳动来换取职业报酬，在满足生存需要的同时，也积累了个人财富。我国实行的分配原则是以按劳分配为主体，效率优先，兼顾公平，因此劳动者参加职业劳动的数量和质量直接决定其拥有财富数量的多少。

(2) 精神需要。

著名心理学家马斯洛将人的需要分为 5 个层次：生理需要、安全需要、社交需要、尊重需要和自我实现需要，前 2 种为基本需要，后 3 种为精神需要。职业是个人获得名誉、权利、地位、成就、尊重以及自我实现等精神需要的重要来源。因为职业劳动是依据特定的社会规范和内在规律运行的，每种职业都有其独特的要求和活动内容，这些要求和内容对从业者的生理和心理必然产生重大的影响。当某种职业能够使个人才干得到发挥、个性得到发展和完善时，它就成为促进个性健康发展的重要因素。

(3) 社会存在和发展的基础。

职业的本质是劳动力和生产资料的结合，体现的是人与人之间的社会关系。在满足个人需要的同时，人们的职业劳动也为社会创造了财富。职业劳动生产出来的物质财富和精神财富，是社会存在和发展的基础。现代社会的劳动有着十分明确的分工，只有通过社会成员之间劳动成果的交换，才能满足彼此的需要。这种平等交换劳动成果的过程，既能够体现出为他人服务的程度，又能够衡量出对社会和国家所做贡献的大小，所以，职业也是维持社会稳定、让劳动者实现安居乐业的基本手段。

二、职业变迁

职业的变迁是一个历史的过程，许多职业与当时人们的日常生活息息相关。职业的变迁能直接感知社会的发展与进步。改革开放前，我国生产力水平低，80%的人口从事农业劳动，城镇人口大部分从事工业生产。改革开放后，随着经济发展和人民生活需要，第三产业，即商业和服务业迅速发展起来。城镇各种生产、运输、设备制造和操作人员大批转岗；从事农、林、牧、渔等职业的人数减少了一半以上。而餐馆服务人员、饭店、旅游及健身场所服务人员、社区服务人员和从事各种商业贸易的人数急剧增加。

1. 传统职业渐行渐远

近年来，随着经济生活的变化，过去的很多技术、手艺已经不再需要，于是，靠这些行业谋生的人纷纷转行，另谋他业。不知不觉中，一些传统职业在萎缩、消失，逐渐退出了历史舞台。据统计，我国现有的传统职业，与30年前相比已减少了近3000种。相对于一些技术陈旧的传统行业，大部分从业人员需要转行，在新兴行业中，符合职业要求的从业人员则数量不足。打蜂窝煤、修钢笔等职业因为市场需求的缩减而没落；送煤工、补锅匠、理发匠、磨刀剪、修脚、挖耳等一些传统职业逐渐淡出市场；一些家用产品维修业也面临整合与消亡；卖凉开水、卖杂货、弹棉花等职业因为技术升级而被淘汰；电话总机、粮油票等因为政策体制改变而退出历史舞台。

2. 新兴职业的涌现

20世纪80年代以后，随着社会的发展，职业观念也发生了翻天覆地的变化。涌现出来的大批新职业，主要集中在第一、第二产业中的高新技术产业和蓬勃发展的第三产业。从分布情况来看，典型的新职业有第一产业中的基因和转基因工程、遗传工程、细胞工程、生态农业、生化试验和技工；第二产业中的加工中心、环境监测、计算机辅助设计、计算机辅助制造、纳米材料生产及航空航天材料技师和技工等。而新职业分布最广的是在社会服务领域。从我国近年来公布的10批新职业来看，"创意设计类"的职业较多。另外，信息、顾问、社会服务、科技类、保健类等职业也在不断增加。分析最近几年诞生的新职业不难发现，新职业带着鲜明的市场经济色彩，在经济高速增长、产业结构发生重大变化的时期，新职业明确地体现出了职业结构发生的变化。如"色彩搭配师"这种新兴职业，就是专门为顾客设计服饰的颜色搭配。

3. 新职业的特征

（1）专业知识与操作技能相辅相成，"灰领"职业异军突起。

"灰领（graycollar）"一词起源于美国，原指负责维修电器、上下水道、机械的技术工人，这些工人常穿着灰色工作服出现，此类职业也随之得名。"灰领"的内涵是动手与动脑能力的结合，他们是"具有较高知识层次、较强创新能力、掌握熟练的心智技能的新兴技能人才。"

如今灰领的范畴已扩大,包括电子工程师、软件开发工程师、装饰设计工程师、绘图工程师、喷涂电镀工程师等。

相比白领和蓝领职业人员,灰领职业人员既要有良好的理论素养,又要有动手实践的能力,是复合型、实用型人才。如动画绘制员、汽车模型工、汽车加气站操作工、包装设计师、数字视频(DV)策划制作师等,都是现代制造业新兴的"灰领"人才。有着比蓝领人员更多的专业知识和更佳的操作技能的"灰领"人才,将成为体现未来发展特征的先导型职业人才,是以后青年求职的主要方向。

(2) 迅速发展的高科技产业、创意产业已经成为催生新职业的主要领域。

电路版图设计师就是高科技催生新职业的代表。集成电路版图设计职业伴随 IC 产业的发展而产生。由于对从业人员的专业知识和技能要求较高,IC 版图设计人员是 IC 行业紧缺的技术人才之一。

创意产业则出现了包装设计师、工艺美术设计师、广告设计员、模具设计师、时装设计师、会展设计师、景观设计师、花艺环境设计师、机械产品设计师等新职业。房地产行业的高速发展,使人们对家庭装修、室内设计的要求日益趋向个性化、多样化,对家具的设计也提出了更高要求,家具设计师是创意设计类新职业的代表。

(3) 职业分类越来越细。

随着社会需求的增加和技术的发展,产业细分导致社会分工的细化,职业分类也已远非"三百六十行"所能概括了。比如,银行职员这个职业有了更进一步的划分,更加专业化,出现了资金交易员、资金结算人员、清算人员等一些过去没有的岗位;随着策划风潮此起彼伏,仅"策划师"一项,就有 4 种之多,如商务策划师、会展策划师、DV 策划制作师、房地产策划师等;养宠物的人越来越多,与宠物有关的新职业也随之增多,仅专业维护的职业就有"宠物健康护理员""宠物医师"等;"挖掘机驾驶员"以前一直被混淆在"普通驾驶员"当中,现在单列出来,代表了社会对该职业的重视。

(4) 市场特征越来越明显。

与市场经济一同成长的各类中介服务业的兴起,带动起一大批计划经济体制下不曾有的职业:如技术经纪人、房地产经纪人、人才中介服务人员,这些中介职业正成为现代信息社会人们交流沟通的桥梁。随着股份制企业的出现,各类证券交易人员也日益增多,不少人半路出家,几年下来却成为行家里手;律师职业历经 20 年的发展,已有从业人员 10 万人;保险业在我国仅有 10 年历史,但从业人员已有 50 万之多。专家预计,这些随着市场经济应运而生的职业,必将随着市场经济的发展而获得更旺盛的生命力。

(5) 新需求催生新职业。

浙江出现了一种新的职业:陪购,即跟随客户出入商场,协助挑选适合客户的衣服并负责讲价和拎包,工资按小时计算,服务比较灵活,你到任何一个城市,陪购都可跟随。上海出现了"职业跳车人",其主要职责是帮助出租车行政管理部门做暗访,每天的工作是"打的",看出租车驾驶员是否有不文明或者不合法的经营行为。江苏还出现了专门给人点菜的"点菜师""配餐师"。上海出现的"信用管家"很受市场欢迎,主要职责是进行信用调查、评估和管理咨询等服务。青岛出现了专门驾驶汽车的"酒后代驾师",广州出现了专门拍汽车违章的"线人"。近年来,一种被称为"危机公关顾问"的职业在国内悄然兴起。霎时间,国内各大公关公司对"危机公关业务"的资源展开了激烈的争夺。而在这种行业趋热的局面下，原本就稀少的专业危机公关人才显得越发珍贵，各公司高薪聘请的招聘告示随处可见。新职业的背后，往往折射出经济和社会变迁的轨迹。新职业的种类可谓五花八门，比如汽车陪驾师、汽车交易咨询师、私家汽车保养师、房地产置业设计师、房产经营代理师、餐点营养顾问、私人形象顾问、商业谈判服务师、会务速记员、楼房模型制作员、外国人家庭生活顾问、宠物心理医生、宠物营养师等。

（6）技工职业备受重视。

随着办公室岗位竞争的白热化，加上技工类岗位就业环境的日渐改善，技术含量的提升，以及薪资、福利待遇的进一步提高，白领与蓝领之间的差距得到缩减，技工类职业重回人们的视线。技工类岗位本身的职业稳定性相对较高，有利于个人的长期发展。因此，在新职业中，一些城市发展新兴领域的技工类职业也被纳入，如锁具修理工、汽车模型工、微水电利用工、激光头制造工、霓虹灯制作员、印前制作员、数控机床装调维修工、轮胎翻修工、城市轨道接触网检修工、陶瓷工艺师、糖果工艺师、集成电路测试员等"灰领""蓝领"技工人才。

（7）一些老职业在重新崛起。

20世纪50年代，一些旧的职业消失，如拍卖师、典当师等。在计划经济向市场经济转变后，这些职业重新兴起，并向着更加规范的轨道发展。如拍卖行业1995年实行持证上岗以来，已有2 000多人获得从业资格。还有一类是更新职业，比如说过去只有传统的车工，随着数字技术在制造业中的广泛应用，又出现了数控车工。

新职业的确立，体现了中国社会生活的变化和进步，深刻地反映了我国劳务市场的需求方向。新职业发布制度的建立和实施，对于促进就业和发展职业教育，具有毋庸置疑的牵引或者导向作用。改革开放使中国社会发生了巨变，这种变化势必在体现在职业的变迁中。了解分析这种变化，对于企事业各种不同类型的人才规划、管理自己的职业生涯具有重大意义。新职业的诞生和成长，不仅记录了职场发展的轨迹和程度，而且在更宏观的背景下折射出时代风云和社会变迁。新职业潜藏的就业空间，让很多人十分看好，但是新职业的发布，只能说明目前的职业市场上这类职业已经具有一定的规模，但这种职业的收入、工作环境、职业前景、职业的生命力、职业生命周期等都还是未知数。人们在选择新职业的时候，一定要分析新职业是否与自己的经历、爱好匹配。

三、职业定位

职业定位就是个人在社会分工中确定自己能够扮演的角色，不必经常戴着面具去迎合工作需要，甚至可以突出自己的个性，简单地说就是符合本我，做本色演员。

1. 职业定位的含义

职业定位就是要为职业目标和自身能力以及主客观条件寻求最佳匹配。良好的职业定位是以自己的最佳才能、最大兴趣、最有利的环境、最优性格等信息为依据的。在职业定位的过程中，要考虑特长与职业的匹配、兴趣与职业的匹配、性格与职业的匹配、专业与职业的匹配等问题。

职业方向定位报告通过考察对象的16种职业特征，根据管理学、心理学、经济学和社会学原理，为个人指出最优职业方向。职业方向定位报告不仅指出合适的职业方向，而且还从发展角度，结合职业生涯规划理念，阐述与确定职业方向、职业发展和职业转换最核心的理念和方法。

具体内容包括：考察对象的天赋和性格等因素、职业问题的症结及根本原因、在日常工作和生活中的潜在优势和弱点，分析与确定最可能长期成功的职业方向及进步最快的职业发展路径，传授提升职业（不是继续做以前做过的工作）的求职方法。

2. 职业定位的意义

（1）持久发展自己。

很多人事业发展不利并非能力不够，而是因为选择的工作并不适合自己；很多人并未认真地思考过"我是谁""我适合做什么"这两个问题，因为不清楚自己要什么；很多人把时间用在追逐不是真正适合自己的工作上，所以随着竞争的加剧会感觉后劲不足。准确的职业定位可以使自己获得更加长足的发展。

（2）善用自身资源。

集中精力发展，而不是"多元化发展"，这是职业发展的一个规律。很多人多来年涉足很多领域，学习很多知识，但每一项都没有很强的竞争力。人们常说，"出国吧，再不出国就来不及了""读 MBA 吧，大家都在读""读研究生学位和博士学位吧，年龄大了就读不动了"等。而很多事实说明，出国，MBA、研究生学位和博士生学位不代表持续发展，投资多、回报少，过于分散精力会让你失去原有的优势。

（3）抵抗外界干扰。

有些人选择职业以薪酬多少作为衡量标准，哪里钱多去哪里，什么时尚做什么。这样可能在前几年在待遇上会有一些差距，但后来薪酬差距并不大。风水轮流转，现在时尚的，过几年就过时了；从前挣钱容易的，过几年挣钱难了。有的人凭借机遇获得了较高的职位，但是轻易的放弃了，而选择了短期内看似不好却更适合长远发展的职位。给自己准确定位，你就会理性地面对外界的诱惑。

（4）找到合适位置。

在写简历和面试的时候，有的人没能对自己进行准确介绍，使面试官不能迅速地了解你；有的人在职业定位上摇摆不定，使得单位不敢委以重任；还有的人经常换工作，使得朋友们不敢相助。职业定位不准，就好像游移的目标，让人看不清其真实的面目。

3. 职业定位内容

只有在了解自己和了解职业的基础上，一个人才能够给自己进行准确的职业定位。

（1）应该了解自己，了解自身的核心价值观念、动力系统、天赋能力、个性特点、缺陷等。

（2）应该了解职业，了解职业的工作内容、技能要求、知识要求、经验要求、性格要求、工作环境、工作角色等。

（3）应该了解自己和职业要求的差距。一个人会有多种职业目标，但是每个职业目标利弊不同，需要根据自身特点谨慎权衡利弊得失，还要根据自身条件确定达到目标的方案。

（4）应该确定如何展示自己的职业定位。确定了自己的职业取向和发展方向之后，需要采用适合的方式传达给面试官或上级，以此获得入门和发展的机会。

4. 职业定位原则

（1）根据客观现实，考虑个人与社会、个人与单位的关系。

（2）比较鉴别，比较职业要求、条件、性质与自身条件的匹配情况，选择条件更合适、更符合自己特长、自己更感兴趣、经过努力能很快胜任、有发展前途的职业。

（3）正确认识自身优缺点、个人性格，寻求合适的职业。

（4）审时度势，及时调整，根据情况变化及时调整择业目标，不能固执己见，一成不变。

5. 职业定位步骤

职业定位和职业目标直接关系到人生事业的成就。据统计，在选错职业目标的人当中，超过80%的人在事业上并不成功。要尽快结束"忙、盲、茫"的状态，就需要进行职业目标定位。

（1）确定职业。

对选择职业具备初步认识是远远不够的，应通过多种渠道去了解相关职业信息，通过网站、出版物、职业搜索引擎、人才双选会、校园招聘会、实习、兼职等途径进行多方面了解，然后确定自己将要从事的职业。接触和采访职场人士，对缺乏工作经验的大学生来说是一个非常值得推广的有效方法。身边的亲戚朋友，你的老师、校友，以及你参加兼职认识的人等，都是你职业信息的丰富来源。

（2）确定行业。

应该怎样确定自己将要进入的行业呢？

① 结合所学专业。如自动化专业，可以先了解制造业、IT业和物流业等。注意两点：一是喜欢所学专业；二是不喜欢所学专业，但没有其他更好的办法。

② 结合兴趣能力。如生物专业的学生，却对旅游业有兴趣，最终积累导游经验考取了导游证。注意两点：一是了解入行门槛，有兴趣也要有能力；二是属于光凭兴趣转行的人要准备承受风险。

③ 结合行业前景。从所谓的热门行业、朝阳行业切入。注意两点：一是选择热门行业面临的机会多，竞争也更激烈；二是思考自己是否具备能在该行业立足和发展的本领。

④ 结合人脉关系。如通过亲戚朋友等关系可以进入某些行业。注意两点：一是他人认为好的行业不一定适合你；二是要弄清楚该行业状况以及该行业是否适合你长远发展。

（3）确定单位。

单位是职业发展的重要平台，但主动地去了解和选择单位的人很少，多数人都是等到用人单位来招人时才发现自己准备不充分。

① 根据自身价值取向选择单位。如果想做公务员，首选当然是政府机关；如果想多挣钱或出国，应该考虑外企；如果想得到全面锻炼，增强个人能力，可以考虑民企。

② 根据自己的发展战略选择单位。如果希望积累创业经验，可以考虑进入创始期的企业；如果希望快速晋升，可以考虑进入快速增长期的企业；如果希望平稳，那可以考虑成熟期的企业。

③ 根据自己的行为风格选择单位。习惯个人奋斗的不要进入注重团队的单位，习惯轻松

自由的不要进入高压管理的单位。

④ 根据自己的求职条件选择单位。自己是进入实力雄厚的大单位，还是服务于实力一般的中小单位，个人自身的实力应是考虑的重点。

四、职业选择

市场选择人才，人才选择行业，当前正处于一个选择与被选择的时代。人的一生中，绝大部分时间是在职业生涯中度过的，职业生涯成功与否，直接决定人生质量的高低。所以，如何在经济时代中把握足够的机会，作出正确的职业选择，让风险尽量降低，是每个大学生应该学习的。

1. 职业选择的含义

职业选择，指的是人们在自身价值观指导下，从个人职业期望和兴趣出发，凭借自身能力选择适合自己的职业。

职业选择包括从业前和从业后两方面，前者实现就业，后者实现职业变换。一个人职业的选择是否恰当，不仅关系到能否满足个人意愿和兴趣，也关系到自身才能的发挥和对社会贡献的大小。

2. 职业选择的意义

（1）加强生产资料与劳动力的结合。

生产资料（又称生产手段）是指人们从事物质资料生产所必需的一切物质条件，即劳动资料和劳动对象的总和。生产资料是生产力中物的因素，在任何社会生产中，人们总是要借助于具体的岗位，通过自己的劳动生产出产品（或服务），为社会做出贡献，从而实现人生价值。

（2）获取更高的经济收益。

经济社会的发展离不开经济效益的提高，经济效益是资金占用、成本支出与有用生产成果之间的比较。所谓经济效益好，就是资金占用少，成本支出少，有用成果多。而求职者经过科学、慎重的职业选择，就可以满足这样的需求，为社会和个人节约成本、提高效益。

（3）优化社会风气。

社会良好风气的形成和稳定需要多种要素，其中就业问题是个根本问题。大学生要转变就业观念，先就业后择业。即使先就业也要选准行业，为以后的职业发展积累职场经验，降低就业成本，这也是社会稳定的要求，不要因为频繁的跳槽而增加社会的负担和个人就业成本。

（4）促进人的全面发展。

教育的最终目标是促进人的全面发展，并且能够学有所长，立足社会。

3. 职业选择原则

（1）择己所爱。

对一个人的事业发展而言，职业兴趣有着十分重要的意义。研究表明，一个人所从事的职业与其职业兴趣相吻合，能发挥其全部才能的 80%～90%，能长时间地保持高效率的工作并且乐此不疲；反之，在这方面只能发挥全部才能的 20%～30%，还容易感到厌倦和疲劳。

择己所爱，需要清楚自己的职业兴趣类型。美国著名专家霍兰德先生经过多年研究，发现人的职业兴趣包括 6 种类型：实际型、研究型、艺术型、社会型、管理型、常规型。按照自己的前 3 种职业兴趣去选择职业，人们通常可以感到满足。

（2）择己所长。

有兴趣就有能力吗？想当总经理，就有当总经理的能力吗？

杨振宁在美国求学时，最初希望在实验物理学方面有所建树。但时间一长，他发现同样的实验别人做得很轻松，自己却做得很吃力，甚至还引起了爆炸事故。经过认真考虑，杨振宁认为动手能力确实是自己的弱项，尽管他已经很努力，却仍然收效不大，于是他果断地转向了理论物理学研究，后来获得了诺贝尔物理学奖。

职业能力可以培养，但有些能力却是需要天赋的，发现这些天赋并善加利用，必成大器。凡·高（Van Gogh）是天才画家，但他并不是从小作画，刚开始时他是一名画商，然后成为牧师，后来他发现自己对色彩有天生的感受力，于是 30 岁以后开始学画，最终成为举世闻名的大画家。所以，发现你的天赋并将其发挥出来，是成功人士的制胜法宝。大学生刚开始工作时不要太在乎经济回报，有机会锻炼和验证自己的能力才是最重要的，在这个过程中找出和打造自己的核心竞争力才是成功的关键。

（3）择势所需。

时势造英雄，时势也造就职业新锐。社会科技的进步和产业结构的调整不断催生了新兴职业，大学生如果不想刚毕业就失业，选择发展前景好的专业就显得至关重要。

我国的人事管理机构根据全国各类专业协会的有关统计资料，对中国未来 10 年的主导职业进行了分析、预测，结果发现会计、计算机应用、软件开发、环境保护、健康医学与保健医药、咨询服务、保险、法律、老年医学、家庭护理和服务、公关与服务、市场营销、生命科学类、心理学类、旅游管理与服务、人力资源管理这 16 类职业很有发展前途。热门职业前途可观，竞争也激烈，要做好心理准备。

（4）择己所适。

美国的一名求职者为了寻找适合自己的工作，花费一年多的时间，尝试了 12 741 种职业，最终还是不满意。

找工作和买鞋子很像，重要的是合适。对于一个无法给自己进行职业定位的人来说，很难确定某种职业是否适合自己。个人与职业的适配不仅包括外在条件（如胜任能力）的适配，也包括内在条件（如价值观）的适配；个人与职业的适配是就总体而言，局部不适配的情况是正常的、普遍的；个人与职业的适配是发展变化的，现在适配不表示将来也一定适配，现在不适配不表示将来也一定不适配。

五、职业测评

1. 职业测评的含义

职业测评是应用到职场上的心理测量，它通过一系列的科学手段对人的一些基本心理特征，包括能力、兴趣、性格、气质及价值观等进行测量与评估，分析其特点，再结合工作的特点，帮助被测者进行职业选择。可以说，职业测评是正确认识自我的一种非常有效的手段，是一种了解个人与职业相关的各种心理特征的方法。

2. 职业测评的特点

（1）客观性。

职业测评表从编制到实施，从计分到分数的解释都遵循严格统一的科学程序，对所有测评对象来说，施测的内容、条件、计分过程、解释系统都相同。这保证了经过科学程序标准化后的测评具备客观性。

（2）间接性。

职业测评并非直接测量，而是间接测量。测评对象的素质是隐蔽在个体身上的客观存在，是抽象的、内在的，通过测评对象的行为体现出来。我们无法直接测量个体的素质本身，但可以通过其表现出来的行为特征进行间接的推测和判断。

（3）相对性。

从施测人的主观愿望来说，任何测评都要力求客观真实的反映被测者素质，但无论多么严格的素质测评都会存在误差，这是因为测评存在主观性。一方面，测评方案的设计及测评活动的实施都依赖于施测人的个人经验，而不同的施测人对测评目标的理解、测评工具的使用及测评结果的解释，都难免带有个人色彩，不可能完全一致。另一方面，作为测评对象的个体，其素质是抽象模糊的，其构成是极其复杂的，且测评工具有一定的局限性。所以，职业测评既有精确的一面，也有模糊的一面。从这个意义上讲，职业测评的结果只是相对的，不是绝对的。

3. 职业测评的功能

（1）诊断功能。

职业测评的结果能够帮助大学生准确诊断和评估自身的优势和劣势：是否具备某种职业技能，是否需要接受某种职业培训或是否需要参加某种干预性训练，以及个体的自我意识水平等。

（2）预测功能。

职业测评的结果可用来预测个体未来的工作表现，把现有工作表现优秀的群体作为预测的参照效标，可以测量到与某职业关系密切的能力，即那些最能决定个体是否可以在某个职业领域取得成功的技能。

（3）比较功能。

将个体的一些特性（如兴趣、能力、价值观等）与常模群体进行比较，这是职业咨询中测评工具发挥作用的一个重要方面。

（4）发展功能。

测评的结果可以成为激发个体进一步学习的动力，帮助个体意识到职业生涯发展过程中一些值得探索或者进一步发展的机会。

第二节　社会转型期大学生职业发展

在社会转型期，个人有了越来越多的择业机会和发展空间，同时，也要面临更大的社会风险。要想在激烈的竞争中站稳脚跟，实现其社会价值和个人价值，就必须适应形势，及早规划好自己的职业发展方向，并有意识培养自己的职业能力。

大学生应了解自身职业发展的含义和影响自身职业发展的主、客观因素，以便为将来的职业发展打下坚实的基础。

一、职业发展的含义

从组织学角度来说，职业发展是组织帮助员工获取目前及将来工作所需的技能、知识的一种方法。实际上，职业发展是组织对企业人力资源进行的有关知识、能力和技术的发展性教育、培训等活动。

从个人角度来说，职业发展是在自己选定的领域里，在自己能力所及的范围内，成为最优秀的专家。这里的专家是指在某一领域进行过深入的研究和拥有丰富的经验，并且对该领域有深刻而独到见解的人。

简言之，职业发展就是指导员工如何做好工作，如何在自己的工作上获得进一步的发展。

二、影响职业发展的因素

影响职业发展的因素包括个人因素和环境因素，即内因和外因。

1. 个人因素

个人因素在人的职业发展中起着基础性作用。通常来说，个人因素主要有职业取向、个人能力、职业定位、人生阶段4个方面。

（1）职业取向。

职业取向（包括价值观、动机、需要等）是职业发展的一个重要因素。如果职业取向与所从事的职业相匹配，对职业发展将起到积极的作用；反之，则会给职业发展带来一定的不良影响。如有的人职业取向中有要求高收入的倾向，那么，机械的、获得固定收入的工作就很难满足他的职业理想，从而影响他的工作积极性；相反，一些收入较为多样化的职业会激发他工作的欲望和工作的积极性，满足其成就感。

（2）个人能力。

个人能力指劳动能力，即运用各种资源从事生产、研究、经营活动的能力，包括体能、心理素质、智力3个方面。个人能力是人的综合能力，是现实职业发展的基础，在正常情况下个人能力与个体发展水平成正比。个人能力一方面体现在正规教育与专业训练上，另一方面体现在个人发展潜力与个人特质上。

（3）职业定位。

职业定位有一个形象的概念叫"职业锚"。"职业锚"这一概念是由美国麻省理工学院的施恩教授提出的。他认为在职业生活过程中，每个人都在根据自己的天资、能力、动机、需要、态度和价值观等慢慢形成较为明晰的与职业有关的自我概念。一个人随着对自己越来越了解，就会逐渐形成一个占主导地位的"职业锚"，也就是人们选择和发展自己的职业时所围绕的中心。

（4）人生阶段。

人生阶段（如青年、壮年、中年、老年）也是职业发展中需要认真考虑的因素。在不同的人生阶段，人们的生理特征、心理素质、智慧水平、社会负担、主要任务等都不相同，这就决定了在不同阶段，职业发展的重点和内容也是不同的。

2. 环境因素

影响职业发展的环境因素分为社会环境因素与工作环境因素，即宏观环境因素与微观环境因素。

（1）社会环境因素。

社会环境因素对职业发展具有重大影响，通常包括经济状况、政治制度、文化氛围、社会阶层等。

经济状况对职业发展有着重要的影响。这里的经济状况，既指全国的宏观经济环境，也指区域经济状况。一般来说，如果经济发展状况好，社会就业就充分，待遇就普遍较高，职业发展的空间随之较为广阔。如美国次贷危机引发了全球金融危机，导致许多企业倒闭，员工的职业发展进入低谷。

政治制度主要体现在政府政策上，这也是影响职业发展的重要因素。因为职业发展与政府政策密切相关。政策的规定，对人的职业发展起着直接或间接的抑制或促进作用。

文化氛围是影响职业发展的"软因素"。文化环境包括公民的教育程度、文化水平、价值观念、风俗习惯及审美标准等。这些"软因素"无形地左右着个人的职业发展水平。

社会阶层也是影响职业发展的一项重要因素，从某种程度和意义上说，它决定着职业发展。

（2）工作环境因素。

工作环境因素是对个人职业发展起直接作用的环境因素，包括业务类型、发展规模、企业文化、管理制度、领导者的素质和价值观等。

业务类型是职业发展的重要因素，因为人的职业发展总是在一定类型的业务中展开的。不同业务类型的从业人员在职业发展方面有较大的差异。如IT行业的从业人员和机械维修人员，在职业发展的内涵和发展方向上就有很大的不同。

企业的发展规模也是个人职业发展的重要影响因素。如果企业规模大，有更大的业务范围、更成型的制度，个人就有更广阔的提升能力空间，但竞争也许会更激烈；虽然有的企业规模小，但可能会有更多机会接触主要业务，个人的发展空间或许会更大。

企业文化是全体成员在长期生产经营活动中形成并共同遵循的最高目标、价值标准、基本信念和行为规范。企业文化是影响单位运营效益的重要因素，如果个人的价值观与单位文化有冲突，难以适应企业文化，在组织中就难以发展。

管理制度涉及的范围比较广，包括组织特色、经营战略、人力评估、人力资源管理等。单位成员的职业发展，归根到底要靠管理制度来保障，常见的管理制度主要包括合理的培训制度、晋升制度、绩效考核制度、奖惩制度、薪酬制度等。

领导者素质和价值观。领导者的抱负及能力是企业发展的决定性因素。一个企业的成功大都因为有出色的领导者掌舵领航，如海尔集团总裁张瑞敏，联想集团创始人柳传志等。领导者的素质和价值观在一定程度上决定了企业成员的职业发展空间和发展机遇。

第三节　互联网+时代职业发展趋势

"互联网+"是互联网思维的进一步实践成果，推动经济形态不断的发生演变，从而带动社会经济实体的生命力，为改革、创新、发展提供广阔的网络平台。通俗地说，"互联网+"就是"互联网+各个传统行业"，但这并不是简单的两者相加，而是利用信息通信技术以及互联网平台，让互联网与传统行业进行深度融合，创造新的发展生态。它代表了一种新的社会形态，即充分发挥互联网在社会资源配置中的优化和集成作用，将互联网的创新成果深度融合于经济、社会各领域之中，提升全社会的创新力和生产力，形成更广泛的以互联网为基础设施和实现工具的经济发展新形态。在"互联网+"时代背景下，职业的发展趋势也越来越多元化，主要有以下几种发展方向。

一、互联网行业

互联网正在以迅猛之势改变着越来越多的传统行业，其对人才的巨大需求和渴望使得这两年互联网企业的涨薪速度曲线几近陡直向上。一般来说，在一线城市，以 BAT（Baidu、Alibaba、Tencent 三大互联网企业首字母的缩写）为代表的一线互联网企业给应届高校毕业生的起薪并不高，但只要努力工作，能力出众，实际上入职后的两三年里就很容易拿到 10 万元以上的年薪。而在三线互联网企业，同等条件下，普通技术员工的年薪一般能达到 15 万元左右。而准二线的互联网企业的普通员工薪水基本也能达到或超过 20 万元，与许多传统行业相比，这样的收入水平令人艳羡。工作经验超过 5 年后，在互联网企业中的收入差距就会拉大。

作为一个新兴行业，没有传统行业那么多的关系户、论资排辈或刚性的学历要求，而是更看重实战能力，如果能力出色，快速成长为某部门的技术骨干或重要员工，那年薪就将直奔 30 万元。如果你有别人难以轻易取代的能力，比如某个模块的技术权威，后台存储开发的技术核心，或者在测试、前端开发、运营维护等环节成为公司骨干的话，拿 40 万～50 万元的年薪也是可能的。

未来趋势：互联网本身是个瞬息万变的大行业，不同子行业的热门程度往往与所在行业的垄断程度、发展速度和从业公司数量有关，目前较为热门的有互联网金融、电商、视频、搜索等。从技术人员的专业技能来看，包括 PHP、Java、PM，尤其是 Android、IOS 语言的平台开发，往往都能有较多的从业选择。大数据开发、云计算、搜索、移动互联网等热门领域都有大量的高薪职位提供。

除了技术人员外，还有两类人才是许多互联网企业，尤其是中、小电商急需的人才类型。一类是熟悉网络市场营销的专业人才，B2B 企业和 B2C 企业都对这类人才有较高的渴求；另一类是懂电子商务专业技能的人才。相比而言，B2B 企业对这类人才的需求更强烈。另外，还要注意的是，总体来看，作为新兴产业，互联网企业的薪酬在不同的城市和地区有着较为明显的差异。数据显示，浙江省、广东省、上海市、北京市的收入水平最高。

二、教育和培训行业

中国适龄劳动人口基数巨大，劳动力技术技能培养的需求也是巨大的，教育和培训行业的潜力从新东方火热上市就可以看出端倪。并且，不管什么时候，中国人对下一代的培养都是全力以赴，因此中小学辅导培训机构这几年也是红红火火。2009年，老虎基金5 000万美元注资中小学培训机构——学而思；2010年年初，黑石基金也对杭州一家培训机构投资了3 000万美元。据有关资料显示，中国的整个培训市场规模接近万亿美元。

三、农业

从创业的角度看，我国农村过去几乎是一张白纸，由于新农村、新郊区建设的红火，带动了农民的需求和农村市场的兴旺，催生了大量创业机会，不仅农民创业热情高涨，而且吸引了城里人和大学生前去创业。

如今，城市创业成本高，竞争激烈，农村则生机盎然，优势凸现。农村的劳动力充足，自然资源丰富，创业成本低；逐渐富裕起来的农民，对物质文化生活需求的层次在提高，各地政府相继出台了系列创业资金扶持政策，创业的机会多而且诱人，许多城里人（包括大学生）发现了这一巨大商机，纷纷投入到农村创业大潮之中。

过去一些想尽法子在城市落户的"农转非"消失了，现在出现了"非转农"——即到农村创业的趋势。

四、旅游行业

从未来发展趋势看，中国在线旅游行业会持续保持快速增长态势，因此可以明确的是，市场对于旅游体验师的需求会越来越大。在这种情况下，未来会更加注重网络平台的口碑营销模式，旅游体验师由此会获得更大的发展空间。

五、文化娱乐行业

以前一部大片，赚几百万元都非常不容易。现在，一部投资仅有几千万元的小成本电影，也能达到十几亿元的票房收入。这个票房数字的背后，说明现在的人们对文化需求的渴望。

所谓的新文化的创造产品，不是去抢世界现成的"蛋糕"，而是创造自己特有的"蛋糕"。网络经济与网络文化的融合发展，是当代网络经济与网络文化的一大特色。

六、生物医药行业

生物医药是国家的战略性新兴产业，其制药技术将成为未来创新主动力，也是企业核心竞争力。在对研发人员的薪酬策略上，也可以看到生物医药行业对研发人员的重视程度。

在未来至少10~20年的时间内，国内的生物医药研发大趋势还会继续保持。目前在全球生物医药领域，美国在技术水平和投资上的一国超强局面短期内还无法改变，大量专利非一朝一夕所能追赶。以上海为例，目前上海正加快融入国际生物医药研发链和产业链，打造具有国际影响力的研发服务外包中心。这无疑将使得未来一段时间内国内相关领域对医药研发人员，特别是高端医药研发人员的需求会持续旺盛。

七、健康管理行业

近年来，我国经济发展稳步增长，但在物质生活空前丰富的当下，不合理的饮食习惯及不良的生活方式却对人们的健康产生了巨大的负面影响。相关数据表明，中国亚健康人群已经超过75%，慢性病如脂肪肝、糖尿病、高血压、心脑血管病、肿瘤等已占死亡原因的80%，人们的健康需求已由传统、单一的医疗治疗型，向疾病预防型、保健型和健康促进型转变。社会各阶层的健康需求持续不断提升，健康管理师这一职业也由此应运而生。具体而言，私人健康管理师主要从事的工作包括采集和管理个人健康信息、评估个人健康和疾病危险性、进行个人健康咨询与指导、制订个人健康促进计划、对个人进行健康维护，是融合营养师、保健师、中医师、心理咨询师等多职业特点于一身的综合性职业。

八、老年用品和服务行业

目前我国老年用品和服务的市场需求为每年6 000亿元，但每年为老年人提供的产品服务则不足1 000亿元，供需之间的巨大差距让老龄产业"商机无限"。我国的老年用品和服务行业才刚刚起步，涉及养老机构、医疗保健产品、旅游、房地产等领域，在各方面的专项产品及服务都还亟待开发。

九、智能家居行业

统计数据显示，智能家电就国内而言拥有着过亿的潜在客户，特别是追求生活品质的年轻人，对智能家电的要求高、需求大，是最大的潜在客户群。根据数据预估，智能家电产值2020年将冲破1万亿元，成为家电行业发展最快的关键部分，前景广阔，市场潜力巨大。

目前智能家居市场的4个瓶颈：一是无法抓住客户的痛点需求；二是购买成本高；三是购买和使用的便利性差；四是客户服务跟不上。

十、信息安全分析行业

从宏观角度来分析，越来越大的市场规模，会导致人才需求剧增。智慧城市的建设也对信息安全体系提出了全新的要求，互联网、云计算、大数据、移动支付等领域的应用信息安全逐渐成为市场的主要发展方向。

信息安全分析师已经成为当前比较紧缺的人才。此类人才可在政府机关、国家安全部门、银行、金融、证券、通信领域从事各类信息安全系统、计算机安全系统的研究、设计、开发和管理工作，也可在IT领域从事计算机应用工作。就目前而言，此类职位机会主要集中在一线城市。数据显示，包括北京、上海、广州、深圳等一线城市提供的信息安全分析师职位，占所有监测城市职位总数的7成。此外，包括成都、杭州、武汉等城市，也提供了不少类似的机会。

职业生涯规划

第一节 职业生涯选择的相关理论

职业生涯选择的相关理论主要包括：帕森斯的人职匹配理论，霍兰德（Holland）的职业兴趣理论，罗伊（Roe）的人格发展理论，迈尔斯-布里路斯（Myers-Briggs）人格理论。

一、帕森斯的人职匹配理论

1. 主要观点

1909年，美国波士顿大学教授帕森斯在其《选择一个职业》著作中提出了人与职业相匹配是职业选择的焦点的观点。他认为每种职业对就业者的能力、兴趣等心理特征都有着不同的要求，对每个人的心理特性进行测试，可以判断一个人的就业方向。

帕森斯的人职匹配理论内涵即是在清楚的认识和了解个人的主观条件和社会职业需求条件的基础上，将主观条件与社会职业需求相对照、相匹配，最后选择一种职业需求与个人特长匹配相当的职业。他认为人职匹配理论的前提是：首先，每个人都有一系列独特的个性，这些个性特征是可以客观而有效地进行测量的；其次，为了取得成功，不同职业需要具备不同个性特征的员工；然后，选择一种职业是一个相当易行的过程，而且人职匹配是可能的；最后，个人特性与工作要求之间配合得愈紧密，职业成功的可能性就愈大。帕森斯认为，人们在进行职业选择时首先应该清楚地了解自己的态度、能力、兴趣、智谋、局限和其他特长；其次，应清楚地了解职业选择成功的条件、所需知识，在不同职业上所占有的优势、机会及前途；最后是以上两者之间的平衡。职业选择并不是个人在面临职业选择时的一个事件，它是一个过程，这个过程贯穿人生的各个阶段甚至一生。人职匹配既是一种静态过程，又是一种动态过程，要随个人和职业的变化而调整。人在发展与成长方面都存在着差异，强调人与人之间存在个体差异，是建立在差异心理学基础上的。每个人都具有不同于别人的个性特征，即特性。这种特性与某种职业因素存在着相关性。

该理论认为，人的特性是可以运用科学手段进行客观测量的，职业因素也是可以分析的，职业指导就是要解决人的特性与职业因素相适应的问题，使二者达到合理匹配。也就是说，首先进行人员分析，评价个体的生理与心理特征；其次分析职业对人的要求，并向被指导者提供相关的信息；最后，个人在了解自己特性和职业要求的基础上，借助职业指导者的帮助，选择一项既符合自己特性又有可能胜任的职业。这种理论通过职业指导者测量与评价被指导者的生理、心理特性以及分析职业对人的要求来帮助被指导者进行分析比较，使之在清楚的了解自己和职业因素的基础上作出明智的职业选择。

2. 人职匹配类型

（1）条件匹配。

条件匹配即需要专门技术和专业知识的职业与掌握该种技能和专业知识的择业者相匹配，如脏、累、险等劳动条件很差的职业，需要吃苦耐劳、体格健壮的人与之相匹配。

（2）特长匹配。

特长匹配即某些职业需要有一定特长的人才能从事，如具有敏感、易动感情、不守常规、有独创性、个性强、理想主义等性格特征的人，宜从事审美性的、自我情感表达的艺术创造类型的职业。帕森斯的人职匹配理论，对职业生涯规划和实现人职和谐具有重要的指导意义。

3. 人职匹配理论存在的不足

总体上看，人职匹配理论提供了职业规划的基本原则，并且有较强的可操作性，但是，该理论试图找到个体特征与职业需求之间一一对应的关系，没有充分考虑个体特征中的可变因素，而且工作要求也会随时间而改变。因此，这种人职匹配过于静态的观点和现代社会的职业变动规律不相吻合，也忽视了社会因素对职业规划的影响和制约作用。

二、霍兰德的职业兴趣理论

美国霍普金斯大学心理学教授霍兰德是美国著名的职业指导专家。他于1959年提出了具有广泛社会影响的职业兴趣理论，并编制了"霍兰德职业兴趣测验量表"，该量表能帮助个体发现和确定自己的职业兴趣与能力专长，进而作为个体在求职择业时进行决策的依据。

1. 主要观点

霍兰德认为，职业生涯选择是个人人格特质在工作世界中的表露和延伸，某一类型的职业通常会吸引具有相同人格特质的人，而具有相同人格特质的人对许多生活事件的反应模式也是基本相似的，他们创造了具有某一特色的生活环境（也包括工作环境）。霍兰德还认为，在同等条件下，人和环境的适配性或一致性将会增加个体的工作满意度、职业稳定性和职业成就感。

工作环境与其名称、性质与人格类型的分类大致有6种类型。在工作中，人们会尽量寻找那些能突出自己特长、体现自己价值和能力、令自己愉快的职业。一个现实型的人会尽力去寻找现实型的职业，其他几种人格类型和职业类型的匹配亦然。一个人的行为表现是职业环境类型和人格类型相互作用的结果。如果知道自己的人格类型和职业类型,我们就可以预测自己的职业选择、工作变换、职业成就、教育及社会行为。个人人格类型与职业类型相关程度越高,人们工作的满意度和工作热情越高,工作的稳定性也越强;反之,如果两者的相关性越小,那么人们工作的积极性越难以很好地调动起来,并会更多地选择转换职业等。

2. 职业类型

霍兰德职业兴趣理论认为大多数人的人格特质都可以归纳为6种类型,即现实型、研究型、艺术型、社会型、企业型和常规型。

(1)现实型。

现实型具有运动或机械活动倾向,喜欢需要动手使用工具或机器来完成任务的工作;要求明确的、具体的体力任务和操作技能;需要立即行动和获得强化,较低的人际关系要求,喜欢户外活动。现实型会倾向于选择如下一些职业:制造业、渔业、野生动物管理、技术贸易、机械、农业、技术、林业、特种工程师和军事工作等。

(2)研究型。

调研型具有技术倾向,喜欢科学地解决抽象问题;具备思考和创造能力;社交要求不高;思考任务定向;要求实验室设备但不需要强体力劳动。以下人员就属于研究型的人:实验室工作人员、生物学家、化学家、社会学家、工程设计师、物理学家和程序设计员等。

(3)艺术型。

艺术型具有敏感、情感化、直觉和想象倾向,注重美感,喜欢通过各种媒体表达自己,具有持续的创造动机;倾向于通过语言、动作、色彩和形体表达审美原则;喜好单独工作;能长时间埋头苦干。他们从事的职业主要有艺术设计师、雕刻家、歌唱家、乐队指挥、诗人、剧作家等。

(4)社会型。

社会型具有理想化、乐于助人、善解人意和乐于支持的倾向,喜欢教课、培训他人,致力于提高他人的生活质量;解释和调整人类行为;要求高水平的沟通技能;热情助人;延迟强化;强调威望。社会型的人通常易合作、友好、仁慈、随和、机智、善解人意。他们喜欢的工作环境是那些需要与人建立关系、与群体合作、与人相处以及通过谈话来解决问题和困难的工作环境。他们偏好的主要职业有教学、社会工作、宗教、心理咨询和娱乐等。

(5)企业型。

企业型具有雄心、鼓动性、有活力的倾向,喜欢竞争性和有影响的活动,有实现组织目标或经济目的强烈动机;有说服他人的能力;能胜任督察性角色。适合这类人的职业主要有商业管理、律师、政治领袖、推销员、市场经理或销售经理、体育运动策划者、采购员、投资商、电视制片人和保险代理人等。

(6)常规型。

常规型具有有规则、有效率、尽职的、坚持的、有系统的倾向,喜欢已经界定好的口头和数字任务,坚持按照程序和步骤进行活动;要求系统的、常规的行为;人际技能要求低;规章制度明确。他们多擅长文书或数据类工作,通常会在商业事务性的工作中取得成就。适合这一类人的典型职业有会计、银行出纳、图书管理员、秘书、档案文书、税务专家和计算机操作员等。

3. 类型之间的关系

霍兰德以一个六边形阐述了职业兴趣理论中人格的 6 种类型之间的关系，即现实型（R）、研究型（I）、艺术型（A）、社会型（S）、企业型（E）和传统型（C）（也称为常规型），如图 3-1 所示。它们占据了六边形的 6 个角，各角间相邻类型彼此间具有较高的一致性，即相邻两种类型间有一定的共同特点，而相隔一角的类型之间一致性次之。相对角之间的类型一致性最弱，用虚线表示。如以社会型与现实型为例，社会型的人喜欢帮助别人，在团体中工作，看重人际间的互动；现实型的人则偏好用机器来工作，而不喜欢以人群为工作对象。此外，霍兰德提出了职业选择时应遵循的几个原则。第一，适宜原则，即每种职业人格类型的人适宜从事同种类型的职业，如：S 型人格类型的人从事 S 型职业。第二，相近原则，即每种职业人格类型的人选择从事与人格类型相近类型的职业，比较容易适应，如：S 型人格类型的人从事与其相邻 E 型或 A 型职业。第三，中性原则，即人们选择从事与人格类型成中性关系类型的职业，经过艰苦努力，也较容易适应，如：S 型人格类型的人从事与其相隔一个类型的 C 型或 I 型职业。第四，相斥原则，即人们如果选择与人格类型相斥关系类型的职业，则很难适应，如：S 型人格类型的人从事与其相对立的 R 型职业。

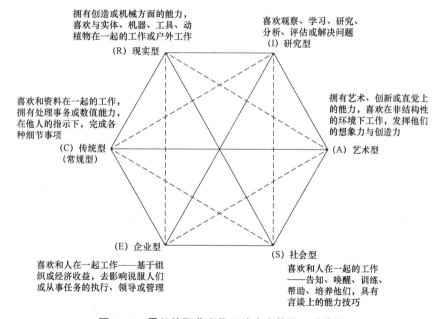

图 3-1　霍兰德职业兴趣理论中人格的 6 种类型

4. 理论应用

霍兰德职业兴趣理论中人格的 6 种类型提出之后，产生了广泛的影响，对职业指导过程的分析、解释和诊断有重大作用，其理论被广泛应用于心理测量工具的编制。在具体的职业生涯规划过程中了解并归纳自己的兴趣、探索及理解工作世界，它与特质因素论有着相似之处，都是提倡人与职业的匹配，在实际应用的过程中，增加了职业选择的范围，并且简单易行。所以有许多被广泛使用的测量工具都以霍兰德的类型理论为依据，如霍兰德本人编制的自我探索量表、斯特朗兴趣量表、库德兴趣量表、电脑职业生涯辅助系统"发现者"和我国的北森职业兴趣测评软件等。这些量表或软件都可以作为个人进行自我探索和职业选择的有用工具。

三、罗伊的人格发展理论

罗伊是一位临床心理学家，她的人格发展理论在20世纪60年代提出，她依据自己所从事的临床心理学经验及对各类杰出人物有关适应、创造、智力等特质的研究结果，综合了精神分析论、莫瑞的个性理论与亚伯拉罕·马斯洛的需求层次论，形成了其人格发展理论。

1. 主要观点

罗伊的理论试图说明遗传因素和儿童时期的经验对于未来职业行为的影响。罗伊认为，早年经验会增强或削弱个人高层次的需求，进而影响人的职业生涯发展。她特别强调了早期经验对个体以后的择业行为的影响。

罗伊的理论假设每个人天生就有一种扩展心理能量的倾向，这种内在的倾向配合着个体不同的童年时期的经验，塑造出个人需求满足的不同方式。而每一种方式对于职业生涯选择行为都有不同的意义。

罗伊认为，需求满足的发展与个人早期的家庭氛围及成年后的职业选择有着密切的关系。如在个体成长过程中，父母对他（她）是接纳的还是排斥的；家中氛围是温暖的还是冰冷的；父母对他（她）的行为是自由放任的还是保守严厉的，这些所产生的影响都会反映在个人所做的职业选择上。

2. 亲子关系与职业选择

罗伊认为父母对个体早期的教养方式，对其今后的职业选择有很大的影响。她把父母对孩子管教的态度依据"温和"与"冷漠"的基本方面，大致划分为3种类型、4种情况。

第1种类型："关心孩子型"中的"过度保护型"父母，会毫无保留地满足孩子的生理需求，却不见得能满足孩子对爱与自尊的需求，即使这些需求都能得到满足，孩子的行为未必表现出社会认可的行为。所以，在这类氛围下长大的孩子，日后会显示出较多的人际交往倾向，而不是显示出防御的状态。而"过度要求型"的父母，对于孩子需求的满足往往附加某些条件，也就是当孩子表现出顺从的行为，或表现出父母认可的成就行为时，其生理需求或爱的需求才能得到满足，这种在父母的高标准严要求下长大的孩子会变成完美主义者。他们会为表现得不够完美而焦虑，因而在作职业选择时较为困难。

第2种类型："逃避型"父母的教养态度下，无论是受到拒绝或忽视，孩子需求谈不上高级需要的满足。所以，这类孩子日后会害怕和他人相处，宁可在自己的工作岗位上，靠自己的努力满足自己的需求。

第3种类型："接纳型"家庭的氛围大体上是温暖的。在温暖、民主气氛下长大的孩子，各类层次的需求不会得不到满足，长大之后也能作出独立的选择。

总之，童年的经验与职业选择有极大的相关。每一个家庭对于孩子的养育方式都不尽相同，养育方式上的差异，致使个人各种心理需求的满足方式与程度也会有层次上的出入。因此，父母的教养态度对孩子的职业选择有重要的影响力，应该让孩子从小去发展自己的能力倾向及职业的兴趣，这样他们对终身的择业行为才有正确的观念及选择的能力，也愿意承担选择后的责任。

四、迈尔斯－布里格斯（Myers–Briggs Type Indicator，MBTI）人格理论

迈尔斯－布里格斯人格理论由美国的心理学家凯瑟琳·布里格斯和同是心理学家的女儿伊莎贝尔·迈尔斯根据瑞士著名的心理学家卡尔·古斯塔夫·荣格的心理类型理论以及她们对于人类性格差异的长期观察和研究而改编成的。经过了长达 50 多年的研究和发展，广泛地应用于职业发展、职业咨询、团队建议、婚姻教育等方面。其中，迈尔斯－布里格斯人格类型量表（Myers–Briggs Type Indicator，MBTI）将人格类型分为四个维度，即 E（外向）—I（内向）、S（感觉）—N（直觉）、T（思考）—F（情感）、J（判断）—P（知觉）。每个维度有 2 个方向，共计 8 个方面，即共有 8 种人格特点，其中两两组合，可以组合成 16 种人格类型，具体类型如下。

1. ISTJ 类型

这种类型的人，潜在的缺点具体表现为因重视日常工作而忽视具有长远意义的目标，可能忽视人际交往的细节，工作方法刻板、不灵活，对变革较少持开放态度，期望他人与自己一样注意细节和服从管理程序。这种类型的人除了关注现实问题以外，需关注更深远的、定向于未来的问题；需考虑人的因素，向他人表达其应得的赞美，尝试寻找新的选择；需培养耐心，应付那些需要用不同方式沟通或忽视规则和程序的人。

这种类型的人适合的领域包括工商业、金融银行业、政府机构、技术、医务。适合的职业包括审计师、会计、财务经理、办公室行政管理、后勤和供应管理、公务（法律、税务）执行人员、银行信贷员、成本估价师、保险精算师、税务经纪人、税务检查员、机械和电气工程师、计算机程序员、数据库管理员、地质和气象学家、法律研究者、律师、外科医生、药剂师、实验室技术人员、牙科医生、医学研究员等。

2. ISFJ 类型

这种类型的人，潜在的缺点是过于谨慎小心，尤其是对待未来的发展过于谨慎，在向他人表明自己观点时，通常显得意志不太坚定，因安静、忘却自我的特性而低估自己的能力，过度依赖以往的经验，不能根据环境和其他需要灵活调整工作方法。这种类型的人在工作中需要进行风险评估，以积极、全面的观点看待未来；需要更自信和直率，学会宣扬自己的成就；需要对其他形式的做事方式保持开放态度。

这种类型的人适合的领域无明显领域特征，可以是医护领域、消费类商业、服务业领域等；所适合职业可以是行政管理人员、总经理助理、秘书、人事管理者、项目经理、物流经理、律师助手、零售店和精品店业主、大型商场和酒店管理人员、室内设计师等。

3. INFJ 类型

这种类型的人，潜在的缺点是面对批评不太坦率，因不愿强迫别人而过度保守，仅从单一维度考虑他们认为对将来最有益的事。这种类型的人在提出自己的观点时，需发展政治领

悟力和自主性；需要学会及时给他人建设性的反馈，需要不断征求他人的建议和获得他人反馈；需要以更放松和开放的态度面对现状。

这种类型人的适合的工作领域有咨询、教育、科研等领域，文化、艺术、设计等；适合的职业有心理咨询工作者、心理诊疗师、职业指导顾问、大学教师（人文学科、艺术类）、心理学、教育学、社会学、哲学及其他领域的研究人员，以及作家、诗人、剧作家、电影编剧、电影导演、画家、雕塑家、音乐家、艺术顾问、建筑师、设计师等。

4. INTJ 类型

这种类型的人，潜在缺点是态度强硬，导致他人不敢接近，而且通常会默认他人也认同自己的观点，长期不与他人交流，有可能经常很难实际操作、想法过于理想化，过度关注任务本身而忽略他人的意见。这种类型的人应该将自己的个性化工作方式和想法说出来，多征求他人的意见和建议，和参与任务的人尽早沟通，讨论自己的想法和计划，当事实或资料不能支持自己的想法和计划时，应面对现实，并需要肯定并承认他人的贡献。

这种类型的人适合的领域有科研、科技应用、技术咨询、管理咨询、金融、投资领域、创造性行业等；适合的职业有各类科学家、研究所研究人员、设计工程师、系统分析员、计算机程序师、研究开发部经理等，各类技术顾问、技术专家、企业管理顾问、投资专家、法律顾问、医学专家、精神分析学家等，经济学家、投资银行研究员、证券投资和金融分析员、投资银行家、财务计划人、企业并购专家、各类发明家、建筑师、社论作家、设计师及艺术家等。

5. ISTP 类型

这种类型的人，潜在的缺点是只关注对自身重要的事情对其他事情漠不关心，在先前的努力获得成果之前，缺少坚持，努力程度不够，过度注重有利性而想走捷径，而且犹豫不决，对工作欠缺兴趣、活力和坚持等。这种类型的人需要增强开放性，多关心他人，与他人共享信息，需改变沟通模式，加强工作计划性，在付出更多努力以取得想要的成果时需调整设置和保持目标的方法。

这种类型的人适合的领域有技术、证券、金融业、贸易、商业领域、户外、运动、艺术等；适合的职业有机械、电气、电子工程师、各类技术专家和技师、计算机硬件、系统集成专业人员等，证券分析师、金融、财务顾问、经济学研究者等，贸易商、商品经销商、产品代理商（有形产品为主），以及警察、侦探、体育工作者、赛车手、飞行员、雕塑家、手工制作、画家等。

6. ISFP 类型

这种类型的人，潜在的缺点是可能过于信任他人，不愿对他人提供的信息持怀疑态度，为避免冲突而不批评他人，只关注眼前的损失，过度自我批评，容易受伤害。这种类型的人需要能以怀疑的态度去分析他人提供的信息，需学会给他人负面反馈，处理好冲突，需发展更广阔、更朝向未来定向的观念，需对他人更果断，对自己更肯定。

这种类型的人适合的领域有手工艺、艺术、医护、商业、服务业等；适合的职业有时装、首饰设计师、装潢、园艺设计师、陶器、乐器、卡通、漫画制作者、素描画家、舞蹈演员、画家等，出诊医生、出诊护士、理疗师、牙科医生、个人健康和运动教练等，餐饮业、娱乐业业主、旅行社销售人员、体育用品销售员、个人理疗用品销售员等。

7. INFP 类型

这种类型的人，潜在的缺点是常因完美倾向而延误完成任务的时间，因为一次行为想令太多人满意，不能调整理想，适应客观现实，思考多于行动。这种类型的人需要学会怎样工作而不是只注意寻求理想的结果；需要发展更坚强的意志，并愿意说"不"；需要用自己的标准区分事实和逻辑；需要建立和执行合理的行动计划。

这种类型的人适合的领域有创作类、艺术类、教育、研究、咨询类等；适合的职业有各类艺术家、插图画家、诗人、小说家、建筑师、设计师、文学编辑、艺术指导、记者等，大学老师（人文类）、心理学工作者、心理辅导和咨询人员、社科类研究人员、社会工作者、教育顾问、图书管理者、翻译家等。

8. INTP 类型

这种类型的人，潜在的缺点是思维过于抽象，想法过于理性化，解释问题太理论化，总是过分注意团队中一些细枝末节地方，可能以批评式分析的方式对待他人，不考虑个体感受。这种类型的人需要注意观察现实生活中的细节，确定完成任务的具体步骤；需要能简单地陈述事实，在获得与他人的合作机会中，放弃无足轻重的问题，更好地认识他人，更多地表达对他人的赞赏。

这种类型的人适合的领域有计算机技术、理论研究、学术领域、专业领域、创造性领域等；适合的职业有软件设计员、系统分析师、计算机程序员、数据库管理、故障排除专家等，大学教授、科研机构研究人员、数学家、物理学家、经济学家、考古学家、历史学家等，证券分析师、金融投资顾问、律师、法律顾问、财务专家、侦探等，以及各类发明家、作家、设计师、音乐家、艺术家、艺术鉴赏家等。

9. ESTP 类型

这种类型的人，潜在的缺点是当某种行为快速进行时，会显得苛求、强硬、反应迟钝，精力过分集中在即时行为中，从而失去了行为更广阔、更深远的意义，很快就转移到下一个待解决的问题上，不能将原来的问题坚持到底。解决目前的问题时，又会被工作以外的其他娱乐活动所吸引，如体育运动和其他娱乐活动。这种类型的人需考虑他人的情绪；需在快速做出决定之前，事先规划；需优先完成目前的工作；需以适当的观点把握工作和娱乐之间的分寸。

这种类型的人适合的领域有贸易、商业、服务业、金融证券业、娱乐、体育、艺术领域等；适合的职业有各类贸易商、批发商、中间商、零售商、房地产经纪人、保险经济人、汽车销售人员、私家侦探、警察等，餐饮、娱乐及其他各类服务业的业主、主管、特许经营者、自由职业者等，股票经纪人、证券分析师、理财顾问、个人投资者等，娱乐节目主持人、体育节目评论人、脱口秀演员、音乐和舞蹈表演者、健身教练、体育工作者等。

10. ESFP 类型

这种类型的人，潜在的缺点是为保持和谐，过度强调主观性论据，行动前不太考虑眼前的事实，可能会花太多的时间在社会关系维护上而忽视任务本身的意义，做事情常常有始无终。这种类型的人在减少非个体性冲突、做决策时需理智分析决策的意义，在进行管理工作前应事先制订计划；需要平衡花费在任务和社交上的时间；需致力于完成制订好的计划，对时间进行管理。

这种类型的人适合的领域有消费类商业、服务业、广告业、娱乐业、旅游业、社区服务等；适合的职业有精品店、商场销售人员、娱乐、餐饮业客户经理、房地产销售人员、汽车销售人员、市场营销人员（消费类产品）等，广告企业中的设计师、创意人员、客户经理、时装设计和表演人员、摄影师、节目主持人、脱口秀演员等，以及旅游企业中的销售、服务人员、导游、社区工作人员、志愿工作者、公共关系专家、健身和运动教练、医护人员等。

11. ENFP 类型

这种类型的人，潜在的缺点是经常在还没完成已经制订好的计划之前，又转移到新的想法和计划上，忽视相关的细节和事实资料，过分扩展想法，想要尝试做的事情太多，因寻求可能的最佳结果而拖延工作。这种类型的人需要根据任务的重要性，事先做好安排，先做最重要的任务并坚持完成；需要关注重要的细节；需要学会筛选任务，不要试图去完成一切具有吸引力的任务，为达成目标，需使用制订计划和管理时间的技巧。

这种类型的人适合的领域有广告创意、广告撰稿、市场营销和宣传策划、市场调研、艺术指导、公关专家、公司对外发言等；适合的职业有儿童工作教育者、大学老师（人文类）、心理学工作者、心理辅导师和咨询人员、职业规划顾问、社会工作者、人力资源专家、培训师、演讲家等，记者（访谈类）、节目策划和主持人、专栏作家、剧作家、艺术指导、设计师、卡通制作者、电影、电视制片人等。

12. ENTP 类型

这种类型的人，潜在缺点是过多依赖模型而忽略现实状况，因竞争心强烈而不会欣赏他人的付出；因过分扩展自己而筋疲力尽，可能会抵制正规的程序和准则。这种类型的人需要注意各个方面的因素和基本的事实；需要承认他人贡献的有效性；需要设立现实性的开始与结束的期限，知道何时该结束；需要学会怎样在组织里工作。

这种类型的人适合的领域有项目策划、投资银行、自我创业、市场营销、公共关系、政治等；适合的职业有投资顾问（房地产、金融、贸易、商业等）、各类项目的策划人和发起者、投资银行家、风险投资人、企业业主（新兴产业）等，市场营销人员、各类产品销售经理、广告创意、艺术总监、访谈类节目主持人、制片人等，公共关系专家、公司对外发言人、社团负责人、政治家等。

13. ESTJ 类型

这种类型的人，潜在的缺点是决策太迅速，也给他人施以压力，不能察觉变革的需要，因为相信一切都在正常运作，在完成任务的过程中，忽视人际关系的细节，长期忽略自己的感受和行为准则。这种类型的人决策之前需考虑各种因素（包括人的因素）；需要促使自己看到他人要求变革而获得的利益；需做特别的努力，学会赞赏别人；需从工作中抽出时间考虑和识别自己的情感和价值观。

这种类型的人适合的领域无明显特征；适合的职业是大、中型外资企业员工、业务经理、中层经理（多分布在财务、营运、物流采购、销售管理、项目管理、工厂管理、人事行政部门）、职业经理人、各类中小型企业主管和业主等。

14. ESFJ 类型

这种类型的人，潜在的缺点是避免冲突和回避矛盾，因致力于令他人满意而忽略自我，提供自己认为是对组织和他人最好的建议，客观地反思过去、展望未来。这种类型的人需学会注意差异性以及如何处理冲突；需学会分离出自己的需要；需学会更客观地听取他人真正的需要；在做决策时，需考虑决策的客观性和全局性。

这种类型的人适合的领域无明显特征；适合的职业有办公室行政或管理人员、秘书、总经理助理、项目经理、客户服务部人员、采购和物流管理人员、内科医生及其他各类医生、牙科医生、护士、健康护理指导师、饮食学、营养学专家、小学教师（班主任）、学校管理者、银行、酒店、大型企业客户服务代表、客户经理、公共关系部主任、商场经理、餐饮业业主和管理人员等。

15. ENFJ 类型

这种类型的人，潜在的缺点是可能会将他人理想化，因而会遭受他人表面忠诚的蒙蔽，回避有可能导致冲突的问题，因重视人际关系而忽视任务，过度自我批评。这种类型的人需要认识他人的局限性，捍卫真正的忠诚；需要学会合理地处理冲突；需要学会同时关注任务中的细节问题和完成任务的人；需要认真听取客观的评价，少做一些自我批评。

这种类型的人适合的领域有培训、咨询、教育、新闻传播、公共关系、文化艺术等；适合的职业有人力资源培训主任、销售、沟通、团队培训员、职业指导顾问、心理咨询工作者、大学教师（人文学科类）、教育学、心理学研究人员等，记者、撰稿人、节目主持人（新闻、采访类）、公共关系专家、社会活动家、文艺工作者、平面设计师、画家、音乐家等。

16. ENTJ 类型

这种类型的人，潜在的缺点是关注任务而忽视人们的需要和对组织的贡献，忽略对现实的考虑和对现实局限性的认识，决策太迅速，缺乏耐心，盛气凌人，忽视和抑制自己与他人的情感。这种类型的人需要考虑人的因素，赞赏他人对组织的贡献；行动前需先检查现实的、人力的、环境的资源是否可获得；决策前需花些时间考虑和反思各个方面的因素；需要学会鉴别和重视自己和他人的情感。

这种类型的人适合的领域有工商业、政界、金融和投资，还有管理咨询、培训、专业性等；适合的职业有各类企业的高级主管、总经理、企业主、社会团体负责人、政治家等，投资银行家、风险投资家、股票经纪人、公司财务经理、财务顾问、经济学家等企业管理顾问、企业战略顾问、项目顾问、专项培训师等，以及律师、法官、知识产权专家、大学教师、科技专家等。

五、佛隆的择业动机理论

1. 主要观点

美国心理学家佛隆 1964 年在《工作和激励》一书中提出了解释员工行为激发程度的期

望理论。佛隆认为，个体行为动机的强度取决于效价的大小和期望值的高低，动机强度与效价及期望值成正比，公式为：$F=V×E$。式中，F 为动机强度，是指积极性的激发程度，表明个体为达一定目标而努力的程度；V 为效价，是指个体对一定目标重要性的主观评价；E 为期望值，是指个体对实现目标可能性大小的评估，即目标实现概率。

2. 个体行为动机的决定因素

个体行为动机的强烈程度取决于效价大小和期望值的高低。效价越大，期望值越高，个体行为动机越强烈，就是说了为达到一定目标，他将付出更大努力。如果效价为零乃至负值，表明目标的实现对于个人毫无意义。在这种情况下，目标实现的可能性再大，个人也不会产生追逐目标的动机，不会为此付出任何积极性努力；如果目标实现的概率为零，那么无论目标实现意义多么重大，个人同样不会产生追求目标的动机。例如，一名大学毕业生去应聘保姆，被聘用的可能性是很大的，几乎不需要多少努力就可以实现，但这不是大学毕业生的奋斗目标，所以，很少有大学毕业生去应聘这个职位；另一方面，一个大型企业招聘高级经理，这个职位对很多大学毕业生都具有很强的吸引力，是他们梦寐以求的职位，但是，对于一个普通高校毕业的、各方面能力都很一般的高校毕业生而言，能获得这个职位的可能性很小。

佛隆将这一期望理论用来解释个人的职业选择行为，即个人如何进行职业选择。

择业动机=职业效价×职业概率

职业效价=职业价值观×职业要素评估

职业概率=竞争系数×竞争能力×随机性

择业动机表示择业者对目标职业的追求程度，或者对某项职业选择意向的大小。职业效价是指择业者对某项职业价值的评价，职业效价取决于择业者的职业价值观以及择业者对某项具体职业要求，如兴趣、劳动条件、工资、职业声望等的评估。职业概率是指择业者获得某项职业可能性的大小，通常取决于3个条件：即竞争系数、择业者的竞争能力和其他随机因素。竞争系数是指该项职业的需求量与谋求该职业的劳动者人数的比值，即：竞争系数=该项职业的需求量÷谋求该职业的劳动者人数。在其他条件一定的情况下，竞争系数越大，职业概率越大。

综上所述，择业动机=职业价值观×职业要素评估×竞争系数×竞争能力×随机性。

择业动机公式表明，对择业者而言，某项职业的效价越高，获得该项职业的可能性越大，择业者选择该项职业的意向或者倾向越大；反之，某项职业对择业者而言，其效价越低，获得该项职业的可能性越小，择业者选择这项职业的倾向也就越小。择业动机理论表明，择业动机的大小，不仅取决于个人的主观因素，更取决于社会的客观条件；不仅取决于某些职业对个人的吸引程度，还取决于获得这些职业的可能性大小等因素。

第二节　当代大学生职业生涯规划

面对未来，大学生在确立重大目标时显得迷茫踌躇，作重要决策时显得惶恐不安，不知自己当下的决策会为将来的人生带来哪些改变；不知自己在人生蓝图上画出的是怎样一笔。那么，大学毕业生在进行职业规划以及就业的时候，如何能够作出有利于自身长远发展的职业决策呢？

一、确立职业生涯目标

一句英国谚语说得好："对一艘盲目航行的船来说，任何方向的风都是逆风。"目标是我们行动的指南针。对一个人的职业生涯来说，确立合理的目标显得尤为重要。

1. 职业生涯目标概述

（1）职业生涯目标的含义。

美国成功学专家拿破仑·希尔（Napoleon Hill）在《一年致富》中有这样一句名言："一切成就的起点是渴望。"一个人追求的目标越高，他发展得就越快。一心向着自己目标前进的人，整个世界都会给他让路。希尔认为，所有成功，都始于确立一个明确的目标，当对目标的追求变成一种执着时，你就会发现你离这个目标越来越近。

所谓职业生涯目标，是指个人在选定的职业领域内未来所要达到的具体目标，是个人在职业领域理想的具体化。它既代表着个体的理想追求，也指引着个体的行动方向。职业生涯目标是未来某时点要达到的成就。不同时点的成就是不一样的，每一时点的成就也有不同的内容。

职业生涯目标是个人一生职业发展的方向、设想和希望达到的目的地。为了有效的实现自我价值、争取在事业上取得更大的成就，每个人都需要对个人所从事的职业以及要为之服务的工作单位和组织、要担负的职务以及在工作岗位上的发展道路进行全面的规划。

大学生职业生涯目标是指大学生根据社会期望和自身发展的需要，确立自我奋斗目标和发展方向。树立职业生涯目标不仅可以为大学生的自我发展提供导向，也有利于调动大学生的积极性、主动性和创造性；既是大学生自我发展的出发点和归宿，也是大学生自我发展的核心问题。

（2）职业生涯目标的作用。

① 职业生涯目标能让我们的人生更有价值。当一个人认为自己的目标并不重要时，他为达到目标所付出的努力就没有什么价值；如果认为自己的目标很重要，情况就会相反。因此，人们必须把目标建立在自己的理想之上，如果我们的各个目标组成了我们所珍视的理想，那么我们就会感受到为之付出的努力是有价值的。

少数人忙碌一生，却总是不能全力发挥某个领域的特长。这是为什么呢？《激励你一生》的作者李胜杰指出："其实，原因很简单，他根本没有自己的人生目标。"所以，只有当一个人知道自己想要什么时，才会全力以赴地向自己的目标前进。"一颗种子可以孕育出一大片森林。"同样，职业生涯规划可以成就精彩的未来。面对精彩的大学时光和漫漫的人生路途，让我们选定目标，从今天着手，从现在出发。

② 职业生涯目标可以激发潜能和产生积极的心态。明确具体的目标是我们努力的依据，能让人产生战胜一切的动力。欧尔·奈丁盖尔说："要谋求幸福，我们的人生就不能没有一个远大目标。"也就是说，没有远大目标的人，即使有巨大的能力，也很难取得成功。

当一个人下定决心之后，就没有什么能够阻止他达到目标。一旦有了成功的渴求，就会产生强烈的使命感与责任感，并为之拼搏。有位哲人说过："决心攀登高峰的人，总能找到道路。"强烈的动机可以驱使人超越诸多困境。如果你至今仍不清楚自己希望达到怎样的人生高度，那么请把你的目标写下来，矢志不渝地向着心中的目标进发，这样，你就会敏锐地捕捉到成功的契机，顺利抵达理想的彼岸。只有当我们给自己的人生设定了目标之后，我们内心深处那个勇敢、坚定、执着、不畏艰险的"我"才会走出来，才能最大限度地激发自己的潜能，更好地迎接人生路上的各种挑战。要发挥自身的潜力，我们必须全神贯注于自己有优势并且会有高回报的目标。远大的目标能促使我们集中精力，当我们不停地向自己的优势方面努力时，这些优势就会得到进一步发展。目标是人努力的方向和依据，也是一种鞭策和鼓励。随着分步目标的实现，你就会有收获感和成就感，这种感觉会产生积极的心态，积极的心态会促使你更积极地投入到最终目标的实现当中。另外，随着目标的逐步实现，你对自己的能力越来越清楚，这也提供了一种自我评估的重要手段。你可以不断纠正自己行动中的偏差，根据与目标的差距来衡量所取得的进步程度，测得自己的效率，从而更加充满信心地前进。

③ 职业生涯目标能使我们更好地把握现在。目标对目前的工作具有指导意义。现在是未来的一部分，因而要把握现在、重视现在。回顾过去，可以借鉴历史的经验和教训，可以从成功的案例中汲取营养，从失败的实践中获得警戒；展望未来，使人充满信心和期望。为了未来的愿景，当然需要切实把握现在。有人比喻说，过去是一张注销的支票，未来是一张期票，现在是手里的现金。

任何理想的实现，都需要制订并且达到一连串的目标。每个重大目标的实现，都是几个小目标实现的结果。我们现在的种种努力都是为实现未来的目标铺路，做好现在，才能成就未来。

（3）职业生涯目标的要素。

① 认清自己，自我分析。在设立职业生涯目标之前，首先要认清自己，进行自我分析。俗话说："知己知彼，百战不殆。"可见，知己是首要条件。所谓自我分析，是指对自我进行理性、深刻、全面的分析，比自我介绍更深刻，同时又包含自我评价的内容。步入了高校的大门，自主选择了专业，也就确定了今后择业的大方向。随着知识的积累、视野的开阔、阅历的增加，每个人都在不断地变化、进步，自我分析的方法也应该不断地更新。通过分析自己的性格、兴趣爱好、专业技术等方面的优缺点，衡量自己想干什么、能干什么、准备了什么等，明确哪些工作能够规避自己的短处而发挥自己的长处，进而为职业生涯目标的确立打下一个良好的基础。

② 职业生涯目标设立要合情合理，符合实际。设立职业生涯目标不是一蹴而就的事，它需要沉下心来长时间仔细思考。目标必须立足于现实。我们常常会误认为目标越高越好，觉得目标订高了，哪怕只完成了80%，也是不错的成绩，事实上，好高骛远的目标只会让人迷失方向。相反，倘若目标高度合适，并将长期目标设定成一个个中期目标，再将中期目标设定成一个个短期目标，把这些量化的具体目标当作人生路上的里程碑，把行动与目标不断地进行对照，清楚自己与目标的差距，就会将目标化成拼搏的动力，激发出自身潜能，在奋进中更加自信、积极、乐观、从容，克服一切困难，顺利抵达理想的彼岸。

③ 结合社会需要及所学专业。大学生学习的现实目的是就业，就业作为一种社会活动，必定会受到社会需要的制约，如果知识、观念脱离社会需要，就很难被社会接纳。大学生要根据社会需要，加强自身能力、提高自身素质、完善自己的人格，做到社会需要与个人能力相统一，社会需要与个人愿望的有机结合。专业匹配是我们进行职业生涯规划的目标之一。

每个专业都有一定的培养目标和就业方向、就业领域，这就是职业生涯规划的基本依据。求职过程中如果不能实现专业与职业的匹配，势必付出转换成本，这对个人和社会都是巨大的浪费。因此，大学生在进行职业生涯规划时一定要了解专业、分析专业、强化专业知识与技能的掌握，以专业特色和能力要求为导向，规划自己的学习与生活，力争实现专业与职业的匹配。

④ 职业生涯目标贵在及时调整。任何事物的发生和发展过程都不是一成不变的，职业生涯目标的设立亦是如此。职业生涯规划是长期持续的过程，随着环境和自身的变化，需要不断地进行评估与修改。这不仅是对自我不断认知的过程，也是对社会不断认知的过程，是使职业生涯规划更加有效的有力手段。设计出职业生涯目标后，很快会随着社会环境的变化而不合实际。事实上，目标最终的实现要靠比较客观的职业生涯规划和及时的管理与调整。调整的方式有多种，宜采取"积小成功为大成功"的做法，先采用结合现实的职业生涯规划模式，如制订自己的短、中、长期职业生涯规划，累积足够的自信与能力后，再渐渐采用自我实现的职业生涯规划模式，在中、长期内致力于实现自我目标，最终实现理想。

2. 职业生涯目标的选择原则

职业生涯目标的确立要完整，目标规划要涵盖身体、生理、认知、社会、情绪、人格等内容。职业生涯目标的设立一定要清楚，可以量化，一件件具体的事情，一个个量化的具体目标，就是人生路上的里程碑。每一次短期职业生涯目标的实现都是对自己的一次评估、一次安慰、一次鼓励、一次肯定。职业生涯目标必须合理，不实际的职业生涯目标只会造成不必要的压力和挫折感。职业生涯目标确立下来后并非绝不更改，随着对目标的了解和自身情况的变化，可对其进行弹性调整。

（1）职业生涯目标选择的原则。

职业生涯目标的选择一般遵循以下 4 个原则。

① 择己所爱。从事一项你所喜欢的职业，你的职业生涯也会从此变得妙趣横生。兴趣是最好的老师，是成功的基础。在设计自己的职业生涯时，必须分析自己的兴趣，择己所爱，选择自己所喜欢的职业。

② 择己所长。任何职业都要求从业者掌握一定的技能，具备一定的能力。而一个人一生中不可能将所有技能全部掌握，所以你在进行职业选择时必须择己所长，注重发挥自己的优势。运用比较优势原理充分分析他人与自己，尽量选择去从事能够发挥自己特长的职业。

③ 择己所利。职业是个人谋生的手段，其目的在于追求个人幸福，所以，你在择业时，首先考虑的是自己的预期收益——个人幸福最大化。明智的选择是在由收入、社会地位、成就感和工作付出等变量组成的函数中寻找最大值，这就是选择职业生涯目标中的收益最大化原则。

④ 择世所需。社会的需求不断演化着，旧的需求消失，新的需求不断产生，新的职业也因此不断产生。所以，在进行自己的职业生涯目标选择时，一定要分析社会需求，择世所需。最重要的是，目光要长远，能够准确预测未来行业或者职业发展的方向，再作出选择。

（2）树立职业生涯目标的 SMART 模式。

有的人活了一辈子却根本不知道自己要的是什么，忙忙碌碌，随波逐流，浪费了许多宝贵的时间；有的人在进入职场之前就找到了自己人生的意义及生命的方向，并为之奋斗，在奋斗过程中获得了莫大的成就感和满足感。

所有成功人士都有一个突出的特征，就是生活的方向性，即始终对自己的去向一清二楚。他们有目标也有行动，知道自己要做什么，也知道应该怎样去做。

职业生涯目标的 SMART 模式，是指具体的（Specific）、可衡量的（Measurable）、可行的（Achievable）、相关的（Releiant）以及有时限的（Time bound）。

① 具体的。目标要尽量具体，不要用含糊笼统的语言。例如"我的目标是更好的利用时间"，这不是一个具体的目标，可以改为"我一天只能花不超过一个小时的时间来看电视。"

② 可衡量的。目标必须能量化，可测定，这样你才有一个可以衡量成功或者失败的标准，从而可以准确地评价你是否达到了自己树立的目标。可衡量，往往需要有数字，把目标量化。

③ 可行的。目标具有可实现性。一个目标必须是可以实现的或者说经过努力是可以实现的，要确保你的目标在可以实现的范围内。目标之所以为目标，正是因为我们当前还不能达到它，所以，它是作为一种可能性而存在的。但是，一个人的目标还需要切实可行，要兼顾切实可行性和富有挑战性。

④ 相关的。工作目标的设定，要和岗位职责相关联。如果设定的目标与岗位职责完全不相关，或相关度很低，那么这个目标即使达到了，意义也不大。

⑤ 有时限的。你怎么知道自己已经取得进步了？这就是为什么要在总目标之下建立一些循序渐进的小目标，这就像在你前进的道路上一个个的里程碑。这样，对照着自己的总目标，你就可以每隔一段时间检查一下自己的进展情况了。

3. 职业生涯目标的分解

职业生涯可用一系列的阶段来表示。职业生涯目标的分解是根据观念、知识、能力差距，将职业生涯的远大目标分解为有时间规定的长、中、短期分目标，直至将目标分解为在确定日期可以完成的具体步骤。目标分解是将目标清晰化、具体化的过程，是将目标量化成可操作实施方案的有效手段。

目标分解的方法，最常用的是按时间与性质分解，如图3-2所示。

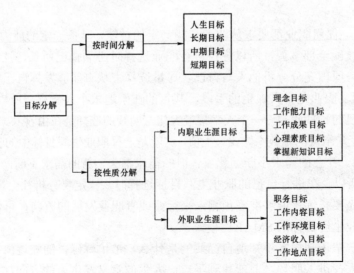

图3-2 职业生涯目标的分解方法

（1）按时间进行分解。

职业生涯目标按照时间可以分为人生目标和阶段目标。人生目标是生涯目标的最高点，也是最终生涯目标；阶段目标是在通往人生目标的过程中所设立的，是人生目标的分解。

人生目标是整个人生的发展目标，时间长达40年左右。一般说来，短期目标服从于中期目标，中期目标服从于长期目标，长期目标又服从于人生目标。实施目标，通常是从具体的、短期的目标开始。大凡成功者，都有明确的人生目标，有了人生目标，人生的航船才有方向，才不会随波逐流。但是，有了人生目标却不一定就成功，就好像一叶扁舟在驶向遥远目标的过程中，会因各种原因到不了目的地。

阶段目标是实现人生目标征途中的一盏盏航灯或路标。阶段目标按时间可以分解为短期目标、中期目标和长期目标。一项职业生涯规划所涉及的阶段目标既有长期的，也有中期和短期的，10年以上的目标为长期目标，1～10年之间的目标为中期目标，1年以内的目标为短期目标。

① 长期目标。长期目标时间为10年以上。长期目标通常比较粗略、不够具体，可能随着内外部环境的变化而变化，在设计时以勾画轮廓为主。

② 中期目标。中期目标一般为1～10年。中期目标相对长期目标更加具体一些，如参加一些旨在提高技术水平的培训并获得等级证书等。整个大学生涯阶段的任务目标就属于中期目标。

③ 短期目标。短期目标通常是指1年以内的目标，是中期目标和长期目标的具体化、现实化和可操作化，是最清晰的目标。

（2）按性质进行分解。

职业生涯目标按性质可以分解为外职业生涯目标和内职业生涯目标。

① 外职业生涯目标。外职业生涯目标是指在职业生涯过程中所经历的职业角色（职位）及获取的物质财富的总和。它是依赖于内职业生涯的发展而增长的。外职业生涯目标通常由别人决定、给予、认可，也容易被人否定、收回或剥夺。外职业生涯目标侧重于职业过程的外在标记，包含工作单位、工作职务、工作内容、工作环境、工作地点、收入、福利待遇、声望、职位等。外职业生涯目标的各因素通常是别人给予的。

② 内职业生涯目标。内职业生涯目标是指在职业生涯发展中通过提升自身素质与职业技能而获取的个人综合能力、社会地位及荣誉的总和。它是别人无法替代和窃取的人生财富，侧重于在职业生涯过程中知识、经验的积累，观念、能力的提高以及内心的感受。这些因素不是由别人所赐予，而是通过努力自己获得和掌握的。内职业生涯目标主要包括以下4个方面。

第一，工作能力目标：主要指能与上级领导无障碍沟通的能力；组织大型公共关系活动的能力；组织结构设计的能力等。

第二，心理素质目标：主要指能经受住挫折、承受起成功，临危不惧、荣辱不惊。心理素质可以通过情绪智力的培训来提高。

第三，观念目标：主要指对人、对事的态度和价值观。观念目标是在工作学习中逐步形成的一种观念或态度。

第四，工作成果目标：主要指发现和应用新的管理方法，创造新的业绩等。工作成果本身属于外职业生涯目标,但在取得工作成果的过程中取得的知识、经验等属于内职业生涯目标,强调取得工作成果的内心收获和成就感。

内职业生涯目标和外职业生涯目标关系密切,内职业生涯目标的发展带动外职业生涯目标发展,外职业生涯目标的实现可以促进内职业生涯目标的实现。

4. 职业生涯目标的确立

整个职业生涯规划,就是围绕着一系列的大小目标展开的,没有目标就不能构成职业生涯规划。

(1)职业生涯目标确立的原则。

目标的制订是否科学、合理,对目标能否顺利实现具有非常重要的意义。在确定职业生涯发展目标时,可以运用 SMART 目标管理方法(表 3-1),对该目标的可行性进行分析、判断和评估。

表 3-1 SMART 目标管理释义

SMART 准则	内容解释
具体的(Specific)	明确具体而不空泛,便于比照,能揭示实质与核心
可衡量的(Measurable)	量化的,可用某种尺度进行衡量
可行的(Achievable)	难度适中,要求在可以实现的范围内且有挑战性
相互关联的(Relevant)	本目标的达成一定是为了实现其他目标
有时限的(Time bound)	确定一个合理的时间段,然后执行,限期完成

(2)职业生涯目标确立的步骤。

职业生涯目标确立,必须经过以下 5 个基本步骤。

① 自我分析。主要是对个人的专业、性格、气质、兴趣、价值观、技能等方面客观地进行分析,了解自己喜欢做什么、能做什么。

② 环境分析。即对自己所处的环境进行分析,包括社会发展趋势、经济文化环境、行业发展情况、人才供需情况等,通过对环境的评估,了解自己面临的生涯发展机遇和挑战。

③ 在自我分析和环境分析的基础上,作出职业生涯决策,选定个人的职业目标和生涯发展方向。

④ 目标分解。明确确立职业生涯目标,并把目标进行合理的分解和细化。通常是先制订自己的长期目标,然后把长期目标分解为中期目标和短期目标。

⑤ 根据职业生涯目标制订实施计划并落实行动。

二、理性的职业生涯决策

职业生涯决策是人生必经的门槛,是大学生必须面对的人生关键的一步。倘若拥有一个好的职业,不仅能够充分发挥自己的聪明才智,还有可能成就一番事业。针对职业选择中存在的随意性大、被动就业等问题,当代大学生应该掌握一些有效的职业生涯决策知识,注重自身职业生涯决策能力的培养。

1. 职业生涯决策概述

(1) 职业生涯决策的内涵。

决策是为了实现一定目标，采用一定的科学方法和手段，从两个以上的方案中选择一个满意方案的分析判断过程。它建立在决策者自身和周边环境的分析基础上，确立行动目标，并对实现目标的若干可行性方案进行比较和选择，最终确定一个最为优化的合理方案的分析判断过程。

职业生涯决策这一概念是由乔普森等在1974年提出的，他们认为职业生涯决策是一个复杂的认知过程，通过此过程，决策者组织有关自我和职业环境的信息，仔细考虑各种可供选择的职业前景，从而做出职业行为的公开承诺。简单地说，职业生涯决策是对所要从事的职业进行选择的行为。你有什么样的选择，也就有了什么样的人生。

(2) 职业生涯决策的影响因素。

职业生涯决策在大学生职业选择和人生发展中起着至关重要的作用。影响职业生涯决策的主要因素分为内在因素和外在因素，内在和外在因素在一定层面上综合作用，影响决策者的职业生涯决策结果。

① 内在因素。内在因素是指与决策者自身有直接关系的主观性因素，包括以下3个方面。

第一，心理特征因素。职业生涯决策是就业指导中一个承前启后的环节。个人对自我评估、职业评估和环境评估的内容及结果直接影响着职业决策，其中，自我评估主要是对个体心理特征的评估，是起定向作用的。个体的心理特征是一种稳定的特性和倾向，包括兴趣、能力、价值观和性格等。

第二，个人背景因素。职业生涯决策的发展和形成是个漫长的过程，从特殊事件和经验的角度来说，每个人的人生都是独一无二的，个人所经历的职业生涯事件的差异会对职业决策产生影响，这体现在不同性别、年龄和教育背景等方面。

第三，进行决策时的即时状态。要作出有效的职业生涯决策，我们就必须保证在决策过程中身体、情绪和精神都处在最佳状态。在决策过程中会面临诸多障碍，这些障碍会影响即时决策。职业生涯决策最终定位在行动执行上，职业目标的设定和执行受职业规划观念的影响和制约，同时又反过来影响职业决策方式。职业生涯目标设定是否合理、有效，目标的执行是否成功，都会影响个体是否继续探索相关知识或者是否能产生积极的评价。

② 外在因素。外在因素是指对决策者的决策行为产生间接影响的客观环境，主要包括家庭和成长环境因素以及社会环境因素。

第一，家庭和成长环境因素。无论是年轻人还是老人，家庭成员以及与其关系重要的人，都会干扰其有效决策的形成。每个人的成长环境对职业生涯发展都有影响。首先，教育方式的不同，造成他们认知世界的方式不同；其次，父母的职业是大学生最早观察模仿的对象，大学生必然会受到父母职业技能的熏陶；最后，父母的价值观、态度、行为、人际关系等对大学生的职业选择起到直接或间接的深刻影响。同时，朋友、同龄群体的影响也是很大的，他们的职业价值观、职业态度、行为特点等不可避免地会影响到大学生对职业的偏好、选择从事某一类职业的机会和变换职业的可能性等方面。

第二，社会环境因素。社会中流行的工作价值观、政治经济形势、产业结构的变动等因素，无疑都会在个人职业生涯决策上留下深深的烙印。不同的社会环境给予个人的职业信息是不同的。从宏观上看，社会的、经济的、历史的和文化的力量都能够影响个人有效职业生涯决策的制订。

现阶段，我们面对的是一个知识经济社会。对相关职业信息的搜集，对日新月异的职业环境的了解，都会影响大学生对未来职业的看法。同时，用人单位对大学毕业生的需求、技能要求，所学专业在社会中的具体发展状况等，也都是影响大学生职业生涯决策的因素。大学生需要在用人单位的需求和自己的具体情况之间不断的评估、预测和调整。

（3）职业生涯决策中常见的阻碍因素。

并不是每个人都能成功地作出职业生涯决策，有很多阻碍因素会干扰我们的决策，不利于我们作出选择，这些阻碍因素或是造成我们的职业选择不顺利，或是造成我们的职业生涯发展困境长久无法突破。

① 职业生涯决策的阻碍因素主要包括以下 8 个方面。

第一，意志薄弱。个人职业生涯决策受到父母、他人影响的情形相当普遍，这时我们就该去想一想：我的理想是什么，我的职业生涯目标是否投射了他人的期待，真正适合我发展的方向在哪里，哪些因素影响着我做出适当的选择，我应该坚持哪些部分，然后朝自己可以把握的方向去努力。

第二，行动犹豫。许多人虽然有着自己的想法与目标，但可能因为担心、害怕或缺乏信心等迟迟无法展开实际行动。这类只想、只计划却不能起而行之的人，属于"行动犹豫"的一个群体。这时若能先建立信心，或利用一些策略进行自我督促便可改善这种状况。

第三，信息探索不足。对目前社会或工作环境的信息太过缺乏，或不清楚信息获取渠道的人，属于"信息探索不足"的一个群体。他们应加强信息的搜集与了解，因为有丰富的信息才能有效率地进行职业生涯探索。

第四，特质表现不佳。对于个性积极、有主见者，在职业生涯发展道路上较容易为自己铺一条合适的路。但有些人个性过于被动且缺乏主见，或没有规划的习惯，抱着"船到桥头自然直"的态度，这些特质不利于自己的职业生涯探索，属于"特质表现不佳"的一个群体。宜积极调整，才有机会改变状态。

第五，方向选择未定。有些人受阻于未来发展的方向模糊，而无法明确地规划，也无法为将来作出预期努力，属于"方向选择未定"的一个群体。这时应先多花些时间去探索自己的兴趣、能力以及社会现状等，先找出正确方向才不会作出错误的选择。

第六，专业选择不当。若个人所学的专业能与未来职业生涯有所契合，那么将有利于专业领域的职业生涯发展，然而许多大学生常因某些因素而进入非原先所期待的专业就读，属于"专业选择不当"的一个群体。应先给自己一些时间沉淀，再通过其他方法（如做兴趣测验、与师长讨论等）寻找合适的专业，可以考虑转专业、转学、修辅专业等方式。

第七，学习状况不佳。在大学生活中，学习是最重要的一件事。如果对所处的学习环境不满意，或学习心态端正，就不可能有良好的学习态度，连带地使自己在未来发展的准备上受到负面的影响，属于"学习状况不佳"的一个群体。这时需要去寻找这种现象背后的原因，从而在认知与行动上进行适当的调整，才能全力以赴地投入到学习中去。

第八，学习困扰程度高。许多大学生会因为与同学、老师互动状况不佳或异性交往问题而明显影响个人状态，从而无法全心投入学习。恶性循环的结果可能使个人愈加无法达到自己理想的成绩，属于"学习困扰程度高"的一个群体。这群人必须回到根源处寻找造成学习困扰的原因或调整学习习惯，才不致错过大好的学习时机。

② 职业生涯决策阻碍因素的探索。我们每个人在一生中，都可能因为一些阻碍因素的存在而使自己的职业生涯停滞在不良的发展状态中。他们若能给自己一个机会去接触、探索这些阻碍因素之所在，那么对自己的职业生涯发展将会有莫大的帮助。我们可以问自己以下 7 个问题，它有助于弄清这些阻碍因素。

  a. 在我们成长过程中曾经出现过哪些职业生涯阻碍因素？
  b. 哪些因素对目前所学的专业或从事的工作有负面的影响？
  c. 这些因素存在了多久？
  d. 你个人曾想过要改变或克服吗？
  e. 若这些因素一直保持下去，未来将会如何？
  f. 如果你改变了，你的感觉将是如何？
  g. 周围人可能会有哪些反应呢？

通过职业生涯阻碍因素的查找，可以帮助我们了解自己职业生涯阻碍的潜在因素，从而进一步针对自己的瓶颈与困境加以突破，开创新局面。

2. 职业生涯决策过程

职业生涯决策是一个持续的过程，也是职业生涯规划的中间环节。它是在决策者进行自我认识和职业认知的基础上，通过决策环节为职业生涯规划找到方向，进而完成详细的、长期的职业发展规划和职业生涯决策步骤。职业生涯决策主要分为 3 个阶段：决策准备阶段、决策选择阶段和决策质量评估阶段。

（1）决策准备阶段。

在选择职业生涯路径时，一般应考虑 3 个问题，即能力、机会、价值。通过回答"我能够做什么，""我可以做什么，"和"我想要做什么，"这 3 个问题来理清自己的思路。

① 我能够做什么？回答这一问题主要是明确自己的能力取向，即通过对自身兴趣、技能等内部特征的分析，明确自己与他人（竞争者）之间的差异。一方面，可以取长补短，通过再学习弥补自己的不足；另一方面，可以在职业生涯决策过程中扬长避短，尽量发挥自己的优势。

首先，对兴趣进行分析。兴趣和工作满意度、职业稳定性及职业成就感之间有着明显的关系。如果我们未来所从事的职业是自己所喜欢的，那么我们的工作和生活会很愉快，通常也会有激情，更有可能在这样的工作中得到满足感，进而获得更好的职业生涯发展机会。不幸的是，很多时候，工作不能给我们满足感。许多人感到自己做着没有兴趣的工作，讨好自己并不真正关心的人。然而，并不是所有的兴趣都应该或能够在自己的职业中得到满足。兴趣也可以通过兼职、志愿活动、参加社团、业余爱好等多种方式来实现。关键在于工作和兴趣之间的协调，以及工作与个人爱好的适度统一。因此，在选择职业的时候，有必要将兴趣作为一个重要的因素来考虑。在现实的基础上进行"择业"，是成功"就业"的前提和基础。

其次，对个人技能进行分析。个人技能主要包括以下 3 方面。

第一，知识技能。知识技能是指那些需要通过专门教育或者培训才能获得的特别的知识或能力，也就是个人所学习的科目、所懂得的知识。比如你是否掌握外语、计算机编程技术或者化学知识等。知识技能是不可迁移的，它常常与我们学习的专业或工作内容直接相关。许多大学生不喜欢自己的专业，因此在找工作时陷入两难的境地：一方面，他们认为找工作需要"专业对口"，但又不喜欢自己的专业，不想将之作为一生从事的职业；另一方面，由于"专业不对口"，自己在竞争其他领域的工作时与对口专业的应聘者相比，缺乏竞争力。在这种情况下，多数大学生选择通过考研来进行专业转换，但也有的人会考虑参加社会上的培训班或者通过自学的方式获取相应的职业资格认证，从而获得相关知识技能。

第二，自我管理技能。自我管理技能常常被看作个人品质，它涉及个体在不同的环境下应如何管理自己的问题：是否勇于创新，是否能保持认真谨慎的态度或是否具有持久的工作热情等方面的内容。良好的自我管理技能可以帮助个体更好的适应周围的环境、应对工作中出现的问题。因此，大学生应该在平时的生活学习中注意自我管理技能的提高，了解自己的处事特征，并可以通过与他人的比较、听取他人的反馈意见来对自己进行恰当的评价。

第三，可迁移技能。可迁移技能指一个人会做的事，如教学、组织、演说、计算、分析、决策等。可迁移技能的特征是其可以从生活中的方方面面，特别是工作之外得到发展，因此可以迁移应用到不同的工作之中。所以，我们同样应关注生活中的方方面面，及时总结在处理事情或人际关系过程中获得的经验，不断扩充自己的可迁移技能。

② 我可以做什么？回答这一问题主要是明确自己的机会取向，即通过对现有的社会经济、技术、政策环境等信息的搜集和分析，明确职业发展的机会、挑战以及在未来的职业生涯发展过程中可能受到哪些外部因素的影响。

第一，有关职业的基本事实。很多专业和技能是可以变通的，同一个专业可以从事多种职业，比如机械设计专业的高校毕业生可以从事售前工程师等与人沟通的工作，也可以做研发、设计等与概念相关的工作。因此，我们在了解工作信息时，应注重和自己专业相关的职业有哪些，学习专业知识的目的是帮助我们更好的发展，而不是限制我们的发展。

第二，宏观职业环境。宏观职业环境包括劳动力供求关系、各地区各行业的需求分布、职业生涯的理念等内容。宏观职业环境的实时性很强，因此，我们在应用这些信息时应注意其时效性。

第三，与具体工作相关的信息。在了解宏观职业环境的过程中，我们需要更加细致的掌握一些信息，通常包括：公司的文化和规范；工作内容和职责；工作要求的知识、技能和素质；工作要求的资历和资格；工作时间、地点和环境；工作可发展的空间；薪酬待遇和福利；如果要参加招聘，还需要了解单位的文化。

第四，继续教育和学习方面的选择。在当今这个知识经济的时代，继续教育和学习几乎成为每个人职业生涯发展中的必然内容，一般而言，继续教育和学习的可能途径包括：考研、读在职研究生、学校保送读研、出国留学等。我们应当根据自己的实际情况选择相适应的继续教育和学习途径，为未来的发展打下基础。

③ 我想要做什么？回答这一问题主要是明确自己的价值取向，即通过对自己的价值观念、理想、成就动机等因素的分析，来确定自己的目标取向。"我想要做什么？"一般指能够使决策者实现个人价值和社会价值的最理想的职业生涯目标，这个问题的确定可能直接影响

职业生涯决策者对未来职业发展的满意程度。

价值观是我们在生活和工作中所看重的原则、标准或品质。职业生涯规划大师萨伯认为，职业价值观是个人追求的与工作有关的目标，即个人在从事满足自己内在需求的活动时所追求的工作特质或属性，它是个体价值观在职业问题上的反映。

价值观在我们的生涯发展中往往起到极其重要的、决定性的作用，甚至可能超过兴趣和技能对个人的影响。比如歌手席琳·迪翁在其事业巅峰时期选择退出娱乐圈，就是由于她丈夫的病情使她深刻认识到家庭远比事业更重要。

我们身处的时代是一个多元社会，多种职业观的冲击会导致我们原有价值体系的混乱乃至改变，因此，个人需要对自己的价值观进行探索。一个人越清楚自己的价值观，越了解自己在工作和生活中想要寻求什么，什么对自己来说才是最重要的，其职业生涯发展目标就越清晰。而价值观不清晰的人往往会陷入混乱中，难以抉择。

（2）决策选择阶段。

决策选择对于大学生来说，不仅决定其将要从事什么职业，而且在很大程度上决定要以后的生活；对于社会来说，决策选择意味着社会资源的合理配置和利用，关系到社会运转的效率和教育事业的成败，因此，掌握职业选择的策略尤为重要。

首先，确立可能的职业生涯目标。在决策准备阶段搜集相关信息的基础上，决策者要综合考虑内外部条件，确立可能的职业生涯目标。在决策者之前的信息搜集和分析环节以及自我探索过程中，一定会有相应的、适合的职业出现。此外，决策者还可采用头脑风暴的方式列出自己的理想职业。然后在以上两组职业清单的基础上，分析这些职业的共同点，对职业清单进行补充和修改，最终确立可能的职业生涯目标。在此过程中抛开固有的思维模式，保持客观的心态，就容易获得有效的信息。

研究表明，在做决策时太多的信息容易使人迷失，反而拿不定主意；而过少的信息又起不到让决策者了解客观事实的作用。因此，在确立可能的职业生涯目标时，职业清单上的备选目标通常以3~5个为宜。

接下来，在多个职业生涯目标中进行选择。在这个环节中，决策者首先根据决策风格分析了解自己的决策模式，尤其要明确的是自己在之前决策风格中的不足，避免接下来进行职业生涯目标决策时出现同样的问题。然后，决策者要运用职业生涯决策的基本方法，如CASVE循环分析法、SWOT分析法及决策平衡单分析法等，在可能的职业生涯目标中进行选择。决策者或进行沟通—分析—综合—评估—执行5个步骤循环的计划决策方法，或比较不同策略所得到的目标优势和劣势及实现过程中的机会和威胁，或按类别列出个人所有重要价值观，并按其重要程度赋予权重，最终加权计算排序，或综合运用以上几种方法，最终在可能的策略中初步选择最佳职业生涯目标。

（3）决策质量评估阶段。

职业生涯规划是长期持续的过程，要使职业生涯决策行之有效，就必须不断对职业生涯决策进行评估与调整：在实施中对决策进行评价与检验，及时诊断各个环节出现的问题与偏差，找出相应对策，对目标进行调整与完善。由此可以看出，整个流程中正确的决策评价是保证决策客观科学的重要环节，这一环节做不好或出现偏差，就会导致整个职业生涯规划各环节出现问题。

① 决策评价。决策评价阶段将针对决策者初步选择的职业生涯目标所选择的一种职业、一份工作或者相关专业技能进行决策评价与检验。

第一步，决策者要再次进行自我评价。一方面，随着不断实践与思考，决策者会对自己有新的认识；另一方面，环境随时变化，有必要根据环境的变化回顾自己的职业生涯决策，思考这是不是自己想要的人生，如果继续这样工作和生活，自己的感受是什么，继续什么和改变什么可以让自己的满足感最大等问题，考虑包括性格、兴趣、能力和价值观等自我评价中哪部分需要重新进行，并确认自己是否仍然适合之前选出的职业生涯决策目标。

第二步，要评价初步选择的职业生涯目标对决策者本人及家庭的影响。决策者的家庭成员以及与其关系重要的人都会干扰其有效决策的形成，因此决策者应广泛征求父母、老师等人对于初步决策目标的评价，同时评估初步选择的职业生涯目标决策者和他人的影响。例如，如果选择了出国留学或继续深造，这一选择将会给自己、父母、朋友以及其他周围的人带来怎样的影响。此环节主要针对职业生涯目标选择对自己和对他人的优劣两个方面，并综合物质方面与精神方面的因素进行评估，且要尽可能列出决策目标的负面影响。

第三步，决策者应关注社会环境中对自己职业生涯影响因素的变化，并分析这些因素的变化对自己职业生涯目标产生的作用。

社会环境中流行的工作价值观、政治经济形势、产业结构的变动等因素，都可能对初步选择职业生涯目标产生影响。例如，如果之前选择进入知名投资银行工作，在金融危机后就要考虑金融大环境会对整个行业造成什么程度的影响，对个人的职业生涯又会产生什么程度的影响，也就是评估决策者的初步职业生涯目标是否能够适应日益变化的社会环境。

② 决策调整。结合决策评价的结论，决策者须对决策目标进行调整。调整的内容包括：职业的重新选择、职业生涯路线的调整和人生目标的调整，及时调整职业生涯目标是为了使决策者在社会中找到真正适合自己的位置，并得到更好的发展。

综合前三个步骤得出的评价结果，分析初步的职业生涯目标与再次的自我评价、亲友影响评价以及社会环境变化是否吻合，确定其属于两者没有任何冲突（这种情况一般不会发生）、出现较小冲突（例如由于行业发展，某一职业可供选择的公司数量增多）或是出现较大冲突（例如由于启动资金无法筹集，使自主创业的决策实施面临困境）3种情况中的一种。

如果评价结果与决策者的职业生涯发展规划冲突较小，则决策者可以在决策目标的实现策略中作出适当调整。例如，由于行业变化，某一职业同层次可供选择的就职公司数量发生增减，那么决策者就应调整自己在某一领域有就职意向的公司名单，使职业生涯决策与决策评价结果一致。

如果决策评价结果与决策者的职业生涯发展规划冲突较大，则决策者应重新进行职业生涯决策过程，重新选择职业生涯决策目标。决策者需要回到初步选择阶段，搜集更多的职业生涯信息，重新进行自我评价，并采用SWOT分析法、决策平衡单法等方法对原决策方案及备选方案进行分析，做出新的决策。

无论评价结果与决策者的职业生涯发展规划冲突程度如何，决策者都应作出相应的调整，得到调整后的决策结果并执行最终决策方案。这是决策的实施阶段，决策者把思考转化为行动，并在行动和实践中对职业生涯决策进行进一步评价与调整，使整个职业生涯决策过程更加完善。

大学生职业生涯决策是一个复杂的过程,职业生涯决策的有效与否将直接影响大学生的职业生涯发展。任何一个职业生涯决策都包含了信息的搜集、目标的确定、评估与调整、决策行为反应的复杂过程。因此,根据实践的开展与环境的变化,对自身职业生涯决策进行评估与调整将对大学生作出有效的职业决策行为乃至就业方向提供指导和帮助。

3. 职业生涯决策风格

职业生涯决策风格是指决策者在进行职业生涯决策过程中倾向的决策策略,属于决策者的主观性影响因素。相同条件下,决策者的不同决策策略倾向将对结果产生很大的影响。因此,明确职业生涯决策风格将对决策者的决策过程有一定的指导作用。

美国职业生涯专家斯科特(Scott)和布鲁斯(Bruce)认为职业生涯决策风格是在后天的学习经验中逐渐形成的,并将职业生涯决策者划分为 5 种类型:理智型、直觉型、依赖型、回避型和自发型。

(1)理智型。

这种类型以周全的探求,对选择的逻辑性评估为特征。理智型的决策者具有深思熟虑、分析、逻辑的特性。这类决策者会评估职业生涯决策的长期效用并以事实为基础作出决策。理智型职业生涯决策风格是比较受到推崇的决策方式,强调收集信息、理智的思考和冷静的分析判断。但理智型的职业生涯决策风格也并不是完美的决策方式,即使采用系统的、逻辑的方式,也会出现因为害怕承担决策后果而不能整合自己和他人重要观点的困扰。

(2)直觉型。

这种类型以依赖直觉和感觉为特征,比较关注内心的感受。直觉型的决策者以自我判断为导向,在信息有限时能够快速作出决策,当发现错误时能迅速改变决策。由于以个人直觉而不是理性分析为基础,这类决策风格发生错误的可能性较大,易造成决策的不确定性,容易使直觉型决策者丧失信心。

(3)依赖型。

这种类型以寻求他人的指导和建议为特征。依赖型决策者往往不能够承担自己作决策的责任,允许他人参与决策并共同分享决策成果,会得到他人的正面评价,但也可能因为简单地模仿他人的行为导致负面的反应。依赖型决策者需要理解生活中他人对自己的影响程度。

(4)回避型。

这种类型以试图回避作出决策为特征。回避型的决策者面对决策问题会产生焦虑,往往因为害怕作出错误决策而采取回避的方式;往往是由于决策者不能够承担作决策的责任,而倾向于不考虑未来的方向,不去做准备,不知道自己的目标,也不思考,更不寻求帮助。这样的决策者更容易被学校等支持系统的忽略。所以,这些决策者需要意识到自身的决策风格及其可能造成的危害,努力调整,增强职业生涯规划的意识和动机,才能从根本上解决问题。

(5)自发型。

这种类型以渴望即刻、尽快完成决策为特征。自发型决策者往往不能够容忍决策的不确定性以及由此带来的焦虑情绪。自发型决策风格是一种具有强烈即时性,并快速作决策的风格。自发型决策者常会基于一时的冲动,在缺乏深思熟虑的情况下做出决策,此类决策者通常会给人以果断或过于冲动的感觉。

4. 职业生涯决策方法

职业生涯决策方法较多，而且我们在进行职业生涯决策时也可以创造出一些新的、适合自己的独特方法。不管依据何种理论、何种方法，都强调对自己的认识，强调对自身的能力、兴趣、价值观以及技能的认识，也强调对外部环境的分析与判断，据此有效指导后续的职业生涯规划活动。目前较为常用的决策方法主要有"5W"分析法、CASVE循环分析法、SWOT决策分析法和决策平衡单分析法。

（1）"5W"分析法。

"5W"分析法（具体见第一章第二节）是生涯决策的主要方法之一，其5个具体问题如下：

① Who am I?（我是谁？）面对自己，真实地写出每一个想到的答案，并按重要性排序，比如自己的专业、家庭情况、年龄、性别、性格、动手能力、思考能力等。

② What will I do?（我想做什么？）从小时候开始回忆，将自己喜欢做的事情写下来。

③ What can I do?（我能做什么？）可以把自己有能力做的，还有通过潜能开发能够做的事写下来。

④ What does the situation allow me to do?（环境支持或允许我做什么？）将自己所处的家庭、单位、学校、社会关系等各种环境因素考虑进去。

⑤ What is the plan of my career and life?（我的职业与生活规划是什么？）

这5个问题的共同点，就是职业生涯决策方法。

先取出5张白纸，一支铅笔，一块橡皮。在每张纸的最上边分别写上这5个问题。然后，静下心来，排除干扰，按照顺序，独立地仔细思考每一个问题。

对于第1个问题"我是谁？"，回答的要点是：面对自己，真实地写出每一个能想到的答案；写完了再想想有没有遗漏，认为确实没有了，按它们的重要性进行排序。

对于第2个问题"我想做什么？"，可将思绪回溯到孩童时代，从人生初次萌生第一个想要做什么的念头开始，到随年龄的增长，回忆自己真心向往过、想做的事，一一地记录下来，写完后再想想有无遗漏，确实没有了，按其重要性进行排序。

对于第3个问题"我能做什么？"，则要把确实已证明的能力和自认为还可以开发出来的潜能都一一列出来，认为没有遗漏了，按其重要性进行排序。

第4个问题"环境支持或允许我做什么？"，回答时要稍作分析：环境，包括本单位、本市、本省、本国和其他国家，由小到大，认为自己有可能借助的环境，都应在考虑的范围内。在这些环境中，认真想想自己可能得到什么方面的支持和允许，想明白后，一一写下来，再按重要性排列一下。

如果能够成功回答第5个问题"我的职业与生活规划是什么？"，你就有了最后的答案。

具体做法是：把前4张纸和第5张纸一字排开，然后认真比较第1至第4张纸上的答案，将内容相同或相近的答案用一条横线连起来，你会得到几条连线，而不与其他连线相交的，又处于最上面的线，就是你最应该去做的事情，你的职业生涯就应该以此为方向。你要在此方向上以3年为周期，提出短期、中期与长期的目标，这样，你每天睡前就可以对照自己的目标进行反省，总结当日的成功与失误、经验与教训，调整第2天的目标与方法，第2天醒过来后，温习一下就可以投入行动了。这样日积月累，没有不能实现的职业与生活规划。

(2) CASVE 循环分析法。

在进行重大决策时，为了降低风险、尽可能充分地考虑决策所涉及的多方面因素，我们推荐使用 CASVE 循环分析法。它由沟通（Communication）、分析（Analysis）、综合（Synthesis）、评估（Valuing）和执行（Execution）5 个步骤组成，该方法可以在整个职业生涯决策过程中使用，决策者需要根据影响因素的变化，适当调整自己的决策结果。

① 沟通。在这个阶段，我们意识到了关于职业理想与现实之间存在差距的信息，这些信息可能通过内部或外部沟通途径传递给我们，让我们意识到问题的存在，这一步是决策的开始。内部沟通包括情绪信号，如不满、厌烦、焦虑或失望；身体信号，如昏昏欲睡、头痛、胃部疾病等。外部沟通包括父母对我们职业规划的询问，同事、朋友、老师对自己职业选择过程的评价，或者是社会媒体对某个专业的未来发展的预测等。这是意识到自己需要作出选择的阶段，在这个阶段，我们通过各种感官充分接触问题，发觉差距的存在，并开始重视这些差距。

② 分析。在这个阶段，我们首先需要将问题的各个组成部分相互联系起来，对现状进行评估，了解自己和自己可能作出的选择，对所有的信息进行分析，考虑各种可能性；然后，我们需要花费时间来思考、观察、研究，从而更充分地了解差距产生的原因，了解自己有效地做出反应的能力。好的职业生涯决策者不会用冲动行事来减少在沟通阶段所体验的压力痛苦，因为他们清楚，这样做的结果多是无效的，并可能导致问题的恶化。好的职业生涯决策者善于分析要解决问题需要了解自己的哪些方面，了解环境的哪些因素，需要做些什么才可以使问题得到解决，这种感觉产生的原因，以及家庭、老师、朋友将会如何看待我们的选择等。

在这个阶段，职业生涯决策者通常会改善自我认识，不断了解职业环境和家庭需求。简言之，在分析阶段，职业生涯决策者应尽可能了解造成在第一阶段发现的差距产生的原因。分析阶段还需要把各种因素和相关知识联系起来，例如，把自我知识和职业选择联系起来；把家庭需求和个人生活需求融入职业选择中。

③ 综合。综合阶段主要是全面处理上一阶段提供的信息，从而制订消除差距的行动方案。其核心任务是确定我可以做什么来解决问题。这是一个可以扩大或缩小选择清单的过程。首先，尽可能多地找到消除差距的方法，发散地思考每一种方法，可以采用"头脑风暴"的方式进行创造性思维。然后，缩减有效方法的数量，通常缩减到 3～5 个选项，因为这是我们头脑中最有效的记忆和工作容量。

④ 评估。评估阶段主要是从可行性和满意度两个方面来评估信息，并按评估结果对所有选择进行排列，最终选择一个职业、一种工作或者相关专业技能。评估过程分两步进行。

第一步是评估每一种选择对职业生涯决策者和他人的影响。例如，如果选择了自主创业，这一选择将会给自己、父母、朋友以及周围其他的人带来怎样的影响，每一种选择都要从对自己和对他人的代价和益处两个方面进行评估，并综合物质方面与精神方面的因素。

第二步是对综合阶段得出的选项进行排序，将能够最大限度地消除差距的选项排在第一位，其次的排在后面，依此类推。此时，职业生涯决策者会作出一个最佳选择，并且作出承诺来完成这一选择。

⑤ 执行。这是实施选择的阶段，根据自己最终的选择制订计划，把思考转化为行动。

CASVE 循环分析法是一个不断重复的过程，在执行阶段之后，职业生涯决策者又回到沟通阶段，以确定已经作出的选择是不是最好的，是否能最有效的消除理想与现实间的差距。

(3) SWOT 决策分析法。

SWOT 决策分析法又称为态势分析法，它是由哈佛商学院的 K·J·安德鲁斯（K.J.Andrews）教授于 1971 年在其《公司战略概念》一书中提出的，是市场营销管理中经常使用的功能强大的分析工具。其中：S 代表优势（Strengths），W 代表劣势（Weaknesses），O 代表机会（Opportunities），T 代表威胁（Threats）。S、W 是内部因素，O、T 是外部因素。在职业生涯规划决策中，如能对自己做一细致的 SWOT 决策分析，你会清楚知道自己的优势和劣势在哪里，并会仔细评估出自己所感兴趣的职业道路的机会和威胁。一般来说，在进行 SWOT 决策分析时，应遵循以下 4 个步骤。

① 评估个人的优势和劣势。

优势分为个人优势和资源优势，个人优势属于个人因素，不随外界因素变化，如口才好、交际能力出众、有文体特长等，是显性优势，容易把握；另外一些优势相对隐性，如对数字敏感、逻辑能力强等，不管对职业有无帮助，都要先罗列出来。若担心不够全面，可请同学帮忙，互相提醒，认真发掘。资源优势包括人力资源、财力资源、品牌资源、知识资源等，如认识有能力的朋友、出身名校、专业紧俏，当然最重要的资源还是知识资源。把自己的专业重新解读一下，会豁然开朗。比如，电气专业的学生，电路流程能搞明白，对管理流程的制订和理解更没问题。这些基于专业特性的思维习惯，将其适度放大，就可能成为知识资源优势。还有些大学生共有的优势，也要发挥出最大效能，如年轻、有好奇心、愿意尝试新鲜事物、渴望挑战、学习能力强、受过系统的专业训练、有良好的集体意识等。

劣势是相对于优势的各方面而言，恰恰很欠缺的地方。找出劣势，对于战略规划意义重大。在了解自己能做什么之前，应先了解自己最好不要做什么、可能遇到什么麻烦，这样可以降低失败的概率。过度自信或自卑都可能影响我们的判断力，不要把"没有优势"直接看作"劣势"，没有优势仅仅说明在某方面不够出众，如果妄自菲薄为劣势，就可能真地成为劣势。客观地分析一下自己的劣势，如不善言辞、粗枝大叶、缺乏一技之长等，分析劣势的目的不是使自己变得沮丧，而是要了解如何避开劣势，在职业道路上走得更顺畅。大学生也有些共性劣势需要注意，如缺乏经验、自我期望值较高，从而导致频繁跳槽，还有知识过时，不适应企业现状等。

② 识别职业生涯的机会和威胁。

宏观上，机会包括国家经济形势、产业政策、法律法规、各区域产业发展态势、行业趋势等；微观上，机会包括搜集到的来自各企业、政府部门、人才市场、学校或学长们提供的有利信息，尤其要关注和自己专业或自身优势相关的边缘型、复合型职业领域，还有职业竞争者薄弱、国家强烈倾向的人才政策等利好信息，对机会的分析需要有宽广的视角。

威胁包括人才市场竞争激烈，人才需求饱和，所学专业领域增长过缓甚至衰退，新的低成本竞争者，不利的政策信息，新提高的职业门槛等；威胁也包括自身的健康隐患，家庭不稳定，财务状况糟糕等。若能对威胁有所预防，就等于先拥有了一定程度的优势，普遍存在的各类威胁也能成为我们参与社会竞争的有力工具。罗列4个维度的要素时，应把内部因素和外部因素分别列出，并将各部分最重要的因素压缩到5个左右，然后开始进行职业生涯的机会分析。

③ 根据分析结果列出SWOT矩阵。

通过与他人相比较，决策者在考察自己周围的职业环境，认清自身的优势和劣势以及周围职业环境的机会和威胁后，就可以构建出自身的SWOT矩阵（表3-2）。从这个矩阵中，我们可以清楚地看到自己的竞争力和发展机会，从而制订出恰当的职业目标；同时还能清晰地认识到自己的不足和外在威胁，从而为提升自己提供现实依据。

表3-2 SWOT矩阵示例

类别	内部因素		外部因素	
	优势	劣势	机会	威胁
界定	指个体可控并可利用的内在积极因素	指个体可控并努力改善的内在消极因素	指个体不可控但可以利用的外部积极因素	指个体不可控但可以使其弱化的外部消极因素
描述	1. 工作经验丰富 2. 良好的教育背景 3. 丰富的专业知识和技能 4. 特定的可转移技巧（如沟通、团队合作、领导能力等） 5. 人格特征（如职业道德、自我约束、承受工作压力的能力、创造性、乐观等） 6. 广泛的个人关系网络 7. 在专业组织中的影响力	1. 缺乏工作经验 2. 学习成绩差，专业不对口 3. 缺乏目标，且对自我和对工作的认识都十分不足 4. 缺乏专业知识 5. 领导能力、人际交往能力、沟通能力和团队合作能力较差 6. 寻找工作的能力较差 7. 负面的人格特征（如职业道德败坏、缺乏自律、缺少工作动机、情绪化等）	1. 就业机会增加 2. 再教育的机会 3. 专业领域急需人才 4. 由于提高自我认识、设置更多具体的工作目标带来的机遇 5. 专业晋升的机会 6. 专业发展带来的机会 7. 职业道路选择带来的独特机会 8. 地理位置的优势	1. 就业机会减少 2. 由同专业的大学毕业生带来的竞争 3. 具有丰富技能、经验、知识的竞争者 4. 拥有较好的寻找工作技巧的竞争者 5. 名校毕业的竞争者 6. 缺少培训、再学习造成的职业发展障碍 7. 工作晋升机会十分有限或者竞争激烈 8. 专业领域发展有限

④ 制订职业生涯决策。

通过SWOT决策分析，根据结果制订相应的职业发展战略计划及对策，是该技术应用的主旨。在明确了自身的SWOT矩阵后，职业生涯决策者可以运用系统分析的方法，结合职业生涯规划的系统模型，将各种环境因素相互匹配起来并加以组合，从而得出可选择的职业发展对策，使自己的职业生涯规划与发展变化的外部环境相适应，SWOT决策分析法的应用过程如图3-3所示。

很显然，完成个人的SWOT决策分析需要投入很多精力，但不管通过什么渠道，进行一次详尽的个人SWOT决策分析是必要的，因为当完成分析后，职业生涯决策者将有一个连续的、可行的个人职业策略供自己参考，在未来的职业发展中将更具竞争力。

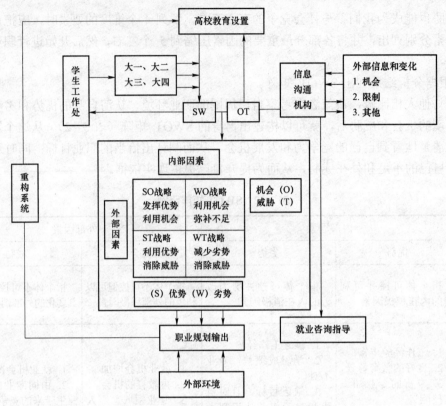

图 3-3 SWOT 决策分析法的应用过程

（4）决策平衡单分析法。

① 决策平衡单介绍。

生涯决策平衡单是将重大事件的决策思考方向集中到 4 个主题上：自我物质方面的得失；他人物质方面的得失；自我赞许与否（自我精神方面的得失）；社会赞许与否（他人精神方面的得失）。个体在进行生涯决策时根据自身的不同，可以考虑不同的具体项目加以评价，从而得出相应的分数。生涯决策平衡单样表（表 3-3），使用步骤如下。

a. 列出你最想做的 3 份工作。

b. 列出每个工作你曾经考虑的条件，并考虑每个工作可以符合这些条件的得失程度，在"-5←0→+5"之间给予其分数。

c. 依分数累计，排出工作抉择的优先级。

表 3-3 生涯决策平衡单样表

选择项目		选择一		选择二		选择三	
考虑因素：加权分数		+	-	+	-	+	-
个人物质方面的得失	1. 收入						
	2. 工作的难易程度						
	3. 升迁的机会						

续表

选择项目		选择一	选择二	选择三
个人物质方面的得失	4. 工作环境的安全性			
	5. 休闲的时间			
	6. 生活变化			
	7. 对健康的影响			
	8. 就业机会			
	9. 其他			
他人物质方面的得失	1. 家庭经济			
	2. 家庭地位			
	3. 与家人相处的时间			

使用说明：以上各项，根据对你的重要程度，在"权重"栏目下按 $-5 \sim +5$ 打分，重要程度越高分值越高。如果你现在有两个或两个以上的职业选择，则对这些选择都进行得分评估，填入"打分"栏目，将打分乘以权重，得出加权得分。最后可以根据各项加权得分合计，协助你进行决策。表格中所列出的生涯细目如果不在自己的考虑范围之内，可以删除，如果自己考虑的项目不在表格中，可以加进来。

② 生涯决策平衡单的使用。

试举一个生涯决策平衡单使用的例子：李爽是大学三年级的大学生，会计专业。她心里很矛盾，既希望工作稳定，又希望工作有挑战性。她的性格外向活泼、能力强、自主性高，目前她考虑的三大方向是：考公务员、国内读研究生、国外读MBA。

李爽对三种就业路径的初步分析见表3-4。

表3-4 李爽对三种就业路径的初步分析

考虑方向	考公务员	国内读研究生	到国外读MBA
优点	1. 满意的工作收入 2. "铁饭碗" 3. 工作稳定轻松，工作压力较小 4. 一劳永逸	1. 和国内产业发展不会脱节 2. 能建立与师长、同学、朋友的人际关系网 3. 较高文凭 4. 日后工作升迁较容易	1. 圆一个国外留学梦 2. 增广见闻，丰富人生 3. 英语能力提高 4. 日后工作升迁较容易 5. 激发潜力
缺点	1. "铁饭碗"会生锈，容易产生厌倦情绪 2. 不易升迁 3. 不容易转专业，而且无法想象会做一辈子公务员 4. 不符合自己的个性	1. 课业压力大 2. 没有收入	1. 课业压力大 2. 语言、文化较不合适 3. 花费较大（一年可能需要几十万元） 4. 挑战性高 5. 没有收入
其他	父母支持	男朋友的期望（男朋友已研究生毕业并参加工作）	1. 工作两年有积蓄，但不是很够用 2. 自己一直想到国外走走

李爽利用生涯决策平衡单分析的项目及原始分见表3-5。

表 3-5 李爽利用生涯决策平衡单分析的项目及原始计分

考虑项目（加权范围 1~5）	第一方案（考公务员） 得（+）	第一方案（考公务员） 失（-）	第二方案（国内读研究生） 得（+）	第二方案（国内读研究生） 失（-）	第三方案（国外读MBA） 得（+）	第三方案（国外读MBA） 失（-）
1. 适合自己的能力		-4	5		6	
2. 适合自己的兴趣		-3	4		7	
3. 适合自己的价值观	5		3		8	
4. 满足自己的自尊心		-2	3		7	
5. 较高的社会地位		-5	3		6	
6. 带给家人声望	2		1		2	
7. 符合自己理想的生活状态	3		5			-3
8. 优厚的经济报酬	7			-1		-8
9. 足够的社会资源	2		8			-1
10. 适合个人的目前处境	5		2		1	
11. 有利于择偶以建立家庭	7		5			-5
12. 未来具有发展性		-5	5		8	
合计	31	-19	44	-1	45	-17
得失差数	12		43		28	

说明：每个项目的得分或失分可以根据该方案具有的优点（得分）、缺点（失分）来回答，积分范围是1~10分。最后，合计每个方案的优点总分和缺点总分，正负相加，算出客观的得失差数。根据自己的真实想法作答，方可正确地估计每个方案对你的重要性。

李爽在将各项加权后，得到生涯决策平衡单的最终结果见表 3-6。

表 3-6 李爽生涯决策平衡单的最终结果

考虑项目（加权范围 1~5）	第一方案（考公务员） 得（+）	第一方案（考公务员） 失（-）	第二方案（国内读研究生） 得（+）	第二方案（国内读研究生） 失（-）	第三方案（国外读MBA） 得（+）	第三方案（国外读MBA） 失（-）
1. 适合自己的能力（×5）		-20	25		30	
2. 适合自己的兴趣（×2）		-6	8		14	
3. 适合自己的价值观（×4）	20		12		32	
4. 满足自己的自尊心（×2）		-4	6		14	
5. 较高的社会地位（×3）		-15	9		18	
6. 带给家人声望（×2）	4		2		4	
7. 符合自己理想的生活状态（×5）	15		25			-15
8. 优厚的经济报酬（×3）	21			-3		-24

续表

考虑项目 （加权范围 1~5）	第一方案（考公务员）		第二方案（国内读研究生）		第三方案（国外读MBA）	
	得（+）	失（−）	得（+）	失（−）	得（+）	失（−）
9. 足够的社会资源（×2）	4		16			−2
10. 适合个人的目前处境（×5）	25		10		5	
11. 有利于择偶以建立家庭（×4）	28		20			−20
12. 未来具有发展性（×3）		−15	15		24	
合计	117	−60	148	−3	141	−61
得失差数	57		145		80	

说明：每个项目的重要性因人、因时、因地不同。对于此刻的你，可以根据考虑项目的重要性与迫切性，给他们乘上权数（加权范围 1~5 倍）。将生涯决策平衡单上的原始分数乘上权重。例如"适合自己能力"部分，3 个方案的原始分数（分别是 −4，+5，+6）乘上加权的 5 倍之后，分数差距变化（−20，+25，+30）。最后把"得失差数"算出来，并据此作出最终的决定。经过这一番考虑之后，我们不难看出，李爽最终的决定会是留在国内读研。

从以上事例中，我们可以总结出职业生涯决策的一般规律。在了解自己和外部世界的基础上，可以初步选定你所中意的几个方案，分析每个方案可能产生的结果以及各自的优缺点，运用"生涯决策平衡单"来选择综合效用最大化的方案。

总之，在使用生涯决策平衡单的时候，要注意其目的不仅在于得出最后的排序结果，填写的过程也很重要。因为列举各项考虑因素、给各项价值观分配权重以及给各项选择打分的过程，就是在帮助职业生涯决策者梳理自己。这样一个仔细思索和反复推敲的过程，可能比单纯得出一个结果更为重要，更能够帮助个人作出适合自己的选择。

第三节　职业生涯规划的设计与实施

俗话说："千里之行，始于足下。"把握现在，规划未来，才能够未雨绸缪，开拓理想的人生。大学生在确立职业生涯目标后，需要根据各阶段的目标要求，制订一系列相应的、可行的、有效的行动措施，并且坚定信念，认真落实各项措施。只有这样，才能实现个人的职业生涯目标，然后走向成功。

一、大学生职业生涯规划的阶段与任务

大学生要进行个人职业生涯规划，最重要的是要做好并实施好大学阶段的职业生涯规划。未来有很多不确定的因素，是我们难以控制的，但是，自己的大学阶段是可以把握的。把握住现在，做好当前的事情，未来职业发展目标的实现才能水到渠成。

1. 大学阶段规划的实施

大学阶段要有长远的方向性规划，也要有阶段性的打算，应针对不同年级的任务和特点

去规划，目的是为毕业后的就业或继续求学打好基础。

根据大学生在各学习阶段不同的学习重点和心理特征，可运用"大学3阶段理论"，即大一适应期，大二探索期，大三冲刺期。阶段不同，所选的目标也会不同。如大一，职业生涯认知和规划；大二，基本能力、素质的培养以及职业定向指导；大三，就业准备和指导。

（1）大一适应期——职业生涯认知和规划。

步入高校大门的大学生，有了"独立的成年人"这个新身份，对所有的事情都感到新鲜：新的环境、新的同学、新的学习和生活。大一学生应对大学的学习生活有一个初步的认识，并合理规划大学生活，认清自己将来所要从事的职业和自己的不足之处，进而制订目标，这一阶段的具体任务和目标有学业和能力以及职业生涯规划等方面。

在学业和能力方面，具体任务和目标包括：

① 要学会安排好自己的生活，从心理上完成由少年到青年的转化；

② 熟悉环境，结交朋友，认识老师，建立新的人际关系；

③ 始终保持上进的心态和高考时的拼搏精神，尽力掌握大学的学习方法，变被动学习为主动学习，明确自己应掌握的知识重点，努力学习基础知识并培养和发展自己的兴趣与技能；

④ 打好英语基础，为英语考级做准备；

⑤ 掌握计算机技能，使用计算机和网络来辅助自己学习。

在职业生涯规划方面，具体任务和目标包括：

① 初步了解自己，根据所选的专业，了解自己未来大致的发展方向；

② 认识职业生涯规划的重要性，初步了解职业生涯规划的理论内容，进行职业潜能测评、职业目标的制订等；

③ 初步了解职业，特别要了解自己未来想要从事的职业或与自己所学专业对口的职业的有关情况；

④ 了解近几年的就业情况，课余时间要多与高年级学生和老师进行交流，咨询就业情况；

⑤ 对影响职业生涯规划的个人、组织、社会因素有一个全面、正确的认识和了解；

⑥ 初步制订职业生涯目标和一个科学而有效的职业生涯发展计划。

（2）大二探索期——基本能力、素质的培养以及职业定向指导。

大学生在经过了一年的大学生活磨砺之后，渐渐会回归到现实中来，此时应该着重夯实基础，分析自己的优势和弱势，进行自我完善和改造，进一步探索并确立职业目标。

大学生的职业目标尚处在发展和调整状态，所以，这一时期的首要目标是培养与提升通用技能和基本素质。一是思想品德素质，要有正确的人生观、世界观和价值观；二是科学文化素质，拥有扎实的文化基础才能拥有踏上工作岗位的"敲门砖"，大学生在校期间务必要学好专业基础知识，同时拓宽自己的知识面；三是身心素质，包括学习、分析、解决问题的能力，组织协调能力，应变与沟通能力，以及良好的心理素质等。

在学业和能力方面，具体任务和目标包括以下5个方面。

① 通过与高年级大学生和老师的交流，并结合本专业的职业定位，努力建立扎实的知识基础和合理的知识结构；增强英语口语能力，增强计算机应用能力，努力通过英语和计算机的相关证书考试，并有选择地辅修其他专业的知识来充实自己。

② 在保证完成学业的同时，坚持参加社团活动，从中培养责任意识、组织能力、主动性、

抗挫能力、人际交往与协调发展能力等。

③ 考虑未来是深造还是就业，参加相关的讲座、培训等。

④ 在思想上积极向党组织靠拢。

⑤ 尝试社会实践活动，在课余时间有计划地从事与自己职业目标或专业相关的实践或兼职工作。

在职业生涯方面，具体任务和目标包括以下3个方面。

① 重视自我认识并做好从事职业前的心理准备。通过具体的、有针对性的职业心理测评，进一步调整职业生涯规划模式和自己的学习目标，作出对自己、对社会有利的职业决策。

② 大学生活的新鲜感过去之后，大学生容易对生活失去信心和冲劲，在这个阶段如果调整不好自己的心态，很容易产生彷徨与迷茫。

③ 相信自己的实力和解决困难的能力，必要的时候可以向专业的心理辅导老师求助。

（3）大三冲刺期——就业准备和指导。

大学生进入找工作的准备阶段。此时，必须确定是否要继续深造，如果不想继续深造，就应该将目标锁定在成功就业上。随着课程的减少和社会接触范围的扩大，大学生要努力通过实践的机会增加自己的社会阅历和经验。具体而言，应从实用角度出发，对求职技巧、面试经验、企业招聘方法、创业思路等方面进行培训和学习，以提高技能、实际操作及运用能力、人际交往能力和求知要领的把握能力。

这一阶段的具体任务和目标有以下8个方面。

① 对前两年的累积作一个总结，检验自己已确立的职业目标是否明确，前两年做的准备是否充足。

② 提高求职技巧，学习写简历和求职信，练习或模拟面试。

③ 加入校友网，从已毕业的校友那里了解往年的求职情况。

④ 积极参加招聘活动，在实践中检验自己的积累和准备。

⑤ 积极利用学校就业指导中心提供的条件，了解用人单位资料信息。

⑥ 重视对校内外实习资源的利用，对多种职业、岗位和人文环境有一定的认识和了解，培养实践活动中的各种能力。

⑦ 感受、体验社会大环境中的"酸""甜""苦""辣"，对自己的能力、薪资期望、心理承受能力有一个准确的定位。

⑧ 通过岗前技能培训，进一步认识自我，探讨工作选择和职业发展，积极搜集即将从事的岗位信息和资料，探索所有可能的机会，实现由"校园人"到"社会人"的转变。

2. 规划阶段的划分

（1）职业实践（大学毕业1～3年）。

大学毕业1～3年为职业实践阶段，也就是实现学生向职业人士角色转变阶段，这是成功走向职场的第一步。实现学生向职业人角色转变的方法如下。

① 注重第一印象，建立良好的人际关系。

② 树立自信心，相信天生我材必有用。

③ 克服完美心理，作好自身职业规划。

④ 脚踏实地，要摆正自己在新岗位上的位置，切忌眼高手低，好高骛远，忽视身边的小事。

(2) 职业意识塑造（大学毕业 3~6 年）。

职业意识塑造不是在短时间内可以完成的，需要在实践中随着自身素质和社会的发展变化逐步形成职业意识。职业意识有以下 12 个方面。

① 角色意识。现代分工使得每个人都处在具体岗位上，每一个岗位都有特定的职责权限和工作内容。做岗位要求的事情，并把事情做到达到岗位要求的程度，是角色意识的根本体现。

② 主动意识。属于岗位职责范围内的事情，就要主动去完成。以主人翁的心态对待自己的工作，考虑自己的工作能否为单位带来价值。

③ 规则意识。没有规矩，不成方圆。团队协作和合作是靠大家共同遵守一定的规则，最终实现优势互补的。

④ 问题意识。能够发现工作中存在的问题并及时解决问题，经常拿现实和理想境界比较，找出差距，不断改进。

⑤ 效益意识。要有投入产出思维，考虑工作的轻重缓急，考虑成本和收益，在各种约束条件存在的情况下做到最好。

⑥ 经营意识。弄清楚自己的投入是多少，回收是多少，回收的时间有多长，回收与投入之间的比率是多少。

⑦ 客户意识。职业化的核心就是客户意识。必须为你的客户着想，给你的客户带来方便。

⑧ 学习意识。人的职业发展最怕止步不前，要不断学习新知识和新方法。

⑨ 创新意识。没有创新就没有发展。要不断进行观念创新、制度创新、管理创新和技术创新。

⑩ 质量意识。质量是企业的灵魂，产品质量体现企业商誉。

⑪ 危机意识。懈怠容易导致堕落。要不断否定自我，超越自我。

⑫ 沟通意识。沟通是一种态度，而非一种技巧。一个好的团队当然要有共同的愿望，这种愿望非一日可以得来，需要时刻进行沟通。

(3) 职业锁定（大学毕业 6~10 年）。

如今大学生高流动求职不仅会给其本人的职业生涯增加不安定因素，还会给工作单位、社会造成不应有的损失。可以说，职业锁定就是要找到自己的"职业锚"，在设计自己的职业生涯时请锁定自己的"职业锚"。

(4) 职业开拓（大学毕业 10~15 年）。

职业生涯规划不可能一次完成，需要在实践中随着自身素质和社会发展的变化积极主动地开拓。职场开拓具备"5C"职业素质，即信心（Confidence）、能力（Competence）、沟通（Communication）、合作（Cooperation）和创造（Creation）。

(5) 职业平稳（大学毕业 15~30 年）。

职业生涯前 20 年，工作以量为中心；职业生涯后 20 年，工作以质为中心。这个阶段劳动者对人生目标有了明确理解，职业趋于平稳。

二、职业生涯规划的原则与内容

1. 职业生涯规划的原则

（1）清晰明确原则。

由于每个人所处的具体职业发展阶段不同，能力、性格、职业发展愿望等特点因人而异；每个人所处的组织环境也有所差异，因此在进行职业生涯规划时，不能硬搬其他人的职业发展模式和职业生涯规划，而是要因人而异。职业发展目标和接近与达到目标的措施也必须是清晰而明确的，实现目标的方法也应直截了当。

（2）职业关联原则。

我们先来做 3 道二选一的选择题，假如你是某重点高中的招聘主管，正需要招聘语文教师，此时有两人前来应聘，你会聘用谁？

情况 1：A 某大学中文专业本科毕业生；B 某大学法律专业本科毕业生。

情况 2：A 某大学硕士毕业生，本硕均为中文专业；B 某大学硕士毕业生，本科为法律专业，硕士为中文专业。

情况 3：A 某大学硕士毕业生，本硕均为中文专业，具有两年高中语文教学经验；B 某大学硕士毕业生，本硕均为中文专业，具有两年报刊工作经验。

对于以上情况，所有人都能够轻松地做出选择，即 A。那么，请你思考为什么选 A 而不选 B？这对你的职业生涯规划有什么样的启发呢？

可以将答案归纳为 3 点：

① 前后所学的专业之间应该有关联；

② 专业与从事的职业之间应该有关联；

③ 前后从事的职业之间应该有关联。这就是我们所说的职业关联原则。

有的大学生看了上面的内容，可能觉得很沮丧，不禁要问"我本科学法律，硕士研究生学的中文，两个专业之间没有任何联系，那我的竞争力岂不是不如那些本硕都学中文的同学？"其实并不是绝对的。我们要注意的是，专业或职业之间是否有关联，不是以专业或职业本身之间的关联来衡量的，而是以将来要从事职业的要求来判断的。对于应聘语文老师的岗位来说，法律专业可能不如中文专业有竞争力，但如果对于某报刊法律专栏编辑的岗位来说，情况就正好相反了。

正是因为考虑到职业关联的原则，面对不喜欢自己专业的大学生，专家们常常建议他们寻找专业与兴趣的结合点，而不是鼓励他们转换专业。人生是一个不断积累的过程，这种积累包括人际关系、经验、人脉、口碑等，如果常常更换职业，之前的积累就会付之东流，事实上，我们的生存资本 35 岁以前靠打拼，35 岁以后靠的是积累。

（3）挑战性原则。

应考虑目标或措施是否具有挑战性，还是仅保持其原来状况，目标选择能否对自己起到内在的激励作用，如完成计划能否带来成就感，不具有挑战性的规划对个人发展来说是没有多大意义的。

（4）变动性原则。

应考虑目标或措施是否有弹性或缓冲性，是否能随着环境的变动而作出调整。

(5) 激励性原则。

应考虑目标是否符合自己的性格、兴趣和特长，是否能对自己产生内在的激励作用。

(6) 合作性原则。

应考虑个人的目标与他人的目标是否具有合作性与协调性。

(7) 一致性原则。

应考虑主要目标与分目标是否一致，目标与措施是否一致，个人目标与组织发展目标是否一致。

(8) 全程性原则。

拟订职业生涯规划时必须考虑到职业生涯发展的整个历程。人生的各个发展阶段应该持续连贯地衔接下来，作规划也应考虑到职业生涯发展的整个历程，对全程进行考虑。

(9) 实际性原则。

实现职业生涯目标的途径很多，在进行职业生涯规划时必须要考虑自己的特质、社会环境、组织环境及其他相关的因素，选择切实可行的途径。

(10) 可评量性原则。

设计应有明确的时间限制或标准，以便评量、检查，使自己随时掌握执行状况，并为职业生涯规划的调整提供参考依据。

2. 职业生涯规划的内容

大学阶段是职业生涯的准备阶段，大学生职业生涯规划是人生职业生涯规划的基础。因此，大学生职业生涯规划包含职业理想规划、职业选择规划、学习目标规划3种类型。

(1) 职业理想规划。

大学生成才，不仅是党和国家的希望、家长的希望，也是每个大学生的内在要求和人生理想。人生理想重要的组成部分就是职业理想。职业理想指人们对未来职业表现出来的一种强烈的追求和向往，是人们对未来职业生活的构想和规划。任何人的职业理想必然要受到社会环境、社会现实的制约。社会发展的需要是职业理想的客观依据，凡是符合社会发展需要和人民利益的职业理想都是高尚的、正确的，并具有现实的可行性。大学生的职业理想更应把个人志向与社会需要有机地结合起来。

职业理想在人们职业生涯规划过程中起着调节和指示作用。一个人选择什么样的职业以及为什么选择这种职业，通常都是以其职业理想为出发点的。大学生树立职业理想的过程，便是进行职业生涯规划的过程，一旦在心目中有了自己认为理想的职业，就会依据职业理想的目标，去规划自己的学习和实践。

(2) 职业选择规划。

个人的社会价值和人生价值主要体现在职业生涯中，选择了一种职业，就确定了个人的社会角色和人生角色。因此，职业选择规划至关重要。按照成功心理学的理论，判断一个人是否成功，最主要应该看他是否最大限度地发挥了自己的优势，这也正是职业生涯规划成功的重要依据。因此，若想获得职业的成功，首先要学会识别、发现自己的才干与优势。成功者的成功事实也向我们证明：在职业生涯规划中，如果能根据自身特点选择职业并尽情发挥自己的优势，就会如鱼得水、事半功倍；如果选择了与自身的爱好、兴趣、特长相背离的职业，那么，即使后来用勤奋弥补，也只能是事倍功半。因此，在选择职业的过程中，要充分考虑性格与职业、兴趣与职业、气质与职业、能力与职业的匹配程度。良好的职业选择是以自己的最佳才能、最优的性格、最大的兴趣等诸多信息为依据进行的。因此，大学生在进行职业选择规划时，要充分考虑自己的性格、兴趣、能力、气质、价值观以及所学专业等。

（3）学习目标规划。

高等教育大众化阶段，大学生的学习目标不仅在于能学会多少知识或掌握多少技能，想要胜任今后的工作，并通过这份工作实现自己的人生目标，就必须充分了解未来所选择职业的要求，并制订出一套完善的、可行的知识和能力储备方案。这个方案应包括：未来职业的要求、自身素质状况、未来职业要求与自身素质的差距、需要加强学习和锻炼的项目、学习方式、学习方法、学习的途径、学习时间安排等。

按照大学生的基本素质结构及高校教育的基本模式，大学生还应该加强以下几方面素质和能力的培养。

第一，专业思想修养和专业技能的提高。学好专业知识和技能是每一个大学生在校期间的主要任务。从大学生择业、就业的现状来看，毕业后从事与专业相关工作的人占多数。所以，学好专业知识和技能，将为事业的发展打下良好的基础。要学好专业知识和技能，就必须端正专业学习思想和态度，专业思想和态度正确与否，决定专业学习效果的好坏。

第二，提高职业价值观修养，参加职业技能训练。树立正确的职业价值观是大学生在职业生涯中获取成功的基础。职业价值观将影响职业选择，决定个体对职业的投入和付出，同时，也是事业成功的评价标准。职业价值观修养可通过对职业的认知以及对社会、对职业的评价态度的认知和辨别来完成。获取足够多的职业技能将会使个人在职场中如虎添翼。职业技能获取的途径。一是参加职业技能培训班。如今在高校里，各种职业技能培训班开展得如火如荼，如 IT 认证、营销、物流、注册会计师、报关员培训、职业咨询师等。你可根据个人的兴趣爱好，选择你所需要的专业，参加培训并拿到证书。二是参加岗位见习实践，通过岗位实践获取职业技能。

第三，情商、意商和诚商的自我完善。情商包括知觉自知能力，理解平衡能力，自控能力，自我激励能力，人际关系处理能力和自信心；意商是对人的意志的一种度量，意志强弱水准关系到为人处世、成功与否；诚，指真诚，诚实，诚商的重要性在于有利于人、有利自己、更有利于社会的存在和发展。它们都是事业成功与否的重要因素。

情商的获取途径：一是学习控制、调节情绪；二是学习对自己的行为与决定负责；三是妥善处理好人际关系；四是学习宽容，以诚待人。意商的提高方式：经受各种艰苦的磨炼，同增强体力的方法相类似，增强意志力的秘诀也是稍微超负荷的压力锻炼。诚商的锻炼方式：以诚信待人、接物和处事。

第四，潜能开发。人的潜能犹如一座待开发的金矿，充分开发潜能，将为事业成功增添砝码。潜能开发和知识学习有着本质区别，前者以"学习发展理论"为依据，后者以"成熟学习理论"为指导。开发潜能时，要具备 3 个条件：一是充分认识自我；二是树立自信心；三是保持积极心态。具备以上 3 个条件，潜能开发才能得以有效开展。潜能开发要在学校相关部门或社会有关机构的指导下才能够有效开展并取得成果。

3. 职业生涯规划应注意的问题

（1）根据社会需求设计职业生涯。

作为一种社会活动，选择职业必定受到一定的社会制约，任何人选择职业的自由都是相对的、有条件的。如果选择职业脱离社会需求，将很难被社会接纳。

我们强调大学生求职时社会与个人利益的统一，社会需求与个人愿望要有机结合。所以，大学生在进行职业生涯设计时，应积极把握社会人才需求的动向，把社会需要作为出发点和归宿，以社会对个人的要求为准绳，既要看到眼前的利益，又要考虑长远的发展；既要考虑个人的因素，也要自觉服从社会需求。

（2）根据所学专业设计职业生涯。

大学每个专业都有一定的培养目标和就业方向，这就是大学生职业生涯设计的基本依据。用人单位对毕业生的需求，一般首先选择的是大学生某专业方面的特长。大学生迈入社会后，主要靠运用所学的专业知识来实现职业理想。

如果职业生涯设计脱离了所学专业，无形当中给自己增加了许多负担，个人价值的实现则更困难。需要强调的是，大学生对所学的专业知识不仅要精深，而且要广博，除了要掌握宽厚的基础知识和精深的专业知识外，还要拓宽专业知识面，掌握或了解与本专业相关、相近的若干专业知识和技术。

（3）根据个人兴趣与能力特长设计职业生涯。

职业生涯设计要与个人的性格、气质、兴趣、能力特长等方面相结合，充分发挥自己的优势，扬长避短，达到人尽其才的目标。重点是个人兴趣、能力特长与职业生涯设计的关系。

大学生在进行职业生涯设计时应适当考虑自己的兴趣与爱好。兴趣是个体积极探究事物的认识倾向，这种倾向常有稳定、主动、持久等特征。如果一个人对某种工作产生兴趣，他在工作中就会具有高度的自觉性和积极性，就会在工作中做出成就；反之，如果一个人对工作没有兴趣，就不可能将自己的精力投入到工作中去，也就不可能取得成功。但兴趣爱好也并不总起着正向的驱动作用。比如，有的大学生对什么都感兴趣，但没有形成自我特色；有的大学生兴趣面太窄，不能形成优势；有的大学生兴趣与所学专业不一致……这些都会给大学生带来困惑。这就要求大学生在进行职业生涯设计时，对自己的兴趣进行客观分析，对自己的爱好进行重新培养和调整。

能力特长是人们成功的完成某种活动所必须具备的个性心理特征，是人们在社会实践中表现出来的身心力量。按照自己的能力特长进行职业生涯设计，是大学生应特别注意的问题，因为任何一种职业都需要一定的能力，不同职业有不同的能力要求。能力特长对职业的选择起着筛选作用，是求职择业以及事业成功的重要保证。需要提醒的是，知识多、学历高，不一定能力强，大学生切不可以学习成绩作为评价能力高低的唯一标准，而是应在对自己的能力特长有一个正确的自我认知和评价的基础上，根据自己的真才实学和能力特长进行职业生涯设计。

三、职业生涯规划的步骤与方法

生涯规划实践有助于我们在"知彼知己"的基础上，即在个人通过对职业生涯的主客观条件进行分析、研究和总结的基础上,确定好自己未来的职业发展目标,并为实现这一目标进行一系列行之有效的计划和安排。制订科学的职业生涯规划,有助于大学生提前进行职业准备,减少将来为择业所付出的成本,并为其一生的职业发展奠定良好的基础。

1. 职业生涯规划的步骤

个人职业生涯规划的内容虽因人而异,但在制订个人职业生涯规划时,需要考虑的要素却是基本相同的,一般包括以下内容。

① 个人基本情况,包括个人的兴趣、爱好与特长、性格、能力与价值观、个人目标与需求、个人生理与健康状况、工作经验、社会阶层与教育水准、性别、年龄、负担状况以及智商与情商等因素。

② 对个人能力、兴趣、潜力、职业生涯需要及追求目标的评估,包括对个人优势与劣势的分析、个人职业发展目标的设定及设定的原因、达到目标的途径与所需的教育培训措施、达到目标可能遇到的阻力与助力等。

③ 个人外部环境分析,包括社会的需要,企业与组织的需要,家庭的期望,技术的发展,经济的兴衰,政策法规的影响以及个人与单位在职业生涯选择、规划与机会方面的沟通情况等。

在综合考虑了上述因素的基础上,职业生涯规划一般经过自我分析与定位、职业生涯机会评估、职业生涯目标与路线的设定、职业生涯策略的制订、职业生涯规划的评估与调整等 5 个步骤来完成。

具体而言,一个系统的职业生涯规划应当包括觉知与承诺、认识自己、认识工作世界、决策、行动和再评估/调整/成长 6 个步骤,生涯规划步骤如图 3-4 所示。

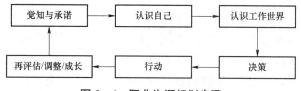

图 3-4 职业生涯规划步骤

(1) 觉知与承诺。

在这个阶段,大学生了解到职业生涯规划的重要性和作用,并愿意花时间来规划自己的职业生涯。但是在此提醒大学生,职业生涯规划是一个过程,是一种面对职业生涯发展的态度,它未必能立竿见影,马上为自己带来理想的工作,就好像我们播下的种子,未必能马上发芽一样,所以,对职业生涯规划要有合理的预期。

(2) 认识自己。

系统化的职业生涯规划是一个"从内而外"的过程。因此,在进行职业生涯规划时,首先要认识自己,诚实地自问。

① 我有哪些人格特质?

② 我的兴趣是什么?

③ 哪些东西是我生命中不能缺少的?我最看重什么?

④ 我有哪些技能是与众不同、可以赖以为生的？
⑤ 其他：健康、性别、民族等。

（3）认识工作世界。

工作世界信息和自我信息是职业生涯规划中重要和基础的部分。对工作世界的了解具体包括：

① 专业与职业的关系；
② 工作世界的宏观发展趋势；
③ 具体职业对工作人员的要求，条件和待遇等；
④ 继续教育方面的选择。

（4）决策。

决策是综合整理和评估信息的部分，在决策时有可能因信息不全而重新回到前面的步骤，具体内容包括：

① 综合与评估信息；
② 目标设立与计划；
③ 处理决策过程的各种问题，如职业生涯信念、障碍。

（5）行动。

行动是将全部的探索和思考落实的阶段。大学生要通过行动来实现自己设立的工作目标，通常包括：

① 具体的求职过程；
② 制作简历、参加面试；

（6）再评估/调整/成长。

当大学生在实践中迈出职业生涯的重要一步——进入工作世界时，随着外部环境的变化，他们或许会继续沿着过去的职业生涯规划前进，也有可能发现过去的职业生涯规划已不适合自己，或者发现过去的规划并不尽如人意。这就需要再次进行职业生涯探索，调整职业生涯规划。所以说，职业生涯规划是一个循环的过程，需要用一辈子来探索。本部分具体内容包括：

① 走进职场；
② 管理职业生涯规划——职业生涯规划档案。

职业生涯规划是一个长期的、循环的过程。在大学生活中要将有限的时间花费在一些什么样的活动上，这在很大程度上取决于大学生希望达到的职业生活目标以及这个目标所要求的技能上。帮助大学生理清思路，有的放矢地安排好大学4年的时间，协助学生有针对性的培养好生存技能是大学职业生涯规划的初衷，也是全面素质教育的要求。

2. 职业生涯规划的方法

（1）自行设计法。

自行设计法即根据各种职业生涯规划读物所展示的方法，进行自我测定、自我评价，明确职业兴趣、能力及行为倾向、价值观等，从而把握职业方向。经常使用的测评方法如下。

① 性格自我测试：因为性格是人的个性中具有核心意义的部分，几乎涉及人的心理过程

及个性特征的每个方面，对职业的选择和人的职业生涯的发展有一定影响。对具体职业而言，能力不足可以培训，而性格与职业要求不匹配，则难以获得良好的工作业绩。比如让一个内向型性格的人去做推销员、记者、律师、教师等就难以获得成功。

② 能力自测：主要有分析能力自测、行动能力自测、管理能力自测、经营能力自测和其他特殊能力自测等。其结果可以为人的职业选择提供一个基本的参考依据。

③ 职业素质自测：主要有工作动机、职业适宜性、职业选择、职业方向自测等。其结果旨在了解自身的优势，在从事相关的工作时，会产生较大的助力。

（2）职业咨询预测法。

在美国等一些国家，大学、高中设有一些专门机构，对大学生和高中生的职业前途进行预测，以此为根据对他们的择业方向提供一些建设性的建议。在我国，这样的专门机构也已经建立起来了，他们的主要测验方法如下。

① 能力倾向测验：包括普通能力倾向测验、特殊能力倾向测验和多因素能力倾向测验3大类。能力倾向测验所显示的分数可以预测受测对象未来的工作、职业训练、专业发展上的成功表现。

② 职业兴趣测验：国内外最常见的有《斯特朗兴趣量表》《霍兰德职业兴趣量表》《自我定向测查表》等。职业兴趣测验可以帮助个人明确自己喜欢在什么样的环境中工作。

③ 人格测验：主要有"卡特尔16种人格因素测验"、"艾森克人格问卷"、"爱德华个性量表"、"MBTI性格测试"等。人格测验主要帮助个人明确职业与工作岗位是否与个人的人格特质相符合、相关联、相匹配。

④ 价值问卷：包括一般价值问卷和工作价值问卷，它主要帮助个人明确对工作及职业生涯选择有关价值的相对看法。

⑤ 生涯成熟问卷：包括"职业生涯发展问卷"和"职业生涯成熟问卷"，它旨在为个人提供一个了解自我职业生涯发展状况的方式，并且评估不足，以便有针对性地进行调整、改善，促进生涯发展目标的有效性参考。

（3）评价中心法。

这是发达国家非常重视的、应用较广的方法，其目的是为组织选拔最合适、最出色的高层领导人，但这种选拔必须基于个人条件、发展潜力、职业生涯的发展和必要的培训。把最符合条件的后备人员输送到高层职业位置上，本身就是一种职业设计与塑造的过程。该方法是在1969年提出的，其具体方法包括心理测验、情景模拟、小组讨论、面试等。

（4）生活计划或生命计划法。

这是职业生涯选择计划更长期、更完整的计划，包括7个步骤：

① 明确自己的终身计划与职业意识；
② 进行职业生涯选择的分析与决策；
③ 进行自我评价和对成功风险的分析；
④ 为新的抉择做准备，了解成功的途径；
⑤ 为实现新职业而努力，提高能力素质；
⑥ 职业发展的行动战略，自己谋得预定职业并探究和掌握在该职业生存的秘诀，遵从该职业的规范，争取获得成功；

⑦ 跟踪和再评价，重新审视和思索职业计划或重新制订终身计划。

当重新制订终身计划时，实际上就已经回到了第一步，这7个步骤就链接成为一个闭合的链条，人的职业计划就在这一循环中不断发展、不断提高。

（5）职业生涯规划"思考圈法"。

"思考圈法"是我国香港地区高校职业生涯规划常用的一种理论方法（图3-5）。该理论方法以循环思考来表述职业生涯规划。

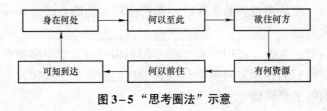

图3-5 "思考圈法"示意

"身在何处"即了解目前情况、存在的差距，这是问题解决开始时需要的信息。

"何以至此"即分析原因。这些原因可能是客观方面的，如就业形势、金融危机等；也可能是主观方面的，如就业观念、领导重视、政策支持等。

"欲往何方"即找出最优选择并作出临时选择，选择可能性最大的情况。思考并明确学校的就业目标是什么。

"有何资源"即精心搜索和综合选择。精心搜索指查看各种资源以发现尽可能多的有利资源。综合选择是把与目标一致的有效资源进行整合。

"何以前往"即设计一项计划来实施某一临时选择，包括学校就业指导措施、计划、内容等。

"可知到达"即通过结果、结论与选择、目标比较，分析和检验与目标的差距，总结经验，为下一循环打下好的基础。

（6）职业生涯规划愿景法。

职业生涯规划愿景法的含义是：基于价值观、个人性向、知识技能的核心，职业生涯愿景是每一个人经过职业的发展实现职业目标的梦想。对应于个人的职业生涯愿景，每个人都有长处和不足，其长处和不足都是在同外界环境的相互作用中确定的。只有尽可能地发挥长处、善用长处、弥补不足，使得个人在机会的把握、兴趣的导航、技能的增长、性向的管理接近并重合于职业生涯规划愿景时，职业目标才能得以实现。机会和运气只眷顾随时做好准备的人，随时做好准备很大程度上就是对于个人知识技能的积累以及心理的调整，基于兴趣、个性的心理活动特征，需要通过评估来确定类型，依靠互动来进行训练，借助拓展实现调整；技能等同阅历相关的素质需要不断地实践、总结、持续改进而得以固定和内化。

职业生涯规划愿景是个人在职业实践过程中经过一段时间的探索，经过与外界互动逐渐沉淀下来的理想职业目标，是目标职业的期望情景的总和。职业生涯规划愿景应当包含很多内容，这些内容对于个人的职业目标是全面而且细致的描述，包含目标职位、领导风格、价值观、个人性向、知识技能、行业领域、规模、职位胜任素质、控制幅度等，其中价值观、个人性向、知识技能等最为重要，是构成个人职业生涯愿景的核心部分。

四、职业生涯规划的评估与调整

职业生涯规划是一个动态的过程。在人生的发展阶段，由于社会环境的巨大变化和一些不确定因素的存在，会使原来制订的职业生涯规划与现实情况有所偏差，这就需要对职业生涯规划进行评估和作出适当调整，以更好地符合自身发展和社会发展的需要。

在职业生涯规划过程中，评估与调整是一个再认识、再发现的过程。我们要时刻注意周围环境的变化，不断地审视自我；不断地调整自我；不断地调整策略和目标。这个过程就是评估与调整，它可以确保个人职业生涯规划的有效性。

1. 职业生涯规划的评估

职业生涯规划的评估是指在实现职业生涯目标过程中自觉地总结经验和教训，调整对自我的认知和最终的职业生涯目标。

职业生涯目标在刚开始时大多数是模糊的、抽象的，有时候甚至是错误的。个人在努力工作了一段时间后，有意识地回顾自身的言行得失，可以检查自己对职业目标的设定是否正确，是过高还是过低。不少人在一段时间的尝试和寻找之后，才了解自己到底适合哪个领域、哪个层面的工作，这段时间在缺乏评估和调整的情况下可能长达几年甚至几十年。在目标设定正确时，评估和调整可以纠正分阶段目标中出现的偏差，同时极大地增强实现目标的信心。

（1）职业生涯规划评估的作用。

① 有助于检测职业生涯策略是否得当。我们在制订职业生涯规划的时候，首先要进行自我评估，在此基础上为自己的职业生涯定下目标，并制定相应的实施策略，包括学习计划、培训计划、工作计划等。这些计划都是为了实现目标而制订的。但是，这些计划是否适当，是否有作用呢？这些计划实施之后，是否觉得自己离实现目标更近了呢？也就是说，计划的实际效果如何应该是我们关心的问题。因为这些计划都是在主观分析和经验的基础上制订的，所以上述问题的答案不得而知。因此，我们在实施这些计划的过程中，要不断地反省，定期地对实际效果进行检验。

② 有助于检测职业生涯目标是否适当。职业生涯规划的每项内容都建立在自我分析和客观事实的基础上，但是世界每天都在变化，大到国际形势的突变、国家政策的调整，小到组织制度的改变、组织结构的变革、自身条件的变化，这些都是影响我们制订职业生涯目标的客观因素。同时，大学生的心智不成熟，缺少社会阅历，加之大部分大学生对自己评价过高，对于职业生涯的期待过高，并不根据实际情况制订职业生涯目标，所以造成了大部分大学生在制订职业生涯规划时极度盲目，制订的职业生涯目标与实际有很大的偏差，缺乏可操作性。这正是高校毕业生跳槽率偏高的原因。因此，要定期地对职业生涯规划进行评估，要考虑你所选择的职业是否适合你，是否是你心中最想做的工作。

③ 阶段性评估有助于及时调整职业生涯规划。周围环境和我们自身是在变化的，如果不对职业生涯规划进行评估，或者很长时间才评估一次，就不能及时地发现问题，并迅速作出改变。职业指导专家建议，要根据实际情况，进行定期的评估，及时纠正实施过程中出现的偏差，时间最好不要超过 1 年。每年评估一次是针对短期目标而言的，中期目标要

每3~4年评估一次，长期目标则要每7~10年评估一次。一般情况下，对中、长期目标的评估要比对短期目标的评估花费更多的时间，而且有可能对职业生涯目标的制订产生巨大的影响。

（2）职业生涯规划评估的内容。

① 职业生涯目标评估，即是否需要重新选择职业。如果一直无法找到理想的学习机会和工作，那么就要根据现实情况重新制订职业生涯目标；如果一直无法适应或胜任最初制订的职业生涯目标，在学习、工作中得不到应有的发展，导致我们长期压抑、不愉快，这时应该考虑调整职业生涯规划；如果在婚后，职业给家庭造成极多的不便，或者家人反对你所从事的职业，就要考虑调整职业生涯规划了。

② 职业生涯路径评估，即是否需要调整发展方向。当出现更适合自己职业生涯发展的机会，而原定的发展方向又缺少发展前景的时候，就应该尝试调整职业生涯路径了。

③ 实施策略评估，即是否需要改变行动策略。如果家人无法在自己工作的地方定居、工作，可以考虑改变既定的计划；如果在已定区域和职业选择上得不到发展，可以考虑改变行动策略。

④ 其他因素评估，即身体、家庭、经济状况以及机遇、意外情况的评估。如果家庭需要得到更多的照顾，我们应该把更多的精力投入到家庭中，甚至暂时放下工作；如果身体条件不允许，应适当降低对职业生涯目标的要求。

（3）职业生涯规划评估的步骤。

对职业生涯规划进行评估和调整的时机因人而异。大学生初次就业时，在经历了求职的实践后，可以根据新的就业信息和供求情况，结合自身特点，对职业规划进行评估，并判定是否需要作出调整。在入职1年后对从业的实际情况进行评估，如有需要，应及时作出调整。当然，由于目标的大小、完成时间的跨度不同，职业生涯规划的评估与调整可以每年进行一次或几次，也可以几年进行一次，具体步骤如下。

① 确定职业生涯规划评估的目的和任务。在开始着手做一件事之前，我们都要考虑一下为什么要做这件事，即目的是什么。所以，在作职业生涯规划评估工作时要先确定评估的目的以及主要任务。评估的目标，就是要确定职业生涯目标是否合适，是否需要更改职业生涯路径，策略是否得当。

② 重新评估自己。对比现在的自己和过去的自己有何不同，分析个人条件的变化，检验自己在职业实践中的成果，在职业初期要评估自己的职业素质是否符合目前所选择的职业，在职业中期则重点评估自己的工作绩效和职业发展情况。

③ 重新评估职业目标。根据当前经济社会发展的情况，对职业目标在当前社会中的地位和发展趋势、对从业人员的素质要求与自身素质的匹配程度、所在企业的内外环境、个人实现目标的进度等方面进行评估，从而对短期目标、中期目标和长期目标分别作出调整。

④ 调整行动方案。最终的调整要落实到行动计划上。结合现有的情况，审视哪些计划是合理的，哪些计划还有不足之处，哪些计划是需要放弃的，从而对短期计划、中期计划和长期计划分别作出合理、及时的调整。

2. 职业生涯规划的调整

职业生涯规划需要不断调整，一个好的职业生涯规划需要具备可行性，需要有实施计划的具体措施和时间。但是职业生涯规划作得过细也会束缚个人的发展，可能会导致丧失随时到来的各种机会，又会因为不切实际而缺乏可操作性。在影响职业生涯发展的许多因素都难以预料的情况下，要使职业生涯规划行之有效，就必须使其具有足够的弹性，在实践中不断进行评估与调整。这就需要我们在实践中定时、定期地检验目标的完成情况，评估环境的变化，从而根据评估的结果对目标和策略方案进行合理的调整。

（1）职业生涯规划调整的目的。

调整是改正、修改，使其正确的意思。职业生涯规划调整的目的是：

① 对自己的强项充满自信；

② 对自己的发展机会有清楚的了解；

③ 找出关键的、有待改进的问题；

④ 为有待改进之处制订详细的行为改变计划；

⑤ 以合适的方式答复那些给予信息反馈的人，并表示感谢；

⑥ 实施行动计划，确保取得显著的进步和成就。

（2）职业生涯规划调整的影响因素。

① 环境因素。环境因素包括社会环境、政治环境、经济环境、科技环境、自然环境、法律环境等。从宏观层面认识职业生涯发展的局限和可能，个人只能适应却不能改变环境因素。

② 组织因素。组织因素包括组织规模、组织结构、组织文化、组织发展状况、人力资源规划、人力资源管理系统类型、晋升政策、人际关系等。要改变组织因素非常困难，但可以选择到最适合自己发展的组织中去工作。

③ 个人因素。个人因素包括年龄、性别、学历、工作经历、家庭背景、人格等。一方面要正确认识自己；另一方面要不断完善自己。

个人因素和组织因素要适应环境因素，正确认识和分析组织因素、个人因素，寻求个人与组织的和谐发展方法。

（3）职业生涯规划调整的内容。

① 职业方向的调整。职业方向的正确与否直接关系到职业生涯的发展是否顺利，它是职业生涯成功与否的关键因素。在实际工作中许多人都会发现自己的职业发展不顺利，其原因是最初确定的职业方向是错误的。在制订职业生涯规划的时候都是根据科学方法进行的，为什么会出现职业方向选择错误的问题呢？其一是自己的爱好发生了变化：最初，职业方向在很大程度上是依据个人兴趣和爱好进行选择的，但随着时间的推移，在一些内外环境和自身条件变化的影响下，人的兴趣和爱好也可能随之发生变化，原来的职业方向与新的兴趣爱好相冲突，所以造成职业发展的不顺利。其二是缺乏对内外环境的客观分析：不少人在分析客观环境时不进行实际了解，而是进行主观判断，从而使自己对内外环境的认识出现了偏差。其三是在制订职业生涯规划时，缺少对工作的真实体验，由于经验不足，导致职业方向选择出现问题。应该说，职业方向选择错误对于大学生来说是很正常的。不要因为职业方向选择

错误就丧失信心，迷失方向。由于职业方向选择错误会直接导致职业目标和职业生涯路线的错误，因此，大学生在综合分析、冷静思考后，要对职业方向、职业目标和职业生涯路线作出修改与调整。

② 策略和措施的调整。有时候，职业生涯发展不顺利并不是因为职业方向选择错误或职业目标有问题，真正的原因可能是我们针对职业目标所制订的策略和措施不合适。在职业生涯规划中，我们会根据自己与职业目标之间的差距制订一些策略和措施。如为了达到职业目标要求的素质，我们会计划参加一些培训、进行实践锻炼等。这些措施又可以具体到参加什么培训班，选择哪个老师等，这些都是影响职业发展的因素。因此，当职业发展不顺利的时候，如果不是职业方向选择出了问题，就要考虑策略和措施制订得是否合适，发现问题要及时进行修改，以免影响以后的职业发展。

③ 行为和心理的调整。职业发展不顺利，可能是由职业方向选择错误，或者是制订的策略和措施有问题造成的。当这两方面都没有问题时，就要考虑可能是由心理和行为不配合造成的。因此，要学会调整自己的心理状态。在职业生涯规划实施的过程中，首先，要自信，相信自己的选择和判断，不要妄自菲薄，也不要盲目自大；其次，在确定好目标以后，一定要坚定不移地走下去，除非发现目标出现了问题，否则不要轻易放弃自己的计划；最后，要保持乐观、积极的态度，这样才会成功。

（4）及时调整职业生涯规划。

首先，长远的职业生涯目标的实现需要一个漫长的过程，要将大的、长远的目标，逐步分解到小的、近期的目标，在实现小的、近期的目标的基础上，逐步接近大的、长远的目标。但这种大的目标的实现，离不开科学的决策，目标应该符合自己的实际情况，如果目标过于高远，则很难实现，比如想当总统、院士或知名科学家，等等。只有将理想建立在现实的基础上，发挥自己的潜力和优势，才能实现目标。

其次，职业生涯发展要按照先努力在基层工作，积累经验并培养能力，然后逐步向中层管理部门努力，最后指向终极目标的顺序制订。想成为经理、总经理，除了要有丰富的实践经验外，还要有较高的理论素养。实践经验可以通过在工作中不断观察、思考、总结、逐步积累来获得；理论知识可以通过自学来掌握，如阅读报纸和杂志、参加相关培训等。

再次，职业生涯的发展道路不是平坦的，而是曲折的，有的人职业发展得顺利，有的人不顺利。职业发展顺利的人往往目标确立得比较早，而且具有一定的能力，会审时度势，而且意志坚定。职业发展不顺利的人，是因为在面对是从事管理工作还是从事专业工作时，不知如何选择。无论从事哪种工作都需要按照当时的情境，确立职业生涯目标，并一步一步地走下去，最终实现自己的职业生涯目标。

最后，考虑降低职业生涯目标。不是所有人都能获得职业生涯的成功，当职业生涯的成功标准定得很高时更是如此。因为能成为院士、高级工程师、总经理的人毕竟只是少数，大多数人只能很好地完成自己的岗位职责，为社会的正常运转奠基。

在年轻的时候，人们有许多梦想和追求。如果由于种种原因，个人的潜力没有充分地发挥出来，这对于个人和组织来说都很遗憾。如果组织采取了有效的措施，个人也努力了，但目标还是实现不了，这就不是选择的问题，也不是外部环境的问题，而可能是个人能力的问题。能力的差异是客观存在的，不能用社会的精英标准来苛求自己。人到中年应该以更加实际的态度调整自己的职业目标，以更加豁达的态度来对待自己的能力。如果制订的目标是通过努力能实现的，我们就会产生成就感。如果制订的目标通过努力也无法实现，就会觉得生活在失败的阴影里，这就需要对职业生涯目标进行适时的、果断的调整。

在进入组织之前，可以对职业生涯目标进行理论上的设计。然而，在实际工作中，这种设计要随着社会政治、经济环境的变化而变化。职业生涯目标的设定往往是在动态平衡中逐步调整、完善的。如果原来的目标很难实现，就要适当降低；反之就要适当提高。

五、职业生涯规划成功的标准与评价

个人的命运无法预料，即使职业生涯目标规划得很完善，在有限的生命里我们仍会有很多目标不能实现，但这并不意味着职业生涯失败了。怎样的职业生涯才算成功？该如何全面评价职业生涯？

1. 职业生涯成功的多样化标准

成功没有统一的标准，有人追求职务；有人追求财富；有人追求成就和名誉；有人追求家庭和谐。但每个人都应该有自己的成功标准，并时时用这个标准检验我们为实现目标而争取的行动。按职业锚理论的划分，职业生涯成功的标准有以下5个类型。

① 进取型——视成功为升入组织的最高阶层，特别注重个人在群体中的地位，追求更高职务。

② 安全型——视成功为长期的稳定和相应不变的工作认可。

③ 自由型——视成功为经历的多样性，不愿意被控制。

④ 攀登型——视成功为螺旋式上升、自我完善，喜欢挑战、冒险，勇于创新。

⑤ 平衡型——视成功为家庭、事业、个人等方面的均衡协调发展。

每个人的职业锚不同，决定了其职业需求类型与职业目标的差异，也造成了个人在职业生涯成功标准上的多样性。即使对于同一个人，职业生涯成功的意义在不同的人生发展阶段也可能不同。

长期以来，人们在评价一个人的职业生涯是否成功时，通常以高薪、高职务、高社会地位作为主要的判断标准。许多学者指出，这种标准过于片面和绝对，只适用于少数人，如果继续沿用这些标准，大多数人都可能成为失败者。事实上，随着组织外部环境的剧烈变化和组织结构的一系列深刻变革，传统的金字塔式组织结构逐渐被扁平化的形式所取代，员工加薪和晋升的机会大大减少。另一方面，即使获得高收入和晋升机会，也并不一定使人们感到骄傲或成功。因为，在个人工作上的物质条件得到改善的同时，有许多其他因素可能导致个人没有成就感和幸福感，例如工作模式和节奏与个人生活脱节、个人情绪低落等。

2. 职业生涯成功的综合评价

职业生涯成功的标准具有多样性，对职业生涯成功的评价也需要综合考虑。按照人际关系范围，将职业生涯分为自我评价、家庭评价、组织评价和社会评价4类评价体系。职业生涯规划成功的全面评价见表3-7。

表3-7 职业生涯规划成功的全面评价表

评价方式	评价者	评价内容	评价标准
自我评价	本人	1. 自己的才能是否得到充分施展 2. 是否对自己在企业发展、社会进步中的贡献满意 3. 是否对自己职称、职务、工资待遇的变化满意 4. 是否对职业生涯发展与生活关系的处理结果满意	根据个人的价值观念及个人知识能力水平
家庭评价	家庭重要成员	1. 是否能够理解 2. 是否能够给予支持和帮助	根据家庭文化
组织评价	组织、同事	1. 是否有下级、平级同事的赞赏 2. 是否有上级的肯定和表彰 3. 是否有职称、职务提升或职责权利范围的扩大 4. 是否有工资待遇的提高	根据企业文化及企业总体经验结果
社会评价	社会舆论、社会组织	1. 是否有社会舆论的支持和好评 2. 是否有社会组织的承认和奖励	根据社会文明程度和社会历史进程

中 篇

职业素质提升与就业准备

职业素质培养

第一节 当代大学生的职业素质

素质分为先天素质和后天素质两种:先天素质是通过父母遗传而获得的素质,主要包括感觉器官、神经系统和身体其他方面的一些特点;后天素质是通过环境和教育而获得的。因此,素质是在人的先天生理的基础上,受后天的教育训练和社会环境的影响,通过自身的认识和社会实践逐步养成的比较稳定的身心发展的基本品质。职业素质就是为了达到职业的要求,全面履行职责、成为合格的职业人所必须具备的综合素质。它既可以指从事某一职业必须具备的基本素质,也可以指能够获得优秀职业成就的卓越素质或胜任特征。具体来说,职业素质是指劳动者在一定的生理和心理基础上,通过教育培训、劳动实践、自我修养等途径逐渐形成和发展起来的,在职业活动中发挥作用的一种基本品质。这种品质与具体职业密切相关,对职业活动起关键作用。在现代生活中,职业是实现人生意义和价值的主要场所,职业生涯既是人生历程中的主体部分,又是最具价值的部分。

在现代生活中,职业成为人生的重要舞台。职业的成功不仅仅取决于个体素质的高低,更在于整个职业群体的素质水平。在群体交往过程中,一方面个体素质得以体现,另一方面个体素质之间相互碰撞、吸收、融合、取长补短。成功的职业生涯一方面是个体素质的展现过程,在更重要的一方面,也是个体素质不断成长的过程。不同的职业有不同的素质要求,不同的单位乃至不同的岗位,对从业者的职业素质都有其自身的要求,从业者往往要在工作实践中才能深刻体会这些特殊的素质要求。人对职业的适应与否,主要取决于人的职业素质是否达到了职业对人的要求。当代大学生职业素质主要培养以下4种意识。

一、沟通意识的培养

沟通在我们生活中不仅是无处不在的,而且是非常重要的。社会是一个大舞台,纷繁复杂。国与国之间需要沟通，于是有了外交；单位与单位之间需要沟通，于是有了联系；人与人之间需要沟通，于是有了交流。沟通是一盏指明灯，可以随时矫正我们航行的方向。沟通意识的培养有以下 3 个方面的技巧。

1. 同理心

简单地说，同理心是站在对方立场上思考问题的一种方式。同理心通俗称为换位思考。沟通的首要技巧在于拥有同理心，即学会从对方的角度考虑问题，这不仅包括理解对方的处境、思维水平、知识素养，同时包括维护对方的自尊，加强对方的自信，请对方说出自己的真实感受。每个人都有自己既定的立场，也习惯执着于本身的领域当中，从而忘却了他人也有自己的立场，自己的处境。同理心有以下 6 个原则。

① 我怎么对待他人，他人就怎么对待我。
② 想让他人理解我，就要首先理解他人，将心比心才会被人理解。
③ 他人眼中的自己，才是真正存在的自己。学会以他人的角度看问题，并据此改进自己在他们眼中的形象。
④ 只能修正自己，不能修正他人。想成功地与他人相处，让他人尊重自己的想法，唯有先改变自己。
⑤ 真诚坦白的人，才是值得信任的人。
⑥ 只有真情流露的人，才能得到真情回报。

只要把握住这 6 个原则，就能够真正拥有同理心。

2. 善于倾听

真正的沟通高手首先是一个热衷于倾听的人。善于倾听，才是成熟的人最基本的素质。如果你在听他人说话时，可以听懂他人话里的意思，同时可以感受到他人的心思而予以回应，就表示你掌握了倾听的要领。在倾听的过程中应该注意以下 10 个事项。

① 和他人保持眼神接触。
② 不可凭自己的喜好选择内容来倾听，必须接收全部内容。
③ 提醒自己不可分心，必须专心一意。
④ 以谦虚、宽容、好奇的心态来倾听。
⑤ 在心里描绘出对方正在说的内容。
⑥ 多提问题，以澄清疑问。
⑦ 抓住他人的主要观点。
⑧ 等你完全明了他人的重点后，再提出反驳。
⑨ 把他人的意思归纳总结出来，让他人检测你的理解正确与否。
⑩ 同时，还要注意前面讲到的沟通要点中强调的"时机是否合适，场所是否合适，气氛是否合适"，要注意在不同的环境产生的倾听障碍。

3. 学会控制情绪

沟通，最大的忌讳就是感情用事，而最容易导致感情用事的就是生气。生气就意味着拿他人的错误来惩罚自己。沟通时，我们要尽可能地避免使用太强烈的词汇。在生气时沟通，容易语无伦次。如果你经常说:"你让我很难过""你伤了我的心""你把我逼疯了",这容易让人产生被指责的感觉,很容易使人反感,并且对方会反唇相讥:"是你自己要生气的"或"你难过可不关我的事"。对自己的反应负责任,避免指责别人,才有可能掌握问题的重点。

二、团队意识的培养

许多刚走入职场的高校毕业生,往往满怀抱负,血气方刚,在团队中常常流露出个人英雄主义。在一些单位常常可以见到这样的员工:在市场上敢拼敢打,是一名虎将,而自恃学历高、工作意识强、销售业绩好,在同事和领导面前狂傲不已,作风散漫,不愿遵守劳动纪律,还经常在公开场合反对领导的意见。像这样的员工即使业绩再出色,工作意识再强,最终也会被单位淘汰。

团队精神的核心就是协同合作。协同合作是任何一个团队不可或缺的精髓,是建立在相互信任基础上的无私奉献,团队成员因此而互补互助。培养团队意识有以下 5 个途径。

1. 了解团队成员的性格品质

团队强调的是协同工作,所以团队的工作气氛很重要,它直接影响团队合作意识。没有完美的个人,只有无敌的团队。团队中的个人意识取长补短,相互协作,即能造就出一个好的团队,所以才有"三个臭皮匠赛过诸葛亮"之说。在一个团队中,每个成员都有自己的优点和缺点,作为团队的一员,应该主动去寻找和学习团队其他成员的优点和优秀品质,并克服自己的缺点和不足,让它在团队合作中被弱化甚至被消灭。如果团队的每个成员都主动去寻找其他成员的优秀品质,那么团队的协作就会变得很顺畅,工作效率就会提高。

2. 包容团队成员

团队工作需要成员在一起不断的讨论,如果一个人固执己见,无法听取他人的意见,或无法和他人达成一致,团队的工作就无法进行下去。团队的效率来自团队成员之间配合的默契程度,如果达不成默契,团队合作就不可能成功。因此,对待团队中其他成员时一定要抱着宽容的心态,讨论问题的时候对事不对人,即使他人犯了错误,也要本着大家共同进步的原则去帮对方改正,而不是一味斥责。同时也要经常检查自己的缺点,如果意识到了自己的缺点,不妨坦诚地讲出来,承认自己的缺点,让大家共同帮助你改进,这是最有效的进步方法。

3. 获得支持与认可

要使自己的工作得到大家的支持,而不是反对,就必须让大家认可你。但一个人要让他人认可,除了在工作中互相支援、互相鼓励外,还应该尽量和大家一起去参加各种活动,或者礼貌地关心一下大家的生活,使大家觉得,你不仅是他们的好同事,还是他们的好朋友,谁不愿意与自己的朋友合作呢?

4. 保持谦虚精神

任何人都不喜欢骄傲自大的人,这种人在团队合作中也不会被大家认可。可能你在某个方面比其他人强,但你更应该将自己的注意力放在他人的强项上,只有这样,才能看到自己的肤浅和不足。因为团队中的任何一位成员,都有自己的专长,所以必须保持足够的谦虚。

5. 资源共享

团队作为一个整体，需要的是整体的综合意识。不管一个人的个人意识有多强，如果没有充分融入团队中，到了一定阶段必定会给整个团队带来致命打击。资源共享作为团队工作中不可缺少的一部分，可以很好地评估团队的凝聚力和团队的协作意识，也是一个团队意识的客观体现。提高团队的资源共享度是团队健康发展、稳定发展的基础。

三、创新意识的培养

企业需要具有创新意识的人。创新是赢得成功的一个重要保证，创新意识是每一个求职者都应该努力培养的素质。反映在面试中，单位面试官一般会问："在以前的学习中，你有没有做成功过一件其他同学从来没做过或者根本没想过的事情？或者你是否对一些新鲜的事物感兴趣？"

创新是一切事物发展的本质，学习需要创新，搞科研更需要创新，那么创新的源泉在哪里呢？作为当代大学生，应如何培养自己的创新意识呢？

1. 对所学习或研究的事物要有好奇心

牛顿（Newton）少年时期就有很强的好奇心，他常常在夜晚仰望天上的星星和月亮。星星和月亮为什么挂在天上？星星和月亮都在天空运转着，它们为什么不相撞呢？这些疑问激发着他的探索欲望。后来，经过专心研究，他终于发现了万有引力定律。能提出问题，说明在思考问题。在学习过程中，如果提不出问题，那才是最大的问题。好奇心包含着强烈的求知欲和追根究底的探索精神，要在茫茫学海获取成功，就必须有强烈的好奇心。正像爱因斯坦（Einstein）说的那样："我没有特别的天赋，我只有强烈的好奇心。"

2. 对所学习或研究的事物要有怀疑态度

不要认为被人验证过的都是真理。许多科学家对旧知识的扬弃，对谬误的否定，都是从怀疑开始的。伽利略（Galileo）始于对亚里士多德（Aristotle）"物体依本身的轻重而下落有快有慢"的结论的怀疑，发现了自由落体规律。怀疑是来自内在的创造潜能，它可以激发人们去钻研，去探索。对待我们所学习或研究的事物应做到：不要迷信任何权威，要大胆地怀疑。这是我们创新的出发点。

3. 对所学习或研究的事物要有追求创新的欲望

如果没有强烈的追求创新的欲望，那么无论怎样谦虚和好学，最终都是模仿或抄袭，只能在前人划定的圈子里徘徊。要创新，就要坚持不懈地努力，勇敢面对困难；要有克服困难的决心，不要怕失败；要相信，失败乃成功之母。

4. 对所学习或研究的事物要有求异的观念

不要"人云亦云"。创新不是简单的模仿，要有创新精神和创新成果，必须要有求异的观念。求异，实质上就是换个角度思考，从多个角度思考，并把结果进行比较。求异者往往要比常人看问题更深刻，更全面。

5. 对所学习或研究的事物要有冒险精神

创造实质上是一种冒险,因为否定人们习惯了的旧思想可能会遭到公众的反对。冒险不是那些危及生命和肢体安全的冒险,而是一种合理性冒险。大多数人都不会成为伟人,但我们至少要最大限度地挖掘自己的创造潜能。

6. 对所学习或研究的事物要做到永不自满

一个有创造性思想的人如果就此停止,不再去继续思考更加深入的问题,或已习惯了一种思想而不再产生新思想,这个人就会变得自满,停止创造。

四、解决问题意识的培养

在现实生活中,人们几乎每天都要面对诸多问题。有些问题可能属于公事,有些问题则属于私事,还有些问题是属于在社会上遇到的"闲事"或麻烦事。其中有些问题可能很棘手,或许夹杂着诸多矛盾,处理不好,问题就可能会复杂化,小事也可能会变成大事;也有些问题是猝然发生的,急需加以处理,容不得太多的考虑时间和周旋余地。这时,最考验人的便是解决问题的意识。

谁是组织最需要的人才?做大家都能做的事,还是解决最困难的事?真正的人才,不论工作多难、多苦、多复杂、多危险,都能勇敢地挺身而出,而且也有意识去解决。人才的价值很大部分体现在能否圆满地解决问题。

学会解决问题是一个人立世和成事的根本。善于解决问题是一个人综合素质的集中体现,学会解决问题可以改善个体的社会环境、生存环境,甚至心理环境。每个成功者都是解决问题的高手。既然解决问题意识如此重要,那么该怎样提高自己的解决问题意识呢?

1. 积极面对问题,主动承担工作

不要害怕问题,不要有如果问题解决不了会很丢脸的心态。提高自己解决问题意识的秘诀是尽量多的承担工作,并真正投入其中,坚持不懈,迫使自己的意识提高。问题接触得越多,解决问题的意识就越强。

2. 认真做好一件事

知道如何做好一件事,比对很多事情都懂一点皮毛要强得多。一位企业家在某所高校演讲时,对大学生们说:"比其他事情更重要的是,你们需要知道怎样将一件事情做好;与其他有意识做这件事的人相比,如果你能做得更好,那么,你就永远不会失业。"每一件事情的完成,哪怕是极小的事情,都有助于提高你解决问题的意识。

3. 用目标来激励自己

如果你有目标,比如你想要做什么,你就一定会朝着这个方向努力,即使你遇到的问题很多,也不会放弃。反之,如果没有目标,一遇到困难就会退缩下来。我们可以把大目标分成若干个小目标,并启发自己为了这个目标而努力。每个人在潜意识里都会有自我实现的愿望,为自己树立一个工作目标是发挥自己潜能、提升自己工作能力的重要途径。

4. 培养正确的思维方式

每个人都有自己固有的思维方式，这种思维方式在工作中的应用会直接影响解决问题的效果。建立合理的思维方式是提高解决问题意识所必需的。不要拘泥于以往的思维方式，要有创造性思维，这样你才会比他人看得更清楚。

5. 要经常思考，脑子不能懒惰

解决问题意识比较强的人都特别善于思考。思考是成长的唯一方法，是人类作为高级动物的特征。优秀的人经常面对问题去思考，在思考中成长；在思考中找到工作的方法；在思考中领悟工作的快乐；在思考中提高解决问题的意识。

第二节　大学阶段的自我管理

职业生涯的发展、成功与个体良好的自我管理能力有着密切的关系。自我管理是自己创造出来的关于如何生活的一种选择。大学生能有效的实现自我管理也是实现职业生涯规划的重要保证。因此，每位大学生都应当清楚地意识到，和以往的人生阶段相比，大学阶段发生了巨大变化，需要提高自我管理的意识，增强自我管理的能力，对自己的大学生活进行必要而且及时的管理和规划。这样，大学阶段就会成为自己职业生涯发展中的一个良好开端。

自我管理是指个体对时间、情绪、压力、人际关系以及健康等的管理，是自己把自己组织起来，自己管理自己，自己约束自己，自己激励自己，最终实现自我奋斗目标的一个过程。自我管理能力强的人，无论在什么样的企业与组织都会受到欢迎和重用。事业成功，从学会自我管理开始。

一、时间管理

现代管理学之父彼得·德鲁克（Peter F. Drucker）说过，时间是最珍贵的资源，如果我们不去管理时间，那么其他任何东西都没有必要加以管理。的确，时间是最稀有的资源，具有不可替代性、不可逆转性，它对我们每个人都是公平的，因为每个人每天都有 24 小时的时间。从某种意义上说，职业生涯规划的本质就是要更好地利用时间，使有限的人生变得更有价值、更有意义。所以，我们需要为自己的每一项工作安排合理的时间，培养自己珍惜时间、高效生活的好习惯。在学习合理安排时间的技巧时，必须注意 3 件事：如何有效率地运用时间；如何根据目标的轻重缓急来分配时间；制订计划后如何切实实行，以节省时间。

所谓"时间管理"，就是在充分认识时间的性质和价值的基础上，科学、合理、有效地利用时间资源，以产生最大的效益。时间管理的对象不是"时间"，而是使用时间的人，是个人对自己选择怎样使用时间进行管理。

（一）时间概述

1. 时间的含义

哲学上，时间是物质运动的顺序性和持续性，其特点是一维性，是一种特殊的资源。

《现代汉语词典》对"时间"的解释是：物质运动中的一种存在方式，由过去、现在、将来构成的连绵不断的系统，是物质的运动、变化的持续性、顺序性的表现。

这些对"时间"的解释似乎都过于抽象，实际上我们对"时间"这个词都不陌生，但是真正解释清楚什么叫时间，却是十分困难的事情。正如哲学家伏尔泰（Voltaire）所说："世界上哪样东西最长又是最短的；最快又是最慢的；最能分割又是最广大的；最不受重视又是最值得惋惜的；没有它，什么事也做不成；它使一切渺小的东西归于消灭，使一切伟大的生命不绝？"这就是时间。的确，时间无处不在，但又难以琢磨。

2. 时间的特性

（1）时间的均等性。时间的供给量是固定不变的，在任何情况下都不会增加也不会减少，对所有人都一视同仁，无论是谁，每天都是 24 小时，它在任何时候对任何人都是均等的。

（2）时间的流逝性。莎士比亚（Shakespeare）说："时间的无声的脚步，是不会因为我们有许多事情要处理而稍停片刻的。"著名文学家朱自清，在散文《匆匆》中描写到："燕子去了，有再来的时候；杨柳枯了，有再青的时候；桃花谢了，有再开的时候，但是，聪明的，你告诉我，我们的日子为什么一去不复返呢？"时间在不断地流逝，它不像人力、财力、物力和技术那样能被积蓄储藏。不论愿不愿意，我们都必须消费时间，所以我们无法节流。

（3）时间的不复返性。俗话说："开弓没有回头箭。"时间也是如此。托尔斯泰（Tolstoy）指出："你没有最有效地使用而把它放过的那点钟，是永远不能返回了。"时间一旦丧失，则会永远丧失。花费了金钱，尚可赚回，但倘若挥霍了时间，任何人都无力挽回。时间一去不能复返，唯一能利用的就是眼前的时间。

（4）时间的有限性。就整个宇宙而言，时间是无限的，无始无终，永不终结；但是，对每个人而言，时间又是有限的。凡是有作为的人对于时间都抓得很紧。正如叔本华说的："平庸的人关心怎样耗费时间，有才能的人竭力利用时间。"达尔文（Darwin）说："完成工作的方法，是爱惜每一分钟。"目前尚有许多大学生不懂得这个道理，"空令岁月日蹉跎！"

3. 时间的分类

（1）工作或学习时间。为了谋生和充实生活而将时间用在工作或学习上，称为工作或学习时间。学习是谋生前的准备或是工作时的进修，也是为了充实生活。工作并不是生命的全部，活到老、学到老的终身学习观念已经来临。学习的重要性与日俱增，每个人都必须抽出一部分时间来学习新知识或者熟悉新事物。

（2）思考时间。思考时间就是思考过去、现在和未来的时间。思考时间可着重用在规划自己未来的发展上，也可用在反省自己以前所做的事情是否正确、是不是值得等。思考如何再改进，如何再调整，如何让自己变得更好。我们有时不必特别为了什么目的而思考，可以天马行空地去想象，也可以"胡思乱想"，如果发现了一些好的想法，或者是一些好的理念就应该把它记下来。

（3）休闲时间。休闲时间包括睡眠、休闲及运动的时间。人生就像马拉松比赛一样，如果一直猛冲，就会透支体力。要懂得放松，养成良好的睡眠、休闲以及运动的习惯，才能把身体状况调整到最佳状态。会工作也懂得休息的人才能保证精力旺盛，取得事业的成功。

（4）个人时间。个人时间是用来修身养性、充实自我的时间，是完全属于自己的时间。

每个人，无论是求学还是工作，甚至在家中，都有一段不允许被侵犯的个人时间，利用这些时间，人们可以做自己想做和喜欢做的事。

（5）家庭时间。家庭是最佳的避风港，只有家人与自己没有利害关系。要懂得珍惜和家人相聚的意义，要跟家人真心地相处，不要到了需要时才回家，也不要等到失去时，才懂得珍惜亲情。

（二）时间管理的步骤

时间管理的关键就是事件的控制，即把每一件事情都能够控制得很好。要成为自己的时间管理大师，一切便要从简单的计划开始。其实只要能好好地安排时间，有系统，有组织，便可以每天都高效工作。管理时间的步骤是列单、组织、删除、形成习惯和产生成就感。列出每天要做的事情：什么事情适合早上做，什么事情适合晚上做，什么事情可以授权给他人做。然后把那些没有价值的事情删掉。根据这些步骤，每天形成一个很好的习惯，最后自然就会有成就感了。

1. 制订计划，列单统筹

首先，需要列出每天的目标和日历，能反映出短期、中期、长期目标。如果希望提高自己的知识水平，每天就安排时间进行专业知识的学习。对于职场人士来说，工作处于重要地位，合理的制订工作计划，是进行时间管理的首要条件。

其次，把要做的事情一项一项地记录下来，并养成良好的习惯。如果记性不太好，最好及时记下想做的事情。记事本有很多种，有电子记事本、笔记本等，借助它们把要做的事情记下来，将已经设计好的行动方案抄下来，粘贴在随处可见的地方。

2. 组织协调，分门别类

组织协调是根据列好的清单对事情分门别类，再依据其重要性安排次序，以及想清楚每件事情应该怎样来处理。每个人每天面对的事情，按照轻重缓急的程度，可以分为4个层次，即重要且紧迫的事、重要但不紧迫的事、紧迫但不重要的事和不紧迫也不重要的事。重要的事通常不需要马上完成，但紧迫的事总让人觉得无法耽搁，从而一步步耗损我们的精力。于是我们就像陀螺一样转个不停，直到转得晕头转向。事后才发现，自己已经成了急事的奴隶，怅然地回忆有多少重要的事情被搁在了一旁。

摆脱这种局面，首先要知道什么事对自己来说是重要的，通过将计划分门别类，使一天的时间安排一目了然；其次将重要的、需要短时间内完成的任务重点标出，按照事情的轻重缓急加以排序，重要的事情与自己的生活息息相关，它们比其他任何一件事情都值得优先去做，只有它们都得到合理高效的解决，才能顺利地进行别的工作，所以，必须全力以赴地按照计划加以解决。按照事情的轻重缓急，通过列单的形式分门别类，会使事情的安排井然有序，有助于完成自己制订的时间计划。

3. 抓住重点，删除不必要的事情

在完成总体的组织后，我们对时间计划中的重点及非重点已经了然于胸。看看排在最后的事情是否有必要去做，如果没有必要而且又浪费时间，就把它删掉。生活中经常会出现这

样一些事情，它们或许有一些价值，但如果我们毫无节制地沉溺于处理这样的事情，就是在浪费时间。比如，我们吃完饭就坐下来看电视，却常常不知道想看什么和后面要播什么，只是被动地接受电视发出的信息，这个时候，也许"看电视"确定被纳入时间计划的环节中了，但当自己意识到这个安排在当前没必要时，就可以将它删除，这样也可以节省出时间来做其他事情。"删除"这一步骤是大学生提高时间利用率的科学方法，也是对科学安排时间的完善。

4. 养成合理安排时间的习惯

合理安排时间的习惯的养成，不仅是生活规律化的保障，也是促使个人走向成功的必备条件。将列单、组织、删除这些安排时间的步骤作为一种良好的习惯加以培养，对大学生的成长具有重要意义。此外，还需要养成精确时间估计和预期结果评估的习惯。对任何一件事情，要主动地估计需要花费的时间和可能达到的结果。合理安排时间的习惯养成后，不断地将之作为时间安排的指导，这是时间管理高手必须具备的能力。

可见，要成为一个时间管理高手，就要学会管理自己，这并不是一件非常困难的事。但是如果缺乏一个良好的时间管理系统，就有很多坏处。很多人因为不会制订计划、不会评估每天工作的重要性以及对时间加以调配，而感到自己的工作非常沉重，压力很大。缺乏时间管理能力的人，容易感到灰心、愤怒和焦虑，而且没有多大的成就，甚至没有办法真正享受生活。

（三）大学生进行时间管理的策略

大学阶段的学习和生活应当丰富多彩，时间管理也应当是科学的。每天、每周、每学期如何使用时间，都需要精心的、科学的安排，使时间安排达到最优化，用最少的时间取得最多的学习成果。

1. 明确目标，提高效率

目标能最大限度地聚集自己的资源（包括时间）。因此，只有目标明确，才能最大限度地利用时间。

在大学里，个人要达到什么样的目标，必须明确。总体目标是培养有理想、有道德、有文化、有纪律的中国特色社会主义事业的建设者和接班人；具体目标要与专业培养方向、社会需求与自身的职业生涯规划统一起来。这样，才能充分利用时间，提高学习效率。

2. 编制预算，加强管理

时间是人生中最重要、最珍贵的资源，因此，要科学管理时间，不能任其虚度，要像学会理财那样，学会管理时间。大学生需要培养和掌握的诸多能力中，最重要的一项就是驾驭时间的能力。

"凡事预则立，不预则废。"虽然大学里有上课时间表、活动安排日程，但还是有大量时间需要大学生自己支配。如果没有时间预算安排，时间安排就会失控，随波逐流，白白地浪费时间。这就是要把学习计划落实到时间的安排上。大学生每学期之初，都要根据课程表，制订周学时表，特别要安排好课余用时表。比如：一周之内用多少时间读书，多少时间做练习，多少时间预习、复习，什么时间读参考书，怎样安排最合理等，这些都要统一筹划。通过科学的用时预算和安排，提高用时效益，以赢得更多的有效时间。

用时预算包括5种类型：一是大学期间的时间预算，全面规划大学生活，统筹安排，进行长远的时间预算；二是学年的时间预算；三是学期和月时间预算；四是周和月的时间预算；五是假期和双休日的时间预算。在每个阶段，根据所学专业特点，学校的授课安排，对学习、活动、社会实践等方面进行科学安排，防止丢三落四，顾此失彼。

注意要严格执行用时预算表，并在执行中逐渐修订、完善，定期进行用时决算。如此长久坚持，必结硕果。

3. 整零结合，最优用时

较长的连续时间，诸如一日、一周、一个月等，可称为整体时间；而那些零碎的时间，如几分钟、几十分钟、一两个小时，可称为零星时间。要充分利用时间，就要整零结合，精打细算。整体时间可用于系统学习、上课听讲、系统阅读、撰写论文等；零星时间可用于搜集资料、做作业、复习巩固等。

零星时间往往因为不被人们珍惜而更易流失和浪费。古往今来，所有有成就的学问家都是善于利用零星时间的。东汉学者董遇，幼年双亲皆亡，曾以打柴度日，他好学不倦，利用一切可以利用的时间。他经常利用"三余"（冬者岁之余，夜者日之余，阴雨者晴之余）时间，即冬闲、晚上、阴雨天不能外出劳作的时间用来学习，日积月累，终有所成。一代散文名家欧阳修的文章，多是利用"三上"（马上、枕上和厕上）时间构思，打好腹稿的。达尔文从不认为半小时是微不足道的时间，总是充分利用每一个半小时。俄国军事家苏沃洛夫主张：一分钟决定战局。爱因斯坦的狭义相对论，就是他在伯尔尼专利局当小职员时，利用在办公室的一切短暂时间，用小纸片计算、画图、推演公式完成的。

零星时间是时间的边角料，积累零星时间就能成就大业，这是用时的聚合原理。大学生的课余时间，正是大学生可以自己独立运筹的对象。有人说："20小时是银的，4小时是金的。"20小时是指工作、睡眠、吃饭和社交占据的时间，4小时则是可用于增长才智的时间。

零整结合，还要学会挤时间。鲁迅是挤时间的能手，他说："时间就像海绵里的水，只要你去挤，它总是会有的。""哪里有天才，我是把别人喝咖啡的时间用在写作上了。"有人统计过，大学生每天的零散时间累计可达3小时，4年就是4380小时，如果都用来学习，等于多读了两年大学；如果再加上所有节假日、休息日那就更为可观了。

4. 有效用时，提高实效

由于个体生物钟的差异，每个人的效率最佳时间也有所不同。大学生过的是集体生活，应调节自己的生物钟，与集体学习生活同步，与群体生活节奏相协调。要按生物钟形成习惯，按时作息，专时专用，每到学习之时，一打开书本，大脑有关部位就兴奋起来，这样才有利于提高学习效率。

最佳用脑时间宜最佳利用。按质用时，不同质的时间安排不同的学习内容。精力最佳、效率最高的时间，用于学习最重要的内容或加深理解或思考问题，所谓"集中攻坚"就是这个意思。在编制时间预算表时，要列出学习任务清单，区分轻重缓急，根据程序优化原则，优先将最佳时间用于关键性的、时间性强的和需要先行的学习项目。

提高学习效率，主要不是靠增加学习时间，而是靠提高时间利用率和单时学习效果。要追求高效学习，克服低效或无效学习。要提高学习效率，就要做到：高目标，严要求，有成就感和责任感；学习前有良好的准备，教材、文具齐备有序，能迅速进入学习状态；学习时精力充沛、情绪佳，专心致志，聚精会神，排除各种干扰；不断改善学习方法，提高学习能力；优时优用，形成优良的时间定势，保持良好的学习节奏。

5. 今日事，今日毕

制订每日的学习、工作进度表。每天都要有目标，有成果，日清日新。否则，学习、工作必然进度积压，积压便会造成拖延。

有一首流行多年的打油诗："春日不是读书天，夏日炎炎正好眠，秋多蚊虫冬日冷，收起书包待来年。"这首诗用来讽喻蹉跎岁月的学生。这种人喜欢拖拉，总是把学习推到以后。历朝历代那些毫无建树的"学子"就是吃了"明日"的苦果。

在昨日、今日、明日三个时态中，最重要的就是今日。我们面向未来，但是要立足今日。"努力请从今日始！"任何时候都不要把今日应该完成的学习任务拖到明日，大学生要养成"今日事，今日毕"的好习惯，抓住今日，不等明日。应该日有所学，时不空过。

所谓"学如逆水行舟，不进则退"。昨日耽误的，今天要补上。齐白石在 85 岁时，一天画了 4 张条幅，已经很累了，但他坚持着又画了一张，并题词："昨日大风雨，心绪不宁，不曾作画，今朝制此一张补充之，不教一日闲过也。"这位艺术大师的"不教一日闲过"的精神，当为大学生学习的楷模。

抓住今日，就是抓住现在。鲁迅强调："赶快做，马上做，从现在做起。"韦恩·W·戴埃说："抓住现在的时光，因为这是你能够有所作为的唯一时刻。"集中全力注重此时此刻，像毛泽东一再告诫我们"只争朝夕"，那么，成功就会早日来到面前。大发明家爱迪生说："人生太短了，事情是这样的多，能不兼程而进吗？"只争朝夕，抓住今日，兼程而进，这就是非凡成功者的用时精神，也是他们成功的原因所在！处在信息时代的大学生，理应弘扬这种精神。

6. 分清轻重缓急

时间管理的精髓在于分清轻重缓急，设定优先顺序，统筹安排时间。把学习、活动、工作等进行统筹考虑，重要事情的优先排序。坚持按这个原则去做，就会更有效地利用时间。

海尔集团是 20 世纪出现在中国的奇迹之一，它用了 16 年的时间，从一个亏损 147 万元的小厂，一跃成为年销售额高达 406 亿元的国际知名企业集团，并保持 80% 年销售额增速。海尔集团的成长堪称中国经济发展史上一个罕见的案例，其成长的奥秘之一就是"日清日高管理法"。

美国伯利恒钢铁公司总裁查理斯·舒瓦普向效率专家艾维·利学习"如何更好地执行计划"的方法。艾维·利声称可以在 10 分钟内就给舒瓦普一样东西，这东西能把公司的业绩提高 50%，然后他递给舒瓦普一张空白纸，说："请在这张纸上写下你明天要做的 6 件最重要的事。"舒瓦普用了 5 分钟写完。艾维·利接着说："现在用数字标明每件事情对于你和你的公司的重要顺序。"这又花了 5 分钟。艾维·利说："好了，把这张纸放进口袋，明天早上第一件事是把纸条拿出来，做第一项最重要的事。不要看其他的，着手办第一件事，直至完成为止。然后用同样的方法对待第二项、第三项……直到你下班为止。如果明天只做完第一件事，那不要紧，你总是在做最重要的事情。"

艾维·利最后说："每一天都要这样做。您刚才看见了，共用了 10 分钟时间。你对这种方法的价值深信不疑之后，叫你公司的人也这样干。这个实验你爱做多少次就做多少次，然后给我寄支票来，你认为值多少钱就给我多少钱。" 1 个月之后，舒瓦普给艾维·利寄去一张 2.5 万美元的支票，还有一封信。信中称，那是他一生中最有价值的一节课。5 年之后，这个当年不为人知的小钢铁厂成为世界上最大的独立钢铁厂。

7. 养成整洁和有条理的习惯

很多大学生不整理内务，个人衣物、学习资料等乱摆乱放，用时到处乱找，浪费了宝贵的时间。养成整洁和有条理的习惯，不仅能节约时间，而且对学习、生活，甚至将来的就业都十分有益处。

二、情绪管理

情绪管理是指通过研究个体和群体对自身情绪和他人情绪的认识、协调、引导、互动和控制，充分挖掘和培植个体和群体的情绪智商、培养驾驭情绪的能力，从而确保个体和群体保持良好的情绪状态，并由此产生良好的管理效果。

情绪的管理不是要去除或压制情绪，而是在觉察情绪后，调整情绪的表达方式。有心理学家认为，情绪调节是个体管理和改变自己或他人情绪的过程。在这个过程中，通过一定的策略和机制，使情绪在生理活动、主观体验、表情行为等方面发生一定的变化。可以这样说，情绪固然有正面、有负面，但真正的关键不在于情绪本身，而是情绪的表达方式。以适当的方式在适当的情境表达适当的情绪，才是健康的情绪管理之道。

（一）情绪概述

1. 情绪的含义和特点

（1）情绪的含义。情绪是个体内心的感受经由身体表现出来的状态，是人对客观事物的体验和相应的行为反应，是对心理过程的主观体验。从生理学的角度分析，情绪其实是大脑与身体相互协调和推动所产生的现象，是每个人的正常身心反应。在现实生活中，我们无时无刻不在体验着喜、怒、哀、乐等情绪，我们行为的效率也受到情绪的影响。

（2）情绪的特点。
① 情绪是个体内在的反应，如自主神经系统的反应。
② 情绪是一种主观的经验，只有自己才能真正地感到喜、怒、哀、乐等各种不同的情绪。
③ 情绪会借由脸部表情来表现。
④ 情绪是对特定事物的信念或认知评估，这种信念或认知评估会使个体产生正面或负面的情绪。
⑤ 对于知觉到的情绪可表现出反应来。

2. 情绪的类型

常见的情绪类型主要有悲伤、快乐、愤怒、焦虑等。

悲伤是指一种沮丧、忧郁、失望的心情。研究发现，忧郁症患者比常人多需要8天的时间来恢复乐观的态度，而乐观的人对痛苦的忍受以及心情的恢复都较常人来得快。从另一个角度说，保持快乐的心境和乐观的态度，将有助于提早结束悲伤或沮丧的感觉。

快乐是指满足、幸福、喜悦、骄傲、兴奋、狂喜等感觉以及感官上的享受。快乐的心境与乐观的态度对健康有正面的影响，因此，时常保持快乐与乐观的心境与态度，对人的健康是有帮助的。

愤怒表现为生气、发火、怨恨、暴力等行为，愤怒可能源于自尊心受损、受到不公平待遇、被侮辱或贬低、追求重要目标受挫等。应留意怒气何时开始上升，发怒后不必完全压抑，而是要想办法来改变想法，消除敌意，或是以谅解、同情的方法来降低愤怒程度。一般而言，当要发怒的时候，出去走一走，深呼吸或是去健身房做运动都是化解愤怒的好方法。

焦虑是一种预测灾难的心理反应。过度焦虑会使原本有用的心理反应对个体造成伤害。焦虑通常与对死亡的恐惧、对未来的忧虑、要求完美等态度或个性有关系。要避免焦虑，主要可以从保持心情的松弛和平静，或是从了解焦虑的原因等方面入手。

3. 情绪产生的原因

情绪的产生不是无缘无故的，总有一定原因，情绪产生的原因主要来自以下3个方面。

（1）来自身体内部与外部的刺激。人的身体始终都在变化，变化过程中的某一种状态，就可能会成为某种情绪产生的刺激因素。例如，来自内在生理方面的，体弱多病容易让人情绪压抑；健康强壮容易让人情绪愉快。来自内在心理方面的，回忆痛苦的事让人悲伤；对自己未来有美好的憧憬会让人兴奋和快乐。使人产生情绪的因素大多数来自外部世界的刺激，例如聆听优美的音乐、欣赏美丽的景色会让人产生愉快的情绪；面对考试的压力或离自己而去的好友会让人焦虑和沮丧。有时，人对于情绪的产生感到很清晰，有时却感到莫名其妙，实际上只要认真仔细地寻找和探究，就会发现，其实每一种情绪的产生都是由于人直接或间接地受到了一定的刺激。

（2）主观认知活动需要是人的情感产生基础。一方面，不同的内外刺激通过人的认知活动会使人产生不同程度的需要感，进而会对不同的刺激物产生不同的反应，形成不同的态度，从而引起不同的情感体验，每个人的情感体验都不同。另一方面，同一内外刺激会因人的需要不同而产生不同的认知评价和态度，从而产生不同的情绪体验。如同样听到外面的音乐声，对一个在家休闲无事可做的人来说是一个美妙的声音，而对于一个正在紧张忙碌工作的人来说就是一种噪声。由此可见，人的主观认知活动，会使人对事物产生不同的态度和评价，从而产生不同的情绪。

（3）个人生理特点。人们在日常生活中经常看到，同样的事物在不同的人身上会激发出不同的情绪状态，除了个人认知方面的原因外，主要是由于个人的先天生理解剖特点不同。如刺激所激起的生理活动状态的程度不同，个人先天的气质类型不同，某些遗传因素造成的体内生化特性、神经特性、染色体结构的不同,都会对人的情绪产生一定的影响。

4. 情绪管理的作用

(1) 有利于建立和谐的人际关系。和谐的人际关系有助于个体获得社会生活所必需的自我价值感、人格品质、理想信念以及社会赞许的行为方式,加快其社会化的进程。情绪在人际关系中起着信号、表达和感染的作用,是人际交往的重要手段。情绪的信号作用有助于个体对自我情绪进行认知、表达和调控,对他人情绪进行觉察和把握。具有较高情绪管理能力的人通常拥有稳定可靠的人际关系。

(2) 有利于身心健康。情绪与人们的身心健康有着密切的关系。一方面,不良情绪会造成生理机制的紊乱,从而导致各种躯体疾病;另一方面,不良情绪会抑制大脑皮层的高级心智活动,使人的意识范围变得狭窄,正常判断力减弱,甚至精神错乱、神志不清,导致各种神经症和精神病。相反,良好的情绪可以直接作用于脑垂体,保持内分泌适度平衡,使全身各系统、器官的功能更加协调、健全,有利于身体健康。情绪管理能使人们通过对自己情绪的认知、调控来建立和维护良好的情绪状态,促进身心健康。

(3) 有利于塑造健全人格。健全人格的情绪控制性特征表现为:情绪理性化、冷静、脾气温和、有满足感、与别人相处愉快。这不仅体现了情绪与人格密切相关,也说明了提高情绪管理能力对人格发展的重要意义。研究表明,对情绪的有效调节和控制能使个体保持良好、积极、稳定的情绪,有助于培养乐观向上、积极进取、百折不挠的良好品质;对自己和他人情绪的认知和理解有助于培养真诚友好、善解人意等良好性格。而不良情绪的泛滥会导致个体人格出现缺陷和障碍。

(二) 与职业有关的情绪

1. 情绪劳动

当员工把体力投入到工作中时,消耗的是体力;当员工把智力投入到工作中时,消耗的是脑力。大多数工作还需要付出情绪劳动,即员工要在工作中表现出令组织满意的情绪状态。这种情绪劳动在强调人际交往的工作中十分重要。例如,航班上的乘务员应该是热情友好、积极主动的;医生应该是沉着冷静、情绪中性的;教师应该是认真严谨、充满激情的;演讲者要饱含强烈的情绪,那样才能感染他人,调动他人的积极性。目前,已有不少组织在绩效考核中把情绪劳动作为一个重要的参考因素。

2. 情商

美国心理学家萨罗威(Salovey)和梅伊尔(Mayer)在 1990 年明确提出了情商(Emotion Quotient,EQ)这一概念,认为它是一种"个体监控自己及他人的情绪,并识别和利用这些信息指导自己的思想和行为的能力。"情商具体包括 5 个维度。

① 自我意识:体味自我情感的能力。
② 自我管理:管理自己情绪和冲动的能力。
③ 自我激励:面对挫折和失败依然坚持不懈的能力。
④ 感同身受:体味他人情感的能力。

⑤ 社会技能：处理他人情绪的能力。

情商高的个体能够更深刻地意识到自己和他人的情绪，对自我内部体验的积极方面和消极方面更为开放。这种意识有助于他们对情绪作出积极的调控，从而保持良好的身心状态，与他人保持和谐的人际关系，对周边环境有较强的适应能力。

研究表明，情商对工作绩效有着重要的影响。一项对 15 家全球性大型公司（包括 IBM 公司、百事可乐公司、沃尔沃汽车公司等）进行的调查研究结果表明：普通员工和最佳员工的情商有着极为明显的差异。另外，那些被大家认为工作出色的员工，其典型特点是情商高，而不是智商高。一项追踪调查也发现，情商高的人在未来获得成功的可能性比其他人高 2.6 倍。

3. 情绪感受与情绪表达

情绪感受指的是个体的实际情绪状态。情绪表达指的是表现出来的那些符合社会环境或组织环境的情绪。大多数人都知道，在葬礼上应该表现出悲伤和遗憾，无论你是否真的觉得这个人的去世是一种损失；在婚礼上需要表现出快乐和祝福，即使你并不看好这场婚姻；得知同事晋升后需要表示喜悦和庆贺，尽管你的内心可能充满嫉妒和不满。由此可见，恰当的情绪表达方式并不是与生俱来的，它是后天学习的结果。区分这一概念的重要意义在于：个体的情绪感受与情绪表达常常是不同的。我们表现在众人面前的，并不总是自己的真情实感。

情绪表达在组织中尤其重要。因为工作情境和特定角色常常要求人们表达出符合特定需要的情绪行为。在家庭中可以被接受的情绪，如果表现在工作场所中，可能会全然不被接受。因此，这意味着我们有时不得不掩饰自己的某些情绪。例如，直接与顾客打交道的员工，常常会面对牢骚满腹、言语粗暴、提出各种不合理要求的顾客，他们需要把自己的消极情绪隐藏起来，表现出一种热情、友好、乐于助人的精神风貌。如果做不到这一点，就很可能与顾客疏远，甚至发生矛盾。不同的组织、不同的工作性质对情绪表达的要求是不同的。

总之，情绪在个体的职业和工作中发挥着重要作用，它对提高个人工作绩效和取得事业的成功有着重要意义。

（三）情绪管理的方法

情绪对学习、工作和生活有着很大影响。它既能起到促进作用，让人精神焕发、欢悦愉快，对未来充满希望；也能起到消极作用，让人垂头丧气、萎靡不振，给生活蒙上一层灰暗的色彩，干什么都提不起精神。因此，发挥情绪的何种作用，关键在于如何调节和利用情绪。如果调节、利用得好，情绪就可以成为一笔精神财富；如果调节、利用得不好，情绪就有可能带来负面影响。善于驾驭和管理自己的情绪是一个人的优秀品质。情绪管理的方法主要有以下 3 个。

1. 体察自己的情绪

情绪管理的第一步就是要能察觉自己的情绪，随时随地都清楚地知道自己处于怎样的情绪状态。只有认清自己的情绪，并知道自己的感受，才可能掌握情绪，才能对自己的情绪负责，而不被情绪左右。

体察自己的情绪，也就是时时提醒自己注意"我现在的情绪是什么"。例如，当我们因为朋友约会迟到而对他冷言冷语时，问问自己："我为什么这么做？我现在有什么感觉？"如果我们察觉自己已对朋友三番两次的迟到感到生气，这时我们就要对自己生气的情绪做更好的处理。有许多人认为，人不应该有情绪，所以不肯承认自己有负面情绪。要知道，人是一定会有情绪的，压抑情绪会带来更不好的结果。学会体察自己的情绪，是情绪管理的第一步。

2. 正确理解负面情绪

认识负面情绪的正面价值和意义，可以在我好、你好、世界好的"三赢"基础上运用它，去赢得更大的成功和更多的快乐。每个人都可能遇到不幸，当不幸降临在一个悲观者身上时，他的反应方式是抑郁，比如："我是多么的不幸和倒霉""这完全是我的错，它将损害我所做的一切"。这种反应是习惯性的和自动的，是一种在塑造个人生活中发挥着重要作用的思维模式。当同样的不幸降临在一个乐观者身上时，他会认为"这一切终将过去，在生活中还有很多值得我们去追求的东西"。这种思维方式能够起到帮助乐观者身处逆境而不抑郁的作用。对客观事物不同的解释风格，反映了"你心目中的世界"是积极的还是消极的。

首先，必须要有一个健康的情绪调控理念。情绪并无好坏之分，它只是表征而已。所有人都希望自己每天都能过得开心、惬意，不希望有恐惧和悲伤。这些人们不希望出现的情绪，称之为负面情绪。每种情绪都有其意义和价值，负面情绪也是如此。它要么给我们指引一个方向，要么给我们一份力量，总而言之，它是一份推动力。愤怒的力量可以改变我们不能接受的情况，痛苦则会引导我们远离威胁或伤害。明白了这一点，我们就不会再盲目地抗拒内心的情绪，反而可以恰当、有效地运用这些情绪的价值和意义，也可以用它们来分析需要我们改变的情况和我们面临的威胁是什么了。

其次，调控情绪并不意味着要强行压抑自己的负面情绪。人们对情绪往往有一个错误认知，即情绪是非理性的，一个理性、成熟的人不应该表现出自己的情绪，而应该拼命告诫自己要理性、要控制情绪。情绪中有一些成分是可以被意志控制的，如声调、表情、动作的变化，泪液的分泌等，这些成分称为情绪的"可控制成分"。但是，人们却很难控制诸如心脏搏动、血压升降等影响情绪的成分。这些器官的活动随着情绪的变化而变化，并不服从人们主观意志的控制，实际上是"不可控制的成分"。可见，人们常说的控制情绪，仅仅是对外部表情的控制，而情绪活动给人带来的一系列内在变化，是谁都控制不了的。那些表面上看来似乎能够控制住消极情绪的人，实际上却使消极情绪更多地进入体内，反而更加危害自己的健康。因此，要正确对待负面情绪，不要强行压抑自己的情绪。表情呆板、情绪淡漠不是成熟的表现，而是个体发展的退化，也不是正常人应有的状态，而是一种病态，会给人的身心健康带来危害。我们能做且应该做的，就是在负面情绪来临时体察自己的情绪，辨识自己真正的需要和感受，并恰当地表达情绪，而不是沉溺于负面情绪之中。

3. 恰当处理负面情绪

首先，要以适当的方式疏导负面情绪。负面情绪主要有不满、生气、失望、愤怒、悲伤、焦虑等，它们会影响我们的工作和生活，需要我们对这些负面情绪加以疏导。对待愤怒或者悲伤、焦虑的负面情绪，很多人有各自不同的办法。不过，对待负面情绪的最好办法还是找到疏导它的渠道。负面情绪得到了适当的疏导，不再积压在心里，在平时工作和生活中就可以带着轻松愉悦的心情轻装上阵了。

其次，有意识地转移自己的负面情绪，将非常有助于情绪的改善。如有的人在盛怒时喜欢拼命干活，或者做运动；有的人产生消极的情绪时，便通过逛街、听音乐等方式来分散注意力。用时间的推移来淡化内心的烦恼，用积极的情绪来抵消消极的情绪。身心松弛法则通过对身体各部分主要肌肉的放松练习，抑制那些伴随紧张而产生的生理反应，从而减轻心理上的压力和紧张焦虑的情绪。处于负面情绪的压力之中时，赶快寻找可以帮助我们、陪我们聊一聊的亲人、同学、朋友的帮助，是非常重要的，因为这种方法具有缓和、抚慰、稳定情绪的作用，至少可以阻止我们做出让自己后悔的事。

最后，要适当地表达自己的情绪。在纷繁复杂的现代社会生活中，人们很难做到每天都心平气和、波澜不惊。适当地表达自己的情绪，不仅可以舒缓自己紧张的心情，还可以从中获得自我调节后的满足感。我们通常认为，一定要将自己对他人的不满或生气、愤怒等负面情绪加以克制和掩饰，否则就会影响人际关系。其实，良好的人际关系不是靠克制和掩饰情绪来维系的，真诚相处的人之间不必隐藏自己的不满甚至愤怒，把情绪表达出来不仅有利于及时解决人际冲突，还可以以一种较为安全的方式释放自己的负面情绪。当然，这里有两个前提：一是要确认自己的不满不是小题大做；二是要以恰当的方式加以表达。表达负面情绪的原则是：对事不对人，实事求是，就事论事，可参考的句式有以下几种。

① 你这样做让我感觉很不舒服。
② 你做的那件事，让我感到自己受了伤害。
③ 我对你做的那件事感到生气（失望）。
④ 我不喜欢你用那种态度和我说话。
⑤ 你不守信用，这让我很失望。

疏导和转移负面情绪有一个很重要的作用，就是可以给自己一个理清思路的机会，也让自己更有力量去面对未来。如果疏导和转移情绪只是为了暂时逃避痛苦，而后需要去承受更多的痛苦，这便不是一个合适的方式了。有了不舒服的感觉，要勇敢面对，仔细想想为什么这么难过、这么生气，我可以怎么做，怎样才能减轻我的不愉快，这么做会不会给自己和他人带来更大的伤害。从这几个角度去选择适合自己且能有效疏导负面情绪的方式，就能够管理好自己的情绪，做情绪的主人。

（四）积极情绪的自我培养

在现实生活中，快乐的心情在于发现、在于体验，更在于培养。以下就是培养积极情绪的实用方法。

1. 改变认知，发现快乐

德国精神科专家诺斯拉特·佩塞施基安（Nossrat Peseschkian）博士所倡导的"积极心理认知法"，就是通过改变个人的认知，让人在看待周围事物时，尤其是看待矛盾冲突和自身的不良情绪时，着眼于积极的方面来认知，尽量避免消极想象，挖掘自身潜能，从中发现快乐。

具体做法：今天就停止抱怨，别和同学喋喋不休地发牢骚，别为他人的过失耿耿于怀，也不要抱怨自己的弱点，从积极方面来看问题。坚持一星期内不说抱怨的话，坚持下去，你会找到更多快乐！

2. 积极暗示，选择快乐

生活中充满了选择，有人选择痛苦，有人选择快乐；有人选择逃避，有人选择积极面对。积极心理暗示就是给自己一些积极、向上、健康、愉悦的刺激，让自己感受到这种积极刺激，用以激励自己。改变不了环境，改变不了他人，但我们可以改变自己，可以选择拥有一份好心情。

具体做法：早上起床，就有一个目标——心情愉快。起床后，一边洗漱一边暗示自己，我要快乐！每天都这样做，至少坚持3周，养成自己进行积极心理暗示的习惯，这样就会天天有好心情。

3. 忙碌有为，感受快乐

一个人无所事事时，就很容易想烦心的事，情绪就会受影响；在忙碌中，忧虑就会烟消云散。所以说，当发现自己处于不良情绪中时，要把注意力转移到学习和工作中来，让自己忙碌起来，分散消极和不良情绪，减轻烦恼，在忙碌中感受快乐。

具体做法：马上放下所有烦心的事情，列出早就想做的事，立刻能做的就马上行动；如果需要有准备才能完成的，订好时间计划表，按计划一步一步完成，把烦恼埋没在忙碌当中。

4. 培养兴趣，增加快乐

当人们沉迷于自己感兴趣的事务中，达到忘我境界时，是最快乐的时候。如果你想多一些快乐，就要多培养一些有意义的兴趣爱好。体育运动能够产生一种叫"快乐素"的物质内啡肽，让人精神振奋，可以驱逐烦恼；听音乐能够让人放松心情，科学研究证明，音乐能够促进肌体的放松，使免疫系统得到强化；幽默是快乐情绪的催化剂，幽默可以给他人快乐，同时自己也能快乐。

具体做法：每天坚持运动锻炼20~30分钟，常听听音乐、说说笑话。

5. 关爱他人，分享快乐

在他人需要帮助的时候，你能给予他人关爱和帮助，使他人获得快乐，同时，你也能分享他们的快乐，这就是情感升华法的具体运用。情感升华法是指在遇到困境和挫折时，能自觉地把心理自救的力量引向对自己、对他人、对社会都有利的方面，在获得成功的满足时，不但摆脱了心理困扰，也获得了快乐。

具体做法：今天就为他人做5件好事，事情可大可小。

三、压力管理

现代人的一个显著特点就是生活在压力中。随着生活节奏的加快、升学就业压力的加重、人际关系的日益复杂，当代大学生普遍感到压力对自己的影响。因此，大学生了解压力的状况、掌握一些应对压力的策略和方法是十分必要的。

（一）压力概述

1. 压力的含义

压力指的是一种动态过程，当个体在实现对自己有着重要意义的目标的过程中，遇到机会、障碍或要求时，便会处于压力状态。简言之，压力是环境刺激与个体反应相互作用的结果。

潜在的压力情境转化成个人体会到的现实压力，需要具备两个关键条件。首先是活动结果的不确定性。当面对一个具体情境时，如果个体确定不了自己能否抓住机会、突破障碍、符合要求、避免损失时，压力就会存在。所以，当一个人无法确定自己能否成功时，压力最大；如果成败已成定局，即使是面对失败的不利状况，压力也会变小。其次是活动结果对个体的重要性。重要性越大，压力越大。

压力虽然不可避免，但就其本身来说未必都是有害的、有破坏性的，其实它也有积极的一面，会给我们带来潜在的收益。有关研究指出，压力强度与工作绩效之间并不是线性关系，而是成倒"U"型曲线关系。也就是说，如果压力水平过低，活动的效率也相应较低；当压力强度达到一个最佳水平时，工作绩效最高；一旦超过了峰值状态，也就是压力过大时，又会对活动的结果产生阻碍作用。

因此，为了保持工作兴趣及避免烦闷的感觉，一定的工作压力是绝对有必要的，它可以提高我们的生理唤醒水平以及增强心理警觉程度，调动有机体应激系统来应对环境刺激。但是，如果压力过大，也就是我们平时所说的过度焦虑和紧张，反而会阻碍已有水平的发挥。例如，学生在重大考试前，如果希望获得好成绩的愿望十分强烈，可能会因为压力过大而产生"怯场"，干扰了自己的记忆和思维，结果连自己最熟悉的题目都回答不出来。

2. 压力的类型及来源

压力可以分成两种类型：来自心理的内部压力和来自环境的外部压力。

（1）来自心理的内部压力。压力是一种主观的现象，取决于当事人如何想、如何解释与如何应付。研究表明，当挫折、压迫及冲突这3种心理因素产生时，压力也随之而产生。

首先，挫折是因个体的需求和想达到的目标被阻碍而产生的。按照引起挫折的原因来自外部还是内部，可以把挫折分为外因性挫折和内因性挫折。因外在环境的阻碍而引起的挫折，就是外因性挫折，例如：意外事件、不和睦的人际关系、偏见、歧视、孤立等。因内在及本身的阻碍而引起的挫折，是内因性挫折，如：身体残疾、缺乏能力、缺乏某些技术、寂寞……当许多挫折接踵而来时，其效应会不断积累，最终会使人因为最后一个小小的挫折而感到无法承受压力，这就是寓言中所说的"压死骆驼的最后一根稻草"。

其次，压力也会因个人迫使自己达到某些目标而产生。例如：在学习和工作中，个人为了达到好的分数或为了争取好的业绩，而强迫自己加倍努力，就会形成压力。若个人有强烈的自我期许，且不容许自己失败，也会造成很大的压力。

最后，压力可能因为两个或多个生活事件的冲突而产生。冲突类型不同，其特点和效果也不同。

（2）来自环境的外部压力。在现实生活中，还有许多压力来自生活事件的改变，亦即外在环境的改变。托马斯·霍尔姆斯的研究证明，压力会减弱人对疾病的自然抵抗力，因此压力会增加患病的可能性。当生活中出现较大变化后，人们需要重新适应新的生活，其患病或遭遇意外事故的可能性会随之增加。

3. 压力对人的影响

（1）压力的负面影响。压力对人体的负面影响是很大的，可以从轻微的不适发展成严重的疾病。"身"与"心"是连在一起的，心理的压力可以引发身体的疾病，而生理的疾病也会带来心理的困扰。由心理因素引起的肌体损伤或身体功能损伤，称之为身心疾病。研究证实，多数的身心疾病与压力有关。例如：偏头痛、胃溃疡、高血压、关节炎、气喘、睡眠障碍、循环不良、脑卒中等，都很有可能是由情绪因素及长期压力所造成的生理疾病。有些人对身心疾病并不在意，实际上这是因为他们对与压力有关的疾病并不真正的了解。压力也会带来工作效率的下降和人际关系的退步，这是因为压力带来的焦虑情绪会影响我们在工作和生活中的行为表现。压力也可能带来个人适应力的降低，因为压力会损耗过多的精神和体力，从而降低个人对周围环境的适应能力。

（2）压力的正面影响。其实，压力并不总是负面的，有句话叫"没有压力就没有动力"。可以看出，压力对人也起推动力的作用。具体来说，压力带给我们的好处有3个。第一，有助于解决问题。当我们眼前出现问题的时候，也常常会伴随着压力的产生，只有在感觉到压力之后，我们才会集中全部精力来解决眼前的问题，也才能收到最大的成效。第二，可以满足人类寻求刺激的需要。人类天生具有寻求刺激的需要（尽管随着年龄的增长，这种需要会有所减退），这种需要往往会在克服压力之后得到满足，因为没有任何压力的事情是没有刺激性的。第三，可以增强调适能力。我们在承受压力的同时，也在探寻解决压力的方法。当我们克服压力时，就会有新的力量产生，增加自信，提高应对压力的能力，减少面临新压力时的恐慌。

（二）大学生常见的心理压力

1. 观念变革的压力

在改革开放不断深化和意识形态日益多元化的社会背景下，大学生每时每刻都会遇到价值观念、伦理道德、生活方式等方面新观念的冲击，从而引起认识上的失调和观念上的动荡。这就要求大学生在观念上不断更新、与时俱进。

2. 经济负担的压力

目前，因家庭困难、经济紧张而陷入困境的大学生占相当大的比例。据统计，每年全国有26.4%的大学生付不起学费，13.5%的大学生甚至连生活费都成问题。高额的学费和生活费增加了他们的心理压力，甚至有的大学生为了解决经济问题，走上违法犯罪的道路。这种现象在大学生群体中不但存在，而且有进一步加重的趋势。

3. 学习的压力

大学里的学习任务并不轻松。英语四、六级考试，计算机等级考试，考研、考博，出国留学等大小不一的考试给大学生造成了很大的压力。

4. 择业、就业的压力

随着人才市场上供需关系的变化，高校毕业生就业形势的日趋紧张，人才市场和企业对大学生的培养规格和要求愈来愈高，大学生不得不考虑未来的就业问题。连续多年的扩招加大了大学生竞争就业的难度，就业形势变得更加严峻。就业已经成为大学生普遍关注的话题，也是形成大学生诸多压力中最主要的压力源。

5. 人际关系的压力

人际交往是大学生活的一个重要方面，良好的人际关系能让人在学习、生活等方面都如鱼得水、左右逢源，相反，没有良好的人际关系常常使人感到局促不安、缺乏自信。因此，大学生应该注意加强自己的人际交往能力，尽量克服由自身的性格问题、民族风俗、生活习惯、口音等带来的人际交往障碍。所以，如何处理好人际关系，常使大学生感到压力巨大。

6. 身心发展的压力

大学生身心发展包含生理发展、心理发展及认知发展。从生理发展的压力来看，主要表现在性成熟与性冲动的压力、生理性自卑等方面。生理性自卑会影响到个体的自信心，从而形成心理上的压力。大学生有旺盛的体力和精力，需要正确的宣泄渠道，如果这个渠道不畅通，也会成为巨大的压力来源。

（三）压力的自我管理

对个体而言，完全没有压力并不是件好事；同样的，压力也不是越大越好。一般而言，当压力可以促使个体集中注意力积极解决问题时，其影响就是正面的；一旦超过这个限度，成为个体的沉重负担，并且妨碍个体做出正确判断和有效行为时，其影响就是负面的。

1. 适当运动，重视休息

运动不仅可以促进身体健康，也有益于心理健康。有规律的运动可以降低压力和焦虑。最好每天进行半个小时的运动，如散步、慢跑、游泳、骑自行车等，既能增强心肺功能，还能有效缓解压力。

在生理上，运动可以促进脑垂体的分泌，使个体有舒适的感觉，而规律的运动可使胆固醇的储量增加，以体能对抗压力。

在心理上，运动可使个人从焦虑的思想中抽离，甚至使人发生意识状态的改变。而且，经常运动的人会较经常地与他人接触，也有利于缓解压力。

2. 建立良好的人际关系，寻求他人的帮助

个体拥有的社会关系网络的数量和质量，对改善压力有着重要作用。在人与人的交往中，我们获得认同、消除寂寞、相互保护和成长。因此，良好的人际关系是生活、工作、自我成长上的助力，不良的人际关系不但使人沮丧，甚至会打击或摧毁一个人。人际关系既可以成为压力源，也可以成为纾解压力的重要途径。社会人际关系支持包括来自朋友、同学、老师和群体的帮助；个体的支持系统可以为其提供情感支持，如信任、尊重、倾听等；评价支持，如反馈、证实等；信息支持，如提供建议、劝告、指导等。个体要学会成为有效的人际关系网络中的一部分，在必要的时候寻求他们的帮助，不能让自己孤立于群体之外。

3. 正确看待自己的缺点

压力有时来自对自己的不满。对自己期望值过高或者是太过自卑，都会形成压力。事实上，没有人是完美无缺的，只有接纳自己、肯定自己，才能让别人接纳并认可你，才能使自己活得自在轻松。

4. 学会适当的放松自己

学会放松自己的目的在于通过身体肌肉的松弛及神经系统的舒缓，渐进地达到心理平衡，从而更有效地处理压力。人在放松状态下大脑皮层的唤醒水平下降，交感神经系统的兴奋性下降，肌体消耗能量减少，血氧饱和度增加，血红蛋白含量及其携氧能力提高，有助于调整肌体功能，增强心理承受能力。

四、人际关系管理

人际关系，也称人际交往，是指个体通过一定的语言、文字或肢体动作、表情等表达手段将某种信息传递给其他个体的过程，是人与人之间心理上的关系。

在现代社会中，人际关系是不可或缺的一种资源。在这个世界上，有某种专业能力的人很多，然而并不是每一个人都能取得成功的，更多的人会抱怨自己怀才不遇，其中一个重要原因就是这些人在人际关系处理方面有所欠缺。大学生从踏入大学校门开始，几乎都是与同学们在一起学习和生活，因此，对于大学生来说，了解人际关系对职业发展的影响并掌握人际交往的技巧是非常重要的。

（一）人际关系概述

1. 人际关系的含义

人际关系是社会关系的一个侧面，它以情感为纽带，以人们的需要为基础，以相互交往为手段，以自我暴露为标志，是人们为了满足某种需要，通过交往形成的彼此之间比较稳定的心理关系。人际关系的好坏反映着人们心理距离的远近。

人际关系还包括两个重要的方面，人际吸引和人际冲突。人际吸引是个体之间感受到的时间和空间、直接或间接、现实或希望的相互依存关系，是个体之间相互喜欢和亲和的现象。造成人际吸引的因素很多，如外貌吸引、能力吸引、互补吸引等。人际冲突是因为生活习惯、价值观、信念、兴趣等不同造成的个体之间的分歧，这种冲突的产生需要个体通过一定的人际交往技巧来化解。

2. 人际关系的原则

作为个人可迁移能力的一个方面，良好的人际交往能力可以为我们带来良好的人际资源。良好的人际交往能力并非通过理论知识的学习就可以获得，而是需要在遵循以下 5 个原则的前提下，在日常的学习生活中不断地实践和培养。

（1）交互原则。心理学家福阿夫妇发现，任何人都有保持自己心理平衡的倾向，都要求自身同他人的关系保持某种适当性、合理性，并根据这种适当性、合理性使自己的行为与他人的关系得到解释。这样，当他人对我们作出一个友好的行为，对我们表示接纳和支持时，我们也会感到应该对他人予以相应的回报。这种应该的意识会使我们产生一种心理压力，迫使我们对别人也表示相应的接纳行为。否则，我们的行为就是不合理、不适当的，就会破坏自己以某种观念为基础的心理平衡。大量研究发现，人际关系的基础是人与人之间的相互重视、相互支持。人际交往中，喜欢与厌恶、接近与疏远都是相互的。在一般情况下，喜欢我们的人，我们才会去喜欢他们；愿意接近我们的人，我们才愿意接近他们。而对于疏远我们、厌恶我们的人，我们的反应也是相同的，对他们也会疏远或厌恶。因此，在人际交往和人际关系的确立与维护中，必须首先遵循交互原则。

（2）互惠原则。著名的社会心理学家霍曼斯（Homans）提出，人际交往在本质上是一个社会交换过程。长期以来，人们最忌讳将人际交往和交换联系起来，认为一谈交换，就很庸俗，或者亵渎了人与人之间真挚的感情。这种想法大可不必有。其实，我们在人际交往中总是在交换着某些东西，或者是物质，或者是情感，或者是其他。人们都希望这种交换对自己来说是值得的，希望在交换过程中得大于失或至少等于失。不值得的交换是没有理由进行的，不值得的人际交往更没有理由去维持，不然我们就无法保持自己的心理平衡。所以，人们的一切交往行动及一切人际关系的建立与维持，都是依据一定的价值尺度来衡量的。对自己认为值得的或者得大于失的人际关系，人们就倾向于建立与保持；而对于自己认为不值得的或者失大于得的人际关系，人们就倾向于逃避、疏远或中止。正是人际交往的这种社会交换本质，要求我们在人际交往中必须注意，让他人觉得与我们的交往是值得的。无论怎样亲密的关系，都应该注意从物质、感情等各方面进行"投资"，否则，原本亲密的关系也会转化为疏远的关系，使我们陷入人际交往的困境。

（3）诚实守信。交往离不开诚信。诚信的基本含义是信守诺言、遵守约定、真诚无欺，通俗地说就是说老实话、办老实事、做老实人。诚信不仅是一种品德，更是一种责任。就个人而言，诚信是高尚的人格力量；就企业而言，诚信是宝贵的无形资产；就社会而言，诚信是正常的生产和生活秩序；就国家而言，诚信是良好的国际形象。在交往过程中，我们不应该信口开河、轻易许诺，一旦许诺就要全力以赴地去兑现，以免失信于人。

（4）维护他人的自尊心。大量心理学研究证明，任何人在人际交往过程中都有明显的对自我价值感进行维护的倾向。人的自我价值感主要来自人际交往过程，来自他人对自己的反馈。因此，他人在我们的自我价值感的确立方面具有特殊意义。他人的肯定会增加我们的自我价值感，而他人的否定会直接威胁到我们的自我价值感。因此，人们对来自人际关系世界的否定性的信息特别敏感，他人的否定会激起我们强烈的自我价值保护倾向，进而逃离否定我们的人，以维护自己的自尊心。根据上述原理，心理学家强调，我们在同他人交往时，必须对他人的自我价值感起积极的支持作用，维护他人的自尊心。如果我们在人际交往中威胁到他人的自我价值感，那么就会激起他人强烈的自我价值保护动机，引起他人对我们的强烈拒绝和排斥情绪。此时，我们是无法同他人建立良好的人际关系的，甚至已经建立起来的人际关系也可能遭到破坏。需要指出的是，强调维护他人的自尊心，并不意味着在人际交往中处处逢迎他人，而是在不伤害他人自尊心的情况下，表述与对方不同的意见，或者委婉地指出对方的不足，这样是不会影响人际关系的。

（5）让他人觉得能够控制情境。在人际交往的过程中，如果要使他人从内心深处接纳我们，就必须保证他人在与我们相处时能够实现对情境的控制。也就是说，要让他人在一个平等、自由的氛围中与我们进行交往。如果交往双方对情境的控制是不均衡的，一方必须受到另一方的限制，那么，这种关系就注定不能深入，必定缺乏深刻的情感联系。如果我们是领导，当我们以权威的身份出现在别人面前时，无论我们多么强烈地希望了解他人的内心世界，对方都难以对我们报以真正的信任，难以袒露自己内心深处的真实想法。这正是因为他们没有摆脱权威身份的束缚，做不到对情境的控制，导致双方不可能保持真正平等的交往。

总之，上述原则都是人际交往过程中所必须遵循的基本规则，只有遵循了这些规则，才有可能与他人建立起深层的人际关系，才能维护已经形成的人际关系。

（二）大学生人际关系的类型及常见问题

1. 大学生人际关系的类型

大学时期是大学生人际关系迅速发展的重要时期，大学生的人际关系主要有以下4种类型。

（1）血缘关系。这是大学生天然的一种人际关系，如父母、兄弟等关系。

（2）同学关系。同学是大学生人际交往的主要对象，也是大学生人际关系的主要内容。总体来说，大学生的同学关系是和谐、美好的。在校园中，大学生的交际圈子主要有3种类型：学习圈、娱乐圈、社团圈。这些圈子都是根据大学生的兴趣、爱好、性格等结成的圈子。而同学关系根据交往范围、交往目的的不同，又分为3种类型。

① 地缘型。因为地域相同而结成的人际关系，如同乡会。

② 趣缘型。由于情趣爱好等结成的人际关系，如话剧团、艺术团等。

③ 情缘型。男女大学生为了满足爱情的需要，通过异性交往而建立的人际关系。情缘型同学关系是大学生人际关系中强度较大的一种。

（3）师生关系。大学里的两大群体是老师和大学生。老师是大学生人际交往的重要对象，师生关系的健康直接影响到大学生的发展。

（4）网络人际关系。随着现代社会网络的飞速发展，大学校园里出现了一种不可忽视的人际交往方式，即网络人际交往。网络人际交往在价值观和生活方式等方面带给大学生前所未有的挑战。目前大学生占据中国网络用户的20%以上，网络人际交往的虚拟性、平等性、多样性等，让大学生感觉到没有心理负担，没有约束，但也因此产生了很多网络道德问题。

总之，大学生渴望结交更多的朋友，具有较强的接受新鲜事物的能力。大学生的人际关系呈现出3个特点。其一，交往范围不断扩大。大学生的交往不仅仅局限于班级同学，而是面向更大范围的交往，而且异性之间的交往也成为大学生重要的交往方式。其二，交往频率提高。大学生由于各种关系结交的朋友圈，从偶尔的聊天发展到经常聚会、娱乐、结伴出行等。其三，交往手段增加。大学生的交往手段体现出现代化的特点，网络为大学生的交往提供了更为广阔的平台，交往手段的增加使大学生的交往变得更加快捷，范围更广。

2. 大学生人际关系中的常见问题

当今大学生多数为独生子女，在父母的过度呵护下，普遍缺乏与他人充分交往的能力。大学生的人际交往问题主要表现为自卑、胆小、害羞、内向、孤僻、怀疑他人等，概括起来可以表述为以下4种。

(1) 不敢交往。人人都希望自己有一个好人缘，但是在人际交往的实践活动中，人们都存在不同程度的恐惧心理，只是每个人的恐惧程度不同。有的大学生在这方面反应特别强烈，出现害羞、紧张、焦虑和自卑等恐惧心理。与人交往时，面红耳赤、心跳加快，两眼不敢正视别人，在与人交谈时语无伦次、词不达意，尤其在人多的场合或者在集体活动中更感到拘谨，不敢和人打交道，不敢表现自己，严重的可导致社交恐惧症。

(2) 不愿交往。不愿与他人交往的大学生往往是由于缺乏自信，对他人缺少信任和宽容。有的大学生有很强的猜疑或戒备心理，对周围的人不信任，缺乏与同学的合作精神；还有些大学生过分以自我为中心，缺乏宽容，无法包容彼此，常常过于苛求他人，总是以自己的标准要求他人，常会为一些鸡毛蒜皮的小事而伤害他人，进而严重影响自己与他人交往的欲望。

(3) 不善交往。有的大学生不了解交往的知识与技巧，在与人交谈的过程中显得过于生硬、木讷；有的大学生在与人交往的过程中，不懂得人际交往的原则；有的大学生则是由于认知偏差产生理解障碍，不注意把握沟通的方式，在劝说他人、批评他人、拒绝他人时不能进行巧妙的处理。这些表现都有损自身形象的塑造，从而影响同学之间的进一步交往。

(4) 不懂交往。刚入校的大学生大都有强烈的人际交往欲望，但由于对人际交往的追求带有较浓重的理想色彩，常以友谊的理想模式为标准来衡量生活中的人际关系，导致高期待与高挫折感并存。有的大学生不懂得人际关系的培养在于平时的积累这个道理，总希望他人主动关心自己、主动与自己交往，而自己总是处于被动地位，或是现用人现联络，这种交往方式建立的人际关系当然就无法长久。

（三）大学生建立良好人际关系的技巧

良好的人际关系有助于大学生取得事业的成功，有助于其身心的健康发展。但是我们常常发现，在大学生的日常生活中部分大学生因缺乏人际交往的技巧与经验，不善于与人沟通，导致人际关系紧张。要解决这一问题，最直接的方法是掌握人际交往的技巧，提高交往的能力。大学生在人际交往过程中应掌握以下基本技巧。

1. 平等相处，尊重他人

人际关系的基础是人与人之间的相互支持、相互重视，平等是建立良好人际关系的前提。大学生在人际交往的过程中，应本着人无高低贵贱之分的态度，尊重对方、将心比心、以情换情，达到相互间的心理平衡与理解，这样，人际关系才会更加协调和融洽。同时，在交往中，无论交往的对象身份多么平凡，形象多么普通，言行举止多么怪异，爱好习惯多么难以接受，都应当始终尊重他人，把他人放在与自己同等的位置。只有尊重他人，才能获得他人的尊重。

2. 学会真诚的赞美他人

赞美他人，仿佛用一支火把照亮他人的生活，也照亮自己的心田，有助于发扬被赞美者的美德和推动彼此友谊健康的发展。真诚的赞美会给对方带来快乐，欢乐和谐的氛围会使人与人之间的关系变得轻松融洽。人都喜欢他人的赞美，都希望得到他人的认可与赏识。赞美能让人身心愉悦，精力充沛，还能激发自豪感，增强其自信，有助于更好的了解自己的优点和长处，认识自身的生存价值。但赞美要有的放矢，要真诚和有感而发；赞美绝不等同于恭维，也不是阿谀奉承。赞美时切忌夸大其词、不着边际和虚伪做作，否则，赞美会失去其作用；更不能人前一套，人后一套，当面说人好话，背后说人坏话，或传递其他人之间相互指责、诋毁的话，引发他人之间的矛盾。

3. 学会宽容和谅解

人不会十全十美，每个人都有优缺点。在人际交往中，我们不能凭自己的主观意愿去苛求他人。不要只看到他人的短处，应该多想想他人的长处。在人际交往中难免会遇到一些不愉快的人和事，如果耿耿于怀、斤斤计较，必然导致隔阂，人际关系只会越来越紧张，对人对己都没有任何益处，只是徒增烦恼。可见，苛求他人就是苛求自己，宽容他人就是宽容自己。学会原谅他人，能避免许多不必要的纷争，这样，路就会越走越宽阔。古语所说的"水至清则无鱼，人至察则无徒"，也是这个道理。容人者，人容之。但原谅他人并不是无原则地忍让，不是好坏不分、软弱可欺。

4. 替他人着想

人首先是一种自私的动物，哪个孩子会把自己觉得好吃的东西主动让给他人？因此，自私是人的本能。在人际交往中，我们都会站在自己的角度思考问题，维护自己的利益；但同时我们又会非常讨厌那些为了自己利益而不惜牺牲他人利益的人。因此，在争取自己利益的同时，也要兼顾他人的利益，这样才能在人际交往中受人欢迎。切记不要做损人利己甚至损人不利己的事。"己所不欲，勿施于人。"学会换位思考，常想如果自己处在他人的位置会怎样，就能理解他人的反应，也就不会出现强求别人做连自己也做不到的事情。

5. 遵守所在群体的基本规则

遵守群体规则，即意味着尊重、关注他人的需要。在集体生活中不要让自己的言行影响或者干扰他人的正常生活，同时应当注意承担自己应尽的责任和义务，如主动打扫公共卫生、整理好自己的内务、主动为集体做一些自己力所能及的事情等。

6. 关心帮助他人

每个人都有可能遇到困难，需要他人的帮助。当他人遇到困难、挫折需要帮助的时候，伸出援助之手，给予别人关心、帮助和支持。一个不愿意帮助他人的人，也很难得到他人的帮助。

7. 保持独立自主与谦虚的品质

与人交往时要有自己的主见，不要人云亦云、趋炎附势，更不能骄傲自满、目空一切；不要总是与人抬杠，无论自己是否有理，总试图找出依据说明自己如何有理、对方如何无理，处处、事事、时时要显示自己高明，长此以往，则会让人难以容忍，埋下隔阂与不满的种子。

8. 微笑并幽默

微笑有助于增进交流，拉近距离和缓解紧张的气氛。大学生在日常交往中应学会带着真诚的微笑与他人交流。真正的微笑是发自内心的，它能给人带来温暖，也会给人留下美好而深刻的印象。巧妙地运用幽默的手法，因为幽默的手法是语言的调味品，可使交谈变得生动有趣。但幽默的对象应该指向自我，而非他人，否则，幽默不成反而可能引发矛盾。

9. 保持积极乐观的心态

这个社会是由形形色色的人组成的，人们的性格、爱好、习惯和信仰会迥然不同，各有各的魅力。每个人都会有自己的喜恶，会有自己对人对事的看法，因此，不能用自己的标准去衡量和要求他人。在没有深入交往的情况下，避免单凭第一印象或断章取义的某句话就对他人横挑鼻子竖挑眼，妄下断言或猜测。另外，我们很容易看到一件事情或一种情形的消极面，但重要的是挖掘其积极面。

10. 倾听并恰当地给予反馈

在与人交谈时，要专注，善于倾听他人的谈话，不时地给予适当的反馈并进行提问。倾听表示尊重、理解和接纳，是联结双方心灵的桥梁。倾听还体现在不随意打断他人的谈话，在他人漫无目的地谈话时，可以礼貌地转换话题或结束话题。在表达自己的不同看法时，首先要认可当事人的想法，再礼貌地提出自己的看法，这样就会在表明自己观点的同时也避免了冲突，不伤及彼此的关系。

第五章

就业准备

第一节 认知准备

一、大学生就业制度与政策

1. 我国高校毕业生就业制度的演变及发展

中华人民共和国成立以来,我国高校毕业生就业制度经历了统包统分—供需见面—双向选择—自主择业3个发展阶段。

(1)统包统分。在计划经济体制下,高校毕业生作为一种社会资源,由国家统一调配,安排到国家最需要的行业和领域。在这一时期,就业被叫作"分配",这一制度在人才奇缺、大学毕业生供不应求的特定历史条件下确实发挥了积极作用。但随着情况的变化,统包统分的大学生就业模式越来越暴露出它的局限性。

(2)供需见面。1985年5月,中共中央颁布了《关于改革教育体制的决定》,提出了改革大学招生和高校毕业生分配制度的要求,并从1986年起,将原来由国家计委(现国家发改委)主管的编制高校毕业生各分配计划的工作交国家教委(现教育部)主管。于是,国家教委提出各高校分给各部门、各地区的毕业生计划——切块计划,各高校再通过与用人部门、地区"供需见面"的方式落实分专业、分用人单位的调配方案。这种"供需见面"活动对沟通高校毕业生就业渠道、促进高校与用人单位之间的联系、加强相互间的了解与协作发挥了积极作用,因而立即受到了高校和用人单位的广泛欢迎和大力支持。

(3)双向选择、自主择业。从1986年起,国家教委组织力量对高校毕业生分配制度的改革进行了调研,并会同国家计委、财政部等部门做了充分的论证,提出了《高等学校毕业生分配制度改革方案》,于1989年开始实施。该方案提出高校毕业生分配制度改革的目标是:在国家就业方针政策指导下，逐步实行毕业生自主择业，用人单位择优录用的"双向选择"制度。1993年2月，中共中央、国务院颁布了《中国教育改革和发展纲要》（以下简称《纲要》），是有关部门在4年多的调研、充分听取各方面意见、反复论证的基础上制定的。《纲要》明确指出：在20世纪90年代，随着经济体制、政治体制和科技体制改革的深化，教育体制改革要采取综合配套、分步推进的方针，改革包得过多、统得过死的体制，初步建立起与社会主义市场经济体制及改革中的政治体制、科技体制相适应的教育新体制。在此基础上确定的高校毕业生就业制度改革的目标是：改革高等学校毕业生"统包统分"和"包当干部"的就业制度，实行少数毕业生由国家安排就业，多数由毕业生"自主择业"的就业制度。即大部分高校毕业生在国家方针政策指导下，通过毕业生就业市场"自主择业"，根据个人能力条件参与市场竞争，而不再是依靠行政手段由国家保证其就业。高等学校在这一体制下，应将就业的主动权交还给大学生自己，学校在就业活动中只是中介，主要提供就业指导方面的服务。

双向选择、自主择业是毕业生和用人单位相互选择的就业方式。通过这种方式，毕业生可了解用人单位概况（包括使用意图、工作环境、福利待遇、培训制度和事业发展前景等情况）；用人单位则根据要求对毕业生的综合素质进行考察（如知识、专业水平、能力、身体状况、思想品德等），决定是否录用。如双方达成协议，则签订毕业生就业协议书。

中共十六届三中全会在《中共中央关于完善社会主义市场经济体制若干问题的决定》中明确指出"坚持劳动者自主择业，市场调节就业和政府促进就业的方针"，有关部门根据大学生就业的特点确定了"市场导向、政府宏观调控、学校推荐、毕业生与用人单位双向选择"的大学生就业改革方向。全国高校毕业生就业由教育部归口管理，国家每年根据毕业生的资源状况和社会对毕业生的需求，制定年度方针、政策或指导性就业计划，高校按照国家的方针政策和学校主管部门的要求落实毕业生就业计划，组织派遣毕业生。根据具体情况，政府有关部门每年都要制订当年毕业生就业工作的实施办法。

2. 就业制度

（1）人事代理制度。

人事代理制度是适应社会主义市场经济发展的需要而产生的一种新型的人事管理制度，是指人才服务机构接受用人单位或个人的委托，以人事关系及档案管理为基础内容，对其人事业务以及相关事宜所提供的一系列社会化服务。

毕业生人事代理是指政府人事行政部门所属的人才交流服务中心接受用人单位或个人的委托，管理大中专毕业生的人事档案关系、户籍关系等，并负责及时补充档案材料、接续工龄等。人事代理把原来的"单位人"变成了"社会人"，有助于形成人员能进能出、能上能下的良性用人机制。

适合进行人事代理的毕业生类型是：通过双向选择，已同外资企业、股份制企业、乡镇企业、区街企业、私营企业、民办科技机构、民办教育机构、民办医疗机构、各种中介机构等非国有单位和实行聘用制的国有企、事业单位签订就业协议的毕业生；择业期内暂未落实就业单位，目前正在择业的毕业生；准备复习考研的各类毕业生等。而实际上，我国现在的人事代理制度已经部分扩展至国有企业和事业单位。

（2）就业准入制度及职业资格证书制度。

职业资格证书制度是指按照国家制定的职业技能标准或任职资格条件，由政府认定的考核机构对劳动者的技能水平或职业资格进行客观公正、科学规范的评价和鉴定，对合格者授予相应的国家职业资格证书的制度。

职业资格证书反映的是特定职业的实际工作标准和规范，以及劳动者从事这种职业所达到的实际水平，这跟学历、文凭都有明显的区别。《中共中央国务院关于深化教育改革与全面推进素质教育的决定》指出：在全社会实行学业证书与职业资格证书并重的制度。可见，职业资格证书制度也是劳动就业制度中一项十分重要的内容。

就业准入制度是指根据我国职业资格证书制度的要求，依据《中华人民共和国劳动法》和《中华人民共和国职业教育法》的有关规定，对从事技术复杂、通用性广、涉及国家财产、人民生命安全和消费者利益的职业（工种）的劳动者，必须经过培训，并取得职业资格证书后，方可就业上岗的制度。

在《中华人民共和国劳动法》和《中华人民共和国职业教育法》中，有3条规定充分体现出职业资格证书在就业准入制度中的重要位置。第一，从事就业准入职业的新生劳动力，就业前必须经过1~3年的职业培训，并取得职业资格证书。第二，对招收未取得相应职业资格证书人员的用人单位，劳动鉴定机构将依法查处，并责令其改正。第三，对从事个体工商经营的人员，要取得职业资格证书后工商部门才能办理开业手续。由此可知，职业资格证书是劳动者求职、任职、开业的凭证，是用人单位招聘、录用劳动者的主要依据，也是境外就业、对外劳务合作人员办理职业技能公证的有效证件。

【参考资料】

中华人民共和国人力资源和社会保障部组织的全国统一鉴定的职业包括：人力资源管理师、心理咨询师、物业管理师、项目管理师、职业指导师、电子商务师、营销师、企业信息管理师、物流师、理财规划师、企业培训师……

（3）劳动合同制度。

劳动合同制度是专门规范劳动合同的制度。劳动合同与每一个劳动者息息相关，是每一个劳动者走上工作岗位与用人单位发生劳动关系时都必须签署的协议。劳动合同的内容包括劳动者与用人单位经过平等协商后达成的关于权利和义务事项的条款。劳动合同订立的原则如下。

① 平等自愿、协商一致的原则。平等是指当事人双方具有相同的法律地位，不存在命令与服从的关系，这一原则赋予了双方当事人公平表达意愿的机会。自愿是指劳动合同的订立完全是出自双方当事人自己真实的意愿，当事人一方不得强制或者欺骗对方，也不能采取诱导方式使对方违背自己的真实意愿而接受对方的条件。合同的期限、内容的确定，必须完全与双方当事人的真实意愿相符合。协商一致是指劳动合同的内容必须由当事人双方在法律法规许可的范围内共同协商讨论，只有协商一致，合同才能成立。

② 不得违反法律法规的原则。不得违反法律法规原则是订立劳动合同时必须遵守的重要原则。其内涵是：第一，劳动合同主体必须合法，用人单位必须是依法设立的机构组织，劳动者必须达到法定年龄、具有劳动权利能力和行为能力；第二，劳动合同内容必须合法，双方当事人在劳动合同中订立的具体劳动权利与义务条款必须符合法律；第三，劳动合同的程序和形式必须合法，劳动合同必须要有规范的文本，以书面形式订立，口头合同无效。

（4）求职登记和职业介绍制度。

按照我国颁布的失业人员登记管理办法规定，在一定劳动年龄内，有劳动能力、目前无职业而要求就业的一般城镇居民，包括高校毕业生，要到地方政府劳动保障局系统的劳动就业服务管理机构（各市、区、县职业介绍中心和城镇各街道劳动管理科、职业介绍所）进行登记，领取求职证。劳动者进行登记后，就取得了合法就业资格。这是政府介绍就业的前提，也是对失业人员发放失业保险金的先决条件。

目前，政府人力资源和社会保障系统的人才交流中心，负责对专业技术人员、其他干部和毕业生进行求职登记和职业介绍。

（5）失业保障制度。

失业，是市场经济体制下人力资源供大于求时的必然现象。我国过去的几次"待业"高峰，实际上就是失业。在就业政策方面，国家不仅鼓励竞争就业、择优上岗，而且保护就业竞争中的弱势群体。对于能力低、身体弱、年龄大的劳动者，在其失业后，发放一定的失业保险金和救济金，以维持其基本生活和劳动能力，使他们能在适宜的条件下再次就业。

失业保障制度是社会保障体系的重要组成部分。

（6）公务员报考制度。

我国的公务员包括各级国家行政机关中除工勤人员以外的工作人员。考虑到我国机构编制的实际情况，将行使国家行政权力、从事行政管理活动，但使用事业编制的单位中除工勤人员以外的工作人员，也列入公务员的范围。

国家公务员录用考试由考试录用主管机关统一组织，分为以下7个步骤：制定录用计划、公告、报名、考试、考核及体检、公布拟录用人员名单、审核备案。

3. 就业政策

就业政策主要包括两个部分：一是有关就业方面的法规，二是就业方面的措施、办法。因此，就业政策在毕业生就业过程中起着两方面作用：一是导向作用，就业政策可以引导毕业生正确地选择择业道路，少走弯路，提高就业满意率；二是保护作用，就业政策能够维护毕业生的合法权益，确保就业的公正性。党和政府根据形势的变化不断调整相关大学生就业政策。

（1）就业法律法规类。主要有：《中华人民共和国高等教育法》《中华人民共和国劳动法》《中华人民共和国劳动合同法》《中华人民共和国民法总则》《中华人民共和国公务员法》《中华人民共和国就业促进法》《普通高等学校毕业生就业工作暂行规定》等。

（2）就业措施、办法类。随着社会的发展和就业形势的变化，国家制定了一系列促进大学生就业的政策，各地区也根据本地区的情况出台了针对性更强的就业政策。每年年底，国务院及相关主管部门、地方政府还会根据实际情况制定出次年具体的就业政策。一系列就业政策均可通过教育部官方网站查询。

（3）特殊政策规定。

① 取消大学生就业的户口限制。教育部等四部委联合发布的《关于切实做好普通高校毕业生就业的通知》中明确要求，省会及省会以下城市要取消进入指标、户口指标等限制。

② 在教育系统就业的规定。凡进必考。

③ 结业生就业的规定。结业生是指具有正式学籍的学生,学完教学计划规定的全部课程,其中有一门主要课程不及格者。由学校向用人单位一次性推荐或自荐就业,找到就业单位的,可以派遣,但须在《报到证》上注明"结业生"字样,在规定时间内无单位接收的,将其档案、户口转至家庭所在地,自谋职业。

肄业生是指具有正式学籍的学生,未学完教学计划规定的课程而中途退学者。国家不负责其就业派遣,将其户口转回生源所在地。

④ 关于改派的规定。毕业两年内找到工作并签订就业协议书,均可回学校办理改派手续。

⑤ 关于见习期的规定。一般情况下见习期不超过一年。

⑥ 对毕业时未就业的毕业生的规定。一是其档案、户籍回原籍,二是参加就业技能培训。

⑦ 关于"大学生志愿服务西部计划""农村教师特聘岗计划""三支一扶""大学生村官"的规定。相关部门已有明确规定,每年还要根据当年的具体情况制定具体办法。

二、大学生就业形势

1. 面临的机遇

(1)党和政府高度重视大学生就业,为大学生就业创造了良好环境。中共十八大明确指出"就业乃民生之本";中共十六届三中全会通过的《中共中央关于完善社会主义市场经济体制若干问题的决定》指出"把扩大就业放在经济社会发展更加突出的位置,实施积极的就业政策,努力改善创业和就业环境。" 2015年10月,中共十八届五中全会通过的《中共中央关于国民经济和社会发展第十三个五年规划的建议》中再次明确提出"坚持就业优先战略,实施更加积极的就业政策,创造更多就业岗位,着力解决结构性就业矛盾""完善就业服务体系,提高就业服务能力"。在每年的《政府工作报告》中都对就业工作提出了具体要求,并明确了当年应创造的就业岗位数量。

近年来,国家制定了一系列有利于大学生就业的政策和法规,教育部、人事部、公安部、人力资源和社会保障部等部门连续出台了有关促进大学生就业的有效措施,并取得了显著成效。

"十三五"期间,通过实施就业优先战略,以创业带就业,以发展促就业,以政策保就业,力争让每个劳动者都能够获得公平的就业机会和稳定的就业岗位,实现更加充分的就业和更高质量的就业,使劳动者生活得更加体面、更有尊严,人人都享有使人生出彩的机会。

(2)目前,我国大学生在全社会劳动力中所占的比例仍然很低。大学生是社会的优质人力资源,就业空间大。据清华大学国情研究院统计表明,截至2014年,我国接受过高等教育的人数仅占全国人口总数的11.01%。

随着我国高校扩招,高等教育从精英型向大众化过渡,高等教育毛入学率正在快速提高,但与世界发达国家和地区比较,比例仍然很低。根据教育部发布的《中国高等教育质量报告》统计,2015年我国高等教育毛入学率为40%,而1993年世界53个发达国家和地区的高等教育平均毛入学率已达到47.4%。

(3)我国经济持续、快速发展,西部大开发战略的实施为社会创造了大量就业岗位。按国内生产总值每增长一个百分点能创造80万~100万个就业岗位计算,我国经济的持续增长每年可创造近 1 000 万个就业岗位,这为促进大学生就业做出了重大贡献。

(4)"入世"和经济全球化为大学生提供了更广阔的就业空间。我国加入世界贸易组织以来,新兴产业的新岗位和世界其他国家、地区的就业岗位更青睐大学生这一优质社会资源。

(5)新的就业观念和用人制度让大学生有更多的选择。以前大学生就业是国家"分配",大学生们只有"服从"的义务,而"服从"就意味着放弃,而今天则是"双向选择",大学生在市场上获得了选择就业岗位的自由,当然也就失去了计划分配的保障。同时,人们就业观念的转变也部分地消除了传统就业观念的束缚,有效拓宽了就业渠道。

2. 面临的挑战

(1)劳动力供大于求的矛盾长期存在和经济增长方式的转变造成就业岗位严重不足,从而使部分大学生无业可就。

2004 年 4 月 26 日,国务院新闻办公室发表了首部《中国的就业状况和政策》白皮书,白皮书指出,受人口基数、人口年龄结构、人口迁移及社会发展进程等因素影响,21 世纪前 20 年我国将面临较大的就业压力。随着科学技术的进步和劳动生产力的提高,自 20 世纪 90 年代以来,世界生产能力严重过剩,通货紧缩压力越来越大,创造就业成为世界各国发展的最大任务之一。进入 21 世纪,人类正在发生规模越来越大、竞争越来越激烈的"就业战争",而人口多是我国的基本国情,在当前和今后一段时期内,劳动力供大于求的矛盾将客观存在,就业将是我们面临的重大经济和社会问题。近年来,尽管我国经济持续稳定发展,创造了大量就业岗位,但尚不能满足迅速增长的就业需要,同时又恰逢我国城镇新增劳动力、下岗失业人员和农村富余劳动力三大就业群体的"三峰叠加",就业形势日益严峻。"十二五"期间,我国城镇登记失业率保持在 4.1%左右(我国失业率统计的年龄上限偏低,男 16~50 岁,女 16~45 岁)。同时,经济体制转变和经济增长方式的转变也制约着劳动力需求的扩张。一方面,经济体制的进一步转变,全面贯彻效率原则,将促使国有企业约三分之一的冗员下岗失业;另一方面,经济增长方式不断转变的结果,必然是整个社会的资本有机构成提高,就业机会相对减少。资料表明,20 世纪 80 年代,国内生产总值每增长一个百分点,平均可新增就业岗位 200 万个,而现在经济增长对就业的贡献则下降了三分之二,只能创造 80 万个就业岗位,如果国内生产总值按 8%~9%的速度增长,每年可创造的就业岗位也不足 800 万个,这和就业需求相比较还有较大差距。另外,国家深化人事制度改革、政府机构精简裁员、国有企事业单位减员增效等措施的实施,使传统接收大学生的主渠道的吸纳能力逐渐减弱。

(2)结构性矛盾又使部分大学生有业难就。

① 结构性矛盾表现为大学生过高的就业期望与社会可提供的就业岗位之间的矛盾。一方面,计划经济体制下大学生"统包统分"的传统模式已成为人们的惯性思维;另一方面,改革开放以来,社会对知识和人才的极度渴望使我们对大学生就业的认识产生了偏差。而随着我国高等教育从"精英教育"向"大众教育"的转变,"统包统分"已被"双向选择"所取代,市场对大学生的需求也从"精英需求"向"大众需求"转变,不再只是精英的职位需要大学生,而是社会各个岗位都需要高素质的从业者,大学生必然成为普通劳动者。这不是大学生的贬值,而是社会发展注定要达到的目标和经历的过程,但大学生还没有自觉接受这一现实,仍然盲目攀高,必将造成劳动力市场的扭曲,无法实现大学生与用人单位的顺利"成交"。

② 结构性矛盾表现为学科专业、学历层次及大学生所具备的知识、技能与社会要求之间的矛盾。这种人才供需的结构性失衡的直接后果是大量的人才短缺与人才闲置和浪费并存。我国加入世界贸易组织后，产业结构的调整使许多传统行业在短期内受到一定冲击，加速了行业的新陈代谢，导致一定时期内大学生就业的社会供需结构性矛盾较突出。冷静思考，我们不难发现，由于市场调节的盲目性和高校培养人才需要一个较长的周期，教育结构与产业结构不可能完全协调，而因为教育结构与产业结构不协调导致部分大学生暂时找不到理想的工作也应当是正常现象，所以劳动者（包括大学生）在适应产业结构的调整中出现暂时的就业困难，是市场经济条件下的常态。

③ 结构性矛盾表现为区域性的不平衡。由于区域发展的不平衡造成大学生比较集中地选择在具有良好就业环境和高回报率的地区就业，从而造成了需要大学生的地方没有大学生愿意去，而大学生愿意去的地方又没有岗位的局面。从经济学角度看，人才总是向那些发展机会多、经济待遇高的地方流动，而经济发展越快，可能提供的就业机会就越多，吸纳人力资源的能力就越强，这也是大学生（包括科技管理人员）从小城市流向大城市、从经济欠发达地区流向发达地区的趋势有增无减的主要原因。而这种人才集中流动的结果必然造成局部和区域的供需矛盾，加重了大学生就业竞争的压力。

(3) 劳动力市场不健全影响了大学生就业渠道的畅通。

完善的劳动力市场规则是大学生就业市场正常运行的基础和前提。一方面，大学生就业市场需要健全的法规和管理制度对参与市场的大学生、高校、用人单位等方面的行为进行约束和规范，而我国大学生就业市场尚处于初始阶段，市场运行机制很不完善，市场"交易"秩序缺乏有效的政策支持，从而增加了大学生就业的成本。另一方面，国家、社会、用人单位和大学生个人在就业过程中有不同的要求。从政府与社会角度看，人力资源的最佳配置是从国家和社会发展的全局出发，使这一配置能够最大限度地与国家的发展目标一致，最有效地与国家发展规划相协调，达到人尽其才，物尽其用的目的；从用人单位的角度看，是要追求利润最大化；而大学生个人则往往追求个人发展目标的实现，期望收入、自我实现的最大化。个人与国家、社会、用人单位几方面在求职和提供就业岗位时并不可能时时保持一致，这就需要一个能够有效地调整各方面利益的机制来协调各方面的期望和行为，使之尽可能趋于一致，实现大学生就业。

三、树立正确的就业观

1. 树立积极参与就业竞争的意识

(1) 积极参加双向选择，主动出击，放弃"等、靠、要"的思想。多数大学生还需要转变就业观念，应从理想主义的就业观念转向务实的就业观念，树立自立的意识，正视现实，积极、切实地迎接新形势的挑战。

(2) 努力提高竞争实力。在掌握良好的专业知识基础上，应有意识、有目的、有针对性地对自己的职业发展方向进行扩展；加强与人处事、沟通的能力，加强自身的动手能力和生活自理能力，全面提升综合素质，积极适应社会需求，努力打造个人品牌，增强就业竞争力，为就业做好准备；另外，要及早地规划好自己的职业目标，合理安排学习时间，明确努力方向。

（3）培养良好的就业竞争心理素质。就业过程中，既应树立敢于竞争、不惧困难、志在必得的自信心，又应具备勇于失败的平和心态。

2. 树立"先求生存，后谋发展"的思想，放弃"一步到位"的思想

许多高校毕业生在市场经济的高等教育大众化现实下还期望享受计划经济的精英教育条件下的待遇，希望就业能一步到位，一下子就找到自己满意的工作，这是不现实的，也是不理智的。大学生在考虑就业时应先解决生存问题，在保证生存的基础上再考虑这一岗位是否适合自己、是否符合自己的兴趣、自己能否得到提高、将来的发展前景怎样等问题。

3. 树立职业理想服从社会需要的思想，做好到基层、到艰苦地方、到非国有中小型企业就业的准备，淡化"白领"意识

所谓"职业理想"，就是人们对未来的专业、工作部门、工作种类以及事业成就大小的向往和追求。它应该建立在个人的专业知识、能力、兴趣、职业激情的基础上，只有几方面重叠的部分才可能确立为自己的职业理想。首先，要认真分析自己的职业理想是不是脱离社会现实；其次，要懂得职业理想不等于理想职业；最后，要处理好理性择业与实现职业理想的关系。对成功的价值判断不能仅以职业所处的地域、职位、收入水平等外在要素为标准，也不能从一时一事的得失来进行取舍。

4. 树立自主创业的观念

面对日益严峻的就业形势，选择自主创业既能为自己寻求出路，又可为社会减轻就业压力，所以，创业是最好的就业。联合国教科文组织于 1998 年在巴黎召开的世界首届高等教育大会上通过的《世界高等教育会议宣言》明确提出："为方便毕业生就业，高等教育应主要培养创业技能与主动精神，高校毕业生将越来越不再仅仅是求职者，而是首先将成为工作岗位的创造者。"国际教育界曾预测：21 世纪将有 50%的大学生走上自主创业之路。近年来，特别是十八大之后，国家出台了一系列鼓励大学生自主创业的政策，正在努力营造大众创业、万众创新的良好社会环境。创业之前应认清自己，周密计划，创业没有固定模式，一般要经过调整心态、获取信息、调查分析、转化资源、应用资源 5 个阶段。

大学生创业有 5 个备战原则。

① 别把鸡蛋放在一个篮子里。
② 不要迷信热门。
③ 勿以事小而不为。
④ 了解市场，有备而战。
⑤ 好的选址是成功的一半。

四、大学生就业程序

从 20 世纪 70 年代末以来，我国高校毕业生就业制度的改革经历了"计划分配""供需见面""双向选择、自主择业"几个阶段，根据就业制度和就业形势的变化，大学生就业市场应运而生。简单地说，大学生就业市场就是为大学生和用人单位进行供需见面、双向选择所提

供的平台。大学生就业市场具有时间短、层次高、规模大等特点。目前,我国大学生就业市场可分为有形市场和无形市场两大类。有形市场有以下形式:一是一所高校单独举办的就业市场;二是几所高校联合举办的就业市场;三是分科类举办的就业市场;四是区域性的就业市场;五是行业性的就业市场;六是用人单位举办的就业市场。无形市场则包括报纸、杂志、网络等信息交流平台。

1. 高校就业工作的程序

毕业生就业指导→收集发布就业信息→供需见面及双向选择→编制就业方案→进行毕业生资格审查→派遣→报到→改派。

2. 大学生联系就业岗位的程序

制作推荐材料(包括准备就业协议书)→收集处理就业信息→联系用人单位(或用人单位的上级主管部门)→参加供需见面及双向选择→签订就业协议(可另签附期限的劳动合同)→交就业协议书到学校主管就业部门(或所在系)→派遣报到。

第二节 心理准备

大学生就业心理是指大学生在择业过程中表观出来的一般心理倾向和特征。随着我国高等教育体制改革力度的加大和劳动人事制度改革的深化,高校毕业生就业由原来的"国家计划、统包统配"的模式向"供需见面、双向选择、市场主导、自主择业"的模式转变。这种就业模式的变化,既为高校毕业生提供了更为广阔的就业空间和择业自由,也给高校毕业生带来了前所未有的压力和挑战,使大学生在就业过程中表现出特有的心理状态,并以此支配个人的择业行为和职业定位。因此,高校毕业生怎样积极应对新的就业环境,培养良好的就业心理,是就业准备的主要内容之一。

一、怎样做好心理准备

1. 克服挫折心理

挫折心理是指人在从事有目的的活动遇到障碍时所表现出来的情绪反应。当一个人产生挫折心理后就可能陷入苦闷、焦虑、失望、悔恨、愤怒等多种复杂的情绪之中。因此,挫折心理是一种消极的心理状态。

在就业问题上,大学生受到挫折是因为他们的去向和抱负不能被社会和亲友所理解与接受,从而产生的怀才不遇的感觉。这往往是大学生自我评价过高造成的,而且通常是期望值越高挫折感就越重。如果在挫折中不是认真反思而是失去理智、盲目地一意孤行,就可能形成人格障碍,由此引起内心世界的严重扭曲,对健康人格塑造构成严重威胁。

要正确对待挫折、战胜挫折,首先要进行自我分析,即通过自我认识自觉地调整自己的需要、动机、目的、情绪。其次要对情感实行"冷处理",用自己的理智驾驭情感。为了使自己冷静下来可以试着进行呼吸训练、肌肉放松训练等训练方法。此外还有自我暗示激励法、自我宣泄与转移目标法等,都可以起到良好的效果。一个充满自信而又脚踏实地的人,一定能克服择业过程中产生的挫折心理。

2. 排除从众心理

从众心理是在社会或群体的压力下，个人放弃自己的意见而采取顺从行为的心理倾向。

当个体认为群体的规范、他人的行为是正确的时候，他的从众表现才是自愿的，这叫作遵从。有时候群体的规范、他人的行为在个体看来并不适合自己，但又没勇气加以对抗，这时的从众表现也是我们要克服的心理现象。从众心理严重的人容易接受暗示、无主见、依赖性大、不能独立思考，而是迷信名人和权威，往往说违心的话、办违心的事。

在高校毕业生择业问题上，从众心理表现在愿意到大城市、大机关去工作等方面。其实，到大机关、大城市工作并不一定是你最佳的职业选择，只是被从众心理影响的结果。古往今来，大多能成才的都具有很强的创造力和思维能力，力求摆脱从众心理的束缚。作为大学生，应当具有较强的独立思考能力，逐步培养自己独立分析问题、解决问题的能力，从而克服从众心理的影响，为今后走向社会养成良好的心理素质。

3. 丢掉嫉妒心理

嫉妒心理表现为当他人突出的品质、才能和成就高于自己时所产生的贬低、迫害他人的心理倾向。嫉妒心理是求职择业和人才成长的大敌。

嫉妒心理有两个明显的特征。一是指向性，即指向比自己"能干"和"幸运"的人。嫉妒的对象大多是自己工作、学习或生活中的同学、同事或者同龄人。在求职择业期间往往正是嫉妒心发作较为突出的时刻。二是发泄性，除了轻微的嫉妒表现为内心怨恨之外，绝大多数的嫉妒都伴随发泄行为，讥讽、诽谤甚至陷害，只有这样才能使嫉妒者的心理得到平衡。

要同嫉妒心理告别，驱除自私的杂念、开阔心胸是十分重要的。现代社会的年轻人更应用知识开阔自己的视野和心胸，如果在竞争中发现他人在某方面领先于自己，要有平常心，要学会进行公平、公正的竞争，同时运用"心理位置互换法"将心比心。

4. 摒弃虚荣心理

虚荣心理也是妨碍求职择业的一种不健康的心理状态。虚荣心过强的求职者在择业过程中往往把注意力集中在社会知名度高、经济上实惠的就业岗位。这些人不从发挥自身优势出发，不考虑自己的竞争能力，甚至不考虑自己的专长爱好，他们选择职业是为了让别人羡慕、做给别人看，而不是为给自己寻找用武之地。正确的态度是：在选择职业时首先自问——我需要什么样的工作，我适合做什么样的工作，我能得到什么样的工作，经过冷静思考得出结论并付诸行动，才可能真正摒弃虚荣心理，选择真正属于自己的职业，走自己的路。

5. 避免攀比心理

俗话说："这山望着那山高。"如果这句话用在激励自己积极进取方面无可厚非，但如果在求职择业过程中处处与别人比高下就不正常了，更何况现实生活中很多事物根本没有可比性。

事事攀比的求职者在求职过程中往往显得缺乏主见、自信心不足，极易受他人干扰；会把注意力过多地集中到别人的就业取向上，害怕他人笑话自己"没本事""没出息"，总想找到一份超过他人的、十全十美的工作，把找到好工作作为一种吹嘘和炫耀的资本。持这种心理的求职者无异于逼着自己和他人同走独木桥，难免失足，而且这种心理往往会延续到就业时，抱怨某人不如自己反而进了大城市、大单位，影响工作情绪，实不足取。两山相比谁为高？俗话说："山不在高有仙则名。"这个"仙"就是能够发挥自己优势的工作岗位。若想攀比，就要憋足一股劲，比一比将来谁的贡献大、成绩好。

6. 抑制羞怯心理

新时期的大学生接触社会的机会很少，在校内熟人圈子里他们还能应付，一出校门便感到手足无措，特别是高校毕业生就业制度改革方案出台后，在"供需见面"中普遍存在着的羞怯心理，直接影响到用人单位的取舍。羞怯作为一种经常性的心理，按其成因可以归纳为以下 4 种。

① 自卑性羞怯。
② 敏感性羞怯。
③ 挫折性羞怯。
④ 习惯性羞怯。

如何在求职择业活动中抑制并克服自己的羞怯心理呢？首先，要增强自信心。古代有驼背的人成为捕蝉能手，国外有从小口吃的人成为雄辩家，关键要善于发现自己的优势，切不要被自己的短处所禁锢。其次，不要过多地计较别人的评论，因为只有自己最了解自己的实力。再次，平时就争取机会、迎难而上、多多锻炼。最后，要学会意念控制。遇到陌生场合预感自己可能紧张、羞怯时暗示自己镇静下来，提醒自己别胡思乱想、别自己吓唬自己。

7. 克服自卑心理

一方面，许多大学生在大学 4 年中孜孜以求，练就了一身的过硬本领，可就在面临毕业即将走向用人单位时却突然怀疑自己的价值和能力了，总觉得自己不如他人，好像缺点很多，甚至一无是处，从而不敢参与就业竞争；另一方面，部分人因曾经犯过的错误而抬不起头来，或过分看重自己的缺陷和不足，甚至因自己的学校和专业不好而信心不足，结果错过了时机。如何克服自卑心理，走向成功之路呢？

① 在心中列出自己的成绩单。比如：有关学习、工作等方面的成绩或进展；几次演出或比赛成功的经历；甚至自己做的某件事情曾受到老师、长辈或同学们的赞许；细细品味自己比原来想象的还要有价值和魅力，这样不仅会使你顿觉有"神力相助"，而且便于在求职择业时非常自信地进行自我介绍。

② 尽量使自己坦诚、直爽。把自己确实取得的成绩、具备的才学尽量说出来，自己的不足甚至缺点也应坦率相告。对于承认自己年轻幼稚、缺乏锻炼、不尽如人意的大学生，用人单位会认真考虑，给你发展的机会。

③ 正视现实的自己。每个人都有自己的优势和不足，凡事可取而不可夺，这次不成还有下次，要善于让自己解脱，要经常看到自身及现实生活中光明的一面，这无论对求职择业还是对走好人生之路都有积极的作用。

8. 放弃"学而优则仕"的自负心理

自负是在比较自己与他人的成就时，超越真实自我，夸大自己能力和作用的一种自傲的态度和情绪。自负表面上看像是自尊，但究其实质，是严重缺乏自尊的一种过度反应。在择业过程中，部分大学生认为自己上了大学就是入了龙门，书读得多、学历高也就等于自己身价高，所以就业的要求就高。社会上说的"眼高手低"就是指的这种现象，其结果是"高不成，低不就"，白白丧失了许多就业机会。因此，大学生应该克服自负心理。

9. 摆脱依赖心理

我国高校毕业生三十年一贯制的"统包统分"，使大学生形成一种惯性思维：享受国家下达的分配单位。现在实行国家就业政策指导下的"供需见面、双向选择"使许多存在依赖心理的高校毕业生陷入困境。在传统就业意识的禁锢下，迷恋统包统分、恐惧竞争风险，把就业希望寄托在人事部门、教育部门、学校甚至家长身上，这是依赖心理的具体表现。这种心理往往导致大学生自己对求职择业不闻不问，成为学校的压力和家长的负担。具有这种心理的人一旦进入就业竞争激烈的行列，往往无所作为，失业的风险极大。只有面对现实、着眼基层、积极参与才有出路。

10. 消除焦虑心理

焦虑是由于个人应付环境无把握所引起的、并且感受到某种威胁的一种复杂的情绪反应，主要表现为恐惧、不安、忧虑以及某些生理反应。在大学生择业阶段，绝大多数人的心理问题表现为过度焦虑，常常表现为精神负担过重、紧张烦躁、心神不安、萎靡不振，甚至在遭受挫折后产生恐惧感。这种择业性焦虑主要有三种情况。一是社会适应性焦虑，面对即将进入社会，心中一片茫然，不知道如何处理与他人特别是同事之间的人际关系，不知道怎样安排自己的生活，担心自己所学的专业知识和能力不能胜任将来的工作。这种焦虑一般与独立能力不强或专业技能不佳有关。二是单位不确定引发的焦虑，包括等待的焦虑和迟迟找不到工作单位的焦虑。三是选择带来的焦虑。

消除择业焦虑的方法：一是要学会阳光思维，努力发现好的一面；二是要自信，相信自己一定能找到工作并完全有能力胜任它，相信自己能处理好各种社会关系；三是客观评价自己，充分发挥自己的优势，并努力提高自己各方面的素质。

二、良好的就业心理特征

求职择业是大学生综合素质尤其是心理素质的一次大考验。在就业过程中，良好的心理素质能够帮助大学生理智地认识自我、客观分析环境，有利于充分发挥自己的能力，乐观应对挑战，坦然面对失利，积极把握机会，科学地作出决策。良好的就业心理主要表现为以下几方面的特征。

1. 认清自我，定位准确

如果在面临就业选择的时候，充分地考虑自己的各方面因素，去选择一种建立在自己深信不疑的正确思想基础上的职业，一种能够实现自己人生目标的职业，即使它不是最荣耀的职业，我们也会怀着崇高的自豪感去从事它，它也将不断给我们带来快乐和享受。富兰克林曾说"宝贝放错了地方便是废物"，收荒匠又说"世界上根本没有废物，只是放错了地方"，这就是说，最适合的就是最好的。相反，如果错误地估计了自己，我们的选择就会给我们带来不尽的痛苦。所以，这就要求我们在作出就业决策之前，首先应该认清自我。认清自我就是客观的了解自己的职业兴趣、职业个性、职业能力、职业价值观等决定自己职业选择的因素,再根据自己喜欢做什么、适合做什么、擅长做什么、最看重什么及自己的优势和劣势作出职业定位。

职业定位既要考虑社会需求、工作环境、个人能力等方面的因素,又要处理好职业理想与就业现实之间的冲突。大学生应该主动随着就业形势的变化及时调整自己的就业期望值,从而将自己的就业心理调整到最佳状态。

2. 正视现实,自信豁达

现实是客观存在的,积极的心态就是正视现实,正视现实是适应现实的前提。成功的就业决策是建立在对就业环境清醒认识的基础之上的,既不幻想,也不逃避。无论现实对自己有利还是不利,都应以一种乐观自信的心态去应对。在就业决策时既要看到形势严峻的一面,以一种坦然的态度对待,又要坚信"天生我才必有用",豁达自信地面对。自信不仅是大学生成功就业所必备的心理素质,也是对自我的认同和肯定。建立在正视现实基础上的自信将让大学生在作职业决策时藐视困难,以最积极的态度、活跃的精神去解决问题,用足够的承受力面对挫折,用足够的勇气迎接挑战。

3. 主动出击,勇于竞争

大学生就业制度的改革,一方面,为毕业生和用人单位提供了"双向选择"的机会,让大学生能够根据国家赋予自己的权利,结合自己的条件和愿望挑选工作岗位,通过适当的途径和方式展示自己、推荐自己,从而得到用人单位的青睐;另一方面,大学生在拥有就业主动权的同时,也将面对日益激烈的就业竞争。就业竞争不可避免地给强者带来机遇,使弱者面临危机。在这样的形势下,大学生那种"皇帝的女儿不愁嫁"的时代已成为历史,"等、靠、要"的心理只是一厢情愿。所以,要想在就业竞争中取胜,必须强化自身的竞争意识,主动出击,勇于拼搏。

4. 不怕挫折,放眼未来

一方面,在激烈的就业竞争中,大学生难免会遭受挫折。遇到挫折要认真分析原因,是主观努力不够还是客观要求太高,是客观条件苛刻还是主观条件不具备。只有认真分析,才能心中有数。同时,挫折虽然带来了暂时的伤痛,但也可磨炼意志。所以,遇到挫折不能消极退缩。

另一方面,在激烈的就业竞争中由于种种原因,部分高校毕业生的职业愿望难以实现,也许是专业不对口,也许是工作条件差,也许是待遇低。但无论怎样,这都是自己人生的新起点,虽然现在难如人意,但一定要相信,经过自己的努力和就业环境的改善,今后一切都会好起来的。

第三节　知识能力准备

新的就业形势对求职者的知识结构、思维方式和实践应用能力均提出了更高的要求。为了更好地适应社会的要求,实现顺利就业,大学生必须自觉地把大学生活与就业紧密联系起来,努力构建合理的知识结构、训练科学的思维方式和培养强有力的实践应用能力。

一、构建合理的知识结构

现代社会对求职者的知识要求是：拥有较高的知识程度，并能根据社会的发展和职业的具体要求，科学组合自己的知识，形成合理的知识结构。

1. 合理知识结构的特点

大学生应具备的知识包括：基础知识、专业知识、复合知识。

（1）基础知识在大学生知识结构中发挥着举足轻重的作用，在现代高等教育改革中越来越受到重视。基础知识包括：数学、物理学、化学、历史学、地理学、哲学、文学、艺术、文化、伦理道德、外语、计算机及专业基础知识。

（2）专业知识是大学生知识结构中的主要内容，是高等教育根据社会分工的需要而建立的人才培养方式，是大学生所学专业的知识，是大学生赖以生存发展的资本和拥有一技之长的具体表现。

（3）复合知识是增强大学生社会适应性的知识，是为了弥补高等教育"专才"缺陷的知识，是大学生健康持续发展的助推剂。

合理的知识结构就是根据社会需要将自己的基础知识、专业知识、复合知识有机整合而成的知识结构。合理的知识结构虽然没有绝对统一的模式，但具有普遍而共同的特征：有序性、整体性、可调性。

2. 知识结构模型

（1）金字塔型知识结构。金字塔型知识结构的横向结构是宽广型，纵向结构为阶梯型。金字塔型知识结构包括了宽厚的综合性基础理论知识、专业理论知识和适量的非专业理论知识及跨学科知识，强调的是基本理论、基本知识、基本技术技能的学习、训练和运用。厚基础为人的成才和创造奠定了基础，宽基础为人的综合能力、适应能力、应变能力的培养创造了条件。目前，我国大部分本科专业教学计划实际上是按这种金字塔型的知识结构设计的。

（2）网络型知识结构。网络型知识结构是以自己的专业知识为"中心点"，以其他相近的、作用较大的知识作为网络的"纽带"，这样相互联结，形成的一个适应性较强的、能够在较大范围内左右驰骋的知识网。网络型知识结构的主要特点是知识面的宽广性。

（3）"T"型知识结构。"T"型知识结构是专博型知识结构的另一种表述。有的人专业知识广博精深，但知识面狭窄，其知识结构很像一个竖杆"｜"；有的人专业知识浅薄，而基础知识深厚扎实，其知识结构像一个横杆"一"。将二者之长集于一身，这就是"T"型知识结构的人。就目前来看，具有"T"型知识结构特点的人才，符合就业市场（专业化时代）的需要。因为精广博深的专业知识可以较好地满足对口行业的就业要求，深厚扎实的基础知识则有助于支撑今后的发展。

3. 社会对求职者知识结构的要求

现代社会对求职者文化素质、知识的要求受着多种因素的影响，尤其受到当代科学技术发展状况的影响。与此同时，各类现代职业对于求职者文化素质和合理的知识结构的要求也越来越高。就知识结构而言，不仅对知识技能共性的要求越来越多，而且对就业者知识和技能的适应性要求也越来越高。

（1）不同类型的职业对求职者知识结构的共性要求。

① 深厚扎实的基础知识。基础知识是知识大树的躯干，是知识结构的根基。无论选择何种职业，也不管向哪个专业方向发展，都少不了宽厚扎实的基础知识。特别是随着科技和经济的高速发展，社会的产业、行业、职业结构调整的速度必然加快，大学生在择业就业上已不可能是从一而终，职业岗位随时变动的状况不可避免，要适应这种变化，必须靠深厚扎实的基础知识。

② 广博、精深的专业知识。高校毕业生是将要从事专业性较强的工作的高级专门人才。专业知识是知识结构的核心部分，也是科技人才知识结构的特色所在。所谓广博、精深，是指大学生对自己所要从事的专业的知识和技术具有一定的深度和范围，有质和量的要求，对概念体系、理论体系、研究方法、学科历史与现状、国内外最新信息等都要了解和把握。同时，对其专业邻近领域的知识也要有所了解和熟悉，善于将其所学专业的领域与其他相关知识领域紧密联系起来。专博相济，专深博广，已成为当前人才素质的重要要求。

③ 大容量的新知识储备。现代各类职业都要求从业者的知识"程度高、内容新、实用强"。"程度高"是指知识层次高，知识面广；"内容新"是指从业者的知识结构中应以反映当今科学技术发展状况的新知识、新信息为主；"实用强"是指从业者的知识在生产、工作中有较强的实用价值。

（2）不同类型的职业对求职者知识结构的特殊要求。

① 管理类职业的要求。该类型职业主要包括国民经济管理、企业管理、金融管理、财政管理、外贸管理、行政管理等社会工作。选择此类职业作为自己目标的求职者，在其文化素质上除了具备上述那些共性要求外，根据管理职业的实际需要和管理科学的发展规律，还必须很好地掌握党的方针政策，掌握基本的法律知识。在其知识结构中，管理理论和知识要求占较大的比例，除此以外，还应了解税务、工商、外贸的管理知识。在知识结构上一般要求具有"网络型"的结构。

② 工程类职业的要求。该类职业的范围包括各行业中从事工程技术应用工作的职位。它要求就业者在文化素质上应具备扎实的专业知识，具有较新的现代专业理论，熟练地掌握并能应用于实际工作中的应用技术知识及一定的管理知识。

③ 农科类职业的要求。该类职业范围主要包括各农业科技园区、园艺类公司、农科所、蔬菜公司等企事业单位。它要求求职者能吃苦，具有良好的专业知识并能应用于实践，有较强的自学和创新能力。

④ 教育类职业的要求。该类职业的范围包括大学教师、中学教师以及各类职业教育教师、干部培训教师等。教育这一特殊职业决定了选择此类职业的就业者在文化素质上要具备以下条件：掌握辩证唯物主义和历史唯物主义的基础理论和浓厚扎实的专业知识；熟悉本专业最新研究成果及其发展趋势；了解与本专业相近的新兴边缘学科或交叉学科的情况；具有较高的文化素养，达到真正的"博学"；此外，还要掌握教育科学的相关知识。该类职业要求求职者的知识结构为"网络型"。

以上仅介绍了4种类型的职业对求职者文化素质的特殊要求，其他类型的职业也有着各自不同的特殊要求。大学生应当根据社会需要，结合个人专长，充分了解各种职业对求职者知识结构的特殊要求，在就业前和就业后注意建立和调整自己的知识结构，并使之日趋合理，日臻完善，为成才奠定坚实的基础。

4. 知识的学习

一个人的文化知识，将决定他在求职择业时的自由度和取得职业岗位的层次，而知识主要由公共基础知识，专业基础知识，专业知识，现代经济、现代管理和人文社会知识，新技术、新知识5部分构成。

（1）公共基础知识。

公共基础知识主要包括人文、自然科学、外语、计算机等知识。掌握深厚的公共基础知识，不仅是形成合理的知识结构所必需的，而且是按照自身特点和社会需要，在我们的一生中不断学习、掌握新知识的需要。公共基础知识犹如基石，只有具有深厚扎实的基石才能合理地建筑起稳固的知识大厦。著名作家夏衍说："每一个科学家、文学家、艺术家在他们成'家'之前，绝无例外地都在文、史、哲、数、理、化等方面经过了艰苦的努力，打下了坚实的基础。要建筑百丈高楼，不先打好地基是不行的。"美籍华裔科学家丁肇中说："掌握知识，就要在某一个学术领域或几个领域内获得一定宽度与深度的基础知识，这是培养一个科学工作者必要的前提。"大学生掌握好了基础知识，就是为以后就业准备了铺路石和敲门砖。如果连大学4年所学的基础知识都没掌握好，那么如何去学习以此为基础的新知识？因此，大学生在课余时间还可积极参与各类基础学科竞赛，打下深厚的知识基础，这样有利于在今后的工作中适应各种变化，灵活自如地发展。

（2）专业基础知识。

对于大学生从事专门学科知识学习而言，专业基础知识是衔接公共基础知识与专业知识的重要环节，是公共基础知识的深化、发展，是专业知识的先导与基础，起着承上启下的作用。大学生只有掌握稳固的专业基础知识，才能进一步深入学好专业知识。目前，各高校专业基础知识安排的课时，一般占整个学时的三分之一左右，这足以证明专业基础知识的重要性。作为大学生，应该广泛汲取各类知识的精髓，有针对性地拓宽自己的知识面，在有利于专业知识积累与发展的条件下，使知识结构趋于合理。

（3）专业知识。

专业知识通常是指大学生所学专业的知识，是大学生知识结构中的主要内容。专业知识是大学生知识结构的直接体现，知识结构的完善必须以专业知识的学习与运用为最终目标。在知识结构中对专业知识的要求是要精而又精、深而又深，人才总是具有一定专业的人才。随着社会生产力和科学技术的发展，社会对专业能力，特别是专业的实际操作能力的要求越来越高。因此对形成专业能力的专业知识的要求也越来越精和越来越深。宋代哲学家程颐说："学贵专，不以泛滥为贤。"明代文学家王廷相说："君子之学，博于外而尤精于内。"当代著名词学家夏承焘也说过："如果一个人兴趣很广泛，然而一生没有一样是比较精通的，那么就不可能探索到世界奥秘的一部分。这样的人，也就缺乏专业知识。就不能很好地为祖国服务。"法国作家罗曼·罗兰也指出："与其花许多时间和精力去凿许多浅井，不如花同样的时间和精力去凿一口深井。"

专业知识是大学生赖以生存的资本，过硬的专业知识是大学生今后走向工作岗位的一技之长，是履行岗位职责、胜任专业工作必须掌握的。一个人的知识域是由专业知识和相关知识构成的。在学习的过程中，应区分出什么知识是工作所必需的，什么知识是进一步提高工作能力和工作效率、效果所需要的，从而有目标、分层次地对知识进行储备，准确而有效地获取相关知识。以教师为例，一名优秀的教师应该具备多方面的知识。其中，掌握好所教学科的专业知识是一名教师进行教学的前提。教师只有拥有丰富的专业知识，才能将其有效地传授给学生。但只有相关的专业知识，而不懂教育学、心理学、学科教学论的相关知识，则不能充分了解学生的特点；不懂得教育教学方法，则不能有效地传授知识，这样就不能成为合格的教师。

（4）现代经济、现代管理和人文社会知识。

在知识的建构过程中，在重视基础类知识和专业类知识的基础和前提下，应努力扩展基础类、专业类知识之外的其他横向类知识的范围。古今中外许多学者提出和强调的"博学"思想，正是这里所说的知识结构中的广博性原则。现代经济，需要学生具有一定的社会知识，一定的经济与管理知识和人文社会知识。作为一名新时代的大学生，应该把学校开设的各种人文课程学好，利用空余时间，多读一些社会科学、经济学、管理学方面的书籍，扩展自己的知识面，开阔自己的视野，不断加深对社会和现代经济、管理方面的了解，从而不断提高自己的适应能力。

（5）新技术、新知识的储备。

面对当前形势，如果大学生只掌握本专业现阶段的知识，是很难适应社会的。因此，大学生在不断加深对专业知识学习的同时，还应科学地学习更多知识，在基础知识的学习宽度和深度上下功夫；要掌握本专业国内外研究的新动向、新成果，了解科技新动态，注意本专业的科学前沿情况。当然，要求大学生同时掌握多种专业知识是不现实的，但是除了精通自己的专业知识，并能在实际中运用以外，再掌握或了解与专业相关联的若干专业知识和技术还是可以做到的。

二、培养科学的思维方式

思维是人脑对客观现实概括和间接的反映，它反映的是事物的本质和事物间规律性的联系。思维能力是人的核心能力，一个人的思维能力虽然与自身的智力水平有关，但更取决于思维方式。科学的思维方式具有广阔性和深刻性、灵活性和敏捷性、独立性和批判性等特征。培养大学生的科学思维方式应着重从以下5个方面进行。

1. 学习哲学

哲学为人们提供方法，启迪智慧。大学生受过高等教育，一般都具备了一定的理性思维能力。但是，要提高思维能力、培养科学的思维方式，必须加强哲学的学习，提高哲学素养。马克思主义哲学作为科学的世界观和方法论，揭示了自然界、人类社会发展的一般规律，是人们认识世界、改造世界的思想武器。同时，它也提示了思维发展的一般规律。因此，大学生提高马克思主义哲学素养，对于提高自己的理性思维能力、培养科学的思维方式是至关重要的。

2. 丰富知识

丰富的理论知识是敏捷思维和培养科学思维方式的基础。一个人掌握的知识越多、越丰富,他的思路就会越广、越深,思维的成果就可以越完全、越准确。比如,逻辑学的知识对提高人们的思维能力是非常重要的,因为,无论是形式逻辑还是辩证逻辑都是以思维为对象,都是关于思维的规律、形式和方法的科学。逻辑规律是一切正确思维所必须遵守的最基本的规律,是认识现实的必要条件。违背这些规律,就会使思维丧失它应有的明确性、确定性和一贯性,从而根本谈不上正确的思维。

3. 独立思考

独立思考,是指对每一个问题从头到尾、由理论到实践都经过自己的头脑去思考,关键在于"独立"这两个字,但也不排斥经常参加讨论。讨论可以作为独立思考的补充,也能促进独立思考的严谨、全面和深刻。善于独立思考的人,既能集中他人的智慧,又能超越前人的思想。善于独立思考的关键在于有时间静下来深思。整天忙于事务而不思考,不仅工作搞不好,也谈不上培养思维能力。独立思考需要多思,同时也要博学和善问,勤于钻研和重视思维方法。

4. 调整思维方式

善于随时整理自己的思路,总结思维方法上的经验教训,是培养科学思维方式的重要方面。一个人的具体思维过程是十分复杂的。得到某一正确认识之前,总是难免要犯思维方式上的各种错误,有时因为概念不清,有时因为判断有误,有时因为缺乏灵活和变通等。不断总结在思维上的各种经验教训,可以使人不断地完善自己,大大提高自己的思维能力,逐渐培养起科学的思维方式。

5. 提高艺术修养

艺术和科学是人类文明的两翼,艺术思维和科学思维的结合是智慧之源和创新之路。我国科学家钱学森曾对科学与艺术相结合的思维过程进行过具体而精彩的分析。他说:"从思维科学角度看,科学工作总是从一个猜想开始的,然后才是科学论证。换言之,科学工作是源于形象思维,终于逻辑思维。形象思维源于艺术,所以科学工作是先艺术后科学。相反,艺术工作必须对科学事物有一个科学认识,然后才是艺术创作。在过去,人们只是看到后一半,所以把科学与艺术分了家。而实际上,科学需要艺术,艺术也需要科学。"

三、培养良好的职业能力

1. 职业素养的内涵

职业素养是指劳动者通过不断学习和积累,在职业生涯中表现并发挥作用的相关品质,是劳动者对社会职业适应能力的一种综合体现。职业素养包括职业道德、专业素养、职业素质、职业技能等内容。

职业素养是指职业内在的规范和要求,是在从事职业的过程中表现出来的综合品质。职业素养量化而成"职商(Career Quotient,CQ)"。大学生所应具备的职业素养包括显性职业素养和隐性职业素养。显性职业素养表现为大学生的形象、资质、知识、职业行为和职业技能等,这些素养可以通过各种学历证书、职业资格证书来证明,或者通过专业考试来验证。而隐性职业素养是看不见的、内隐的职业素养,表现为大学生的职业意识、职业道德、职业态度等，它支撑着外在的显性职业素养。因此，大学生职业素养的培养应该着眼于整座"冰山"，并以培养显性职业素养为基础，重点培养隐性职业素养。

职业素养具有以下5个特征。

（1）职业性。不同的职业对职业素质的要求也有所不同。比如对建筑工人的职业素养要求肯定不同于对护士的职业素养要求。

（2）稳定性。一个人的职业素养是在长期职业活动中日积月累形成的，会保持相对的稳定性。例如，一名教师，经过几年的教学实践，就逐渐形成了相对稳定的教师职业素养，并且随着其继续学习以及工作和环境的影响，这种职业素养还可继续提升。

（3）内在性。职业人士在长期的职业活动中，经过自己学习、认识和亲身体验，知道怎样做是对的，怎样做是不对的。这样有意识地内化、积淀和升华心理品质，就是职业素养的内在性。我们经常听说，把这件事交给某人去做，很放心。为什么放心？就是因为其内在职业素养好。

（4）整体性。职业人士的知识、能力和其他个性品质在职业活动中的全面表现，就是职业素养的整体性。我们说某人职业素养好，不仅指其职业道德、职业素养好，还包括其职业技能、职业素质等好。

（5）发展性。一个人的职业素养是通过教育、自身社会实践和社会影响逐步形成的。随着社会的发展，对从业者职业素养的要求越来越高。为了更好地适应、满足时代发展和科技进步的需要，职业人士要不断地提高自己的职业素养。

2. 职业能力的培养

《国家技能振兴战略》对职业能力的定义为：职业能力是人们从事职业活动、完成职业任务的成效和本领。职业能力分为专业能力和核心职业能力，核心职业能力是指从事任何职业都需要的一种综合职业能力。它泛指专业能力以外的能力，或者说是超出某一具体职业技能和知识范畴的能力。

（1）专业能力。大学教育是以专业能力教育为主的，知识、技能是分专业学习的。专业能力一般是指专业知识、专业技能等与职业直接相关的基础能力。专业人士与普通人士之间的根本区别就是其专业能力。大学生爱上一个专业，精通一门专业，培养自己优秀的专业能力是把自己塑造成职业人士的重要途径。

① 专业知识。不同的职业、行业需要具备的专业知识也不相同，它可能来自课堂也可能来自工作实践。专业知识的积累是一个持续的过程。现在部分大学生却搞期末突击的战术，用一个月弥补一学期的知识空白，考试靠老师划重点获取好成绩，一个长假回来，大部分知识又还给了课本，留下的只是一个"值钱"的数字。学到的知识就是拥有的武器，可以白手起家，但不可以手无寸铁。如果一个人目标明确，打定主意从事自己所学专业，走专业路线，并一直走下去，不再更改，就必须在专业知识上精益求精；有空应浏览最新文献，查看全球科研的最新进展。

课本上学的知识都是工作中最基础的内容，所运用的模型和原理也是最简单的类型。专业知识是培养专业技能的基础，工作上出现各种问题和疑惑，都要运用所学的知识和原理，根据具体问题找出"瓶颈"所在，找到突破口去解决好。这需要在实践中不断学习和总结，把平时所学的知识转化成工作中的利器,在反复的实践中自己领悟、摸索。

② 专业技能。专业技能是指依据专业培养目标,通过一定的学习、实践训练,使学习者熟练掌握的专门技术及其运用能力。专业技能分为基础技能和专门技能。

③ 基础技能。基础技能指从事专门职业所必须掌握的最基本技能。以师范生为例,不管是历史、中文,还是数学或物理专业的大学生,作为未来的教师,都应具备基础的教学技能,如表达技能、书写技能、信息处理技能等,既要有标准的普通话和良好的书面、语言、形体表达能力,也要有扎实的三笔字(钢笔字、粉笔字、毛笔字)、简笔画基本功以及应用现代教学媒体的能力等。

④ 专门技能。专门技能指从事某种职业所必须掌握的某项或几项特殊能力,是在基础技能的基础上进一步发展起来的能力。如教师除了掌握基础技能外,在课堂上还应综合运用教授技能、提问技能、沟通技能、练习指导技能、课堂组织技能、信息技术技能等多种技能。专门技能的高低决定了择业的顺利与否,也决定了未来事业的成败。

专业技能是大学生进入职业领域的资本,不同的职业会对人们有不同的技能要求。做研究工作要求具有调查、分析、归纳、演绎的技能;做教育工作要求有澄清、说服、评估、鼓励、表达的技能;做公务员要求具有从事行政工作的技能,如判断推理、资料分析以及简洁的文书编写能力等。

具备过硬的专业知识和专业技能是高校毕业生进入就业市场的基本准入条件。

(2) 核心职业能力。每逢毕业季,总有些毕业生顺利地找到了心仪的工作,但也有些虽然参加了很多次面试,结果却都是被告之"对不起,你不太适合我们这份工作"。造成这种情况的原因有很多,但毕业生自身是否具备核心职业能力是其中不容忽视的一项。

核心职业能力是每个人在职业生涯中,甚至日常生活中必备的、最重要的、起关键作用的能力。当职业发生变更或者当劳动组织发生变化时,劳动者所具备的这种能力依然存在,使劳动者能够在变化的环境中很快地重新获得所需要的职业技能和知识。核心职业能力具有普遍的适用性和广泛的可迁移性,对人的终身发展和终身成就影响极其深远。

核心职业能力将在很大程度上帮助大学生去发现、实现自我价值,从而更好地服务社会。因此大学生在毕业前就应该做好准备,在具有专业能力的前提下,让自己的团队合作、创新、职业沟通、自我管理等核心职业能力过硬。

① 团队合作能力。团队(单位)就像大海,而我们每个人就像存在于社会中的一滴水,要想生存,唯一的选择就是融入团队。

团队是什么?团队是把不同性格的人组合在一起,在一个规则、一个系统下,为了共同目标而奋斗。随着信息社会的发展和人与人之间交往活动的日益频繁,工作越来越依靠团队的力量。

团队合作是职业人工作的一种重要方式。当今社会是一个"合作为王"的时代,职业人士做任何一件事、任何一个项目,都不是单枪匹马完成的,而是与领导、同事、客户合作完成的。而"团队合作"精神也正是绝大多数人目前还比较欠缺的。世界知名企业(如苹果公司、微软公司、谷歌公司等),无一不是因为拥有一支核心精英团队而扬名于世。

团队合作精神是决定大学生能否就业的决定性条件。职业沟通、团队合作意识成了大学生就业的短板。令人惋惜的是,许多大学生"不会说话""不会与人交流""不合群",这在很大程度上也注定了他们求职路上的坎坷。

因此，大学生应该有意识地在学校的学习和生活中主动培养独立性，学会分享和感恩，勇于承担责任，不要把错误和责任都归咎于他人。在日常学习和生活中，有目的、有计划地参与各种竞赛、学生社团、体育运动、科技文化艺术节等各种校园集体活动，在活动过程中自觉加强纪律观念和大局、团队意识，积极地与人交流沟通，与他人分享自己的想法，凡事采取合作的态度，只有合作才能增强团队凝聚力。

② 沟通能力。卡耐基曾经坦言："一个人的成功，15%靠专业知识，85%靠人际沟通。"许多用人单位表示，大学里的专业技能固然重要，但是当代大学生如何与人沟通、融入社会也是一个不得不被高度重视的问题。许多大学生缺乏融入社会、进入职场的基本能力和核心竞争力。张译在《三分靠本事七分靠沟通》中认为，我们身边总环绕着种种问题，原因很多，其中最重要的一个原因，就是沟通问题。很多时候，我们会被一些现象所迷惑、困扰，不能很好地与他人沟通，从而影响我们的师生关系、朋友关系、恋人关系、亲情关系、同事关系。能否与领导、同事、客户有效沟通，是我们融入职业岗位的重要保证。沟通能力是培养胜任力和担当的"催化剂"，更是实现职业目标的推动力。

大学生人际交流网络化（QQ、百度贴吧、微博、微信等），有的大学生在熟人面前说个不停，生人面前一言不发，自己玩手机，不愿意沟通，尤其在等待、聚会、无聊时，都当"低头族"，用玩手机代替人与人之间面对面的沟通方式，没有与他人沟通的欲望，更没有养成通过与他人沟通达成共识的习惯和技巧。

我们生活、工作中绝大多数的失误，都是不善于沟通造成的。由于每个人所处的角度和所有的思维方式不同，在沟通交流过程中不可能永远保持一致，难免会出现意见分歧，甚至有误会与争执，只有通过沟通才能使双方达成共识、相互了解、接受、信任。

在沟通中，要学会倾听，善听才能善言，切忌中途插话或打断他人，否则会被视为不礼貌和缺乏修养。一个谦虚好学的人、懂得善待他人的人、会反思的人，永远懂得倾听。无论什么时候，倾听都显示出一个人的职业素养，学会倾听是一种美德，一种修养，一种气度。

③ 创新能力。创新能力不仅是衡量大学生是否能够成才的重要指标，而且也是各用人单位选人用人的重要条件之一。有研究表明，一个人在20～30岁期间是最富创新能力、最容易出成果的，如果仅局限于教材和课堂，那么所有大学生只能处于同一水平和层次。要实现超越，大学生就必须抓住这一宝贵时期有所突破；想要有所不同，就必须创新。

④ 人际交往能力。人际交往能力是指一个人在团体或群体内与他人和谐相处的能力。每个人都必然会和社会上形形色色的人打交道，处理好人际关系是每一个高校毕业生走入社会后必须掌握的能力。在现代社会生活中，人际交往能力变得越来越重要，有时甚至超过了工作能力。

美国哈佛大学就业指导小组曾对几千名被解雇的人员进行过综合调查，发现其中因人际关系不好而离职的，比因工作不称职而离职的人高出2倍多，因人际关系不好导致无法施展其才华的占到90%以上。

根据管理学家的估计，在工作失败的人中，80%不是因为他们的专业能力不够或工作动机的问题，而是他们无法与他人一起工作，无法与他人好好相处。许多大学生习惯通过网络交往，但网络生活与现实生活不是一回事，不能将所有人际关系都寄托于网络，而忽视面对面的交流。

⑤ 解决问题能力。学会解决问题是一个人立世和成事的根本。人们每天都会面对一些问题，这是不可避免的，也并不可怕，关键在于会不会处理。善于处理问题是一个人综合素质的集中体现，是实践能力的核心，更是职业能力的重要组成部分。

学会解决问题可以改善社会环境、工作环境，乃至心理环境。要提高这种能力不是朝夕之功，而是一个平时积累的过程，可以从以下方面着手。

第一，面对问题时不慌张，从辩证的角度来分析问题产生的原因及可能造成的后果。问题出现后，我们可以向他人求助，但要明确自己才是解决问题的主体。因此，遇到实际问题时，要学会独立思考、仔细分析、冷静全面地寻找问题的症结。

第二，处理问题时不怯场，讲究策略，运用自身的各种知识进行合理、科学的处理。不同的问题处理的方法也会有所不同，要学会区别对待、灵活化解，善于学习和倾听，以平等、宽容、适度为原则，提高分析问题、处理问题和解决问题的能力，以负责任的态度来解决遇到的问题。

人生最宝贵的两项资产：一项是头脑，一项是时间。做事的效果，决定事业和生活的成败。如何根据自身的价值观和目标取向管理时间，是一项重要的技能。

首先，善用时间，朝自己设定的目标前进，而不致在忙乱中迷失方向。时间使用原则是：合理使用消费时间（游戏、聊天、逛街、上网）；尽可能多使用储存时间（学习、思考、记忆、计划）；尽量避免浪费时间（等待、做不必要做的事、无聊的旅途）。

其次，做重要事而不做紧迫事。事情一般分为重要而紧迫的事，重要而不紧迫的事，紧迫而不重要的事，不重要又不紧迫的事。我们的做事顺序应该是：先做重要又紧迫的事；次做重要而不紧迫的事；少做紧迫而不重要的事；不做既不重要又不紧迫的事。

最后，做事的步骤。效率是以正确的方式做事，做正确的事。两者不能偏颇，但当两者不可兼得时，首先应着眼于效能，然后再设法提高效率。做事的步骤分为以下 5 步：一是确定目标，目标等于效率，可以最大限度地聚集资源，明确的目标，可以节约大量时间；二是确定需要做的事，确定要实现自己的目标需要做哪些事情，并且要确保这些事情有利于目标实现；三是确定事情的优先顺序，对需要做的事情设定先后顺序，分清轻重缓急；四是确定计划，根据要做事情的轻重缓急制订计划，确保计划得以严格执行；五是选择正确的方法，以正确的方式做事。遇事马上就做，现在就做，这是克服拖延心态的办法。

《光明日报》的一篇文章中指出："随着信息技术的发展和全球化深入，各个行业和岗位的变动越来越频繁，知识和技术的更新越来越迅速。"用人单位招聘时，不仅仅要求大学生掌握岗位相关的专业知识和技能，而且对大学生的综合素质也越来越重视。因此，大学生要努力培养核心职业能力，提高自身的综合素质，成为复合型人才，这样，走入社会后才能适应不同类型的职业。

3. 实践应用能力的培养

知识的积累对能力的提高具有指导作用，但大学生具备了丰富的知识并不意味着就有了较强的实践应用能力，要将知识转化为实践应用能力，需要付出艰辛的努力。为了适应社会的要求，大学生必须加强实践应用能力的培养锻炼，增强自己的就业竞争力。

（1）大学生应具备的实践应用能力。

一般来说，不同的学科和专业对毕业生有着不同的能力要求，即要求具有从事本专业活动的某些专门能力。但是，无论什么专业的毕业生，要想顺利就业并尽快有所成就，都必须具备一些共同的基本能力。共同的基本能力主要包括：表达能力、动手能力、适应能力、人际交往能力、组织管理能力、创新能力、决策能力等。这些能力既是择业过程中必须具备的能力，也是适应社会需要和自身发展所应具备的能力。除此之外，以下3种能力也是大学生在择业过程中必须具备的。

① 推销自我的能力。市场经济条件下，任何一种产品要推向市场并得到人们的认可，除去过硬的质量之外，还必须辅以强有力的市场宣传。"酒香不怕巷子深"早已成为历史，现在市场竞争激烈，质量好的酒又很多，所以酒再香也怕巷子深。同样，大学生素质再高，能力再强，如果不会推销自己，用人单位怎么知道你是他们最合适的人选呢？学会恰如其分的向他人推销自己也是一门学问，是必须而且能够培养出来的一种能力。这种能力一般只能在实践中摸索积累，书本上很难学到。

② 包装自我的能力。市场经济也是一种"眼球经济"，任何一种产品想要博得人们的好感，吸引人们的兴趣，首先要征服人们的眼球，而产品的包装则是征服人们眼球的第一步。大学生择业也一样，要获得用人单位及面试官的好感并引起他们的兴趣，必须首先做好自我包装，让自己的实力能够更加充分地展示出来。包装自我主要包括个人形象包装和就业推荐材料包装两个方面。包装自我的能力应根据自身特长和条件不断实践和完善。

③ 随机应变的能力。现在的人才市场瞬息万变，机会稍纵即逝，要想掌握市场的主动权，必须适应市场的变化。大学生在就业过程中，必须学会根据社会需要状况、就业环境、自身条件等方面因素的变化，及时调整策略，牢牢把握机会。如果坚持僵化的观念、不变的模式，就会跟不上形势的变化。

除了上述3种一般意义上的能力之外，就当前的社会需要和高校毕业生的实际状况而言，计算机能力和外语能力的重要性也日益突出。

（2）获得能力的方法与途径。

大学生培养自己的能力同知识的掌握一样，要靠平常的学习、生活中自觉培养和实践锻炼来提高。人的能力和水平是有差异的，这种差异并不是先天形成的，而是由所处的环境、受教育程度及自身实践状况等因素造成的。就共性而言，获得能力的方式与途径主要有以下4点。

① 积累知识。无法想象一个知识贫乏的人能拥有超群的能力，离开知识积累，能力就会成为"无源之水"。因此，大学生在校期间一定要注意拓宽自己的知识面，勤奋学习，不耻下问，正如王充所说的"智能之事，不学不成，不问不知"。一个人能力的大小，首先取决于掌握知识的多少、深浅和完善程度。这是因为知识是构成能力的元素。需要说明的是，能力并不是知识的简单堆积，而是知识的结晶。这里的"结晶"包含着对知识的提炼和加工，代表着质的变化。怎样才能做到这一步呢？除掌握知识外，还需要有科学的思想方法和熟练的技能技巧。这里的思想方法和技能技巧也属知识范畴，即在某些方面有丰富的知识，并掌握科学的思想方法对这些知识进行科学加工，进行创造性的运用。掌握的知识越丰富、越精深、

越完善，加工和运用知识的思想方法越正确、越先进，实现创造的技能技巧越熟练、越精湛，能力也就越强、越高超卓绝，也就是说其能力越超群。

② 勤于实践。能力是在实践过程中培养形成并表现出来的，因此，实践是培养能力的重要途径。如一个人要想圆满地表达自己的观点、思想和情感，那就得善于在公共场合演讲或拥有写作的能力，而演讲和写作就是实践过程，否则只能成为空想。一个人要想具有组织管理能力，那就得积极主动地、有意识地在法律法规和校纪约束的范围内去组织和参加一些社团活动，并在有条件的情况下参与一些社会工作，这些实践活动都会使其组织管理能力得到明显的提高。学校不同于社会，实践的形式还是比较单一的，但只要积极参与，还是会有很多收获的。像做义务家教、当保洁员、参加社区服务等，这些活动不仅丰富了大学生们的大学生活，同时也促进了他们各方面能力的提高。

③ 发展兴趣。兴趣对培养能力相当重要。古今中外许多著名的科学家、文学家、艺术家，都是在强烈的兴趣驱动下取得事业成功的。如英国著名女科学家古道尔从小喜欢生物，并逐步对黑猩猩产生强烈兴趣，于是她不畏艰险，只身进入热带森林与黑猩猩一起"生活"了10年，掌握了极其宝贵的第一手资料，为揭开黑猩猩的秘密做出了贡献。又如达尔文，起初因对医学、数学、神学毫无兴趣，曾变为"慢班"的学生，但他对打猎、旅行、搜集标本却兴趣盎然，后来成了著名的生物学家。因此大学生要围绕所学专业发展自己的兴趣爱好，并以这些兴趣爱好为契机，加强相关知识的学习和积累，注意发展自己的优势能力。

④ 超越自我。作为一个大学生，可以注意发展自己的优势能力，但仅仅有优势能力是不够的，必须对前面列出的几种基本能力都有所拓展，这就要求大学生在注意发展兴趣能力的同时，也要超越自我，注意全面发展自己的各种实际能力。这是今后生存的需要，也是发展的需要。因为现代社会的多维竞争增加了单一能力持有者的生存难度，同时也增加了用人单位的生存危机感。因此，不管是否是兴趣所在，都必须注意提高自己各方面的能力。

第四节 材料准备

推荐材料是高校毕业生就业的"敲门砖"，是描绘自己的自画像，是推销自己的宣言书。通过推荐材料可以让用人单位未见其人，先知其详，并决定是否面试或录用。可见，推荐材料在大学毕业生就业活动中发挥着至关重要的作用。

推荐材料包括：封面、自荐信（求职信）、个人简历、鉴定及推荐意见（班主任鉴定、系推荐意见、学校主管部门意见等）、学习成绩证明（须学校教务处或所在院或系盖章）、个人优秀表现的支撑材料（获奖证书、资格证书等）、名人推荐信（这里的名人包括学校老师、同行专家、企业老总等能对就业岗位产生积极影响的人）。

一、封面制作

推荐材料的封面，要求简洁明快、标题鲜明，写明"自荐信"，注明学校、院（系）、专业、姓名和自己的通信、联系方式，可用图案适当点缀，但切忌过分装饰。

二、自荐信的撰写

自荐信是一种有目的地针对不同用人单位的书面自我介绍。它以书面语言展示自己的最佳形象，用诚恳打动用人单位，激发用人单位对你产生兴趣。自荐信一般安排在推荐材料的扉页，要求热情洋溢、言辞诚恳、大方得体，其重点在"荐"，在构思上要围绕"为何荐""凭何荐""怎么荐"几个重点问题展开。自荐信往往与简历一起使用，因此自荐信的质量在很大程度上影响着简历的作用，一封好的自荐信有可能为你赢得面试的机会，而一封不好的自荐信则可能使简历形同虚设。自荐信的书写格式与一般书信相同，一般包括标题、称呼、正文、落款4部分。

标题："自荐信"要醒目、简洁、优雅、大方、美观。

称呼：对主送单位或收件人的呼语。若联系单位明确，可直接用"尊敬的××单位领导："，若单位不明确，可用"尊敬的贵单位（公司、学校）领导："，最好不直接冠以单位最高领导职务，以免引起第一读者的反感。

正文：开始应表示对对方的问候致意，主体部分包括自我简介、自荐目的、素质展示、态度（愿望、决心）、结语5方面内容。自我简介只需说明姓名、学校、院（系）、专业即可；自荐目的要充分表达对用人单位的热爱之情，这就要求在投递自荐书之前对应聘单位有一定了解（当然了解得越多越好）；素质展示是自荐信的关键，主要说明自己的能力和特长，特别是针对应聘岗位的条件，而这些条件又包括基本条件和特殊条件，基本条件包括政治表现、学习情况、工作情况3方面，特殊条件是自己的特长（特长不宜太多，一两项即可）；态度部分要表示对加入应聘单位的强烈愿望和共创美好未来的雄心壮志，并期望得到对方的认可和接纳，要求语言自然恳切、不卑不亢；结语按书信格式写上祝福语或"此致敬礼""恭候佳音"之类的词语。

落款：在落款处写上"自荐人：××"，并标注规范体的年月日。署名处要亲自签名以示郑重和敬意，文末说明联系方式（邮政编码、通信地址、信箱号、电话号码、电子邮件地址等）。

自荐信手书最好，但更多使用打印件，内容不宜过长，一般应控制在一页 A4 大小的纸之内。

自荐信中应避免的错误：过分自信或不够自信——要么狂妄自大、非我莫属，要么过分谦虚、贬低自我；言辞媚俗而无实质内容——尽为阿谀奉承的客套话而无实际内容；称呼不当或随意简称——对收信人的称呼不恰当或随意简称自己的学校、专业；文字错误或翻版简历——有错别字、病句、网络语言或简单重复简历内容；没有签名——无亲笔签名甚至无签名。

【参考资料】

自 荐 信

尊敬的××领导：

您好！感谢您在百忙之中阅读我的求职材料。

我是×××大学×××学院×××专业的一名应届毕业生，现已顺利完成了所有必修课程及实习任务，正在人生旅途中寻找一个新的起点，希望您给我一个机会。

我深知，机遇总是垂青于准备充分的人。在校期间，我刻苦学习各门专业课程，努力做到在专业学习上既有深度又有广度。课余时间我积极参加学院举办的各种学术讲座，掌握了扎实的基础理论知识，同时注重实践能力的培养，连续三次获得学院奖学金。同样地，我也从不放松对英语及计算机能力的要求，顺利通过了英语四级及计算机二级考试。学习之余，我注重对自己思想道德素质和社会工作能力的培养，现已成为一名光荣的预备党员；我也积极参加团队活动，与同学们一起将班级活动开展得有声有色，所在班级多次被评为"先进班级"。丰富的课外活动不仅培养了我多方面的能力，也塑造了我朴实、稳重的性格。实习期间，我努力提高自己的思维能力、应变能力、实际操作能力及各种专业文件的书写能力。

毛遂自荐，求展鲲鹏之志；慧眼识才，求报知遇之恩。我真诚地希望成为贵单位的一员，在众多的求职者中，我也许不是最优秀的，但我一定会以兢兢业业的工作态度、踏踏实实的工作作风、开拓进取的工作精神来回报您对我的信任！如果这次不能被录用，我会一如既往地关注贵单位的发展，祝愿也相信贵单位的明天会更美好！

再次真诚地感谢您阅读我的求职材料！

此致

敬礼！

自荐人：×××
20 年 月 日

联系方式：（0834）××××××、（0）13××××××××××

通信地址：××省××市××××　　　（邮政编码：××××××）

电子邮件：×××

三、个人简历的制作

个人简历是对求职者知识能力、学习及工作经历等方面的简要总结。一份个人简历就好比产品的广告和说明书，既要将自己与别人区分开来，又要把自己令人信服的价值充分展示出来。在就业竞争日益激烈的今天，如何让自己在众多实力相当的竞争者中脱颖而出，一份优秀的个人简历便成了有力的助推器。

1. 个人简历的基本内容

（1）个人基本信息。基本信息包括求职者姓名、性别、出生日期、籍贯、通信地址、邮政编码、联系电话、E-mail 等基本情况。

（2）求职意向。表明欲应聘的岗位（最好根据招聘信息发布的工作岗位填写，越具体越好），若没有注明求职意向则可能被立即淘汰。

（3）教育背景。注明所就读学校的名称、学位、学历、院（系）、专业、大学学习情况（包括主修专业方向、专项培训）、社会教育情况、专业获奖情况。不需要罗列中小学信息。

（4）工作经历。说明学校和社会工作经历及获奖情况。学校工作经历——担任学生干部情况及参加学生活动情况；社会工作经历——社会实践及专业实习情况。

（5）知识能力。注明专业知识技能（专业课程、应用性操作能力）、通用知识技能（外语、计算机应用能力及等级证书等）、爱好特长等方面情况。一般不需要注明课程成绩，除非成绩非常优秀。"特长"选择最有代表性的1～2项填写即可，最好与应聘工作有关。

（6）自我评价。用精炼的词句概括自己的优良品行、习惯、性格等，要求客观真实。自我评价不是个人简历的必备内容。

2. 个人简历写作的原则

（1）重点突出的原则。紧紧围绕求职意向组织材料，突出能胜任应聘岗位的各方面能力，千万不要将自己描写成适合所有职位的"万金油"。

（2）适度包装的原则。树立推销自己的理念，把个人简历看作一份推销自己的广告，在内容、格式、纸质、字体等方面都能突出自己的创意、展示自己的亮点，整洁大方，争取更大程度地吸引阅读者的眼球。

（3）信息集中的原则。使用简捷、清晰易懂的语言表现自己的知识技能和资质等与招聘需求相匹配的信息，多用动词，确保阅读者一眼就能看到他们需要的信息，尽可能避免关键信息的松散混乱。

（4）扬长避短的原则。尽可能表达对自己有积极作用的信息，而避免陈述对自己不利的信息，并注意充分展示自己的个性特点。

（5）实事求是的原则。客观真实地说明自己的情况，切忌夸夸其谈和无中生有。

（6）短小精悍的原则。简明扼要地介绍自己的情况，让阅读者能在最短的时间内看完，一般控制在1 000～1 200字之间，尽可能在1～2页A4大小的纸内完成。

3. 个人简历写作的格式

个人简历可分为7种格式：表格式、半文章式（见参考资料——个人简历样式）、提要式、年代式、册子式、功能式、独创式。这些格式可单独使用，也可相互交叉混合使用，独创式的简历仅适用于创造性行业。

最好使用A4纸，以白纸黑字为最佳，米色或浅黄色纸张也可用；将姓名、联系方式、邮政编码放在一起；没特别要求一般不附照片。

排版打印时，设定页边距，使文本宽度在16厘米左右，四周留出足够空白，切忌在简历中出现跳字、字母高低不平、用修正液涂改的情况。

4. 电子简历的制作

电子简历主要包括个人资料、教育背景、工作经验和其他方面4部分。制作电子简历应注意以下几方面。

（1）直达主题。将自己想要传达的信息直截了当地表达出来，比如"我能胜任贵单位的××岗位，有以下理由……""本人专业知识扎实，实验操作能力强，具体表现为……""本人有较强的组织能力和社会活动能力，在校期间曾先后担任……，先后组织了……活动，获得过……奖励……"。

（2）突出重点。在简历中只需将资历、专长、成就、求职意愿详细说明就够了，切勿啰唆，确保重要信息不被冗长的叙述所淹没。

（3）遣词造句经济、有力、易懂。

① 简单明了，不要使用令人费解的词、句。
② 直截了当，语言用短句，材料用短篇。
③ 考虑阅读对象的知识背景，尽可能不使用专业性太强的术语和词汇。
④ 说明具体，不要使用模糊、笼统的词语。
（4）篇幅适中，注意提高简历的含金量。
（5）充分发挥计算机的各种功能，注意对电子材料的装饰，使电子简历更醒目、更有吸引力、更容易被阅读。如果使用电子邮箱发送电子简历，应该将文件直接拷贝到邮件管理器的消息框里，而不要将文件以附件的形式附在电子邮件之后。

5. 个人简历制作注意的细节

（1）勿使用下划线以免下划线与字迹相连。
（2）使用白纸，不用手写体和斜体以提高分辨率。
（3）慎用竖线和图表，不使用古怪的字符和图片，以便识别和阅读。
（4）注意字体大小和字迹清晰，用"百分比"代替"%"，避免使用连续的"……"。
（5）用"（）"括起电话号码的区号，电子邮箱地址和网址单独分行排列（若两者并列应该间隔多个空格）。
（6）材料勿折叠、勿用订书器，以便阅读时容易扫描。
（7）引用关键词体现招聘要求以提高阅读兴趣。

【参考资料】

个人简历样式

个 人 简 历

姓名		性别		出生年月		照片
籍贯		民族		政治面貌		
毕业学校				所学专业		
联系电话				E-mail		
通信地址				邮政编码		
求职意向						
教育背景						
工作经历						
知识能力						
自我评价						

第六章

就业技巧

第一节 就业信息的搜集和处理

就业信息是指求职者通过某种途径获得,并经过加工整理,能被求职者所理解,并对其求职择业有价值的新消息、知识、资料和情报。大学生顺利就业不仅取决于整个社会的政治、经济状况及自身的能力素质,也取决于其是否拥有就业信息。因此,积极主动地搜集就业信息,认真细致地分析处理就业信息,科学有效地利用就业信息,就能获得求职择业的主动权,就能把握最佳的就业机会。

一、就业信息对大学生就业的作用

就业信息在大学生择业的过程中发挥着至关重要的作用,具体表现在以下4个方面。

1. 有助于找准自己的位置

不同时期、不同地区,就业政策会有一定的差异,社会对不同专业的毕业生也有不同的需求。大学生必须根据国家及地区的就业政策和社会需求状况适时调整自己的就业期望,并制订有针对性的择业计划。就业信息能帮助大学生在择业过程中有的放矢,有效地减少就业盲区。

2. 有助于顺利解决就业中遇到的问题

大学生在择业过程中可能会遇到各种各样的问题:如何签订就业协议,如何办理毁约手续,如何办理出国手续,毕业离校时还没有找到接收单位该怎么办,如何办理改派手续……对于这些问题和可能发生的情况,各省毕业生就业主管部门和各高校制定了一些相关的文件和规定。毕业生熟悉或了解这些信息,就能清楚地知道在各种情况下该如何应对,从而避免出现事到临头不知所措或凭自己的想法去应付的情况。

3. 有助于用最小的代价找到最理想的工作

在择业过程中，大学生通过各种渠道搜集就业信息，从中筛选出符合自身条件并且自己满意的用人单位，再通过多种渠道与用人单位联系，从而达成就业意向，最后签订就业协议。这种落实就业单位的方式与毕业生漫无目的地到处递送个人简历比较起来，具有针对性强、成功率高、省时、省力、花销少等优点。

4. 有助于适时调整自己的知识技能

大学生可以通过搜集到的就业信息的要求来发现自己的不足，及时调整自己的知识结构，提高自己的能力水平。一旦发现自己在哪方面存在缺陷，就应该去参加相关的补习，进行相应的训练，主动学习和掌握相应的技能，使自己在择业过程中拥有更强的竞争力。

除了在大学生就业方面发挥重要作用外，就业信息还对高校的学科、专业建设有着重要的参考价值。在大学生就业市场竞争日益激烈的情况下，高校各学科、各专业毕业生的就业形势直接与市场需求挂钩。各专业毕业生的就业落实率和就业层次与该专业的社会需求量密切相关。一般来讲，就业率和就业层次高的专业，社会需求量就大。因此，就业需求信息可以直接反映出市场和社会对各专业的需求度与认同度，也就是反映出专业的"冷"与"热"。

二、就业信息的分类

1. 就业政策信息

就业政策信息包括国家（中央、国务院及各部委）和地方（各省、自治区、市的相关部门）制定的与大学生就业相关的法律法规、规章制度以及部分行业从业规定，另外，还包括大学生所在的高校关于毕业生就业的相关管理规定。如《中华人民共和国劳动法》《普通高等学校毕业生就业工作暂行规定》等法律法规；部分城市接收高校毕业生的规定；高等学校制定的关于大学生就业的各种通知、规定等文件；大学生报考国家公务员和大学生入伍等各类信息。

可见，政策信息多半是对大学生就业进行规范的文件和规定，它对大学生就业全程中可能遇到的问题进行了细致的规范。因此，大学生了解和掌握这些政策信息是十分必要的。

2. 就业形势信息

就业形势信息包括中央和地方有关部门（特别是毕业生就业主管部门）发布的高校毕业生就业人数、供需比、签约率、待就业率等统计性的数据以及就业环境的变化、相关专业毕业生的就业状况、就业趋势预测等信息。了解和掌握这些信息，对大学生正确判断当前就业形势、构建合理的就业期望是非常重要的。教育部、各省毕业生就业主管部门和各种媒体一般会在每年9—12月公布当年全国和地方以及部分高校毕业生的就业情况。搜集这些信息，对于进行就业准备的大学生来说是非常重要的。

3. 社会需求信息

社会需求信息即用人单位发布的对用人的专业、学历层次、个人能力和需要人数等方面的信息。可以说，社会需求信息是就业信息中的主体，它直接影响着高校毕业生能否找到自己满意的单位,也对高校毕业生就业落实情况有很大的影响。因此,社会需求信息历来受到学校、毕业生和家长的广泛关注。

需要注意的是,社会需求信息具有明显的阶段性特点。高校毕业生就业工作的启动时间一般是在每年的 11 月 20 日左右,一些国内外知名高新技术企业和三资企业因用人机制灵活,招选毕业生的工作启动较早,所以,从每年 11 月下旬到当年年底的一段时间里,这类单位的需求信息较多。次年 1—4 月,高校毕业生和用人单位的双向选择活动达到高峰,各地的供需见面会、双选会也频繁召开,各种类型单位的需求信息量也达到顶峰,有时一所高校一天内就可以收到几十家单位的数百条信息,其中尤以机关、事业单位和国有大中型企业的需求信息为主。进入 5 月后,大部分大学生已与用人单位签订了就业协议或达成了就业意向,所以,社会需求信息数量大为减少。

4. 就业指导信息

就业指导信息包括普遍的就业指导理论、方法、技巧,以及职业指导专家或机构对就业共同性问题发表的评论、咨询和建议等方面的信息,也包括学校安排的一系列就业指导方面的信息。这些信息对高校毕业生准确把握就业形势、掌握就业技巧具有重要的意义。

三、获取就业信息的途径

就业信息的获取其实就是寻找工作机会的问题。因此,如何获取就业信息在大学生求职择业过程中非常重要,必须做好收集需求信息的准备。高校毕业生就业信息的获取主要来自以下 5 个途径。

1. 政府管理部门及学校就业指导机构

通过政府管理部门发布的决议、决定、规定、意见等来获取就业形势、就业制度、就业政策、就业法规等方面的信息,通过学校就业指导机构获取就业指导信息和用人信息。通过这种途径获取的信息多为指导性的。

2. 人才市场

通过观摩、参加"双选会""招聘会""就业市场"等方式了解社会需求、就业形势、用人单位对大学生的素质要求等方面的信息。通过这种途径获取的信息具有直观感受。

3. 大众传媒

通过报刊、广播、电视、互联网、电话等途径获取就业各方面的信息。这是最容易获取信息的途径,但这种信息的使用者较多,竞争也更激烈,成功率一般较低。

4. 各种社会关系

通过亲戚、朋友、老师、同学、校友、邻居等人脉资源获取就业信息。通过这种途径获取的就业信息比较准确、迅速,且有效性高。

5. 社会实践活动

通过自己的实习、业余兼职、参观考察、社会调查等途径获取就业信息。这类信息通常都是通过大学生积极探索和认真思考而获取的,针对性更强,实用性更高,成功率更大。

四、就业信息的处理

就业信息的处理过程实际上是一个求职决策过程,这是择业的关键所在。大学生在广泛搜集就业信息的基础上,要结合自己的实际情况,依据国家和地区的政策和法规,对获取的原始信息进行有目的、有针对性的归纳、整理、分析和选择。

1. 鉴别获取的信息

由于所获取的信息不一定都是全面、准确的,因此大学生要对就业信息进行严格的鉴别和判断,并加以筛选和剔除,使之更好地为自己的求职择业服务。鉴别就业信息,首先要确定就业信息的可靠程度,对于不可靠的就业信息要通过各种信息渠道和知情人士去确认;其次,要鉴别就业信息的内容是否齐全,特别是发现信息没有自己想要了解的细节或者描述得不清楚时,要抓紧时间进行实际考察,询问一些情况,或通过其他渠道了解,还可以在应聘时向面试官提出。总之,要等信息基本准确之后再做决定。

2. 按照自我标准将信息排序

在信息加工之前,大学生应先草拟一个职业选择提纲,确定择业标准;再按照标准进行初选,即去粗取精,去伪存真;然后进行细选,把较符合自己的信息选出来;最后进行精选,选定两个以上的信息作为应用信息。对应用信息,也要进行排序,要有主次之分。

3. 反馈信息

将已排序完毕的应用信息,按从高到低的顺序反馈给用人单位,表示自己去该应聘单位的诚意。反馈信息可以是一个、也可以是两个以上(在时间紧迫时这样做,但同时接到两个以上单位的面试通知时,对不想去的单位必须及时给出反馈意见,并表示歉意)。信息一旦反馈后,应多与用人单位联系,随时听候答复。

五、警惕求职路上的陷阱

在大学生就业过程中,作为求职者的大学生通常处于弱势,要当心急于找工作的迫切心情被不怀好意的人利用牟取利益!为帮助求职者识别不法招聘的种种伎俩,避免个人权益受损,这里揭露4种典型的招聘陷阱。

1. 收取各类押金、培训费、上岗费

目前,常有一些单位以招聘为幌子骗取钱财。当求职者前去应聘时,便以"押金""培训费""上岗费""信息费"为名义收钱,为了取得求职者的信任,这类单位会编造出种种"正当"理由,常见的伎俩有以下几种。

(1)"先培训,后上岗"。不法招聘单位在招聘时告诉求职者,要上岗得先通过培训,培训合格拿到证书后才能上岗。而当求职者交了培训费、考试费、证书费等各种费用,并参加了所谓的培训后,他们要么迟迟不安排工作,要么以培训未达到要求为由安排一些让求职者根本无法接受的工作而不得不辞职,要么以"培训不合格,不能上岗"为由根本不安排工作,要么培训未结束就逃之夭夭、不知去向。

(2)"要上岗,先交风险抵押金"。在收取所谓的风险抵押金时,不法招聘单位也有种种

理由，比如：因工作性质要经常给外地客户发货，为防止将货物据为己有或出现重大失误，需要求职者先交风险抵押金；或说为防止求职者毁约需要先交风险抵押金，等等。等求职者交完风险抵押金，按约定时间去上班时，才发现招聘岗位根本不存在。

（3）"按有关规定收取信息费、资料费"。不法招聘单位在招聘时以"有关规定"的名义收取信息费、资料费，等招聘结束后便携款潜逃。由于这类费用的数额一般较小，求职者发现上当后觉得只吃了一点小亏，通常就不了了之。

特别提醒：按照国家有关规定，任何具体的用人单位在招聘时不得以任何名义向求职者收取钱财，求职者遇到用人单位要求缴纳各种费用，即使对方可以出具发票、收据，也千万不能交钱（合法中介机构收取适当中介服务费不属此类）。另外，求职者一旦发现招聘单位有可疑之处，可要求查看其营业执照。

2. 非法职业中介

非法职业中介主要是指未经劳动部门、工商部门等批准而从事职介、中介的非法机构。非法职介通常打着介绍工作的幌子向求职者收取中介费、资料费等费用，却迟迟不能介绍工作，待求职者发现自己上当受骗时，交出去的钱就很难再拿回来了，等劳动监察部门接到举报前去查处，非法职介单位多已人去楼空。非法职介的惯用伎俩有以下3种。

（1）打着"咨询公司""顾问公司"的旗号，以"直聘"或"非中介""拒绝中介"为诱饵使求职者上套。

（2）用美丽的谎言来骗取求职者的信任。非法职业中介往往信誓旦旦地向求职者保证可以在很短时间内帮助求职者找到待遇很好的工作，还经常拿出诸如"某某公司'急聘'的职位表"或"中介服务承诺书"之类的道具。

（3）与用人单位"勾结"，用虚假、过期信息蒙骗求职者。非法职业中介有时为了假戏真做，甚至找用人单位做"搭档"，通过提供过期或虚假的招聘信息来行骗。

特别提示：目前，国家在职业介绍领域实行许可制度，从事职业介绍业务必须经劳动保障部门批准，领取职业介绍许可证，营利性职业介绍机构还需在工商部门登记注册。目前，市场上非法职业中介有些是无证无照经营，有些是超范围经营。正规的职业中介机构通常具有以下5个特征。

① 在办公场所的醒目位置悬挂营业执照和职介许可证原件。
② 对服务项目和收费标准等一一明码标价。
③ 公示劳动监察机关举报受理电话。
④ 收费时出具由税务部门监制的发票，且发票上所写收费条目与实际服务项目相符。
⑤ 服务人员持证上岗。

3. "高薪诚聘"

一些"高薪诚聘"的背后是不良职业的陷阱，行骗的对象主要是外地求职者和涉世不深的大学生。从表面上看，这类招聘似乎不设门槛，面试程序也非常简单，而且待遇丰厚，但其目的是骗求职者尽快入套，一旦掉进这类陷阱，损失的不仅是钱财，还可能被误导从事非法的"地下职业"。

特别提醒："高薪诚聘"虽然充满诱惑，但求职者一定要牢记"天上不会掉馅饼"！

4. "注水"招聘信息

这类招聘信息中有许多"浮夸"的成分:名为招聘会计,实则招聘业务员;明明只有一个空缺职位,广告却说要招聘5人等,种种"注水"招聘让求职者深受其害。这类公司不直接收取求职者的钱财,却变相让求职者免费为其提供劳动,或通过招聘向求职者销售产品。这类骗局往往更加隐蔽,被识破的周期也较长,且求职者受骗后也难以收集证据,有关部门监管也比较困难。目前比较普遍的"注水"招聘方式有以下3种。

(1)名不副实。这种用人单位只缺1人,广告却说要招聘5人;面试承诺月薪5 000元,背后却有难于登天的条件;招聘岗位名不副实等。

(2)先购产品后上岗。这种用人单位在面试后与求职者约定:必须先购买一些它们的产品,并要求在规定时限内全部推销出去,这样才能证明求职者能"胜任工作",否则,就被视为不符合招聘条件,有时甚至在招聘现场准备了一些"托儿"。

(3)试用期永远不合格。这种用人单位在面试后通常不马上与求职者签订任何有效的书面劳动合同,只是口头承诺,待求职者工作一段时间后才付给极低的报酬,并以"试用考核不合格"为由解雇求职者。

特别提醒:"注水招聘"虽然隐蔽,但往往有以下4个破绽。

① 招聘广告过于简单,没有岗位职责和应聘条件。

② 面试极为草率,面试官似乎对求职者的专业、能力不感兴趣。

③ 刚面试完就告知求职者被录用,但却迟迟不签订劳动合同,被录用的岗位也与应聘的岗位不相符,还向求职者提出各种不合理的要求。

④ 双方口头或书面约定中有明显不公平的条款。

总之,大学生在求职过程中,既要主动出击,又要"多个心眼",警惕各种欺骗行为,积极维护自己的合法权益。

第二节 择业技巧

什么是工作?工作就是"给人们提供一个发挥和提高自身才能的机会,通过和他人一起共事,克服自我中心的意识并得到心理满足,获得生存所需的产品和服务"。这就是说,要生存,而且要生活得好,都必须要工作。在竞争激烈的现实社会中,人人都想成功地立足于社会上,个个都想找到充分发挥自己特长、获得较高报酬的工作单位。可是,有许多大学毕业生,虽然拥有较高的学历和丰富的知识,但由于初次择业经验不足,缺乏必要的求职择业技巧,很难如愿以偿。求职择业是一门学问,也是一门艺术,有许多技巧,它是择业成功的主要因素之一。所以,要想找到一份理想的工作,学习一些求职择业方法,掌握一定的求职择业技巧是很有必要的。

一、个人与职业匹配的原则

1. 性格与职业匹配

有关专家认为,根据性格选择职业,能使自己的行为方式与职业相吻合,能更好地发挥自己的聪明才智和一技之长，从而得心应手地驾驭本职工作。国外一些用人单位在招聘时，甚至认为性格比能力更重要。

2. 兴趣与职业相匹配

如果一个人选择的职业与自己的兴趣吻合，枯燥的工作也会变得丰富多彩，并会产生工作的动力。但个人的兴趣爱好只能作为职业选择的重要依据，而不是全部。

3. 能力与职业匹配

每个人都有自己的能力结构，而不同的职业对从业者的能力也有不同的要求。随着社会的发展，社会分工越来越细，各种职业对人们的技能提出了更高的要求。大学生在择业时，要选择适合自己能力、能充分发挥自己特长的职业，注意不要把兴趣误认为特长。

4. 气质与职业匹配

在现实生活中，许多人不能做好自己的本职工作，究其原因，并不是他们的能力低下，而是因为他们的气质与所从事的工作不相适应。人的气质具有先天性和稳定性，它对一个人所从事的职业活动虽然没有决定性作用，但会对从事的职业性质和工作效率产生影响。

5. 价值观与职业的匹配

不同的人对职业特性可能有不同的评价和取向，作为对待职业的一种信念和态度，职业价值观往往决定了人们的职业期望，影响着人们对职业方向和职业目标的选择。

二、求职技巧

1. 用智慧来推销自己

求职者在求职的各个环节要多动脑筋，把自己优秀的方面展现出来，恰到好处地张扬自己的外在和内在的特点和优势，让面试官特别注意你，并留下良好印象。但记住，智慧不等于耍小聪明，这个"恰到好处"就意味着既不要"王婆卖瓜"，也不要谦虚过度。

2. 有的放矢、适度包装

针对不同用人单位的要求，准备针对性较强的材料，强调自己与所应聘岗位相关的知识能力和专长经验，让用人单位觉得你就是最理想的应聘者。同时，包装已成为当代大学生在求职过程中推销自己的重要手段，适度的包装可以更有效地提升自己的地位和形象，但过度的包装却会使人反感。包装包括两方面：一是自荐材料的包装，应注意按照不同类型的职位准备不同形式的材料，一般可分国家公务员、学校教员、公司职员三类；二是对自身的包装，主要是着装打扮上要求大方、得体、规范。

成功的应聘策略是：实力＋包装＋推销技巧。

3. 诚信为本

诚信是指既要客观展示自己的优势和强项，又能正视自己的缺点和不足。其实用人单位并不会太在意求职者的缺点和不足（致命的缺点除外），主要是看求职者的发展潜力和对待问题的态度。

4. 积极主动

就业信息都有很强的时效性，在对就业信息进行充分论证后应主动出击，并做好各方面的准备，否则会错失良机，正可谓"机不可失，时不再来"。应这样做：不等对方索要，主动呈交；不等对方提问，主动介绍；不消极等待回音，主动询问。这样给人的感觉是：态度积极，求职心切。

5. 重点突出

在介绍自己的情况时要重点突出自己的知识能力和与众不同的优点，还应有一定的举例说明，并且应体现在所表达的语言之中。

6. 出其不意

出其不意是指通过与众不同的方式求职。

三、电话求职注意事项

随着通信事业的发达，电话求职已成为一种新时尚。电话求职不仅可以起到"先声夺人"的效果，还可以节省时间，避免求职的盲目性，增加面试机会，提高求职效率。在电话求职时应该选择并控制通话时间、准备通话要点、做好通话记录、注重礼貌及通话方式。具体应注意以下6个方面。

1. 调整好通话心情并做好相应准备

电话求职时应该准备一些应征理由和自我推销的说辞，以面试的心情通电话。通常，一般的单位在询问后会要求求职者寄履历表，甚至在电话中就进行第一关——口试，决定是否进一步面谈。如果把事情想得太轻松、太简单，一旦突然被问到应聘的动机、工作经验等问题，恐怕会因为没有准备好而无法回答得令人满意。另外，最好准备好纸和笔，方便记录一些问题。

2. 选择适当的通话场所

电话求职尽量选在安静的地方进行，如果一定要在外面打电话，也应选择相对安静的环境。在吵闹的大马路或热闹非凡的酒吧里都不适合，在这些地方通话除了听不清楚之外，也容易让人烦躁。

3. 选择好通话时机

不要在对方可能忙于处理其他事务时打电话，下班前半小时不宜打电话，午休时间打电话影响他人休息，是不礼貌的，效果也不好。一般应选择上班时间打电话，在上班后半小时内打求职电话，效果最为理想，这有利于强化对方对你的记忆和印象。一般不宜在临近下班时打电话，否则可能会影响对方的情绪和通话效果。还有，如果估计通话时间较长，应该事先打电话预约一下。

4. 准备好通话内容

作为求职的一种方式，打电话的根本目的就是争取面试机会，因此，电话求职时应一切都要围绕这个中心来准备通话的内容,要告诉对方哪些有吸引力的信息,预期的结果可能是什么,自己可能会碰到什么阻碍,怎样处理意外事件,如何提出与对方会面的要求等,再整理一下思路后拨通电话。电话接通后,按事先拟好的纲要,逐条讲述。求职电话一般应首先进行自我介绍,询问对方是否需要人,要用什么样的人,或直截了当询问招聘广告中不明白的相关事宜。此外,手头上应准备一些必要的求职材料,以便准确回答对方的提问。

5. 把握好表达方式

既然应聘者决定打求职电话,说明其对用人单位有诚意。电话接通后,应有礼貌地核实对方单位的名称,说出要找的人的姓名。如果对方就是受话人,应先问候,然后谈话;如果对方不是要找的受话人,应有礼貌地请求对方去传呼受话人,受话人如果不在,发话人应先主动请接电话的人把自己的单位和姓名转告受话人。若需要受话人回电话,应告知电话号码;如果有需要他人转告受话人的事情,要礼貌地请求对方记下。通话时,应注意语言、语调和语气,要表现出令人愉悦的气质,要热情、坚定、自信,咬字要清楚;音量要适中,以对方能听清楚为准;不要过分客套,不要含糊其词。通话结束时,应该礼貌地说声"再见"。这是通话结束的信号,也是对对方表示尊重,听到对方把话筒放下,再把电话挂掉。

6. 运用好加深印象法

打电话求职,认真是原则,但不妨来点幽默,给人留下开朗、活泼、朝气蓬勃的印象,不过不能轻浮、油腔滑调,应把握好"度"。打电话应语调连贯,不用"这个、那个"之类的口头语,也不可精神紧张、结结巴巴。要尽量用普通话,使接话人听得清、记得准;谈话语速要保持中速,不急不缓,因为说话从容往往给人以稳重、可靠的印象。说话要对着话筒,音量不要太大,也不要太小。吐字要清楚,语速比平时略慢一些,语气要自然,当对方不够热情时,打电话更要注意语气和声调。

第三节 面 试

面试是通过面对面的交流来考核应聘者的一种方法,普遍存在于目前的大学生就业市场中,是大学生应聘过程中的关键一步,是关系到大学生能否顺利签约的重要环节,也是大学生在一系列求职过程中最"望而生畏"的一个环节。尽管面试的形式多种多样,但目的只有一个:考察应聘者的背景、智商、情商、仪表、气质、性格、兴趣、专业、特长、能力、品质、口才、形象等综合素质,其中又主要考量应聘者的潜在能力和情商,并据此判断应聘者是否为本单位最合适的人才。因此,可以说面试是对大学生进行综合素质的测试,是选择合适的人到合适的岗位工作的方法,而不是考量人的优劣的过程。

一、面试的类型及内容

1. 面试的类型

(1) 结构化面试。这种面试的目的在于去除偏见,帮助用人单位做出客观的决定。结构化面试由面试官掌控全过程,他会按照事先设定的考核标准精心设计问题,制订标准的评判或计分方法，然后对应聘相同职位的应聘者进行相同问题的测试或谈话，以此考核应聘者的知识、能力、经验等，并做出相应评价。结构式面试属于常规面试，被众多用人单位所采用。

（2）非常规面试。结构化面试之外的其他面试方式均可视为非常规面试，常见的有以下5种形式。

① 自由化面试。由面试官海阔天空地与应聘者自由漫谈，就像拉家常一样，使应聘者得到充分放松与自由发挥，从而达到了解其真实水平的目的。

② 压力式面试。面试官有意识地向应聘者施加压力，或针对某一问题进行一连串发问，刨根究底，使应聘者疲于应付，十分被动；或故意为难应试者，使其陷入难堪的境地，以此考察应试者承受挫折的能力、随机应变的能力及心理素质等。

③ 即兴演讲式面试。采取现场抽签的方式，让应聘者进行即兴命题式演讲。从应试者抽到演讲题开始准备到完成演讲，一般不超过15分钟。演讲时间一般为5分钟左右。这种面试主要考察应聘者的语言表达能力、思维敏捷性、逻辑性、知识渊博性等。产品销售员、公关人员、教师等职业领域较多采用即兴演讲式面试。

④ 角色模仿面试。由应聘者现场模仿应聘岗位的角色，并据此判断应聘者的学习能力、语言表达能力、公关活动能力、业务水平、随机应变能力，还有对应聘岗位的认识程度、理解程度以及是否能胜任这一工作。

⑤ 情景式面试。设想某种场景，由应聘者在该场景中扮演某种角色去完成某项任务，并据此判断应聘者的反应能力和随机应变能力。

（3）评价中心。评价中心是一系列考核方式的综合，是一些专业化程度较高的外资企业通常使用的方法。这种面试包括在公众面前的个人演讲、辩论、无领导的小组讨论、团队创建游戏等，其测试目的是考核应聘者的适应能力和在一个全新的、毫无准备的情境中处理问题的能力。

（4）无领导小组讨论。由一组应聘者组成一个临时工作小组，讨论给定的问题并做出决策。在这种面试中，面试官要么不给应聘者指定特别的角色，要么只是给每个应聘者指定一个彼此平等的角色，并且既不指定谁是领导，也不告诉应试者应该坐在哪个位置，而是让所有应试者自行安排、自行组织，主试人只是通过所安排的讨论题目，观察每个应聘者的表现，从而对应聘者的素质水平、能力做出判断。这种面试的目的是考核应聘者的领导能力、组织协调能力、口头表达能力、说服力、洞察力以及处理人际关系的技巧。

（5）一对一的个别面试。这种面试经常应用于第一轮面试中，其目的不是为了找出期望中的人选，而是通过对应聘者所具备的知识技能和经验等进行初步的了解与核实，以剔除一些素质较差的应聘者。

（6）多对一的主试团面试。由人力资源部经理、业务部门经理以及将来有机会与应聘者共事的同事等多人组成面试团，对应聘的人格特质、业务素质、行为风格等进行考核。应聘者要面对面试团成员的所有提问进行回答，并要注意与他们之间的沟通，不能忽略其中任何一个人的问题。面试结束后，面试团会综合所有成员的意见给应聘者一个评价。

（7）多对多的小组面试。面试官和应聘者都是多人，面试官多人从不同角度轮流对一个应聘者提问，并要求其他应聘者对同一问题依次进行回答，从而对应聘者进行比较和权衡。通过这种方式的面试，面试官通常是想了解应聘者与团队互动的情况、每个应聘者在团队中的角色如何、谁会在团队中以领导身份出现等。注意，考虑周到、机智表现很重要，但是不要独占会谈场面。

（8）远程视频面试。远程视频面试是运用现代网络技术手段，通过网络视频进行远程面对面交流的面试方式。

2. 面试的内容

（1）自我介绍。这是应聘者与面试官建立互动关系的第一步，在2~3分钟的陈述中，面试官将对应聘者的精神风貌、表达方式、对工作的渴望态度等情况进行初步判断，从而形成至关重要的第一印象。

（2）背景陈述。面试官将通过这部分重点考核应聘者是否具备与未来工作要求相符或者略有超越的基本能力。

主要问题包括以下几种。

为什么选择本单位（组织）作为职业生涯的起点？

你的职业目标是什么？

概述以往的经历，并谈谈你从这些经历中获得了哪些经验和教训，它们对你应聘的岗位有哪些直接或间接的帮助？

你是否喜欢自己大学期间的专业课？

你认为自己从事的哪项课外活动最有价值？

你有哪些领导经验？

你有什么理由认为你是最符合这项工作要求的候选人？

你认为要在这个领域获得成功需要具备哪些必备的个人品质？

你未来5年的职业发展规划是什么？

你的优点和不足有哪些？

你是如何与老师和同学相处的？

……

如果面试官是你应聘职位的部门负责人，也可能对你的专业背景进行"刨根问底"的提问，可见这部分问题的核心就是"为什么要雇佣（聘用）你"。如果你所有的答案都围绕这个核心问题进行明确、肯定和有说服力的回答，即使不是最"准确"的，也一定是最"正确"的答案。

（3）交流讨论。这是任何一个面试过程中最关键的部分，面试官试图把应聘者的资质和职业兴趣与单位（组织）可能提供的职位进行有机对应，这部分的讨论内容可能是应聘者未来工作中会遇到的难题，也可能是貌似与工作无关的宏观战略问题。显然，应聘者如果没有对职位的充分了解，没有对应聘单位惯用思维方式和表达方式的熟悉，是很难回答好这类问题的。因此，任何一次与面试官进行的富有建设性和吸引力的对话，都是建立在对那些自己有兴趣并有信心做好的工作机会充分调查的基础之上的，这样才能让面试官相信，你正是他们在竭力寻找的最佳人选。同时，在这一面试阶段，应聘者还可以结合面试官没有涉及或是涉及不充分的与工作相关的问题与面试官进行交流。

（4）结束阶段。一般情况下，面试官会利用面试的最后几分钟时间对单位再次进行简单的介绍，解答应聘者仍然不太清楚的问题，同时说明应聘者将在什么时候得到面试结果，并介绍接下来的考核方式。

面试评分参考标准：思维能力（15%）；语言表达能力（15%）；责任感和进取心（20%）；计划组织能力（15%）；人际合作能力（10%）；应变能力（10%）；个性稳定性（10%）；举止仪表（5%）。

二、面试的准备

面试是大学生通往自己心仪单位的必经之路。所谓"不打无准备之仗"，那么，在面试前应该准备些什么呢？可从"软、硬"两方面着手。

1. 硬件准备

（1）推荐材料的准备。面试之前根据用人单位的特点和要求准备几种格式的推荐材料，确保面试官想看什么，你就有什么。

（2）个人形象的准备。面试前应该准备一套合适得体的职业装，男性最好是深色西装，配同色系或互补色系的衬衫，还要系上领带、穿皮鞋。女性可以选稍休闲的职业装，若是裙装要穿丝袜、合适的高跟鞋。另外，保持良好的举止也是能够为面试加分的，比如站姿、坐姿、眼神、表情等都要规范。穿着打扮既能反映一个人的修养，也能反映应聘者对面试官和用人单位的尊重。一般情况下，衣着不整、蓬头垢面会被认为邋遢，而过于超前的打扮又会被认为不成熟和不可信任。

（3）纸、笔、证件的准备。面试之前一定记住准备好用于面试时记录的纸和笔，并准备好用于证明自己身份和优秀素质的相关证件、证书，包括学生证、身份证、毕业证、相关荣誉证书、发表的各类作品等，最好将相关证书、作品等复印件整理装订成册，并带上原件。

2. 软件准备

（1）"知彼知己"。一方面，尽可能详细了解用人单位的情况，包括组织内部情况和组织外部情况两方面。组织内部情况又包括发展历史和最新动态、发展目标与组织文化、单位领导人的姓名、单位规模与行政结构、服务内容与类别、财政状况、绩效考核体系、培训体系、薪酬体系、正在招聘的职位及能力要求等；组织外部情况包括服务对象的类型及规模、组织的公众形象与社会评价、主要竞争对手的情况等。

另一方面，尽可能全面了解自己，包括基本情况、教育背景、知识结构、专业水平、组织管理能力、兴趣爱好、社会经验、公众评价、主要优缺点等应聘理由。

只有知彼知己，才能在面试中胸有成竹、言之有物，增强面试的针对性和说服力。

（2）加强面试技巧的培训，特别注意语言表达能力和随机应变能力的训练，虚心听取他人意见。

（3）保持良好的心态，努力克服紧张心理。既要充分认识到求职竞争的激烈、残酷和困难，又要充分树立战胜自我、战胜他人的必胜信心；要敢于正视失败，勇于丢掉思想包袱，轻装上阵，畅所欲言，不要患得患失；既不能把面试机会看得过轻，抱着无所谓的态度，不屑一顾；又不能将其看得过重，从而背上沉重的心理负担和思想包袱；要在战略上藐视"敌人"，在战术上重视"敌人"。

（4）复习并组合面试中可能考核的知识技能。根据目标单位和目标岗位的不同，语言也不尽相同，所以面试前应该对投递的简历进行回顾，重新熟悉内容，特别是在个人介绍部分要突出个人与职业的匹配度，让面试官相信你确实有可用之处。做好这些工作后，可以请一位有经验的朋友、同学或老师扮演面试官，对面试进行必要的模拟演练，对一些可能提到的问题进行预先的熟悉，以便面试时能更好地发挥。

尽量避免有亲朋陪同参加面试，因为这是缺乏自信的一种表现，也是容易被面试官淘汰的重要一条。

如果可能，最好能了解面试官的基本情况，这会对面试有一定帮助。

三、面试各环节的把握

1. 做好自我介绍，留下良好而深刻的第一印象

好的开端是成功的一半。自我介绍要求求职者清楚说出自己的基本情况，内容以 2～3 分钟为宜，做到思路清晰、重点突出，不要重复简历上的内容，主要陈述自己的强项、优势、专业知识技能、成就等情况，突出自己能为应聘单位做什么贡献。

（1）自我介绍中常见的问题。

① 准备不足，匆忙上阵。有些应聘者由于事前准备不足，连如何介绍自己，应介绍些什么，哪些应重点介绍，哪些做一般介绍等，都是一头雾水，甚至连应聘职位情况、用人单位情况、面试官情况等都一无所知，更有甚者连自己都不清楚自己到底有何兴趣、能力、特长，又怎能做好自我介绍？

② 缺乏信心，紧张不安。有些应聘者由于缺乏自信，或把面试看得过重，心理负担太重，因而导致心理紧张，坐立不安。有的全身颤抖，有的语无伦次，还未做自我介绍，就先败下阵来。

③ 夜郎自大，盛气凌人。有些应聘者自以为自身条件好，根本不把用人单位放在眼里，不屑一顾，一副盛气凌人、趾高气扬的样子。自我介绍尚未开始，就被面试官判了"死刑"。

④ 不懂礼仪。

第一，不能正确使用称呼语。有些应聘者不能主动热情地向面试官打招呼，在做自我介绍时不知如何称呼面试官。

第二，语气粗俗，出口成"脏"。有些应聘者不注意平时的修养，在做自我介绍时，语言低级庸俗，甚至不堪入耳，令人反感。

第三，不讲卫生，打扮不得体。有些应聘者不修边幅，如衣服脏，皮鞋上面全是泥土、污垢，蓬头垢面。

⑤ 过分夸耀，口出狂言。有些应聘者在做自我介绍时，大量使用带有夸耀色彩的词语，言过其实，过分炫耀自己。如"希望我这匹千里马能被伯乐相中""我将以我 100% 的工作能力加 200% 的亲和力加 300% 的社交能力加 400% 的创造力，努力酿造出 500% 的成果""您给

我一个机会,我将给你一个奇迹""我认为我是最好的,如果不录用我,你们会后悔的"等等,不胜枚举。

除此之外,常见的错误还有:大话、空话、套话连篇,有用信息少;演讲稿似的背诵;抒情散文一样的说辞;语言单调;思维混乱,颠三倒四;吐字不清,音量不当;面无表情,呆若木鸡。这些都严重影响了自我介绍的效果。

(2)抓住机会,充分展示自我,做好自我介绍。

① 树立信心,礼貌谦和。应聘者在自我介绍时要做到:满怀信心,精神饱满;沉着冷静,不慌不忙;面带微笑,彬彬有礼。礼貌谦和是中华民族的传统美德,也是在求职面试过程中博得面试官好感的行为。应聘者在面试过程中要尽量使用尊敬与谦虚的语言,要使用尊称,如"尊敬的领导,您好"。称呼要得体,不要用"大家好""考官们好"一类的问候语。

② 重点突出,有的放矢。个人基本情况要讲清,重点要突出,如姓名、毕业学校、所学专业、本专业年级或班级排名(成绩排名、综合排名)、获奖情况、任职情况、社会实践等基本情况要讲清楚,不能省略。个人优点、能力、特长或特色要突出,要有鲜明的个性。要根据用人单位的需要和应聘职业(岗位)的要求,有针对性地进行自我介绍。

③ 要用事实说话,事实胜于雄辩。要注意用事实说话,用真实可靠的数据说话,事实一定要具体,要有说服力。如"多次获得奖学金""多次参加社会实践活动"等描述难以令人信服,而要说明"何时获得几等奖学金""何时何地参加何种社会实践活动、有何收获"等。忌大话、空话、套话连篇,有用信息少。

④ 尽量少用或不用形容词、副词,多用动词。由于自我介绍注重用事实说话,因此,不宜使用"很好""非常好""极大""一切""深入""很强""很高""非常高""各种""丰富""渊博""精彩""精通"等形容词或副词,要大量使用"获得""学习""操作""创造""参加""从事""担任""通过""熟练""进行""掌握""组织""参与""得到"等动词,使用动宾结构的话语更有说服力。

⑤ 尽量少用或不用模糊语言。自我介绍要令人信服,就必须用较为肯定的语言(气)说话,一般不使用模糊语言,要用"是""确定""一定"等判断词,给人以可信感。

⑥ 语言精简,把握时间。一般自我介绍时间为3分钟左右,很少超过5分钟。自我介绍时间长短,往往与应聘者人数、面试官性格、动机等因素有关。如应聘者人数众多,则自我介绍时间会相应缩短;如应聘者人数较少,则自我介绍时间会相应较长。

⑦ 思路清晰,层次分明。先讲什么,后讲什么,哪些该讲,哪些不该讲,哪些应多讲,哪些应少讲,都要做到心中有数,有条不紊。

⑧ 热爱单位,信念坚定。表明对应聘单位的热爱之情,对应聘岗位的热爱和向往之心,以及为之奋斗终生的坚定信心和决心。

⑨ 抓住机会,巧用赞美。"良言一句三冬暖,恶语伤人六月寒"。

2. 注意面试过程中的礼仪礼貌,确保面试的圆满完成

(1)仪表端庄、衣着得体。

衣着要求:质料不易皱褶,剪裁合身,款式朴素、简练、精干;男生宜穿西服,女生宜

穿裙装，不宜穿紧身衣服、太暴露的衣服、牛仔装；男生衣服颜色以黑、白、灰三色最保险，女生着装以不超过三种颜色为宜。

发型要求：整齐、干净、有光泽，不宜太新奇。

鞋袜要求：鞋面洁净、品质好。

饰品要求：男生忌戴首饰，女生耳环不宜太大、尽量不带手镯；最好可以配一文件夹或公文包。

（2）遵时守约。这是最基本的职业规范，也是面试官重视的最基本素质。一般应提前5～10分钟到达面试地点，这样一来有充裕的时间调整自己的心态、整理自己的仪表，二来以表示自己求职的诚意。

（3）耐心候试。在候试过程中切忌急躁失礼、坐立不安、不停地来回走动、与其他应聘者大声交谈、试图从门窗探看面试情况等。在被通知进入面试室前要关闭通信工具，在进入面试室时一定要先轻轻敲门，得到允许后方可进入。

（4）妙用无声语言。在面试过程中应高度重视握手、眼神、面部表情、坐姿、手脚摆放、喝水、敲门、关门、关闭手机、随身物件的放置等无声语言的使用，达到"此时无声胜有声"的效果。

（5）礼貌退场，切莫粗心。一是离开面试室时要礼貌道别；二是离开时要带好自己的所有东西，切莫丢三落四；三是摆放好桌椅。

四、面试聆听及应答的技巧

1. 面试聆听的技巧

听，也是一种学问。据心理学家研究，人的思维速度是说话速度的几倍。一般情况下，说者还没说完，听者也许早就理解了，这时人的思想就容易开小差，表现出心不在焉的动作或神情，而对他人的话听而不见。可见，善于倾听，成为一个优秀的"听众"，是面试成功的又一个重要方面。

（1）全神贯注、用心倾听。面试聆听时精力必须高度集中，切莫分心，要做到耐心、专心。"耐心"要求应聘者在听面试官讲话时，应当保持耐心，不能表现出不耐烦的神情，更不能东张西望。"专心"要求应聘者全神贯注，始终保持精神饱满的状态，专心致志地注视面试官。在面试官讲话过程中，应聘者可不时发出表示听懂或赞同的声音。如果一时没有听懂对方的话或有疑问，可以适时地提一些有针对性的问题。

（2）尊重他人、姿势得当。无论是站着还是坐着，都要让面试官感觉到应试者是在"注意倾听"，是最优秀的"听众"，是"知音"。具体表现为：身体要稍微向前弯曲，以缩短与面试官的距离，表示对他的话有兴趣；并用各种肢体语言来回答面试官的问题，表明自己的机敏性；同时，还要注意姿势要自然、放松，不要出现用手捂嘴巴、两手抱着胳膊、双手抱肩、双手在胸前交叉等姿势，这些姿势既不礼貌，也反映出一个人的紧张。

（3）用好眼睛、适时互动。在面试官讲话的过程中，应聚精会神地注视对方，保持与面试官目光的接触，表示对面试官所谈内容有浓厚的兴趣。如果左顾右盼，目光飘移不定，就显得情绪不安。同时，与面试官形成互动，即将自己的关注传达给面试官，让面试官知道应聘者在专心致志地听他讲，使面试官对继续讲话保持兴趣。

（4）察言观色、通过敏感度。在聆听面试官讲话时，应具备足够的敏感性。首先，应高度关注关键的字、词，善于从面试官的话语间找出他没有表达出来的意思，即理解对方的弦外之音；其次，要注意感受面试官对自己的话是否听进去，是否对自己谈的内容感兴趣；最后，还要细心观察面试官在讲话时的表情及姿势的变化，从而全面准确地把握面试官讲话的含义。

2. 面试应答的技巧

面试过程中，招聘单位总会提出一系列的问题，正确应对和回答面试中的问题，主要把握以下6个方面。

（1）把握重点、简洁明了、条理清楚、有理有据。一般情况下，回答问题要结论在先，议论在后，先把自己的中心意思表达清楚，然后再作叙述和认证。否则，长篇大论，会让人不得要领。而且面试时间有限，多余的话太多反而容易跑题。

（2）讲清原委，避免抽象。面试官提问总是想了解一些应聘者的具体情况，不要简单地仅以是、否作答。针对所提的问题，有的需要解释，有的需要说明程度。过于抽象的回答，往往不会给面试官留下具体的印象。

（3）确认提问内容，切忌答非所问。面试中，如果对面试官提出的问题一时摸不着边际，不知从何答起或难于理解对方问题的含义，可将问题重复一遍，并先谈自己对这一问题的理解，请教对方以确认内容。对不太明确的问题一定要搞清楚再作答，避免南辕北辙、答非所问。

（4）有个人见解，有个人特色。面试官接待应聘者若干名，相同的问题可能要问若干遍，类似的回答也要听若干遍，只有具有独到的个人见地和个人特点的回答，才会引起对方的兴趣和注意。

（5）知之为知之，不知为不知。遇到自己不知、不懂、不会的问题时，默不作声、不懂装懂的做法均不可取，诚恳坦率地承认不足之处，反倒会赢得主考官的信任和好感。

（6）"二八原则"。在面试中，应聘者说的话应该占80%，面试官说的话占20%。在与面试官进行谈话的时候，要适当补充面试官的话。比如面试官说完，你可以接着说："我觉得您的想法很好，我基本上同意您的看法，但是有一个小地方，我跟您的观点不一致，那就是……"

五、常见的面试问题及面试官解析

1. 常见的面试问题解析

面试的问题形形色色，可能涉及学习、工作、生活的方方面面，可归纳为以下几方面，其中很多问题并无标准答案，只要理解了主试者提问的意图，并有针对性地回答，即使答案不是最准确的，也是最正确的。

（1）关于"性格、工作期望、理想"方面的问题。

"请简单介绍你自己。"

"请描述你自己的性格和倾向。"

"你有哪些兴趣爱好。"

"你在学校中和同学相处得如何？你通常与哪种人相处融洽？为什么？"

"你认为什么人最难相处？你会如何去面对他们？"

"你认为在哪种工作环境中最能发挥你的才能？"

"你有没有制订自己的人生目标？是什么？"

"什么是你选择工作的首选因素？"

"你对5年以后的工作有什么期望？"

"你对自己的事业有什么长远打算？怎样实现它？"

"你认为怎样才算事业成功？"

"你如何处理曾遇到的困难？"

"你认为自己是不是一个有野心的人？"

【问题解析】

A. 前5个问题是用人单位想了解应聘者的基本情况，是否能够与他人和谐相处，主要考察应聘者的处事能力、协调能力、团队精神、是否成熟和宽容。

B. 后面几个问题是用人单位想从中了解应聘者的价值观是否与单位价值观相符，主要考察应聘者对单位的价值观、组织文化有多大程度的认同，以确认应试者能否真正融入单位之中。这就要求应聘者应该更多了解单位的相关背景和业务以及行业发展前景等情况。

C. 介绍自己的情况应与简历上的一致，介绍家庭情况主要突出家庭的和睦、家庭对自己接受教育的重视和支持、自己对家庭的责任感。介绍自己的兴趣爱好应是文明的。

（2）关于"学校生活、学习计划"方面的问题。

"你在学校最喜欢和最不喜欢哪门课程？为什么？"

"你认为考试成绩能否反映自己的实际能力？"

"在学校生活中你最难忘的经历是什么？"

"你从课外活动中学到了什么？"

"你有没有继续深造的打算？"

【问题解析】

用人单位从这些问题中能够了解应试者的学习生活和在学校的基本表现，从而考察应聘者具备什么样的基本素质；在回答诸如所学课程、所参加活动等问题时，最好回答与应聘岗位相关的内容。

（3）关于"应聘岗位与部门"方面的问题。

"你为什么应聘这个岗位？"

"你为什么想加入本单位工作？"

"你对本单位了解多少？"

"你了解这份工作的职责吗？哪一方面最吸引你？"

"你认为自己最大的缺点和优点是什么？"

"假如你被录用，将如何开展工作？"

"你为什么认为自己非常适合这份工作？"

"你认为哪些经历会有助于你即将从事的这份工作？"
"你认为在本单位成功发展需要什么样的条件？"
"你还应聘了什么岗位？你若被多家单位录用会如何选择？"
"你能否到外地工作或经常出差？"
"如果工作需要的话你能否加班？"

【问题解析】

A. 通过这些问题能深入了解应聘者的求职诚意、个人素质、职业态度、职业素质，从而判断应聘者是不是单位所需要的人。

B. 用人单位了解应聘者的优缺点，并不是通过它来确定取舍（除非是致命的缺点），而是从职业发展考虑，主要是了解应聘者认识问题和解决问题的能力。因此要求应聘者不能就事论事，在以适当的语言客观评价自己的缺点时，必须提出解决这些问题的方法。

（4）关于"工作经验"方面的问题。
"你有什么工作经验和社会经验？"
"简单描述你参加的一次活动的情况以及活动中你的职责。"
"你从学校和社会的一些实践活动中学到了什么？"
"在你参加的学校和社会活动中，你最喜欢什么？不喜欢什么？"
"在学校和社会活动中你遇到的最大困难是什么？是如何解决的？"
"你认为在学校获得的工作经验能否应付新工作？"

【问题解析】

用人单位希望从应聘者有限的社会经验中衡量有多大成分符合工作需要，因此，应聘者应该强调自己在学校活动和社会实践中得到的经验能够运用到应聘的岗位中。

（5）关于"工作技能、语言能力"方面的问题。
"你有没有参加一些专业考试？成绩如何？"
"你计算机水平如何？会使用哪些软件？"
"你的普通话水平如何？能否用普通话做自我介绍？"
"你能否用英语介绍自己的基本情况？"
"你有没有参加过与这个岗位相关的培训？"

【问题解析】

A. 对这些问题一定要如实回答，切忌夸张失实，因为这些问题很容易当场进行测评，一旦有所闪失，用人单位便会认为你夸夸其谈、华而不实，会有受骗上当的感觉。

B. 应聘者应该从所学知识及相关培训与应聘岗位的要求方面进行介绍。

（6）关于"时事"方面的问题。
"你看了最近的政府工作报告吗？有什么见解？"
"你认为最近政府的哪些措施会对本行业的发展产生重要影响？"
"你主要注意哪些方面的媒体报道？"

【问题解析】

A. "两耳不闻窗外事，一心只读圣贤书"的大学生已不能适应现代社会的要求，关心时事，并从中敏锐发现相关信息，用人单位会对你刮目相看。

B. 这些问题主要考察应聘者独立思考问题的能力，从中发现应聘者是否能够广泛吸取各方面信息，并能提出自己的观点。

（7）"假设性"问题。

"假设服务对象对你的工作不满意，并要投诉你，你会如何处理？"

"假设由于你的失误而使工作出现问题，但你的上司并不知情，你将怎样处理？"

【问题解析】

用人单位主要是利用这些问题对应聘者的应变能力和反应速度进行评估，因此，应聘者在回答问题时首先要镇定，同时还要能够尽快作出反应。

（8）应聘者咨询的问题。

① 与应聘岗位相关的问题。对于担任该职位的员工，单位有什么期望和要求？（该问题能够显示你对应聘岗位的兴趣与诚意）

② 与该单位相关的问题。未来几年，单位会有什么新的发展计划？（该问题显示你对单位的兴趣，同时你可从中了解更多有关该单位的发展潜力、发展方向等重要资料，以决定自己的最后去向）

③ 单位对进修的看法。单位对员工在业余时间的进修是什么态度？（该问题表示你有兴趣去进修及在该行业发展）

【问题解析】

A. 这类问题是应聘者表现自己的最后机会，因此，应聘者应该借此机会对自己之前的失误或不足加以补救，同时表现出最大的诚意，还可借此机会对用人单位作进一步了解。

B. 在提出薪酬方面的问题时不要操之过急，最好由用人单位提出，在回答这类问题时要讲究策略。

2. 面试官解析

面试是一项专业性很强的工作，许多单位的面试内容大同小异，但由于面试官个性有差异、兴趣不同，在面试中的表现也大相径庭。能否在众多应聘者中脱颖而出，获得面试的成功，除了应聘者自身的综合素质、临场发挥水平外，还取决于是否能赢得面试官的好感与信任，是否能征服面试官。因此，了解面试官、看透面试官，从而做到知己知彼和有的放矢，是赢得面试的重要因素。那么，一般有哪些类型的面试官？与不同类型的面试官交流时应注意什么？有哪些应对之道？

（1）冷若冰霜型。这类面试官对应聘者的出现无任何反应，好像应聘者不存在似的，就算非常客气地和他打招呼，他也不会表现出半点热情，并且不会注意你的一举一动。通常第一句话就是"请坐"，以后再无下文，直到你开口介绍自己后，他才会提问题。应付这类面试官的最佳方法是：耐心听讲，然后刺激他说话，做出认真倾听的样子，使他认为你是他的知音。

（2）深藏不露型。这类面试官城府深，说什么话都留有后路。他与应聘者握手时仅是碰碰而已；他接待应聘者礼貌、客气，但保持距离，好像外交谈判代表一样；他对人既热情又好像冷漠；他不会对应聘者的谈话作直接的反应；他的笑永远让人猜不透；问话总是话中有话。总之，他决不轻易让应聘者了解其心思。应付这类的面试官，一是说的话要少而精，深思熟虑后再说不迟；二是在谈论自己能力、愿望、待遇时要慎重，最好说些具体的东西，宏观而浪漫的目标、理想最好少谈；三是多以请教的口气向面试官提问。

（3）傲慢无礼型。这类面试官故意给人一种唯我独尊的样子，他们说话虽然客气，但装腔作势、眼神傲慢，脸上无一丝笑容，经常用鼻音或"哼、哈"之声应付人，甚至不理不睬。与这类面试官面谈，一是要彬彬有礼，通过必要的寒暄来缓解气氛，对他们所说的刺耳难听的话要尽力保持平静；二是说话要简洁有力，尽量不得罪他们；三是不要太在意他们的反应，要意识到这是他们在测试你的心理承受能力。

（4）谦虚可亲型。这类面试官一见应试者又是让座又是握手，又是端茶又是问候赞美，仿佛招待贵宾，令你受宠若惊，好像面试的对象是他而不是你。这让你觉得一切都很顺利，自我感觉良好，心情轻松愉快，自信心很容易爆炸。其实这一切都是假象，他有严谨的思维，有超出一般人的洞察能力，有一双鹰一样的眼睛，他比应聘者更会"演戏"，能够紧紧掌握着应聘者。其实他们都很精明，慈祥的笑脸上有一双火眼金睛。面对这类面试官，应聘者必须保持高度警惕，一是不要"演戏"，诚心诚意、老老实实谈自己的想法；二是不要一味迎合，也不要妄自尊大，他既然如此谦虚，你最好比他更谦虚。

（5）一言不发型。这类面试官好像是聋哑人，任凭你谈天论地、口若悬河，他就是死活不开口，最多在结束时说一句"你可以走了"。应付这类面试官的策略是：一是不要试图撬开他们的嘴；二是减轻心理压力，要意识到"一言不发"正是他们设下的圈套；三是要无话找话，尽可能将自己想到的都充分表达出来，直到对方示意结束为止。

（6）慢条斯理型。这类面试官总是不急不慌，好像总是慢三拍，给人感觉是工作效率低下、性格不够爽快、对人总是不放心。他们在精心研读完应聘者的个人材料后仍然要问许多材料中已经写明的问题；他们与应聘者谈话总是从鸡毛蒜皮的小事开始，然后慢慢铺开，并不时"旧事"重提、反复询问；他们主持的面试好像没有主题、东拉西扯；他们很有耐心、心地善良，总是要把一切都弄明白，做事一丝不苟。与这类面试官面谈时，首先要有耐心，耐心听、耐心回答；其次，谈话过程中要尽量保持谦虚温和的口气，多些说明，少些辩论，更不要进行理论性的阐述；最后，专注倾听，多听讲，少插话，即使有问题也应在对方说完后再提出来。

（7）喋喋不休型。这类面试官太过于健谈，克制不住自己的嘴，一张嘴就说个没完没了。他们对应试者是否注意听讲极不放心，往往同一话题重复两三遍；他们经常提问但又无心倾听应聘者的发言，并不断插话评论。遇上这类面试官是应聘者的福气，因为他们说话过多，总是放松了对应聘者的观察，并让应聘者能及时了解面试官的思想。应付这类面试官的策略，一是让他充分表达，处于一种自我兴奋状态；二是在倾听他讲话时要显示出浓厚的兴趣，不断利用"很感兴趣"的表情促使他继续说下去。

（8）心不在焉型。这类面试官一切都按部就班，似乎对一切都不太关心，一副漫不经心的样子，对应聘者的到来毫无新鲜感，问话时总是心不在焉，在听应聘者回答问题时总在一边做其他事。这些人多是长期从事人事工作，见识过形形色色的应聘者，他们熟悉一切对付应聘者的手段、技巧，知道怎样了解你的基本情况以及如何拒绝。应付这类面试官，一是要刺激他们的新鲜感，使他们对你产生格外深刻的印象；二是在面试时尽量表现得大方些，不要受面试官表现的影响。

第四节 笔 试

一、笔试类型及内容

与面试相比，笔试是一种相对初级的甄选方式，也是一种常用的考核办法，主要是用于考核应聘者特定的知识、专业技术或应聘者对文字的运用能力，以及基本素质的一种书面考试形式。它是用人单位对应聘者所掌握的基本知识、专业知识、文化素养和心理素质等综合素质进行的考查和评估。笔试对应聘者来说是相对公平的一种测试方式，也适用于应聘人数较多、需要考核的知识面较广或需要重点考核文字能力的情况，因而大企业、大单位、大批量用人，国家机关选聘公务员等，往往都会采用这种考核形式。

常见的笔试类型主要有以下 4 种。

1. 专业考试

这种考试主要是为了检验应聘者专业知识水平和相关的实际能力。比如外贸、外资企业招聘员工要考外语，公检法机关录用干部要考法律常识等。

2. 心理测试

心理测试是用事先编制好的标准化量表或问卷要求应聘者完成，根据完成的数量来判断其心理水平或个性差异的方法。一些特殊的用人单位常常以此测试应聘者的态度、兴趣、动机、智力、个性等心理素质。

3. 命题写作

这种考试的目的在于考查应聘者文字表达能力以及分析问题和逻辑思维能力，比如限时写出一份会议通知、请示报告或某项工作总结，也可能提出一个论点，请应聘者予以论证或批驳等。

4. 公务员考试

国家公务员录用考试分 A、B 两类。A 类职位的公共科目为《行政职业能力倾向测试》(A)和《申论》两科。B 类职位的公共科目为《行政职业能力倾向测试》(B)一科。《国家公务员甲种考试公共科目考试试行大纲》具体规定了各科考试内容及要求。

二、笔试准备

了解了一些常见的笔试类型，接下来的问题就是如何来准备这些笔试。笔试从某种角度来说，能更深入地检验大学生的综合素质，平时的知识积累程度，对知识是否真正理解和掌握等。用人单位的出题方式远比学校灵活多样，更侧重于能力，而不是单纯的知识。因此，在笔试之前，大学生应对它进行深入的了解，做到知己知彼，不打无准备之仗。

1. 保持良好的身心状态

（1）要适当减轻思想负担，不可给自己施加过大的压力，否则会适得其反。

（2）笔试的前一天要注意休息，保证充足的睡眠，避免考试时精神不振，影响正常思维。

（3）要适当参加一些文体活动，从而使高度紧张的大脑得到放松和休息，以充沛的精力去参加考试。

2. 了解笔试类型，做到有的放矢

不同的笔试类型，有不同的考试内容。应试者在考前应进行详细的了解，针对不同情况做相应的准备。比如公务员考试就有明确的考试范围，并有指定的参考书，复习起来相对有针对性。而一些用人单位的笔试则相对灵活，范围也较大，没有明确相关的参考书，可围绕用人单位划定的大致范围翻阅一些有关的资料。笔试成绩与大学生平时的努力程度有很大关系，如果兴趣广泛，平时注意收集各种信息，考试时就能驾轻就熟，得心应手。

3. 笔试的知识准备

（1）学以致用，理论联系实际。现在的笔试越来越强调用学过的知识来解决实际问题，具有很强的实用性。换句话说，现在的笔试主要是考核应聘者对知识的运用能力。因此，在复习过程中必须始终突出一个"用"字，通过各种实践，把学得的知识运用到工作实际中去解决各种具体的问题。

（2）提纲挈领，系统掌握。在知识与能力这两者中，知识无疑是基础，没有扎实的基础知识，能力的培养和提高也就无从谈起。掌握知识的一个有效方法就是把零散的知识化为系统。但笔试往往范围大、内容广，存在着一定的随意性和盲目性，因此，凡是与求职有关的一些知识，如文史知识、科技知识、经济知识、法律知识和一般的计算机知识，均要系统地复习一遍。

（3）多读多练，提高阅读能力。提高阅读能力，对扩展知识面和解答笔试的各类问题很有益处。知识的获得，主要依靠传授；能力的提高，则必须通过实践。复习时经常做些阅读训练，有助于阅读能力的提高。在做阅读训练时，一定要做到"眼到"和"心到"，特别是"心到"，即对每个问题都仔细揣摩，认真思考，分析比较，综合归纳，努力提高自己的阅读能力。

（4）敏锐思考，提高快速答题能力。为了适应笔试题量多、时间紧的特点，应该努力培养自己快速阅读、快速思维和快速答题的能力。因为现代阅读观念不只着眼于信息的获取，而且还特别重视速度，所以在准备笔试的时候一定要提高答题速度。

三、笔试技巧

在充分准备的基础上，还要注意笔试时的技巧，以提高答题效率，笔试技巧主要包括以下3方面。

1. 增强信心

信心是成就一切事业的重要保证。笔试怯场，大多是由于缺乏自信心。客观冷静地对自己进行正确评估，就能克服自卑心理，增强自信心。笔试与高考不同，高考是一锤定音，而笔试则有多次机会。而且"双向选择"是互相选择，单位在选择你时，你也在选择单位，并不是单位单方面地选择你，因此完全可以轻装上阵。

2. 做好考前准备

参加考试前，最好先熟悉一下考场环境，这对消除应试时的紧张心理会有帮助。弄清楚考试的要求和注意事项，带好必要的证件和一些考试必备文具等，尽量按要求事先准备好。考试前要保证睡眠，不要打疲劳战，确保考试时精力旺盛。

3. 科学答卷

具体答卷也是有讲究的，拿到试卷后，先不要忙着做题，首先应通览一遍，了解题目的多少和难易程度，使自己对答题的顺序和重点有一个大概的把握。然后按照先易后难的原则排列出顺序，先做相对简单的题目和分值较高的题目，最后再攻克难题，这样就不会因攻克难题费时太多，白白丢掉本该拿到的分数。最后留出时间对试卷进行复查，注意不要漏题。卷面字迹要整洁、清晰，书写过于潦草、字迹难以辨认也会影响笔试成绩。因为笔试不同于其他专业考试，"醉翁之意不在酒"，有时招聘单位并不特别在意应试者考分的高低，但是认真的态度、细致的作风、新颖的观点也会增加应聘者录取的概率。

第七章

角色转变
——最后送给高校毕业生的礼物

第一节 大学生毕业前后的角色差异

社会角色是指人们所处的特定社会位置和身份所决定的规范体系和行为模式，是人们对具有特定地位的人的行为的一种期望，是社会群体的基础，它随着社会实践的变化和发展而不断更新内容。大学生就业以后，所扮演的角色由学生角色转变为职业角色，虽然完成转变的时间不长，但角色性质变化非常大，甚至可以说是职业生涯的转折。学生角色与职业角色的差异体现在以下5方面。

一、社会责任不同

学生角色的主要责任，是掌握科学文化知识，使德、智、体、美全面发展，为将来的工作做准备。责任履行得如何，主要关系到本人知识掌握的程度和能力培养的程度。而职业角色的责任是以特定的身份去履行自己的责任，依靠自己的本领或技能完成职业角色所要求的任务。责任履行得如何，不仅影响到个人价值的实现，还会影响到单位、行业的声誉。

二、活动方式不同

大学生的主要活动是学习，因此，学生角色比较强调对知识的输入、吸收与接纳，对知识的输出与应用强调较少。从业者的主要活动是向外界提供服务，因此，职业角色强调从业者能够输出、应用与创造性地发挥自己的知识和技能，向外界提供专业服务。大学生就业以后，就要从输入、吸收与接纳知识等被动方式转变为输出、应用与创造性的发挥知识技能等主动方式，如果不能及时有效地转变活动方式，将会感到难以适应工作。

三、生活管理方式不同

大学生的学习和生活是一种集体生活，住的是学生公寓，若干人同住一间宿舍，在集体食堂用餐。学校实行统一的生活作息制度，提出统一的行为规范，大家按照统一的时间表、同样的要求进行学习和生活，违反了纪律还要受到处罚。而成为从业者以后，单位只在工作时间对员工提出要求，其他时间主要由员工自行支配。在遵守国家法律法规和社会公德的前提下，员工在生活上享有很大的自由度，没有严格统一的管理方式来约束。

四、认识社会的内容和途径不同

大学生受过高等教育，对社会的认识、了解主要来自书本，来自课堂学习，认识的途径主要是间接的，认识的内容主要是理论性的，对社会的期望值也很高，有完美的理想，充满着浪漫的色彩。从业者则通过亲身实践加深对社会的认识、了解，认识的途径是直接的，认识的内容主要是实践性的、具体的，带有现实主义的色彩。理想与现实总是存在着一定的差距，有的大学生走上社会后，仍习惯用在学校时的思维方式去认识社会，因此，遇到现实矛盾容易产生困惑、迷惘、彷徨，甚至失望，无法适应工作环境，难以转换角色；有的大学生则能正确认识这些差距，经过艰苦的努力和拼搏最终实现自己的理想。

五、评价标准不同

学校评价的标准比较集中、单一，且主要是看学习成绩；而社会评价的标准是多样化的，最终是看贡献，即满足社会需求的程度。同时，学校评价学生的时候，注重发展，可以给学生改正错误的机会；而社会很现实，不相信"期货"，不等待你成长，不给你"补考"的机会。

第二节 角色转变的障碍

一、大学生毕业前后角色转变的障碍

1. 思想认识障碍

大学生在社会上被视为"天之骄子"，这个"光环"使他们产生了强烈的优越感。这种优越感被带入工作之中，就会令其表现出目中无人、自以为是、高高在上的样子，具体表现为：在工作中挑三拣四、挑肥拣瘦，只想做高层次工作，看不起基层工作，也看不起基层员工，甚至认为一个堂堂的高校毕业生做一些不起眼的事是大材小用、有失身份；对领导的工作安排除了不满意，就是不服从；在处理与同事的关系上，则目空一切，自命不凡，不能虚心地向有经验的同事学习。这种情况的出现，往往会导致高校毕业生大事做不了，小事不愿做，产生与实际工作不相符的思想认识障碍。

2. 心理障碍

（1）社会心理障碍。高校毕业生初涉社会，对如何在社会中立足等问题缺乏必要的心理准备，对某些社会现象不能正确看待，对社会现实感到迷惘、困惑，这种对社会的不满情绪

或恐惧心理，如果不加以及时调适，就会导致社会心理障碍。

（2）职业心理障碍。由于职业目标定位太高或不切实际，一旦目标难以实现，便会产生失败感或挫折心理。从一开始的踌躇满志，准备大干一番事业，争取有所作为，到认为领导对自己不器重，工作不是很满意，对前途忧心忡忡，觉得鸿鹄之志难以实现，进而有的人产生了不安、焦虑的心理，有的甚至自暴自弃，不能正视本职工作，形成职业心理障碍。

3. 社交障碍

参加社会工作之后，高校毕业生发觉面对的是复杂且有利益冲突的微妙的人际关系。以往老师的谆谆教诲，同学间的互帮互助，与现实同事间的"各自为政"，说话"点到为止"，使初涉职场的高校毕业生感到难以把握，无所适从，以致有的人把自己封闭起来，形成了社交障碍，影响了与同事的正常交往。如果高校毕业生长期处于极不和谐的人际关系之中，必然难以开展工作和学习，社交也将会受到影响。

4. 其他障碍

（1）留恋学生角色。一些高校毕业生参加工作以后，易出现怀旧心态，常常会自觉或不自觉地将自己置于学生角色来要求自己和对待工作，以学生角色的习惯方式观察、分析事物。面对复杂的人际关系和职业责任压力，不禁会留恋相对单纯的学生时代。

（2）工作消极被动，缺乏自觉性与独立性。工作上全靠领导安排，安排多少干多少，对自己的工作性质、范围还没有足够的认识。在履行角色义务、掌握支配角色权利的尺度、遵守角色规范方面存在着一定的差距，不能独立承担职业义务。

（3）自卑退缩，不思进取。面对新的工作环境和生疏的人际关系，一些毕业生缺乏应有的自信，工作中放不开手脚。看到他人工作经验丰富，驾轻就熟，相比之下觉得自己这也不行，那也不行，胆小、畏缩，不思进取，甘居人后，产生不求有功但求无过的消极心理。

（4）心态浮躁，缺乏敬业精神。一些毕业生在角色转变过程中表现出不踏实、不稳定的特征，一段时间想干这项工作，过一段时间又想干那项工作，而对本职工作坚持不下去，缺乏敬业精神，不能深入地了解本职工作的性质、职责范围和工作技巧。

二、职场新人的典型表现

调查显示，高校毕业生在开始就业的一年时间里，最容易产生心理冲突或职业不适应问题，通常会有以下10种典型的表现。

1. 狂妄自大型

有些职场新人总认为自己是高校毕业生，而同事没有自己的学历高，自己很了不起，狂妄自大。

2. 拒绝合作型

有些职场新人年少轻狂，自以为是，不善于与人合作。

3. 嘴无遮拦型

有些职场新人喜欢在大庭广众之下高谈阔论，一不小心就超越了限度。

4. 频频跳槽型

有些职场新人自恃能力强，总觉得现在的工作太屈才，刚进单位就计划跳槽，这山望着那山高，结果跳来跳去，总不满意。

5. 不屑小事型

有些职场新人总认为自己是做大事的，现在所做的事是大材小用。

6. 大吹大擂型

有些职场新人对自己的能力和表现夸大其词，实际却表现平平。

7. 不懂装懂型

有些职场新人本来不懂却装出什么都懂的模样。

8. 将错就错型

有些职场新人做错事被发现时，总是找借口或抱怨，总觉得"不是我的错"。

9. 不负责任型

有些职场新人对该做的事不认真完成，敷衍了事。

10. 恃宠敷衍型

有些职场新人只想在工作场所出风头，一心想着讨好上司，不能踏踏实实工作。

第三节　角色转变的对策

顺利实现从学生角色到职业角色的转变，是职场成功的关键，刚走出校园的高校毕业生要转变好自身角色，必须从绚丽的梦中醒来，从以下 6 个方面努力。

一、客观正视现实，摆正自身位置

1. 充分了解自我特征

毕业生具有很强的进取心和积极向上、争强好胜的心态；具有较强的竞争力且愿意成就一番事业；开始组建家庭，逐步学习调适家庭关系的能力，并承担家庭责任。

2. 努力认清面临的问题

理想与现实的冲突，难以得到信任和重用，组织成员往往会对新员工存在偏见和嫉妒。毕业生应积极熟悉组织环境，找准自己的位置。

二、加强心理调适，适应角色转换

刚走上工作岗位的高校毕业生，从大学生群体迈向了从业者群体，由受教育者转变成教育者、管理者，由依赖型消费者转变为自给型的生产者，必然导致工作方式和生活方式的自立化、自主化。作为社会的一员，毕业生既享有成人的权利又要尽成人的义务，要尽快从昔日校园里天真、无忧的生活中走出来,以求实的生活态度、实惠的消费行为、合理的时间支配、高效的工作作风和积极的精神面貌,勇敢地投入新的生活中。要加强心理调适,做到"既来之,则安之",增强对单位的热情和信心,建立起良好的职业心理、劳动心理和道德心理,与自己的社会角色相互适应,维持协调发展,尽快地缩短角色转变过程和心理调适期。

三、建立良好人际关系,积极适应社会需求

在一个集体中,要想有效的工作,就必须在相互之间保持心理和行为上最大的一致性和融洽性,建立起和谐的人际关系。刚刚走上工作岗位的高校毕业生,从相对单纯宁静的校园突然踏入纷繁复杂的社会,难免会产生种种的惶惑和不适应。社会不是真空,人也不能孤立存在。工作上,需要他人支持;生活上,需要他人帮助;行为上,需要他人理解。在这段时期内,高校毕业生尤其需要建立和谐的人际关系,积极主动地去适应社会。要做到:平等视人、互相团结、尊重他人、宽以待人、严于律己、诚实守信、表里如一;努力学习和掌握与人相处的分寸,如对上级服从而不盲从,为人规矩而不拘谨;上班早到,下班迟退;与人相处态度温和、面带微笑,忍让与坚持原则统一等。具体应坚持以下4个原则。

1. 尊重他人,体谅他人

现代社会使平等的思想深入人心,在人际交往中由平等的基础发展出尊重的原则,尊重的原则要求人们在交往中尊重他人的平等权利和独立人格,不能贬损或伤害他人的自尊心。尊重的原则具体体现为敬、诚、信、厚、爱等交往方式。

敬,就是要敬重交往的他人,包括尊重他人的人格、他人所从事的活动、他人的感情、习惯、兴趣爱好和劳动成果。

诚,就是诚实和诚恳。在交往中,应真诚,不能口是心非、敷衍塞责;不掩饰他人的缺点错误;不说违心的奉承话;对他人的缺点错误不讥笑、讽刺,不幸灾乐祸;以善意和友好的态度对待他人,即使批评他人也要委婉。

信,是信任和信誉。信任是尊重他人的又一表现,信任还包括理解和肯定他人,以使他人心理得到较大满足;信誉既是个人立身的基础又是重视对方的表现。

厚,就是宽容厚道。对交往者的志趣、爱好、个性特点要宽容,不要自以为是,强求他人一致;对他人的要求也不能过分和苛刻,不能强人所难;对他人的缺点错误要宽容,要学会礼让和原谅他人。俗话说:"忍一时,风平浪静;退一步,海阔天空。"清朝的张英(宰相)曾为化解张、吴两家因一道隔墙而产生的矛盾时给家人写过一首诗:"闻说相争只为墙,相让一尺又何妨?万里长城今犹在,不见当年秦始皇。"

爱,就是关心人、爱护人、同情人、体贴人。这是尊重他人的最典型的表现。交往的目的之一就是寻求友谊和支持,爱的给予可以使他人得到极大的满足,使交往向更健康的方向发展。爱的具体方式是在他人困难时给予支持和鼓励,痛苦时给予同情和关心,在他人犯错误时给予帮助和爱护,在他人做出成绩时给予赞扬和感谢。

尊重的原则还表现为交往中的礼节和礼貌,"相见道好,委事道请,偏劳道谢,失礼道歉"。尊重的原则不仅促进了人与人的沟通、理解和友谊,保证了交往的健康顺利进行,而且使人举止文明得体、精神高尚。

2. 发现自我，秉持本色

现代社会是一个民主的社会，多元的社会。在人际交往中，由民主的基础发展出个性的原则，个性的原则要求人们在交往中保持自己独立的人格，保持自己个性的稳定性和坚持性，不随身附和、阿谀奉承。个性的原则具体体现为自尊、自察、自爱、自重、自强等交往方式。

自尊，就是接受并肯定自己。一定程度的自我接受是健康生活必不可少的条件，也是在任何领域中挖掘自己潜力的条件。要用理智的态度对待现实的自我，要看到自己的优点，也要承认自己的不足；要有改变自己、提高自己、发展自己的信心，不能怀疑和排斥自己，不能过分自责和自卑；要肯定自己的人生价值，肯定自己在社会中的地位和作用，肯定自己是正确、有用的，同时又是不完善的，是变化成长的。接受和肯定自己的程度不仅影响自己与他人融洽相处的能力，也影响与他人和谐交往的能力。当一个人不能充分接受和肯定自己时，就可能过分敏感、过分依赖、过于脆弱，也就难于接受他人。因此，一个人要想与别人和谐相处，要想获得别人的尊重，必须首先尊重自己。

自察，就是了解自己、认识自己、理解自己。认识自己的态度、情感、行为和价值，了解自己是什么样的人，了解自己在现实生活中所扮演的角色、潜在的能力和将要承担的角色，了解自己所要达到的目标，了解能影响自己行为和成就的力量；意识到自己的行为对他人和社会的影响，就能更明确自己的努力方向；充分意识到自己意欲改变的东西，就能更现实、更理智、更清醒地对待他人和社会，更好地与人交往。

自爱，就是保持和维护自我形象，并且不断丰富和完善自我。在人际交往中，人们总是以一定的自我形象出现在他人面前，他人往往根据这一形象来判断、评价和反应。因此，自我形象既是交往中个体的代表，又是交往中个体的资本，所以，必须珍惜自我形象，认真建立自我形象，小心保护自我形象，并不断丰富和提高自我、完善自我。

自重，就是自我行为要谨慎、负责，不做有失自己身份的事。在现实生活中有各种各样的诱惑，人们内心也有许多的冲动，而其中不少是有悖于社会文明和道德的，如果去做了就会被他人所不齿，或者导致交往中的矛盾和冲突。因此，必须在众多的选择中，在外界的压力、诱惑和自己内心的冲动中选择负责任的行为。这种自我控制虽然要耗费时间和精力，有时甚至是痛苦的，但它是积极的，是有助于加强和改善人们在交往中的地位的。

自强，就是自我调适和自我修养。没有一个人的自我是恒定不变的。随着年龄和阅历的增长，自我处在不断的发展过程之中，同时，必须根据社会的发展和需要调适自我目标，调适自己实现目标的策略和手段，调整自己的认识、情感和需要，使认识与现实更加一致，使情感不致于干扰正常的目标追求，使需要和愿望更加现实可行。自我修养就是通过实践、内省、借鉴和学习培养自己良好的品质和素质，提高自己的适应能力。

3. 互利互惠，团结互助

利益是人际交往的目的和动力之一，人们投入交往是希望通过协作、配合、沟通，或交换或获得或增进某种利益。由于交往双方都有一定的利益，并都带着扩大或增进自己利益的愿望和目的投入交往，因此交往的维系、巩固和扩大就必须是互利的，这样在利益的基础上就发展出互利的原则。互利的原则要求人们在交往中必须兼顾交往双方的利益，按照社会公平的标准进行对等的利益交换或互酬，不能只顾及自己利益的获取而忽略他人的利益，更不能损人利己、巧取豪夺。互利的原则具体体现为互酬、互助、互补等交往方式。

互酬，就是交往双方在交往中获取自己利益时也回报对方以某种利益，让大家都能通过交往得到一定的收获，得到一种满足。互酬的最简单形式是直接的利益交换和等价交换，但人际交往中的互酬在许多情况下是不同步、不同质、不等量的，超出了物质和金钱的范畴，表现为"投桃报李""礼尚往来"，表现为对别人提供的帮助要予以回报，对别人花费的代价要予以补偿，同时要求在交往中不能自私自利，不得坑害别人的利益。

互助，就是交往双方在交往中都应为对方提供方便和给予支持。在社会活动中，任何个人的力量都是单薄的、有限的，常常需要交往者的合作和帮助才能克服困难、解决问题。互助可能是同步的，也可能是不同步的，只有在对方困难时给予帮助，互助关系才能确立，交往才能深入发展。如果在交往中一方把另一方当成工具，利用别人作为自己实现目的的手段，或只期待对方给予自己帮助，这种人际关系必定无法维系。

互补，就是交往双方在交往活动中互相配合，取长补短，或使彼此心理上都得到满足，或使活动取得更好效果，或使彼此的利益都得到更好的照顾。人无完人，每个人都有自己的缺陷和不足，都有自己想具备而未能具备的能力和品质，都有适合做某事和不适合做某事的特点，通过交往而相互配合，尤其是彼此都能扬长避短的相互配合，就可以更好地进行各种社会活动，更有效地完成某个目标。互补分两种，一种是能力上的互补，一种是性格上的互补。

4. 热情、快乐、豁达、幽默

人是既有理智又有情感的社会动物，因此在活动中，人们不仅能意识到自己利益之所在，有理智地寻求利益、满足利益，而且还非常注重使自己的情感得到满足。在人际交往过程中，人们不仅学会了情感的表现和表达，也丰富和发展了情感需要。有心理学家认为，情感的本质就是"趋乐避苦"，情感的快乐与否能够改变一个人的精神状态，提高或降低一个人参与人际交往的积极性，甚至影响一个人处世的态度和待人接物的方式方法。因此，在长期的人际交往过程中，在情感的基础上发展出人际交往快乐的原则。快乐的原则要求人们在交往中注意满足对方的情感需求，具体表现为赞美、理解、豁达、幽默等方面。

赞美，就是人们在交往中应对对方的成绩或优点加以肯定和赞扬。赞美之所以能使人感到快乐，是因为人们的努力得到了承认和肯定，人们的价值得到了认可，使人们的自尊心得到了满足，自信心得到了增强。赞美还使人们认识到了自己对别人的重要性。因此，恰当的赞美是人际交往中送给对方最好的礼物。但要注意真诚和分寸，一是必须发自肺腑，而不能虚与委蛇；二是应当具体明确，不要含糊不清。

理解，就是人们在交往中对对方的所作所为和行为动机的体察和体谅。人作为独立的个体，难免会有孤独的感受，而一般的交往虽能使我们摆脱孤独感，但仅仅是肤浅、表面和暂时的，交往中的理解则能使我们更深刻地感受到"同道"的关注和同情，从而彻底地摆脱孤独感，故有"人生得一知己足矣"的感叹。同时，由于理解是深入的洞察，可避免种种误会和烦恼；理解是一种与人为善的宽容态度，更让人感到真诚和友好。因此，理解能使人快乐，增强人际交往的积极性。

豁达，就是人们在交往中应有不争的大度和气量。在人与人的交往中，人们对问题的看法、处世的态度难免会有分歧和矛盾，在利益的分配和交换上也可能有不对等的时候，如果对利益斤斤计较，对矛盾耿耿于怀，对分歧无法容忍，就必然给交往增添许多麻烦。而豁达则能使人们从这些不必要的麻烦中解脱出来，一是不必背上沉重的历史包袱；二是不必拘泥于鸡毛蒜皮的小事和繁文缛节，不必纠缠在细枝末节之中；三是能畅所欲言地发表意见，这自然使交往者心驰神往。豁达还包括在自己受到误解和委屈时不计较，能够克制自己的情绪。

幽默，是人们在交往中用善意的嘲讽来对待、处理问题，它反映了一个人的达观和风趣。在交往过程中，人们彼此间难免会因意见分歧和利益矛盾而出现紧张气氛，难免会因失误和误解而出现尴尬场面，而幽默则能缓解紧张气氛，能使尴尬局面消除，使双方摆脱窘困境地。同时，人们在生活中还常常感受到生活的压力或因某些事情不安而发愁，适时的幽默能使人们在欢笑中顿觉轻松、舒畅，如沐春风，困顿全消。幽默还可使交往中的意见表达更加委婉，使双方的自尊心能最大限度地得到保全。幽默也是一个人成熟的表现，它展示了人们的智慧、机智和洞察荒谬的能力。

四、做好职业规划，脚踏实地奋斗

高校毕业生走上工作岗位，开始了人生路上的一段新征程，祖国辉煌的未来和人生事业的前景已经展现在面前。然而，通往成功之路并不平坦，只有确立合适目标，经过长期的艰苦奋斗，才能事业成功。

1. 目标要合适

确定目标，既要有一定高度，也要有可行性。目标短小，往往会被眼前的利益所左右，迈不开前进的步子；目标过于远大，容易心情浮躁，常常会被轻微的挫折所打击，甚至打败。

2. 脚踏实地

踏实的工作作风，对毕业生尤为重要。仔细认真地做好每一项工作，要注意：一是循序渐进，坚持不懈；二是勤奋努力，坚定不移；三是大处着眼，小事着手；四是认真细致，精益求精；五是总结经验，不断提高。

五、处理好个人价值观与单位文化的冲突

1. 分析差距，认同单位文化

每个单位都有自己在发展中形成的文化，高校毕业生新进入一个单位，必然会带着自己长期形成的价值观，而这些价值观不一定与新单位的价值观完全相融合，出现自身价值观与单位价值观的冲突在所难免。这时最应该做的就是理智分析价值观差距形成的原因，并尽力缩短这一差距，自觉认同单位文化，融入组织之中。这样不仅能创造和谐的工作环境，还有利于自身的身心健康。

2. 关注单位发展，增强团队意识和参与意识

任何个人都不可能游离于组织之外，而必须依赖组织谋发展。所以，高校毕业生从走上工作岗位开始就必须随时关注单位的发展进步，牢固树立"众人拾柴火焰高"的团队意识，积极参与单位的发展建设和活动，既不要恃才傲物、自视清高，也不必缩手缩脚、羞于见人，

切忌搞小圈子、拉帮结派。

3. 加强自我激励，对单位充满信心

无论是单位还是个人，在成长发展过程中都会遇到困难和问题，这时就必须加强自我激励，增强克服困难的勇气。只有对单位充满信心，才能看到希望，才能激发奋斗的动力。

六、塑造良好的自我形象

良好的职业形象不仅能够提升个人的品牌价值，而且还能提高自己的职业信心。高校毕业生刚到一个新的工作环境，同事们总会以一种好奇甚至挑剔的眼光打量你。他们会通过你的一言一行对你评头论足，而先入为主的第一印象通常会给人留下最鲜明、最深刻、最持久的定势，因此，大学生必须注意自我形象的塑造。自我形象与自身的容貌、风度、气质、思想、言行、化妆、服饰等方面相关联。

1. 外表仪态

衣着服饰是一个人文化素养的外在表现，人们通常会根据一个人的衣着外表来判断他的品位。如果一个人对自己的着装和服饰随随便便，他很可能被看作是不修边幅甚至是放荡不羁的人。一个职场人士的穿着打扮应该与所在单位的文化环境、周围同事保持一致。不同单位的着装要求虽然各异，但对刚走上工作岗位的大学毕业生来说，首先必须合乎单位大多数人的习惯，其次再考虑自己的身材特征、个性爱好及身份。如果对单位还不太了解，第一天上班的衣着应尽量普通大方、整洁得体，头发长度适中，双手洁净，女生使用化妆品要谨慎。

2. 言谈举止

言谈举止在人们日常待人接物时显得尤为重要，而亲切、热情、诚恳、讲道德、重信用、守纪律的行为举止总能给人留下美好而难忘的印象。所以，在与他人交往中，应热情坦诚、文明礼貌，努力发现别人感兴趣的话题，不应过多谈论自己，同时还要善于倾听别人的言论，不应随便打断别人的谈话。如果发现看不惯的现象或对某些问题有不同意见时，不要随意议论、轻易否定。为人处世要讲道德、重信用，如果确实有难处一定要通过适当的方式争取对方的谅解。

3. 工作作风

良好的工作作风应该表现为：服从工作安排，接受领导指示；准时上下班，完成一件工作后及时返回工作岗位；拥有积极的工作态度；按照规定的操作流程工作；能接受临时指派的工作；当同事需要帮助时能主动协助工作。切忌懒散、浮躁、漫不经心、丢三落四、虎头蛇尾。同时还要注意，不应长时间接打私人电话，不应长时间在办公室接待同学和亲友，不应随便串岗，更不能随意翻看他人办公桌、公文、信件。

4. 严守秘密

有些保密性较强的单位，对员工的纪律要求较严，比如军队、安全部门、公安部门等。到这些单位工作的高校毕业生，应当严守机密，不要随便向外人透露内部情况（相关部门要进行必要的教育与培训）。在日常生活中不得随意传播同事的个人隐私或小道消息。

5. 尽快熟悉工作，明确岗位职责

刚到单位，所有的工作对高校毕业生来说都是陌生的，诸多事情都不知如何办理，因此多向同事请教是快速进步的最佳方式。他们要有一种从零做起的心态，放下架子，尊重同事，不论对方年龄大小，只要比你先到单位，都是你的前辈；只有虚心请教，不断学习加上埋头苦干，才能尽快熟悉工作。

6. 积极利用非正式场合熟悉周围的同事

充分利用闲暇时间或集体活动的机会，与同事一起沟通交流，增加相互了解的机会，这不仅能获得更多的快乐，还能放松身心释放内心的压力，更有利于培养和谐的人际关系。

第四节 实习与就业

什么是实习，为什么要实习，实习应该收获什么，实习与就业有什么关系，怎样通过实习寻找就业机会，这些都是临近毕业的大学生顺利实现角色转变必须思考的问题。

一、实习的作用

实习就是在实践中学习，可分为专业实习和社会实践等形式。实习是大学生将自己所学知识和技能应用于实践中，并在实践中学习的活动，是大学教育的重要组成部分。学习的目的是应用，掌握的知识必须通过实践来检验。大学生经过一段时间的学习，需要了解或熟悉自己所学的知识如何应用或者能否满足社会需要，并通过实践学习新知识或弥补课堂教学的不足。实习期间，大学生与实习单位没有形成劳动关系。

1. 实习的作用

（1）通过实习可以验证自己的职业抉择，也可说是"职业试穿"。当大学生在了解自我的基础上确定未来的职业理想时，需要以身试"水"，需要在实际工作中检验自己是否真正喜欢这个职业，是否愿意做这样的工作，这样就可以及时地纠正和反馈自己的职业发展轨迹。

（2）通过实习可以了解目标工作内容。在确定自己适合某些工作之后，就必须明确这些工作的所有内容，包括工作要求、工作范围、工作流程、工作时间和地点、工作待遇、完成工作所需要的知识、技能和技巧等。而这一切只有通过实习活动中的亲身经历才能深入了解，没有实习就只能是纸上谈兵。

（3）实习可以提高大学生的知识和技能。实习是将所学知识和技能应用于实践的过程，是对所学知识和技能的灵活运用。通过实习能够明确自己的差距，并在实践中完善自己的知识和技能并弥补自己的不足；通过实习还可激发学习兴趣，提高学习效率。

（4）实习可以顺利实现大学生与用人单位的"双向选择"。一方面，实习为大学生提供了全面深入了解用人单位的机会，为大学生施展自己的才华搭建了平台，为就业抉择提供参考；另一方面，也为用人单位发现人才和了解大学生情况提供了方便，从而有效降低了大学生的就业成本和用人单位的用人成本。

（5）实习可以让大学生熟悉职场环境。大学生与职场人士在思维方式、行为方式等方面都存在较大差异，缺乏工作经验以及社会阅历是制约大学生顺利就业的"短板"。实习为大学生认识、了解职业创造了条件，让大学生通过实习，了解职场规则、熟悉职场环境、增强就业竞争力，顺利实现从学校向社会的转变、从学生向职业工作者的转变。

与实习相关的概念是见习和试用。

见习制度是国家对高校毕业生派遣到用人单位之后的一种实习、考核制度。见习期一般为一年。

试用制度是合同双方为了相互了解、考察和选择而在合同中约定一定期限的制度。《中华人民共和国劳动法》（以下简称《劳动法》）明确规定试用期最长不超过6个月。

2. 实习权益说明

（1）实习期的鉴别。法律上区别是否为实习的唯一标准就是大学生的身份，即以大学生身份到用人单位工作的属于实习，不能视为就业，毕业之后以失业或待业人员的身份到用人单位工作的属于就业。从法律的角度来看，大学生在毕业之前到用人单位工作的，实习期和见习期是没有区别的；大学生毕业之后到用人单位工作的，见习期、试用期都应成为劳动合同期的一部分或者全部。

大学生毕业之后继续留在实习单位，就与用人单位形成或建立了劳动关系。即使是在见习期、试用期，在法定工作时间内提供了正常劳动，用人单位也应当支付不低于最低工资标准的劳动报酬。

（2）实习期不受《劳动法》保护。在校大学生在学校安排或者利用课余时间参加实习，与用人单位建立的关系不是劳动关系，不受《劳动法》调整和保护。由于大学生不是《劳动法》调整的对象，大学生与实习单位之间发生的争议不能作为劳动争议处理。如果出现工伤等问题，可通过民事纠纷的渠道解决。

大学生毕业之前与单位和学校签订的高等学校毕业生就业协议，在法律上被视为民事合同，如果大学生在与用人单位签订劳动合同之前违约，则须按协议承担违反民事合同的违约责任，而不须承担违反劳动合同的有关义务。

二、实习机会的寻找

1. 实习机会的判断标准

（1）紧密结合未来职业选择。选择实习的单位和岗位与自己的职业理想直接相关的，所选择的实习单位和岗位可以为今后的职业发展加分。

（2）紧密结合个人目前状况。选择最能针对性的补充自己知识技能方面的实习单位和岗位。上一条是结合未来，这一条是结合当下。

（3）紧密结合外在机遇。选择有利于自己职业发展外在机遇的单位和岗位，并及时抓住这种机会，为未来做准备。这种机会虽然可能不是立竿见影的，但对长远的未来有较大帮助，这种漫长的准备是值得的。

（4）必须衡量能力培养与赚钱的轻重。能力培养与赚钱都是实习应当考虑的主要因素，但绝大部分时候，"鱼与熊掌"不能兼得，这时就必须权衡两者的轻重。一般情况下，目前能锻炼能力的工作今后都能赚钱，当然也就应结合个人的具体情况去分析。

2. 获得实习机会的主要途径

（1）学校。学校各专业及就业指导部门都会根据教学计划、专业特点和社会需求安排或提供相关实习信息。

（2）传媒。网络、电视、报刊、广播等媒体发布的实习信息。

（3）人脉资源。老师、同学、朋友、亲人、熟人、邻居等人际关系推荐的信息。

（4）人才市场。人才管理中心、职业中介机构、招聘会等提供和发布的信息。

3. 选择实习单位的注意事项

（1）实习单位是否与自己的专业相关。一般情况下，选择一个与自己所学专业相关的实习单位是最理想的。

（2）实习单位是否知名。知名的单位管理规范、分工合理、机制完善，不仅能提供全面的锻炼机会，也能为就业开辟广阔的领域。

（3）实习单位是否能提供培训机会。培训可提供宝贵的学习机会，使实习的收获更大、效益更高。

（4）实习单位的工作内容是否明确。明确实习的工作内容能让实习更加得心应手，更顺利，成效更明显。

（5）实习单位是否有培养实习生的经验。有培养实习生经验的单位不仅把实习生作为招聘的对象，而且能全方位提升实习生的知识技能和社会适应能力。

三、怎样进行实习

1. 明确实习目标

在实习过程中应该随时明确自己为什么实习、实习应达到什么目的等，这样才能实现实习的意义、提高实习的积极性。

2. 制订实习规划

在实习之前应根据自身情况和实习要求制订包括实习地点、实习时间、实习内容、实习目标等方面的实习规划，并在实习过程中根据情况的变化适时调整。

3. 应避免的问题

（1）对自己缺乏深入了解。部分大学生对诸如自己"适合做什么、喜欢做什么、擅长做什么、最在乎的是什么、家庭及社会允许做什么"等有关自己个性、兴趣、能力、价值观、环境条件方面的问题缺乏认识，从而表现为他人选什么自己就跟什么、他人说什么自己就做什么。

（2）对岗位和职业缺乏认识。实习前对实习岗位的工作内容、职责要求等基本情况缺乏必要的认识，对职场基本规则及职场与校园的差异缺乏了解，从而导致部分大学生实习过程中无所适从。

（3）好高骛远或知难而退。部分大学生在选择实习单位时，要么只找知名企业、热门单位、大都市等；要么畏难情绪严重，一遇到困难就停滞不前，其结果就是找不到实习单位而无处进行实习。

（4）盲目实习。对实习缺乏规划、没有足够重视。具体表现为：不遵守实习单位的规章制度，我行我素；做事虎头蛇尾，不善于总结；优越感强，不虚心学习；缺乏维权意识。

四、实习与就业

实习是就业的准备，就业是实习的归宿。实习为大学生寻找及确定就业岗位提供了现实条件，就业使实习更富有成效。怎样充分利用实习机会顺利实现就业，是大学生高度关注并亟待解决的问题。处理好实习与就业之间的关系，既能提高实习效率，也能降低就业成本。很多时候，实习工作还可能转换为转正工作的实习。

1. 如何顺利度过实习期

实习期既是用人单位考察实习生是否称职的时段，也是大学生了解用人单位的工作条件、管理水平和工资福利待遇是否合意的时段，因此，实习期对用人单位和大学生都很重要和必要。

（1）端正心态。心态决定生活状态，唯有心态端正，才会感觉到自己的存在，才会感觉到生活与工作的快乐，才会感觉到自己所做的一切都是理所当然的。大学生应该主动放弃自己不切实际的优越感，虚心学习，千万不要这山望着那山高。

（2）化被动为主动。大学生实习是为了学到实践技能，虽然自己没有工作经验，但只要积极主动、尽心尽力、好学肯干，就会获得更多施展才华的机会。

（3）作风严谨。大学生从走上实习岗位的那一刻起，就应该清醒警觉、自省自查，彻底改掉迟到、早退、作风懒散、拈轻怕重、偷奸耍滑、敷衍拖沓等不良习惯，养成脚踏实地、认真负责的工作态度。

（4）积极适应环境。实习单位安排的工作可能不是自己喜欢做的，能否做好那些自己不愿做的工作是一个人是否成熟的标志，也是一个人能否取得人生成功的重要因素。所以在实习期间，大学生不仅要完成属于自己的工作，还要做好自己不愿做的额外工作，这是适应环境的重要方面。

（5）不要轻言离开。大学生在实习期间无论遭受何种挫折，只要没有充分的理由必须放弃实习单位或实习岗位，就应该努力巩固自己目前已经获得的职位。争取了实习期，就表明已向成功迈出了一大步，大学生必须珍惜初次得到的实习机会。当然，经过努力，发现自己确实不适合从事某项工作，应该在征得实习单位同意后，果断转岗。

2. 实习单位最看重的品质

由于实习较一般的社会实践周期长、内容更广泛、考察内容更全面，实习生各方面的表现都随时处于实习单位的考察之中，经调研发现，以下4方面是实习单位最看重的。

（1）是否具有奉献精神。在近半年的实习过程中，实习生的工作能力和工作态度都能完整呈现出来。一个新员工一般需要至少一年的培训，用人单位花这么大代价来培养一个新人，最主要的目的就是要衡量实习生是否具有奉献精神，因为奉献精神是为用人单位创造财富的关键。

（2）个人价值观是否与单位文化相融合。个人价值取向与单位文化相融合是个人融入单位的前提，是个人认同单位的基础，也是单位产生凝聚力和向心力的保障。尽管不同的单位有不同的文化，但每个单位都希望自己的员工认同自己单位的文化。

（3）对单位是否忠诚。忠诚就是尽心竭力，赤诚无私；忠诚度就是员工对单位的忠诚程度，是员工行为忠诚与态度忠诚的有机统一。任何单位培养一个实习生都需要占用一定资源，如果实习生频繁跳槽，会增大用人单位的管理难度，增加管理成本。

（4）是否具有学习能力。用人单位总是把单位的未来寄托在新员工身上，总希望新员工未来能成长为骨干，这就要求新员工必须具有较强的学习能力，不断学习新知识、新技能、新观念、新思维，从而推动单位不断迈上新的台阶。

下篇

创新精神与创业素质

第八章

创新与创业内涵

第一节 创新内涵

"创新"已经成为当今时代的主旋律。上至国家社会，下至百姓生活，无不与创新息息相关。在此时代背景下，国家对各级各类院校的大学生也提出了培养创新意识和创新能力的要求。然而，创新到底是什么？

一、什么是创新

1. 创新的定义

通俗地讲，创新既可以是创造出前所未有的事物，也可以是对现有事物的改良。比如，古代人发明和使用车轮是创新，现代人研究和制造出飞机、计算机也是创新；古代人发现几何学的"勾股定理"是创新，现代人发明温度计也是创新。可见，创新的事物可以是有形的，也可以是无形的；可以是复杂的劳动工具，也可以是简单的生活用品。温度计被发明出来以后，根据人们的不同需求对其进行改良，同样可以算是一种创新。比如现在市面上针对婴幼儿研发的红外线额温枪，就大大提高了温度计的准确性和可识别性。因此，那种绝对以"创造出新事物"来理解创新的观点，其实是不完整的。

创新，还可以从更广泛的角度来理解。比如我们做某件事，尽管这对于人类来说不是第一次创造出新的事物或者改良原有事物，但是对于我们自己来说，这是我们第一次尝试做什么，第一次想到什么，第一次使用什么，这种活动也可以称为"创新"。比如班级第一次组织课堂小组讨论，这是对学习方式的创新；再比如我们第一次离开学校去街上摆摊，这是对自己课余生活方式的创新。

综上所述，创新是指人类为了满足自身的需要，不断拓展对客观世界及自身的认知，从而产生有价值的新思想、新举措、新事物的实践活动。创新的实质就是变革旧事物，并将其更新为新事物。从创新者的角度讲，创新的实质就是要求创新者能够突破常规和摆脱思维定式的束缚，用新的思路和方法解决问题。

2. 创新的类型

（1）产品创新。

产品创新就是研究开发和生产出能更好的满足顾客需要的产品，使其性能更好，外观更美，使用更便捷、更安全，费用更低，更符合环境保护的要求。因为产品要满足社会需要，参与竞争，是直接体现企业价值的实物，所以产品创新成为企业创新的主要任务。产品创新可在3个层面上实现。

① 开发出具有新功能的产品。例如，3D Systems 公司发布的光固化3D打印机，具有打印平台自动找平功能，且打印支撑结构更容易去除。该产品可同时使用 PLA 和 ABS 两种材料打印，并最多支持两种颜色，采用了全新彩色触摸屏，具有直观的用户界面，打印时拥有 LED 高亮显示，堪称 3D Systems 公司的优秀产品。

② 产品结构方面的改进。例如，使产品轻、巧、小、薄，携带和使用方便，节省材料、降低能耗。手机、平板电脑、摄像机、笔记本电脑、超薄洗衣机等就是典型的例子。

③ 产品外观方面的改进。例如，产品款式及色彩的改变都可以使顾客需求得到新的满足，从而增加销售收入。苹果公司曾依靠推出彩壳流线型个人计算机显著提高了其个人计算机的市场占有率。

（2）技术创新。

技术创新是指采用新的生产方法或新的原料生产产品，以达到保证质量、降低成本、保护环境或使生产过程更加安全和省力的目的。技术创新可在4个层面上实现。

① 工艺路线的革新。这是生产方式思路的改变。例如，用精密铸造、精密锻造、粉末冶金代替金属切削生产复杂的机械零件，可大大缩短生产周期，降低成本。

② 材料替代和重组。例如，前些年美国农产品过剩，农场主就与大学合作，从环保角度进行创新，以农产品作原料生产工业产品：用玉米生产一次性水杯、餐具和包装盒；从玉米中提取燃烧用的乙醇；从大豆中提取润滑油替代石油产品等。

③ 工艺装备的革新。例如，用电脑绣花机代替手工绣花；用数控机床代替手动操作机床等。

④ 操作方法的革新。用更省力、更高效的操作方法，代替传统的、不适应现代技术进步的操作方法。

（3）制度创新。

制度创新是从社会经济角度来分析企业系统中各成员间正式关系的调整和变革。企业制度主要包括产权制度、经营制度和管理制度等方面的内容。

制度创新的方向是不断调整和优化企业所有者、经营者、劳动者三者之间的关系，使各个方面的权利和利益得到充分体现，使组织中各类成员的作用得到充分发挥。

（4）职能创新。

职能创新就是在计划、组织、控制、协调等管理职能方面采用新的更有效的方法和手段。

我国不少企业技术陈旧，各种管理职能又缺少活力，因此职能创新任务非常紧迫。职能创新可在 5 个层面上实现。

① 计划方式创新。许多企业在计划工作中运用运筹学取得显著成效。例如，某企业从 2012 年开始在购电、电网运行和用电方面采用目标规划的方法，使企业每年节约电费约 2 000 万元。

② 控制方式创新。例如，日本丰田公司首创准时生产制（JIT），显著降低了成本。

③ 用人方式创新。例如，运用测评法招聘、选拔和考核干部、员工，采用拓展训练等方法改善培训效果等。

④ 激励方式创新。例如，美国企业实行"订自助餐式"奖励制度，使同样的支出获得了更好的激励效果。

⑤ 协同方式创新。例如，某市政府试行科技特派员制度，他们通过调查，了解乡镇农业大户需要哪些技术支持，同时将全市 3 500 多名农业科学技术人员按专长分类公布，然后将双方对接，实行双向选择，农户收入大幅增加。

（5）结构创新。

结构创新是指设计和应用新的更有效率的组织结构。结构创新按其影响系统的范围可分为技术结构创新和经济与社会结构创新两种类型。

① 技术结构创新。例如，美国福特汽车公司在 20 世纪 20 年代首创流水线生产方式，让工人依次完成简单工序，极大地提高了生产率，由此开创了大规模生产标准产品的工业经济时代。

② 经济与社会结构创新。通过调整人们的责、权、利关系以提高组织效能。例如，美国通用汽车公司 20 世纪 20 年代采用事业部制，解决了统一领导与分散经营的矛盾，使规模经营与适应市场的要求得到了统一，极大地增强了市场竞争力。

3. 创新的基本过程与原则

（1）创新的基本过程。

创新的基本过程包括 4 个阶段。

① 准备期。在准备期，需要解决的创新问题存在着许多未知因素，主要任务是搜集信息、整理资料，通过搜集前人的知识、经验来对问题形成新的认识。也就是说，要了解问题的具体情况，产生创新的需求，激发创新动机，在发现问题的基础上，通过深入分析使问题更加明确，从而为创造活动的下一阶段做好准备。

② 酝酿期。明确问题后，就需要找出问题的关键点，以便考虑解决这一问题的各种策略。一方面，应通过搜集整理有关知识信息，弥补知识缺陷；另一方面，要消化原始材料、构思假说和寻找解决方案。有些问题可能一时难以找到答案，可能会被暂时搁置，但是这些问题仍然会一直萦绕在脑海中，成为一种潜意识。

③ 明朗期。明朗期即顿悟期或突破期，这一时期的主要特征是寻找到了解决办法。明朗期很短暂，很突然，呈猛烈爆发状态。人们通常所说的"脱颖而出""豁然开朗""众里寻他千百度，蓦然回首，那人却在灯火阑珊处"等，都是描述这种状态的。如果说"踏破铁鞋无觅处"描绘的是酝酿期的情形，那么"得来全不费功夫"则是明朗期的形象刻画。在明朗期，灵感思维往往起决定性作用。

④ 验证期。验证期又称实施期,主要是对创新思维所产生的新成果中的方法和策略进行检验,对其不足之处进行完善,使其更加合理,最后以适当的形式表达出来,能够有效地指导实践。验证,一是进行理论验证,二是进行实践检验。验证期需耐心、周密、慎重,不能急于求成或急功近利。

(2) 创新的原则。

创新原则就是开展创新活动所依据的法则和判断创新构思所凭借的标准。具体来说,创新需要遵循以下 6 个方面的原则。

① 科学原理原则。创新必须遵循科学技术原理,不能违背科学发展规律。任何违背科学技术原理的创新都不能获得成功。为了使创新活动取得成功,在进行创新构思时,必须做到:

a. 对创新设想进行科学原理相容性检验;

b. 对创新设想进行技术方法可行性检验;

c. 对创新设想进行功能方案合理性检验。

② 市场评价原则。创新设想要获得最后的成功,必须经受市场的严峻考验。爱迪生曾说:"我不打算发明任何卖不出去的东西,因为不能卖出去的东西都没有达到成功的顶点。能销售出去就证明了它的实用性,而实用性就是成功。"

③ 相对较优原则。创新产物不可能十全十美。利用创造原理和方法,获得的许多创新设想常常各有千秋。这时,就需要人们按照相对较优的原则,对设想进行判断选择,具体包括以下 3 个方面:

a. 从创新技术先进性上进行比较选择;

b. 从创新经济合理性上进行比较选择;

c. 从创新整体效果性上进行比较选择。

④ 机理简单原则。在现有科学水平和技术条件下,需要对创新方式和创新手段的复杂性进行科学合理的评估。特别是在科技竞争日趋激烈的今天,结构复杂、功能冗余、使用烦琐已成为技术不成熟的标志。因此,在创新过程中需要坚持机理简单原则。为使创新的设想或成果更符合机理简单原则,应检查以下 3 个方面:

a. 新事物所依据的原理是否重叠,超出应有范围;

b. 新事物所拥有的结构是否复杂,超出应有程度;

c. 新事物所具备的功能是否冗余,超出应有数量。

⑤ 构思独特原则。创新贵在独特。创新的独特性可从以下 3 个方面加以考察:

a. 创新构思的新颖性;

b. 创新构思的开创性;

c. 创新构思的特色性。

⑥ 不轻易否定、不简单比较原则。不轻易否定、不简单比较原则是指在分析评判各种创新方案时,应注意避免轻易否定的倾向。在飞机发明之前,科学界曾从"理论"上进行了否定的论证。过去也曾有权威人士断言,无线电波不可能沿着地球曲面传播,无法成为通信手段。这些结论都被证明是错误的。不同的创新,包括非常相近的创新,原则上也不能以简单的方式比较其优劣,这有利于促进相关技术在市场上的优势互补,形成共存共荣的局面。例如,市场上常见的钢笔、铅笔就互不排斥,即使都是铅笔,也有普通木质的铅笔以及金属或

塑料杆的自动铅笔之分，它们之间也不存在排斥的问题。

二、创新需要条件

开展创新活动，需要有创新意识、创新思维，同时还需具备创新能力和创新方法。创新意识的培养和开发是培养创新型人才的起点，创新思维和能力的培养是培养创新型人才的关键，创新方法的使用能提高创新效率和创新效果。

1. 创新意识

创新意识引导着创新行为，具有较强的能动性，是创新型人才所必须具备的条件之一。

（1）创新意识的内涵。

创新意识是指人们对创新及其价值观的思想、态度、认识水平和认识程度，以及用于调整和规范自己活动方向的一种稳定的心理状态。一般来说，创新意识代表着一定社会主体奋斗的目标和价值指向性，是主体产生稳定持久的创新需要、价值追求的推动力量，是唤醒、激励和发挥主体潜力的重要精神力量。

创新意识包括创新动机、创新兴趣、创新情感、创新信念和意志等。其中，创新动机是创新活动的动力因素，是推动和激励人们发动和维持创新的精神力量；创新兴趣是促使人们积极探求新奇事物的一种积极的心理倾向，有利于促进创新活动的顺利展开；创新情感是引起、推进以至完成创新活动的心理情感因素，只有积极、正向的创新情感才能促使创新活动取得成功；创新信念和意志是指创造中克服困难、冲破阻碍的心理因素，创新信念和意志具有目的性、顽强性和自制性等特征。

（2）创新意识的作用。

创新意识的作用主要体现在以下3个方面。

① 创新意识是决定一个国家、民族创新能力最直接的精神力量。创新是一个民族进步的灵魂，是一个国家兴旺发达的不竭动力。中央十八大明确提出实施创新驱动发展战略，强调科技创新是提高社会生产力和综合国力的战略支撑，必须摆在国家发展全局的核心位置。

② 提高和发展创新意识有助于推动社会的全面进步。创新意识来源于社会生产方式，并反作用于社会生产方式。由于创新推动着人类社会生产力的持续发展，创新教育被世界各国高度重视。创新教育，就其内涵来讲，是培养人的创造性，使人能够具备从事一定职业的能力的教育，能够适应社会生活的教育；就其本质来讲，创新教育是职业技能与创造能力的教育。创新意识的发展，必然推动人的思想解放，有利于人们形成开拓意识，有利于促进社会生产方式的发展进步。

③ 提高和发展创新意识有利于促进人才素质的结构性变化，提升人才质量。提高和发展创新意识，能够有效激发人的主体性、能动性、创造性，有利于促进人才素质的结构性变化，提升人才质量，使人自身的内涵获得极大地丰富和发展。现代社会的发展，需要充满生机和活力的人、需要具有开拓精神的人、需要拥有创新思想和现代科学文化素质的人。

（3）创新意识与实践能力的关系。

创新意识和实践能力是人的精神发展的有机组成部分，是人的本质属性的重要表现，是不可分割的。创新意识是在实践基础上产生的，在人的思想层面的实践预演。这既是过去实践的精神结果,又是即将开展的实践活动的准备。这种观念性的东西是否正确、是否符合实际需要,必须在实践过程中去验证。实践能力是实践主体在实践过程中逐渐形成的对目的、计划、方案等思想意识付诸行动的执行力,是创新意识的施展,对创新意识必然产生促进作用。

创新意识和实践能力都来自实践,同时对即将进行的实践具有促进作用。当代大学生只有具备创新意识和实践能力,才能适应快速发展的社会需要。

2. 创新思维

创新思维是创新实践和创造能力发挥的前提。大学生要想实现自己的创新和创业梦想,不仅需要积极主动地激发自己的创新意识,还要认识并训练自己的创新思维。

(1) 创新思维的内涵。

创新思维是指人们为解决某一问题,自觉、能动地综合运用各种信息寻求问题答案或解决方法的思考活动。创新思维常常能突破常规思维的界限,以超常规甚至反常规的方法、视角去思考问题,提出与众不同的解决方案,从而产生新颖的、独到的、有社会进步意义的思维成果。

创新思维是进行创新实践活动的基础条件,是思维的高级形式。创新思维的培育是提高创新能力的关键。

(2) 创新思维的基本特征。

创新思维就是以新颖的思路和崭新的方法解决问题,其基本特征有以下5个方面:

① 敏感性。要想打破常规思维的界限,产生新的思维成果,就必须敏感地感知客观世界的变化。

② 新颖性。创新思维重在创新,体现为在思考的方式上、思路的方向上、思维的角度上具有创造性和开拓性。认识事物时不停留在原有的层面上,而是进行重新的认识和分析,以独特的方法解决问题,用新奇的方式处理事情,产生新产品、新工艺、新方法、新方案等,从而形成和产生新的实用性或新的价值。

③ 联动性。创新思维具有由此及彼的联动性,这是创新思维所具有的重要特征。联动方向有3个:一是纵向,就是看到一种现象,就向纵深思考,探究其产生的原因;二是逆向,就是发现一种现象,则想到它的反面;三是横向,就是能联想到与其相似或相关的事物。创新思维的联动性表现为由浅入深、由小及大、触类旁通、举一反三。

④ 开放性。创新思维是开放的,要创新就必须善于学习、勤于思考,实现与外界的物质、能量和信息的交换。

⑤ 跨越性。创新思维属于非常规性、非逻辑性的思维活动。具有创新思维的人常常独具卓识,敢于质疑,善于破除陈规和思想的禁锢,善于从新的角度思考问题,力求独辟蹊径,得到突破性的新发现。

(3) 创新思维的表现形式。

① 直觉思维、灵感思维和顿悟思维。

a. 直觉思维。直觉思维是指对一个问题未经逐步分析,仅依靠感知迅速对问题答案作出判断、猜想的一种思维方式。直觉思维是一种潜意识的思维活动,是基于对研究对象的整体把握，在思维主体还没有意识到自己思维过程的情况下，就已经找到了结果。

b. 灵感思维。灵感思维是人们借助直觉启示而迸发的一种领悟或理解的思维形式。灵感是一种高度复杂的思维活动。现代科学研究表明，灵感是大脑的一种特殊技能，是思维发展到高级阶段的产物，是人脑的一种高级感知能力。

灵感思维有多种形式。一是自发灵感，是由于潜意识的大量活动而产生的灵感。二是诱发灵感，是人们利用灵感产生的情境，根据灵感生发的心理和生理机制，有机地配合自己的"灵感经验"进行自觉的诱发灵感的思维方法。人们总结出以下一些可以诱发灵感的方法：清晨起床前"假睡"一会儿；沐浴放松；听音乐；悠闲散步；阅读书籍报刊等。三是触发灵感，是指人们在对问题进行长时间思考的执着探索过程中，接触某些事物时，受其启发而在头脑中突然闪现灵感火花。四是逼发灵感，根据经验和科学研究表明，人的大脑是越用越灵，特别是在某些紧张状态中或某种危急情况下，会由于急切的情绪刺激而加速运转，产生出超常的活力，创造出在一般情况下不可能出现的奇迹。人们常说的"急中生智"，就是逼发灵感。

c. 顿悟思维。顿悟即顿时领悟，是指思维主体对百思不得其解的问题突然明白了，或者突然知道了如何解决问题的一种思维方法。格式塔心理学认为，顿悟是一种特殊的思维加工过程，是一种不同于常规的非线性信息加工思维。这种特殊的加工过程表现出：思维的无意识跳跃、心理加工过程被极大地加快、认知加工过程产生某种类型的短路等。其特征如下。一是突发性。突发性是指思维主体的"突然明白"或"突然觉悟"。顿悟和渐悟是相对应的。渐悟是逐渐明白，是一种渐变性的、循序渐进的过程；顿悟往往是由于受到某一认知事件的启发，顿悟者从该事件中获得启发的信息。二是自发性。自发性是指顿悟的产生表现为一种潜意识的、自发的形式，它不自觉地但又自然而然地在大脑中获得问题的答案。顿悟前有一段"潜伏期"，一旦受到环境或外物的影响，顿悟就会自发地产生。三是直指性。直指性是指思维主体直接把握事物的原理或问题的答案。顿悟思维使问题的答案或解决问题的有效方法突然地呈现在思维主体的眼前。

② 质疑思维。质疑思维就是对各种问题都要持怀疑、好奇的态度进行思考，是主体在原有事物的条件下，通过"为什么"的提问，综合运用多种思维改变原有条件而产生新事物（新观念、新方案）的思维方法。创新思维的关键就在于善于和敢于质疑。

具有质疑思维能力的人，能够积极地保持和强化自己的好奇心和想象力，勇于提出问题，敢于向权威挑战。比如，对"苹果为什么会从树上掉下来？""蒸气为什么能够顶起壶盖？"的质疑和思考，分别让牛顿、瓦特发现了重要的物理规律。巴甫洛夫曾给予质疑思维很高的评价，他说，"质疑思维，是创新的前提，是探索的动力"。质疑思维有4种形式：

a. 起疑思维。起疑思维是用以"为什么"为关键词的疑问句作为起始点，探究事物的起因和本质的思维方式。例如，为什么会这样？事情难道真是这样的吗？这究竟是怎么一回事？

b. 提问思维。提问思维又称设问思维，就是思考、发现和处理问题时，通过对现在、过去的事情提出疑问来寻求准确的答案、观念、理论的一种思维方式。

c. 追问思维。追问思维也称因果思维，指的是按照原思路刨根寻底，穷追不舍，直至找出原因的创新思维方式。

d. 目标导向思维。目标导向思维就是通过模糊性的"为什么"，围绕着目标而产生的独特、新颖、有价值和高效的创新思维方式。模糊思维是与精确思维相对立的思维方式，但并不是含混不清，更不是抛开逻辑，放弃精确，而是模糊与精确相统一，逻辑与非逻辑相结合的辩证思维。

③ 发散思维和收敛思维。

a. 发散思维。发散思维，也称辐射思维、求异思维，就是从某一问题的不同方面不受拘束地放开思考，从而寻求解决问题的新奇办法或预测事物的发展趋向，发现新事物的思维方式。这种思维方式，是突破原有的知识圈，充分发挥想象力，从多角度、多方位、多层次、多学科、多手段，经不同途径、以不同角度去探索，既可以从正面去想，也可以从反面、侧面去想，力图真实地反映认识对象的整体以及这个整体和其他周围事物构成的联系的一种全面的创新思维方式。

b. 收敛思维。收敛思维也称"聚合思维""求同思维"，是指在解决问题的过程中，尽可能利用已有的知识和经验，把许多发散思维的结果由四面八方集合起来，按照实用的标准来选择一个合理的设想或方案，最终得出一个合乎逻辑规范的结论。

收敛思维有很多运用的方法：一是辏合显同法，"辏"的引申意义为聚集，"辏合显同"就是把所感知到的对象依据一定的标准"聚合"起来，显示出它们的共性和本质，大致类似于逻辑学中的"归纳法"；二是层层剥笋法（分析综合法），层层剥笋法是指人在思维过程中，通过层层分析，向问题的核心一步一步地逼近，抛弃那些非本质的、繁杂的特征，以便揭示出隐蔽在事物表象后面的深层本质；三是目标确定法，确定搜寻目标（注意目标），进行认真观察，作出判断，找出其中的关键；四是聚焦法，聚焦法就是人们常说的沉思、再思、三思，是指在思考问题时，有意识有目的地将思维过程停顿下来，并将前后思维领域浓缩和聚拢起来，以便帮助我们更有效地审视和判断某一事件、某一问题、某一片段信息等。

④ 联想思维和逆向思维。

客观世界是复杂的，是由许多形形色色的事物构成的，不同事物之间又存在着各种差异。事实证明，两种事物之间的差异越大，将它们联想到一起就越困难，而一旦将两种看似不相关的事物联系起来，往往就能成为创新。

a. 联想思维。联想，就是指在头脑中根据事物之间在空间或时间上的彼此接近进行联想，从而引发出某种新的设想的创新思维方式。联想思维具有很多不同的表现形式，比如接近联想、相似联想、相对联想、飞跃联想等。

b. 逆向思维。逆向思维是一种重要的思维方式，是指利用事物间相互联系、相互制约的特性，从问题反面或侧面探寻事物本质属性的思维方式。逆向思维也具有很多不同的表现形式，比如原理逆向、功能逆向、条件逆向、程序（方向）逆向、状态（过程）逆向等。

⑤ 组合思维。

组合思维作为一种创新思维方式，就是将两个或两个以上看似不相关的事物（侧面、属性、因素等）组合在一起或把多个貌似不相关的事物通过想象加以连接，使之变成不可分割的新整体。组合思维有同类组合、异类组合、重组组合、共享与补代组合、概念组合和综合等多种形式。

⑥ 系统思维和逻辑思维。

a. 系统思维。系统是指由两个或两个以上的元素相结合而形成的有机整体，系统不等于其局部的简单相加。系统思维就是把认识对象作为系统，从系统和要素、要素和要素、系统和环境的相互联系、相互作用中综合地考察认识对象的一种思维方式。系统思维具有整体性、结构性、立体性、动态性和综合性等特征。

系统思维的具体方法包括整体法、结构法、要素法、功能法等。在分析和处理问题的过程中，整体法要求把思考问题的方向对准全局和整体，从全局和整体出发。结构法是基于系统思维的结构性，树立系统结构的观点，认识和把握系统构成要素和功能的关系，优化、创新结构，实现系统最佳功能。要素法是要使整个系统正常运转并发挥最好的作用或处于最佳状态，必须充分发挥各要素的作用。功能法是指为了使一个系统呈现出最佳态势，从大局出发来调整或是改变系统内部各部分的功能与作用。

b. 逻辑思维。逻辑思维通常也称"抽象思维"，是人们在认识过程中借助于概念、判断、推理等思维形式能动地反映客观现实的理性认识过程。研究显示，逻辑思维能力与工作中的应变与创新能力密切相关。常见的逻辑思维方法有分析与综合、分类与比较、归纳与演绎、抽象与概括等。

3. 创新能力

创新的过程是一项复杂的社会实践活动。具备较强的创新能力是创新和创业取得成功的重要条件和保障。

（1）创新能力的内涵。

所谓创新能力，是指为了达到某一目标，综合运用所掌握的知识，通过分析、解决问题，获得新颖、独创的，具有社会价值的精神和物质财富的能力。创新能力从来不是孤立地存在于个体的心理活动中，而是与个体所具有的人格特征紧密相联。

（2）创新能力的来源。

根据马克思主义认识论的基本原理，创新能力来源于社会实践。具体来说，创新能力的来源可以是：意外的机遇，新知识的产生，现实生活中的不协调现象，工作任务的需要，人文环境的变化，知觉和观念的变化等。然而，无论创新能力从何而来，继承已有的基础、传统和成功经验是创新成功的前提。

（3）创新能力的构成。

创新能力由多方面内容构成，主要包括：学习能力、观察能力、思维能力、想象能力、分析能力、综合能力、批判能力、解决问题的能力、实践能力、组织能力以及整合多种因素的能力等。这里我们主要介绍学习能力和观察能力。

① 学习能力。创新者通过学习，可以有效提升个人能力。实践证明，一个真正的创新者最长久的创新优势就在于具备较强的学习能力。一个人只有通过不断的学习，才能使自己的知识融会贯通，始终以崭新的精神面貌面对发展变化的客观事物。

② 观察能力。观察能力，简称观察力。人的观察力并非与生俱来的，而是在学习过程中培养的，在实践活动中锻炼出来的。为了有效的进行观察，更好的锻炼观察力，掌握良好的观察方法是必要的。

a. 确立观察目的。对一个事物进行观察时，要明确观察什么，怎样观察，达到什么目的，做到有的放矢。

b. 制订观察计划。在观察前，对观察的内容作出安排，制订周密的计划，先观察什么，后观察什么，按部就班，系统进行。

c. 培养浓厚的观察兴趣。每个人由于观察敏锐性的差异，在同一件事物的观察上会出现不同的兴趣，或者注意到不同事物或同一事物的不同特点。因此，培养浓厚的观察兴趣是培养观察能力的重要前提条件。

d. 观察现象，探寻本质。观察力是思维的触角，要善于把观察的任务具体化，善于从现象乃至隐蔽的细节中探索事物的本质。

e. 培养良好的观察方法。常用的观察方法主要包括以下 8 种：一是自然观察法，就是对处于自然状态下的事物进行观察；二是实验观察法，就是通过做实验的方式进行观察；三是长期观察法，就是在较长的时期内，对某种事物或现象进行系统观察；四是全面观察法，就是对某一事物的各个方面都进行观察，求得对该事物的全面了解；五是定期观察法，就是在某一特定时间内对某事物或现象进行观察；六是重点观察法，就是按照某种特殊目的和要求对事物的某一方面或几个方面做重点观察；七是直接观察法，就是观察者深入实际，通过直接观察取得第一手资料或直接经验；八是对比观察法，就是把两个以上的事物有比较地进行对照观察。

4. 创新方法

创新方法也称创新技法，是指根据创新思维的发展规律而总结出来的一些原理、技巧和方法。应用创新方法不仅可以启发人的创新思维，直接产生创新成果，而且能够提高人们的创造力和创新成果的实现率。

（1）头脑风暴法（智力激励法）及其应用。

头脑风暴法又称智力激励法或自由思考法，是由美国创造学家奥斯本于 1939 年首次提出，1953 年正式公开的一种激发性思维方法。"头脑风暴"一词最早是精神病理学中的用语，直译为精神病人的胡言乱语。奥斯本借用这个词来形容会议的特点，就是让与会者敞开思想，使各种设想在相互碰撞中激起脑海中的创造性"风暴"，无限制地自由联想和讨论，其目的在于产生新观念或激发创新设想。

头脑风暴法一般是通过召开会议的形式进行的，其实施步骤包括准备、热身、明确问题、畅谈、整理筛选。

① 准备。准备包括以下 4 个方面的工作：

a. 选择会议主持人。合适的会议主持人，既应熟悉头脑风暴法的基本原理、原则、程序与方法，又应对会议所要解决的问题有比较明确的理解，还应能够灵活地处理会议中出现的各种情况，使会议自始至终遵照有关规则，在愉快热烈的气氛中进行。

b. 确定会议主题。由主持者和问题提出者一起分析研究，明确会议所讨论的主题。主题应具体单一，对涉及面广或包含因素过多的复杂问题应进行分解，使会议主题明确。

c. 确定参加会议的人选。参加会议的人数一般以 5～10 人为宜。与会人员的专业构成要合理，大多数人应对讨论的主题有较丰富的专业知识，同时也要有少数外行参加。与会者应关系和谐、相互尊重、平等议事、无上下高低之分，以利于消除各自的心理障碍。

d. 提前下达会议通知。提前几天将议题的有关内容及背景通知与会者，以利于其思想上有所准备，提前酝酿解决问题的设想。

② 热身。头脑风暴法会议安排与会者"热身",其目的是使与会者尽快进入"角色"。热身活动所需要的时间,可由主持人灵活决定。热身活动有多种形式,如看一段有关发明创造的录像,讲一个发明创造的故事,出几道脑筋急转弯之类的问题让与会者回答,使会场中尽快形成热烈轻松的气氛,让大家尽快进入创造的"临战状态"。

③ 明确问题。这个阶段主要由主持人介绍问题。介绍问题时应注意坚持简明扼要原则和启发性原则。例如,针对革新一种加压工具的问题,如果选择"请大家考虑一种机械加压工具的设计构思"这种表述方式,就容易把大家的思路局限在"机械加压"的技术领域之内;如果改为"请大家考虑一种提供压力的先进方案",则会给大家提供更广阔的思考天地,除了机械加压之外,大家还可能会想到气压、液压、电磁等技术的应用。

④ 畅谈。这是头脑风暴法最重要的环节,是决定智力激励成功与否的关键阶段,其要点是想方设法营造一种高度激励的气氛,使与会者能突破种种思维障碍和心理约束,让思维自由驰骋,并借助与会者之间的知识互补、信息互补和情绪鼓励,提出大量有价值的设想。

畅谈阶段的时间由主持人灵活掌握,一般不超过 1 小时。畅谈阶段要遵守以下 5 个规则。

a. 不许私下交谈,始终保持会议只有一个中心,否则,会使与会者精力分散,并产生无形的评判作用。

b. 不许以权威或集体意见的方式妨碍他人提出个人设想。

c. 设想表述力求简明、扼要,每次只谈一个设想,以保证此设想能获得充分扩散和激发的机会。

d. 会议所提设想一律记录下来。

e. 与会者不分职位高低,一律平等对待。

⑤ 整理筛选。畅谈结束后,主持人应组织专人对设想进行分类整理,并进行去粗取精的提炼工作。如果已经获得解决问题的满意答案,此次会议就达成了预期的目标。倘若还有悬而未决的问题,还可以召开下一轮会议。

(2) 设问检查法及其应用。

设问检查法,简称设问法,是指围绕现有的事物或想要开发的新事物提出各种问题,通过提问,发现其存在的问题或不能满足消费者要求的地方,从而找到需要革新的方面,开发出新产品的一种创新技法。

设问检查法是人们经常使用的一种创新技法。经验证明,巧妙的设问可以启发想象、开阔思路、引导创新。常见的设问检查法主要包括奥斯本检核表法、和田十二法和 5W1H 法。

① 奥斯本检核表法。

奥斯本检核表法,又称奥斯本法则,是引导主体在创造过程中对照 9 个方面的问题进行思考,以便启迪思路,开拓思维想象的空间,促进主体产生新设想、新方案的创新技法。奥斯本检核表法根据需要解决的问题,或者需要创造发明的对象,从用途、实施方案、形态、结构、体积、材料、程序、位置、组合 9 个方面提出有关问题:能否他用、能否借用、能否改变、能否扩大、能否缩小、能否替代、能否调整、能否颠倒、能否组合,然后一个个进行核对讨论,从中获得解决问题的方法和创造发明的设想。

② 和田十二法。

和田十二法，又称"和田创新法则"，是我国创造学研究者许立言、张福奎和上海市和田路小学的师生在奥斯本检核表法和其他技法的基础上，结合我国实际情况，提炼和总结出来的思维方法。和田十二法主要包括12个动词，即加一加、减一减、扩一扩、搬一搬、缩一缩、连一连、仿一仿、变一变、改一改、代一代、反一反、定一定。和田十二法为人们提供了一个开拓创新的思维新方式。

③ 5W1H法。

"5W1H"即为什么（Why）、是什么（What）、何人（Who）、何时（When）、何地（Where）、如何（How），是由美国陆军司令部首创的一种创新技法，强调对选定的项目、工序或操作，都要通过连续提出5W1H 6个问题，明确需要探索和创新的范围，设法找到满足条件的答案，最终获得创新方案。5W1H法强调从不同角度思考问题，往往能够得到比较完善、甚至意想不到的结果，实现思考内容的深化和科学化。此法广泛应用于改进工作、改善管理、技术开发、价值分析等方面。

（3）列举法及其应用。

列举法有分析列举法、特性列举法和缺点列举法等。

① 分析列举法。

分析列举法就是针对某一具体事物的特定对象，从逻辑上进行分析，并将其本质内容全面地逐一罗列出来的一种手段，是用以启发创造设想，找到发明创造主题的创新技法。

分析列举法必须分析罗列所有的因素，然后逐个分析，以促使人们全面地考虑问题。其分析问题要求全面、精细，因此较为烦琐，较适用于小而简单的问题。它基本上只是一个提供思路的方法，进一步的实施还需要借助其他技法与手段才行。

② 特性列举法。

特性列举法就是通过对需要革新改进的对象进行观察分析，尽量列举该事物的各种不同特征或属性，然后确定应加以改善的方向，以及如何实施的思维方法。

特性列举法解决问题的主要手段是：逐一列举创意对象的特征，进行联想，提出解决方案。具体实施时可分为以下4个步骤：

a. 选择目标较明确的创意课题，将对象的特征或属性全部写出来；

b. 列举创意对象的特征；

c. 在各项目下试用可替代的各种属性，加以置换，引出具有独创性的方案；

d. 提出方案并对方案进行评价讨论。

特性列举法的应用，既可以从物理特性、化学特性、结构特性、功能特性和形态特性等方面列举创新对象的特征，也可以从自身特性、经济性特性、使用者特性和用途特性等方面列举创意对象的特征。以圆珠笔的设计为例，借助特性列举法进行创新思考，圆珠笔的特性列举结果如下：物理特性（银灰色、无声、无味）；形态特性（圆柱形、细长）；用途特性（办公、学习、美术、书写、绘图、复写、送礼、装饰）；使用者特性（青少年、中老年、各类职业）。

③ 缺点列举法。

缺点列举法是抓住事物的缺点进行分析，通过发现、挖掘事物的缺点，并将其一一列举出来，针对这些缺点，设想改革方案以确定发明目的的创新技法。

使用缺点列举法，并无十分严格的步骤，一般可按以下3个程序进行：

a. 找出事物的缺点，也就是选定研究的课题；

b. 将缺点加以归类整理并分析缺点产生的原因；

c. 针对所列缺点逐条分析，分析要有针对性和系统性，要研究其改进方案或能否将缺点逆用、化弊为利。

缺点列举法是直接从社会需要的功能、审美、经济等角度出发，研究对象的缺陷，提出改进方案，显得简便易行。在具体运用缺点列举法作创造发明时，主要有会议法、用户调查法、对照比较法，此外，还有希望点列举法、成对列举法等。

（4）逆向转换法及其应用。

① 逆向转换法。

逆向转换法是指把某个复杂的问题变成一个比较简单的问题，或者把某个难以解决的问题变成一个比较容易解决的问题，也可以是把某个自己所陌生的问题变成自己所熟悉的问题，从而使解决问题更省事省力、效率更高、效果更好的创新技法。

② 逆向反转法。

逆向反转法即反向思考法，其中的"逆"或"反"可以是方向、位置、过程、功能、因果、优缺点、破（旧）立（新）等矛盾的两个方面的逆转。例如，制冷与制热、电动机与发电机、压缩机与鼓风机、保温（保热）与制冷（保冷）、吹尘与吸尘、野生动物园的人和动物的位置，原因结果互相反转即由果到因等。

③ 还原分析法。

还原分析法是把创新的起点移到创新的原点，即先暂时放下所研究的问题，反过来追本溯源，分析问题的本质，然后从本质出发，独辟蹊径，寻找新的创新方法。还原分析法的应用有两种，即还原换元法和换元还原法。

a. 还原换元法。还原换元法即先还原后换元。还原就是在进行发明创造时，不以现有事物为起点，不继续沿着原有思路同向探索，而是先摆脱思维惯性和传统影响，反向还原。例如，有人从交叉路口取其中一条路行至某处发生了困难（有障碍物或路难行），解决的思路通常是设法寻找克服困难的办法。还原换元法则是先不急于往下走，而是折回头去查找出发的原点（还原），然后站在原点处重新分析该怎么办；或者另选一条能避开困难或缩短路程的路；或者改变原有的行动方式（如步行、骑车、搭汽车、乘飞机、坐船、甚至托人代办等）。这样无疑为解决问题提供了更多的条件。

b. 换元还原法。换元还原法是数学运算中常用的解题方法，如直角坐标与极坐标的互相变换以及换元积分法等。此法着重于解决具体问题，并非是提出问题的方法。在飞机驾驶员训练时，初期先在模拟飞行环境中（先换元）训练，然后再过渡到实际（还原）环境中训练；科学研究中的模拟实验，也都是先换元取得有关参数、经验或方法后，再还原。曹冲称象就是把无法称重的大象换元成可以分散称重的石块才将问题解决的。

④ 缺点逆用法。

缺点逆用法就是指利用事物的缺点进行创新的方法，如在技术创新中，利用事物的缺点，"以毒攻毒"，化弊为利。

世界上的事物无不具有双重性。例如，金属的腐蚀本来是件坏事，但有人却利用腐蚀的原理发明了蚀刻和电化学加工工艺；机械的不平衡转动，会产生剧烈振动，有人利用它发明了夯实地基的蛤蟆夯等。

缺点逆用法的实施步骤有以下3个：

a. 探寻事物可以利用的缺点，这是缺点逆用法的前提；

b. 透过现象，认清缺点的本质，抽象出这种被视为缺点的现象背后所隐藏的可以利用的基本原理，或表现为缺点的现象本身的特性、行为、作用过程等；

c. 根据所揭示的现象背后的基本原理或对现象本身特性等的认识，研究利用或驾驭缺点的方法。

(5) 联想类比法及其应用。

① 联想类比法。

类比是以比较为基础寻找不同事物或现象在一定关系上的部分相同或相似。通过两个（两类）对象之间某些方面的相同或相似推出其他方面的相同或相似的方法，称为联想类比法，简称类比法。

人们在探索未知世界的过程中，可以把陌生的对象与熟悉的对象、将未知与已知相对比。这样，由此物及于彼物、由此类及于彼类，可以启发思路、提供线索、触类旁通。美国学者戈登对创造过程中常用的类比进行了分析研究，并将其总结为拟人类比、直接类比、象征类比、幻想类比四种基本的类比方式。

② 综摄法。

综摄法是指通过已知的东西为媒介，把表面上互不相关的各种不同的事物结合在一起，以打开"未知世界的门扉"，激起人们的创造欲望，使潜在的创造力发挥出来，产生众多的创造性设想的思维方法。

综摄法是一种理论化程度高、技巧性强、效果显著的创新技法。通常此法以小组讨论会的形式进行，但也可以个人使用。综摄法在以小组的形式进行集体创新时，要求由不同知识背景、不同气质的人组成小组，相互启发，集体攻关。小组一般由5～7人组成。戈登把实施综摄法的全过程分为9个阶段：

a. 问题的给定；

b. 变陌生为熟悉；

c. 问题的理解（分析问题，抓住要点）；

d. 操作机制（发挥各种类比的作用）；

e. 变熟悉为陌生；

f. 心理状态（关于问题的理解达到卷入、超脱、迟延、思索等心理状态）；

g. 把心理状态与问题结合起来（把最贴切的类比与已理解的问题做比较）；

h. 观点（得到新见解、新观点）；

i. 答案或研究任务（将观点付诸实践或变为进一步研究的题目）。

③ 移植法。

移植法也称渗透法，是通过相似联想、相似类比，力求从表面上看来是毫不相关的两个领域或现象之间，发现它们的联系，将某个领域或现象中应用的原理、技术、方法，引用或渗透到另外一个领域或现象中，用以改造或创新的思维方法。移植法主要有以下4种：

a. 原理移植。无论是理论还是技术，尽管领域不同，但也可以发现一些共同的基本原理。例如，红外辐射是一种很普通的物理过程，凡高于绝对温度零度的物体，都有红外辐射，只是温度低时辐射量很低。将这一原理移植到其他领域，可产生一些新奇的成果，如红外线探测、遥感、诊断、治疗、夜视、测距等；在军事领域则有红外线自动导引的"响尾蛇"导弹，装有红外瞄准器的枪械、火炮和坦克，红外扫描及红外伪装等。

b. 方法移植。17世纪的笛卡尔是科学方法移植的先驱，他以高度的想象力，借助曲线上"点的运动"的想象，把代数方法移植于几何领域，使代数、几何融为一体。美国阿波罗Ⅱ号所使用的"月球轨道指令舱"与"登月舱"分离方法，实际上就移植于巨轮不能泊岸时用驳船靠岸的办法；照相技术被移植到印刷排字中便形成了先进的照相排版技术。

c. 回采移植。历史表明，许多被弃置不用的"陈旧"事物，只要用现代技术加以改造（如应用新材料、新技术等），往往会形成新的创造。

d. 功能移植。功能移植是指把诸如激光技术、超声波技术、超导技术、光纤技术、生物工程技术以及其他信息、控制、材料、动力等一系列通用技术所具有的技术功能，以某种形式应用于其他领域。例如，应用电子计算机实现机械加工程序化、自动化。

④ 仿生学方法。

仿生学方法是指通过模拟生物的结构或功能原理而产生发明创造的方法。仿生学方法的核心是将研究对象（问题）与相关生物系统相类比。这一方法实施大致分为3步：

a. 根据生产实际提出技术问题，选择性地研究生物体的某些结构和功能，简化所得的生物资料，择其有益内容，得到一个生物模型；

b. 对生物资料进行数学分析，抽象出其内在联系，建立数学模型；

c. 采用电子、化学、机械等技术手段，根据数学模型，最终实现对生物系统的工程模拟。

仿生创新有以下6种主要思路：

a. 信息仿生。通过研究、模拟生物的感觉（包括视觉、听觉、嗅觉、触觉），以及信息贮存、提取、传输等方面的机理，构思和研制新的信息系统。例如，从鸟类想到飞机、从蝙蝠想到雷达、从变色龙想到伪装色、从飞鼠想到降落伞等。人们以不同物质的气味对紫外线的选择性吸收为信息，研制出了"电子警犬"，用它来做检测，其灵敏度甚至可达到狗的鼻子的灵敏度的1 000倍。

b. 控制仿生。通过研究模拟生物的体内稳态（反馈调控）、运动控制、定向与导航、生态系统的涨落及人机系统的功能原理，来构思和研制新的控制系统。例如，人们根据蜜蜂的复眼能够利用偏振光导航的原理，发明了用于航空和航海的非磁性"偏光天文罗盘"；人们还根据昆虫楫翅导航的原理，成功研制了一种振动陀螺仪，广泛应用于高速飞行的火箭和飞机。

c. 力学仿生。主要通过研究模拟生物的机械原理以及结构力学和流体力学的原理，构思和研究新的系统（包括机器、装置、力学结构以及人工脏器等）。例如，根据鱼类、鸟类的身体形状的流体力学特性，研制了各种各样的船舶和空间飞行物；特别是根据人体的大多数肌肉都是成对排列的特点，制造了可利用两个产生拉力的单向力装置组成的双向运动机械系统，圆满地解决了各种"机器人""步行机"等的行走结构的设计问题。

d. 化学仿生。通过研究模拟生物酶的催化作用、生物的化学合成、选择性膜和能量转换等，来构思和创造高效催化剂等化学产品、化学工艺以及新材料、新能源等。例如，人们为宇宙飞船设计的所谓"宇宙绿洲"——生态循环系统，就是通过模拟生物"电池"、光合作用转换的原理以及自然生态系统所创造出的。

e. 技术仿生。在隧道工程中得到广泛使用的"盾构法"也是以生物为"老师"做出的发明。1820年，英国要在泰晤士河底修建隧道，由于土质很差，用传统的支护开挖法修建极为困难，工程师布鲁纳在室外无意中发现，有只蠕虫在其外壳保护下使劲地往坚硬的橡树皮里钻，这个现象使他恍然大悟：河下施工也可以像这种小虫一样找个保护壳——用空心钢柱打入河底，以此为"盾构"，边掘进边延伸，在"盾构"的保护下进行施工，此即"盾构法"。

f. 原理仿生。苏联科学院模拟动物的运动原理设计研制了各种新颖的交通工具。例如，按蜘蛛的爬行原理设计了军用越野车；根据蛇的爬行原理设计并改善了履带车的噪声；利用企鹅奔跑的原理设计了雪地汽车等。

（6）组合型技法及其应用。

① 组合型技法。

所谓组合型技法，是指按照一定的技术原理或功能目的，将现有的科学技术原理或方法、现象、物品作适当的组合或重新安排，从而获得具有统一整体功能的新技术、新产品、新形象的创新技法。

运用组合型技法创新产品时需注意以下3点。

a. 选择组合要素的量要适度。要素多，虽然组合的可能越多、越全面，但相应地耗费的精力、时间也会非常大。

b. 组合可以使产品具有不同的功能，成为多功能、通用型的产品，但过分追求"万能"也不可取，会出现增加成本、制造困难、功能多余等弊端。如有人开发了一套组合式的女式服装，可以像魔方一样变换组合出144套不同的式样，只要买一套这样的服装，就相当于买进48个套装、24件长袖外衣、36条披肩、36条灯笼裙，然而至今未见其上市销售。变换太多不仅麻烦，而且也牺牲了时装的个性魅力。

c. 参与组合的各要素越是风马牛不相及，其形成的新产品创造性越强。如空气与煤炭的组合开发出了尼龙这一新产品；计算机与游戏相结合发明了电子游戏机。

② 主体附加法。

主体附加法是指以某一特定的对象为主体，通过置换或插入其他技术或增加新的附件而产生发明或创新的方法，它又可称为内插式组合。此法适用于对产品作不断完善、改进时使用。如最初的洗衣机只是代替人的搓洗功能，之后增加了甩干、喷淋装置使其有了漂洗和晾晒功能。电风扇也是如此，在逐渐加入摇头、定时、变换风量等装置后才成为了今天的样子。

第二节 创业内涵

一、什么是创业

创业的概念早已随着人类的创业实践活动出现于世。如孟子（公元前372—公元前289年）在《孟子·梁惠王下》中称梁惠王"君子创业垂统，为可继也。"随着人类社会的发展，创业活动也在发展，既有作为国家、民族振兴发展的宏观创业，也有作为个体的个人和组织创办企业、事业的微观创业。

创业的原意即创立基业、开拓业绩,与"守成"相对应。"守成"是指保持前人已有的成就和业绩,创业指的是通过开拓性的思维、创造性的劳动建树事业。创业强调开端的艰辛与困难,突出过程的开拓和创新,侧重于在前人的基础上有新的成就和贡献。

对个体来说,创业就是某个人发现某种信息、资源、机会或掌握某种技术,利用或借用相应的平台或载体,将其发现的信息、资源、机会或掌握的技术,以一定的方式转化、创造成更多的财富、价值,并实现某种追求或目标的过程。简单地说,就是一个发现和捕获机会并由此创造出价值的过程。它的本质就是独立的开创并经营一种事业,使该事业得以稳健发展、快速成长的思维和行为的活动。走上创业之路,是人生的一个大转折,它是成就自己事业的过程,是自我价值和能力的体现。创业,要直接面向社会,直接对顾客负责,而且个人的收入直接与经营利润连在一起。通俗来讲,创业的过程就是解决一个接一个矛盾的过程。正如某些专家学者指出:"创业最大的好处,就是可以当自己的主人。"

二、创业的要素与类型

1. 创业的要素

创业是由一系列活动构成的实践过程,涉及多个创业要素。创业的基本要素包括机会、团队和资源。

机会是市场中具有无限发展潜力的、未饱和的市场空间。企业通过商业活动,分析、选择、创造、利用各种资源和条件,为企业创造利润与价值。机会是创业过程的核心,是创业者创业成功的重要机遇,关系到新创企业的生存与发展。日本索尼公司创始人盛田昭夫提出的著名的"空隙理论"就是指市场中的无限商业机会,当创业者抓住并填补这些空白时,创业就会获得成功。

团队是指创业活动中的人力资源和主体平台。创业活动归根到底是人的活动。创业构想的提出、技术的研发、财务的管理、产品营销、后勤服务都离不开团队成员的合理分工与合作。有组织、有系统的团队协作是创业的关键要素之一。

资源是指创业过程在人力、物力、财力方面的投入。资源配置合理,可以获得投入少、效益高的效果。尤其是对于新创立的企业,合理有效地利用规模适度、经营灵活、资金有效集中等优势,可以获得更高的效益。

2. 创业的类型

创业根据创业主体性质、创业动机等因素可以划分为多种类型。

(1) 按照创业主体性质分类。

① 个体独立创业。指由创业者个人或者多人组成的创业团队,从资金、技术到销售等环节均完全独立的创业。许多青年人资金有限,为节约成本,在初次创业时多采用个体独立创业类型。

② 公司附属创业。指已经投入市场运营的企业投资创立新企业,或是由本企业业务中衍生出的新企业。

(2) 按照创业动机分类。

① 生存型创业。创业者在无其他合适职业选择下从事的创业属于生存型创业。

② 机会型创业。机会型创业是指创业者因发现市场中的商机而选择的创业。机会型创业以满足自身愿望、兴趣与价值为出发点。

(3) 按照市场及个人的影响分类。

① 复制型创业。创业者根据已有的职业经历，复制其服务过的企业的经营管理模式而进行的创业。此种创业风险较低，缺乏一定的创新成分。

② 模仿型创业。创业者模仿其他企业的创意、经营理念、运行方式而进行的创业。相对于复制型创业而言，模仿型创业者在缺乏一定相关行业实践的基础上模仿他人企业进行创业，使经营风险增大。创业者能否成功，取决于其是否具有适合的人格特性，有无经过系统的创业管理培训，能否掌握正确的市场进入时机。

③ 安定型创业。即从事自身较为熟知的行业的创业。企业内部的衍生创业属于此类型。安定型创业的风险相对较低，强调创业精神功能与作用的发挥。例如，研发单位的某小组在开发完成一项新产品后，继续在该企业部门开发另一项新品。这种类型的创业，虽然具有一定的创造价值，但对创业者而言，本身并没有面临太大的风险和改变，做的也是比较熟悉的工作。

④ 冒险型创业。创业者根据自身的创业意愿和能力，把握时机进行新产品、新技术、新管理、新服务的创新活动。冒险型创业是一种难度很高的创业类型，典型的就是高科技创新创业，它不仅对社会具有很高的科技创新贡献，而且对创业者本身也能带来极大改变，同时个人前途命运的不确定性也很高，创业之路将面临很高的失败风险，可一旦成功，所得到的回报也很惊人。这种类型的创业者想要获得成功，必须在创业能力、创业时机、创业精神、创业管理、创业模式和策略等各方面都要具备很好的素质和潜质。

⑤ 草根型创业。草根型创业是指由普通大众针对已经把握的商业机会建立新的小型组织，或通过简单创新，使已经成熟的商业模式持续焕发新的活力。它与精英阶层通过高新技术变革，或通过整合大量社会资源，特别是通过寻求风险投资（创业投资）机构融资建立和重组创业机构的方式有显著不同。由于普通大众在创业知识、能力和资源上的不足，其创业通常是相对困难的，也会面临着失败的风险。但同时，普通大众创业又是"野火烧不尽、春风吹又生"，存在于国民经济的各个行业，特别是普通服务行业中。

三、创业的过程与阶段

创业过程是指创业者从产生创业想法到创建新企业或新事业并获取回报的过程，具体涉及识别机会、组建团队、寻求融资等活动。创业过程可大致分为机会识别、资源整合、创办新企业、新企业生存和成长4个主要阶段。

1. 机会识别阶段

创业者有强烈的创业意愿与兴趣，但这不能仅仅停留在意识层面，它需要与具体的创业实践相结合。机会识别是创业的前提与重要步骤，创业因机会而存在。识别机会的关键是觉察到他人看不见的、想不到的、难以做到的机会。许多创业者将创业视为需要天时、地利、人和的一项社会实践，其中，天时主要指的是创业过程中的机会。机会有时效性，可能转瞬即逝；机会有广泛存在性，一种机会消失了，另一种机会又会产生，需要发现、挖掘。机会识别不仅仅要看到商机、市场需求等有利于自己创业意愿的因素，更应注重评估创业机会。比如进行市场评估就是衡量创业机会价值和可行性的一个重要手段，即根据自己的创业想法，评估市场供求状况、竞争对手，预测企业生存的基本状况与发展前景。同时，机会识别也要注意方式方法，要注重换位思考，考虑消费者的需求与想法，透过现象抓住事物本质。

2. 资源整合阶段

资源是企业在向社会提供服务或产品的过程中所拥有的可以实现其发展目标的各种要素的组合，如资金、生产设备与厂房、技术人员等。资源整合是一个动态复杂的过程，根据企业发展战略与市场需求进行资源的优化配置与重构，将不同来源、层次、结构的物力、财力、人力进行适当地调配、激活、合理安排、进退取舍，使其更有系统性、合理性与价值性，必要时可以和其他组织或企业进行资源的互换与互补。资源的掌握与利用关系到创业是否能够顺利发展。资源可分为自有资源与外部资源，自有资源是指创业者拥有自主权的资金、技术、营销手段与网络等；外部资源是指创业者的朋友、合作伙伴、投资人、赞助人，以及社会环境、国家政策等。创业者应以巩固自有资源为主，提升自有资源，有效利用外部资源。

创业者在创业活动初期能够掌握和利用的资源较为匮乏，资源的调配与有效利用能够创造新的核心竞争力，资源整合实际是创业过程中的地利与人和。资金与设备是企业生产与运转的硬件条件，应有效利用设备与技术，集中有限资金进行重点攻关。团队成员应该合理分工、各司其职，发挥个人优势，通过相互合作产生推动资源有效整合的动力。

3. 创办新企业阶段

拥有创业兴趣与意愿，有效地抓住市场商机并进行资源整合后，创业活动就可以进入创办新企业阶段。新企业应有固定的办公场所或者厂房，确定企业名称、法人代表、组织结构形式、经营范围，依照国家相关规定到工商管理部门、税务部门等相关机关申请营业执照、组织机构代码证，办理税务登记，备案公章等。同时，应拟定公司章程、各部门的工作分工，有条件者也应进行相应的广告宣传。

4. 新企业生存和成长阶段

新企业成立后，进入企业生存与发展阶段。此时的企业应该按照正规的企业运行模式进行管理，形成原材料采购、生产经营、市场推销等环节闭合的市场行为链条，不断促进企业形成完整的投入产出机制，并从中获取利润，不断发展壮大；在财务管理、税务管理、人员管理等方面，逐渐步入正轨，发展成为成熟的企业。

案例 8-1　**从月亏 5 000 元到年盈利 15 万元**

——大学生另类创业卖咖啡

渝北宝圣大道有一家不显眼的小咖啡馆，进去却别有一番风味：成排的书架，精致的手工点心，新烘焙的咖啡……除了品书，这里还会定期举行电影欣赏活动。该店是由 4 名年轻人在大学期间创办的，如今他们还开设了另外 2 家咖啡馆，年盈利 15 万元。

边上课边创业,每天只睡 5 小时。

这家名为"豆芽"的咖啡馆是由 4 名年轻人在大学期间创办的,目前其中 2 名已毕业,还有 2 名仍在西南政法大学读研究生。

25 岁的徐涛算是 4 人中的引领者,当时的他发现学校周边没有特色的咖啡馆,加之自己非常喜欢咖啡馆的氛围,于是决定在附近开一家咖啡馆。刚进校就认识的其他 3 位伙伴,听到徐涛的创业想法都表示赞同。

创业初期,4 人将平时积攒下来的零花钱、奖学金、生活费以及兼职赚的钱凑到一起,共筹集了 10 万元启动资金。2010 年 8 月份,他们以接近 4 000 元/月的价格,在离学校不远的临街位置,租了一个约 150 平方米的二层铺面。

为了节省开支,在装修、购置设备上,都是靠他们自己想办法。二手市场淘桌椅、饰品,然后回来自己上漆改造,自己粉刷墙面,拜高级咖啡师为师,研习煮咖啡技术,花了差不多两个月的时间,咖啡馆终于正式开门营业了。

自从开了咖啡馆,徐涛他们就有点忙不过来了。为了经营好咖啡馆,常常是凌晨 2 点才睡觉,而早上 7 点又要起床上课,尽管很累,但大家都觉得值得。

每月亏损 5 000 元,他们将咖啡和图书相结合。

由于顾客少,又要缴纳房租、水、电、气费,每月店里亏损 5 000 多元。随着时间的推移,周边 KTV、茶吧、咖啡馆也多了起来,使原本不好的生意雪上加霜。

在这期间,徐涛与其他合伙人想到把咖啡馆与书店结合起来,通过环境优势吸引顾客。于是,徐涛他们就把自己平时收藏的图书搬到咖啡馆里,后期又与青番茄合作共建咖啡图书馆,向同学们提供免费借阅图书的服务。同时,徐涛又对咖啡馆的咖啡品质进行了提升。为此,徐涛还前往重庆当时唯一一家自家烘焙咖啡的 Mola 咖啡馆学习。通过重新升级改造,咖啡馆的生意有了很大起色。

咖啡馆的生意好起来之后,有的顾客来晚了,常常会没有位置。同时,顾客太多,麻烦事也就来了,本来咖啡馆里可以给顾客提供清静、舒适、放松的阅读环境,但人太多,就会嘈杂,影响顾客的阅读质量。于是,开连锁咖啡馆迫在眉睫,2011 年、2012 年他们相继开了两家连锁咖啡馆。如今,三家咖啡馆累计月盈利在 15 000 元左右,每年盈利累计 15 万元左右,成了重庆地区著名的校园品牌咖啡馆。

第三节 创新与创业的关系

创新和创业有着各自明确的边界,创新不等于创业,创业也不等于创新,两者既有区别,又有着密切联系。

一、创新和创业的区别

在学术界,很多学者都曾尝试对创新和创业的差异进行界定。如有的学者认为,创新包含新技术的导入,而创业导致新财富的创造;有的学者认为,创新体现的是一种结果,而创业是工具或手段,是获得创新的过程;有的学者认为,创业不是创新,创新也不是创业,创业可能涉及创新,也可能并不涉及,反之亦然。

北大创投研究中心的刘键钧认为，创新泛指创新成果被商业化的价值实现过程，而创业则特指创建企业的过程。前者完全可以在已有的企业组织框架内实现，不一定涉及企业组织制度的建设；而后者则必然要涉及企业组织制度的建设。尽管创业活动必然涉及创新活动，但创新活动并不必然是创业活动。

二、创新与创业的联系

近几年，国内外学者在关注创新与创业之间差异的同时，也在努力探索创新与创业之间的联系及其本质上的渗透与融合，主要从以下 3 个方面阐述了创新与创业的融合关系。

1. 创新是创业的源泉，是创业的本质

创业者在创业过程中，需要具有持续旺盛的创新精神、创新意识，才可能产生富有创意的想法或方案，才可能不断寻求新的思路、新的方法、新的模式、新的出路，最终获得创业的成功。

2. 创新的价值在于创业

从某种程度上讲，创新的价值就在于将潜在的知识、技术和市场机会转化为现实生产力，实现社会财富增长，造福人类社会。实现这种转化的根本途径就是创业。创业者可能不是创新者或发明家，但必须具有能发现潜在商业机会并敢于冒险的特质；创新者也并不一定是创业者或企业家，但科技创新成果则必须经由创业者推向市场，使其潜在价值市场化，创新成果才能转化为现实生产力。

3. 创业推动并深化创新

创业可以推动新发明、新产品或新服务不断涌现，创造出新的市场需求，从而进一步推动和深化科技创新，提高企业或整个国家的创新能力，推动经济增长。由此可见，创新与创业并非是相互独立甚至对立的，而是有着不可分割的内在联系，两者之间相互交叉、渗透与融合。

创新和创业都是开创有别于其他的、新颖的、同时能产生积极作用的做法或结果，在本质上具有一致性，即都具有"开创"的性质。创新一般多指理论、思维方面的创造活动，是整个创造活动的第一阶段；创业是实际活动中的创造，是创新思维、理论和技法的应用和现实体现，属于创造活动的第二阶段，也是创新的最终目的。

创新是创业的前提和理论指导。创业者只有具备创新精神和创新意识，才能为创业竭尽自己的聪明才智与智慧。当今社会，人人都从事一业或多业，很多情况下都有意无意地在创业。人类靠创新不断推出新的行业和职业，靠创新把各种行业和职业提升到新的高度。

案例 8-2 　　**在创新中创业的小米公司**

小米公司从零开始起步，能走到今天，与创新密不可分。小米公司的第一个创新是用互联网方式来打造一个手机品牌，并且几乎全部在网上销售。这件事情我们现在听起来觉得非常简单，但回顾 2012 年小米公司刚刚创业的时候，谷歌公司的 NexusOne 手机在网上只卖出了 10 万台。当时雷军找谷歌公司的工程师加盟小米公司,他们都说:"谷歌公司都干不成的事情你雷军能干成吗?"现在大家看到,小米公司干成了。

小米公司的第二个创新是遵循"铁人三项",也就是软件、硬件、互联网服务一体化——即追求客户的综合体验。

小米公司的第三个创新非常小,但对手机行业非常重要,就是快速迭代。操作系统的稳定性与手机稳定性紧密相连,如果质量做不好,对客户使用影响非常大。一周快速迭代意味着两天规划功能、两天开发、两天测试,一周工作六天。为了适应每周快速迭代,小米人周末也在上班,艰辛背后赢得了客户的好口碑,市场占有率一路上升。

今天手机的科技含量非常高,消费者几乎很难知道手机里面有什么,以前的手机厂商一再强调自我品牌,很少剖析手机的内部组成。小米公司更大的创新就在于第一次把手机这个黑盒子打开,它主动去跟每个消费者讲手机里面装的是什么,说自己用的是夏普电器公司的显示屏,电池是德赛集团和飞毛腿集团终端的,并且是最先进的锂离子聚合物电池。这样的创新再次赢得了消费者的信任和对小米产品的忠诚。

第九章

创业者和创业团队

第一节 创新创业要素评估

创业,是一个发现和捕捉机会,并创造出新颖的产品,提升服务,实现其潜在价值的过程。创业能否成功,与创业者的素质、创业团队的默契性、创业机会的把握及创业环境的好坏都有密切的关系。这些确定的影响元素构成了创新、创业的基本要素。

一、创业者素质评估

1. 创业者应具备的三类知识

创业者必须具备行业知识、商业知识和综合知识这三类知识。行业知识是选择创业机会的基础,掌握商业知识能够了解企业的经营管理,综合知识则是建立良好社会关系的基础。

(1)行业知识。

大学生创业者必须对所要进入的行业有相当深入的了解,这是寻找和把握创业机会的关键。在准备创业时,有必要全面了解行业的发展历史、现状、前沿趋势与竞争格局,透彻理解市场需求的情况,尤其要从顾客角度来理解行业知识,进而了解行业内的成功案例,熟悉相关的产品服务以及技术知识。创业者可以通过四种方式来学习行业知识:一是阅读行业内有影响力的著作和杂志;二是向行业内知名的专家和企业家学习,阅读他们在社交平台上发表的文章;三是到行业知名网站上了解最新资讯,借鉴别人的成功经验,虚心向前辈请教;四是结交业内人士,通过行业活动或俱乐部等接触业内人士,向他们学习经验并探讨疑难问题。互联网上有着非常丰富的行业相关资讯,大学生对网络的熟练运用,为研究和学习行业知识提供了良好的基础。

(2)商业知识。

创业团队有必要掌握市场营销、财务管理、法律、决策、谈判与商务礼仪等涉及商务方面的基本知识，这是经营管理中需要掌握的技能。大学生创业者学习商业知识的途径主要是书本，其次是从实践中和向成功企业家学习。一些人（尤其是技术型的创业者）轻视商业知识的用处；另一些过于强调实践的人则错误地认为书本理论不实用，以为实践才是最好的学习方法。事实上，间接经验远比直接经验重要，最优秀的创业者和管理者正是那些善于学习理论的人，他们从科学的理论中得到指导自己创业的方法和工具。

（3）综合知识。

很多大学生在走上职业生涯之后很长一段时间难以与他人进行顺畅的沟通，因为大学生对生活中的沟通话题了解得太少或者沟通方式过于生硬，而这些沟通话题是学校里不曾教过的，需要大学生自己敏锐地发现、感悟和学习。

2. 创业者应具备的五项能力

创业能力是一种特殊的能力，这种特殊能力往往影响着创业活动的效率和创业的成功。具体来说，创业者应具备的创业能力包括：决策能力、经营管理能力、专业技术能力、交往协调能力与创新能力。

（1）决策能力。

决策能力是创业者根据主客观条件，因地制宜，正确地确定创业的发展方向、目标、战略以及具体选择实施方案的能力。决策是一个人综合能力的表现，一个创业者首先要成为一个决策者。

创业者的决策能力通常包括：分析能力、判断能力和创新能力。大学生要创业，首先要对众多的创业目标以及方向进行分析比较，选择最适合发挥自己特长与优势的创业方向和途径及方法。在创业的过程中，能从错综复杂的现象中发现事物的本质，找出创业过程中存在的真正问题，分析其原因，从而正确地处理问题，这就要求创业者具有良好的分析能力。

所谓判断能力，就是能从客观事物的发展变化中找出因果关系，并善于从中把握事物的发展方向。分析是判断的前提，判断是分析的目的，良好的决策能力是良好的分析能力加果断的判断能力。创业实际就是一个充满创新的事业，所以创业者必须具备创新能力，有创新思维、无思维定式，不墨守成规，能根据客观情况的变化，及时提出新目标、新方案，不断开拓新局面，创出新路子，可以说，创新是创业者不断前进的关键环节。

（2）经营管理能力。

经营管理能力是指对人员、资金的管理能力。它涉及人员的选择、使用、组合及优化；也涉及资金的筹集、核算、分配、使用和流动。经营管理能力是一种较高层次的综合能力，是运筹性能力。经营管理能力的形成要从学会经营、学会管理、学会用人、学会理财几个方面去努力。

（3）专业技术能力。

专业技术能力是创业者掌握和运用专业知识进行专业生产的能力。专业技术能力的形成具有很强的实践性。许多专业知识和专业技巧要在实践中摸索，逐步提高、发展和完善。

创业者要重视创业过程中积累的专业技术方面的经验和职业技能方面的训练，对于书本上介绍的知识和经验，在加深理解的基础上要进行提高和拓宽；对于书本上没有的知识和经验要学习和探索，在学习和探索的过程中要详细记录、认真分析，然后进行总结、归纳，形成自己的经验特色，并积累起来，只有这样，专业技术能力才会不断提高。

（4）交往协调能力。

交往协调能力是指能够妥善的处理与公众（政府部门、新闻媒体、客户等）之间的关系，以及能够协调下属各部门成员之间关系的能力。创业者应该做到妥善的处理与外界的关系，尤其要争取政府部门、工商以及税务部门的理解与支持，同时要善于团结一切可以团结的人，团结一切可以团结的力量，求同存异，共同发展，做到不失原则、灵活有度，善于巧妙地将原则性和灵活性结合起来。总之，创业者做好内外团结，处理好人际关系，才能建立一个有利于自己创业的和谐环境，为成功创业打好基础。

交往协调能力在书本上是很难学到的，它实际上是一种社会实践能力，需要在实践活动中学习，不断积累并总结经验。

（5）创新能力。

创新是知识经济的主旋律，是企业化解外界风险和取得竞争优势的有效途径，创新能力是创业能力素质的重要组成部分。它包括两方面的含义，一是大脑活动的能力，即创造性思维、创造性想象、独立性思维和捕捉灵感的能力；二是创新实践的能力，即人在创新活动中完成创新任务的具体工作能力。

创新能力是一种综合能力，与人们的知识、技能、经验、心态等有着密切关系。具有广博的专业知识、扎实的基础知识、熟练的专业技能、丰富的实践经验、良好的心态的人更容易形成创新能力。

3. 创业者应具备的十大素质

《科学投资》通过对上千案例的研究，发现成功创业者具有多种共同的特性，并从中提炼出最为明显，同时也被认为是最重要的10种，将其称之为"中国创业者十大素质"。

（1）欲望。

一个真正的创业者一定有强烈的欲望。他们想拥有财富，想出人头地；想获得社会地位；还想得到别人的尊重。研究发现，成功的创业者的欲望，许多来自现实生活的刺激，是在外力作用下产生的，而且往往不是正面的鼓励型刺激。刺激的发出者经常让承受者感到屈辱、痛苦。这种刺激经常在被刺激者心中激起一种强烈的愤懑、怨恨与反抗，从而使他们作出一些"超常规"的行为，焕发出"超常规"的能力，这大概就是孟子说的"知耻而后勇"。一些创业者在创业成功后往往会说："我也没有想到自己竟然还有这两下子。"

（2）忍耐。

忍耐是创业者必须具备的素质。成语里有一句"艰难困苦，玉汝于成"，还有一句"筚路蓝缕"，意思都是说创业不易。

对一般人来说，忍耐是一种美德，对创业者来说，忍耐却是必须具备的素质。《孟子·告子下》中指出："天将降大任于斯人也，必先苦其心志，劳其筋骨，饿其体肤，空乏其身，行拂乱其所为，所以动心忍性，增益其所不能。"可见，对创业者来说，肉体上的折磨算不得什么，精神上的折磨才是致命的，如果有心自己创业，一定要先在心里问一问自己，面对从肉体到精神上全面的"折磨"，有没有宠辱不惊的"定力"与"精神力"。如果没有，那么一定要小心。对有些人来说，就业会是一个更合适的选择。

（3）眼界。

人们都喜欢炫耀自己见多识广，对于创业者来说，就不是炫耀那么简单了，而是要真正做到见多识广。广博的见识，开阔的眼界，可以很有效地拉近自己与成功的距离，使创业活动少走弯路。眼界决定了创业者的创业思路，一般而言，创业者的创业思路有四个共同来源：一是职业；二是阅读；三是行路；四是交友。

（4）明势。

明势的意思分两层，作为一个创业者，一要明势，二要明事。

势，就是趋向。势分大势、中势、小势。

大势指的就是创业的人一定要紧跟形势，研究政策。很多创业者是不太注意这方面的工作的，认为政策研究是"假、大、虚、空"，没有意义，实则不然，对一个创业者来说，国家政策、社会事件等都会对自己有影响。在政策方面，国家鼓励发展什么，限制发展什么，对创业之成败有很大影响。选对了方向，顺着国家鼓励的方面努力，可能事半功倍；选错了方向，则一定会鸡飞蛋打。

中势指的就是市场机会。市场上现在流行什么，人们现在喜欢什么不喜欢什么，可能就标明了创业的方向。

小势指的就是个人的性格、能力和特长。创业者在选择创业项目时，一定要选择那些适合自己能力，契合自己兴趣，并且可以发挥自己特长的项目，这样才有利于持久性的和全身心的投入。

创业要顺势而为、顺水行舟。李白诗中虽写了"朝辞白帝彩云间，千里江陵一日还。"但那是指顺水行舟，而苏东坡坐船回老家，和李白走的是同一条路，却整整花了3个月的时间。原因无他，李白顺水，苏东坡逆水。创业的道理也是一样，观察政策，研究政策，是为了明大势。

明势的另一层含义，就是明事，创业者要懂得人情世故。正如老话所说："世事洞明皆学问，人情练达即文章。"

因此，创业者一定要明势，不但要明政事、商事，还要明世事、人事，这是一个创业者需要具备的基本素质。

（5）敏感。

创业者的敏感，是对外界变化的敏感，尤其是对商业机会的快速反应。有些人的商业敏感来自耳朵，有些则来自眼睛，还有一些人的商业敏感来自自己的两条腿；有些人的商业敏感是天生的，更多人的商业敏感则依靠后天培养。良好的商业敏感，是创业者成功的最好保证。

（6）人脉。

创业不是引"无源之水"、栽"无本之木"。创业需要资源，而其中最重要的是人脉资源，即创业者构建其人际关系网络或社会网络的能力。一个创业者如果不能在最短的时间内建立起自己最广泛的人际关系网络，那么他的创业之路一定会非常艰难，即使其初期能够依靠领先技术或者自身素质（如吃苦耐劳或精打细算等），获得某种程度上的成功，但终究会影响其事业的扩大。

一般来说，创业者的人脉资源包括同学资源、职业资源、朋友资源、社交资源等。

（7）智谋。

创业是一个拼体力的活动，更是一个拼心力的活动。创业者智谋水平的高低，将在很大程度上决定其创业的成败。尤其是在目前产品日益同质化，市场有限，竞争激烈的情况下，创业者不但要能够守正，更要有能力出奇。智谋，就是一种思维方式，是一种解决问题的方法。

对于创业者来说，智谋是不分等级的，它没有好坏、高明不高明的区别，只有好用不好用、适用不适用的问题。将创业者的智谋归结为一句话就是：不拘一格，出奇制胜。

（8）胆量。

创业本身就是一项冒险活动，必然伴随风险，因而创业需要强大的心理承受能力，需要胆量、胆识。

创业需要胆量，需要冒险精神。冒险精神是创业者精神的一个重要组成部分，但创业毕竟不是赌博。创业者的冒险，迥异于冒进。冒险是这样一种东西：经过努力，有可能得到，而且那东西值得努力。否则，只是冒进，在做不值得的事情。创业者一定要分清冒险与冒进的区别，要明白什么是勇敢，什么是无知。无知的冒进只会使事情变得更糟，所有行为将变得毫无意义，并且惹人耻笑。

（9）分享。

作为创业者，一定要懂得与他人分享。一个不懂得与他人分享的创业者，不可能将事业做大。

美国心理学家马斯洛有个需要层次理论，按层次人一共有5种需要，第一是生存需要，第二是安全需要，第三是社交需要，第四是尊重需要，第五是自我实现需要。这5种需要具体到企业环境里，具体到公司员工身上，就是需要老板与员工共同分享。当老板舍得付出，舍得与员工分享时，员工的生存需要、安全需要、尊重需要就都从老板这里得到了满足。员工出于感激，同时也因为害怕失去眼前所获得的一切，就会产生"自我实现需要"，通过自我实现，做更大的贡献来回报老板。这样就形成了一个企业的正向循环和良性循环。

分享不仅仅限于企业或团队内部，对创业者来说，与外部的分享有时候同样重要；分享不代表慷慨，分享代表了明智。

（10）自省。

自省其实是一种学习能力。创业既然是一个不断探索的过程，创业者就难免在此过程中不断地犯错误。自省，正是认识错误、改正错误的前提。对创业者来说，自省的过程就是学习的过程、进步的过程。成功创业者有一个共通之处，就是他们都非常善于学习，非常勇于进行自省。

一个创业者，遭遇挫折，碰到事业低潮都是常有的事，在这种时候，自省能力能够很好地帮助其渡过难关。曾子说："吾日三省吾身。"对创业者来说，应时刻警醒、反省自己，唯有如此，才能时刻保持清醒。

二、创业团队分析

创业不可能孤军奋战，想创业必须注重创业团队建设。在当前竞争激烈的社会中创业，创业者必须要有志同道合的伙伴与之共同奋斗。创业者必须充分调动他人的积极性、主动性，与他人协调合作,组成具有凝聚力的创业团队,才能取得事业的成功。良好创业团队的形成,对创业者自身素质的提高有很大的推动作用,也是创业成功的必备条件。

1. 创业团队的要素分析

(1) 创业团队形成的 5 个要素。

创业团队需要具备的 5 个关键要素,称为创业团队的 5P 模型。

① 目标(Purpose)。创业团队应该有一个既定的共同目标,为团队成员导航,知道要向何处去。没有目标,这个团队就没有存在的价值。目标在创业企业的管理中以创业企业的愿景、战略的形式体现,缺乏共同的目标会使团队没有凝聚力和持续发展力。

② 人(People)。创业团队的构成主体是人,在创业团队中,人力资源是所有创业资源中最活跃、最重要的资源。创业的共同目标是通过人来实现的,不同的人通过分工来共同完成创业团队的目标,所以人的选择是创业团队建设中非常重要的一个部分,创业者应该充分考虑团队成员的能力、性格等方面的因素。

③ 定位(Place)。定位指的是创业团队中的具体成员在创业活动中扮演什么角色,也就是创业团队的角色分工问题。定位问题关系到每个成员是否对自身优缺点有清醒的认识。创业活动的成功推进,不仅需要整个创业团队能够寻找到合适的商机,同时也需要每个成员能够各司其职,并且形成一种良好的合力。

④ 权限(Power)。为了实现创业团队成员之间的良好合作,赋予每个团队成员一定的权限是必要的。赋予团队成员适当权限,主要基于两点:一是团队成员对控制力的追求往往是他们参与创业的一个重要动因;二是创业活动的动态复杂性,必须依赖团队成员拥有较多的权限来实现目标。

⑤ 计划(Plan)。计划是创业团队未来的发展规划,也是目标和定位的具体体现。在计划的帮助之下,创业团队能够有效制订短期目标和长期目标,能够提出这些目标的有效实施方案,以及加强对实施过程的控制和调整。这里所讨论的计划可能尚未达到商业计划书的那种复杂程度,但是,从团队组建和发展过程来看,计划的指导作用自始至终都是存在的。

一个高效的创业团队,创业伙伴能够聚同化异,每个成员按照"适才适所"的原则定好位,做到"人尽其才、才尽其用",这样才能实现创业的共同目标。

(2) 创业团队形成的 5 种思想意识。

为了实现团队目标,成功的团队应该形成 5 种思想意识,即目标意识、集体意识、服务意识、竞争意识和危机意识。

① 目标意识。强调目标明确到人,团队中每个人必须有明确的目标;强调个人目标与团队目标相结合,除完成项目任务外,每个人还必须有明确的自身发展目标,并将自己的发展目标和团队大目标有效地结合起来。

② 集体意识。要求形成集体成功观,将个人的成功融入集体的成功之中。只有团队成功了,才谈得上个人的成功,而团队的失败会使所有的努力付诸东流。此外,还要求形成有效的沟通文化,使团队中所有成员可以及时有效地沟通,相互理解。当团队中出现意见分歧时,分歧双方的基本态度应该是说服对方而非强迫对方服从。裁决两种不同意见的唯一标准,是看哪种意见更有利于推动团队活动的正常进行。

③ 服务意识。服务分为面向客户的服务和面向团队内部的服务两种。团队成员应追求让客户满意这一目标，而非技术高难、业界一流等指标，团队成员面向客户的态度的好坏可以决定团队目标的成败；团队成员还需具有面向团队内部的服务意识，只有具有完备的服务意识，才有精诚团结的可能。

④ 竞争意识。引入竞争机制，形成人人都努力向前的团队氛围，使贡献大、责任大的成员得到丰厚的报酬，形成良好的导向。

⑤ 危机意识。看到人与人之间的差距，意识到环境的压力，感受到行业、市场的危机。居安思危，让团队和个人始终保持这种危机感，团队成员要清醒地意识到，竞争对手正在虎视眈眈地盯着我们，等着我们犯错误。只有在这种状态下，团队成员才能团结起来，使团队长久地立于不败之地。

2. 创业团队的组建

（1）创业团队组建的 5 个原则。

在组建创业团队时一般应该遵循 5 个基本原则。

① 目标明确合理原则。明确的目标使团队的任务方向明晰，能避免出现迷失方向或者大家目标不一致的情况。合理的目标是指经过大家的努力协作可以达成的目标。在创业初期目标定得过高，不切实际，容易使团队失去信心；目标定得过低，团队成员容易丧失斗志与激情。

② 互补原则。创业者之所以寻求团队合作，其目的就在于弥补创业目标与自身能力间的差距。只有当团队成员相互间在知识、技能、经验等方面实现互补时，才有可能通过相互协作发挥出"1+1＞2"的协同效应。

③ 分工职责明确原则。创业工作的复杂性以及个人能力限制决定了一个人从事创业的所有工作，创业团队应该根据成员的特点进行分工，扬长避短。分工明确的最佳状态是所有工作都有人做，成员间的工作没有交叉和重复，所有工作都由最佳人选负责。要求每个成员清楚自己的职权范围以及应该承担的工作责任，不仅如此，每个成员责权方面的信息都应该成为准公共知识，这样有助于降低交易成本，提高组织效率。

④ 精简高效原则。为了减少创业期的运作成本、最大比例地分享成果，创业团队人员数量应在保证团队可以维持高效运作的前提下尽量精简。

⑤ 动态开放原则。创业过程是一个充满了不确定性的过程，团队中可能因为能力、观念等多种原因不断有人离开，同时也不断有人加入。因此，在组建创业团队时，应注意保持团队的动态性和开放性，使真正与团队目标完美匹配的人能被吸纳到创业团队中来。

（2）创业团队的组建过程。

创业团队的组建是一个相当复杂的过程，不同类型的创业项目所需的团队不一样，创建步骤也不完全相同。概括来讲，大致的组建程序可分为以下 6 个步骤。

① 明确创业目标。创业团队的总目标就是要通过完成创业阶段的技术、市场、规划、组织、管理等各项工作实现企业从无到有、从起步到成熟。总目标确定之后，为了推动团队最终实现创业目标，再将总目标加以分解，设定若干可行的、阶段性的子目标。

② 制订创业计划。在确定了一个个阶段性子目标以及总目标之后，紧接着就要研究如何实现这些目标，这就需要制订周密的创业计划。创业计划是在对创业目标进行具体分解的基

础上，以团队为整体来考虑的计划，创业计划确定了在不同的创业阶段需要完成的阶段性任务，通过逐步实现阶段性目标来实现最终创业目标。

③ 招募合适的人员。招募合适的人员也是创业团队组建最关键的一步。关于创业团队成员的招募，主要应考虑两个方面。一是互补性，即考虑其能否与其他成员在能力或技术上形成互补。这种互补的形成既有利于强化团队成员间彼此的合作，又能保证整个团队的战斗力，更好地发挥团队的作用。一般而言，创业团队至少需要管理、技术和营销这三方面的人才。只有当这三方面的人才形成良好的沟通协作关系后，创业团队才可能实现稳定高效的运作。二是适度规模，适度的团队规模是保证团队高效运转的重要条件。团队成员太少则无法实现团队的功能和优势，而过多又可能会产生交流障碍，团队很可能会分裂成许多较小的团体，进而大大削弱团队的凝聚力。一般认为，创业团队的规模控制在 2~12 人最佳。

④ 职权划分。为了保证团队成员执行创业计划、顺利开展各项工作，必须预先在团队内部进行职权划分。创业团队的职权划分就是根据执行创业计划的需要，具体确定每个团队成员所要担负的职责以及相应所享有的权限。团队成员间职权的划分必须明确，既要避免职权的重叠和交叉，也要避免无人承担造成工作上的疏漏。此外，由于还处于创业过程中，面临的创业环境又是动态复杂的，会不断出现新的问题，团队成员可能出现变化，因此创业团队成员的职权也应根据需要不断进行调整。

⑤ 构建创业团队制度体系。创业团队制度体系体现了创业团队对成员的控制和激励能力，主要包括团队的各种约束制度和各种激励制度。一方面，创业团队通过各种约束制度（主要包括纪律条例、组织条例、财务条例、保密条例等）指导其成员避免作出不利于团队发展的行为，对其行为进行有效的约束、保证团队的稳定秩序。另一方面，创业团队要实现高效运作需要有效的激励机制（主要包括利益分配方案、奖惩制度、考核标准、激励措施等），使团队成员看到随着创业目标的实现，其自身利益将会得到怎样的改变，从而达到充分调动成员的积极性、最大限度发挥团队成员作用的目的。要实现有效的激励就必须把成员的收益模式界定清楚，尤其是关于股权、奖惩等与团队成员利益密切相关的事宜。需要注意的是，创业团队的制度体系应以规范化的书面形式确定下来，以免带来不必要的混乱。

⑥ 创业团队的调整融合。完美组合的创业团队并非是从创业一开始就能建立起来的，很多时候是在企业创立一定时间以后随着企业的发展而逐步形成的。随着团队的运作，团队组建时在人员匹配、制度设计、职权划分等方面的不合理之处会逐渐暴露出来，这时就需要对团队进行调整融合。由于问题的暴露需要一个过程，因此团队调整融合也应是一个动态持续的过程。

3. 创业团队的管理策略

创业企业要实现又好又快成长，做好创业团队的管理很重要。创业初期，需要一个合适的创业团队和一套合适的初始管理策略和制度。在成长过程中，创业团队需要"新陈代谢"，相应地需要企业的管理策略也"与时俱进"，以促进企业价值创造力能够形成、保持和可持续提升。

（1）建立信任、相互依赖。

信任，作为高素质创业团队的起点，可以制约和推动团队的发展。团队能不能飞跃，首先看在团队成员间能不能建立起相互的信任。信任是合作的基础。对于一个团队而言，团队成员是相互信赖的，且团队合作往往是建立在信任而非利益的基础上。尤其在现今的工业社会中，虽然信任与合作正朝着一体化的方向发展，但是合作是以相互信任为前提的，没有信任，就难以产生合作的基础。可以说，信任是一个高效团队成功的关键因素。信任即彼此独立，有效率，有吸引力，共同承担责任，相互鼓励和信任。现实中，团队的失败大多也被归纳为内部缺乏信任，团队成员对领导的不信任是团队失败的主要原因。

另外，信任也需要相互监督。信任能提高组织成员的积极性、满意度，能有效地提升组织的创新、生存能力。然而，信任也有成本，一旦信任被利用了，高得可怕的信任成本便显示出极强的破坏力，因为没有约束的信任将伴随着风险。

（2）合理授权、共同管理。

管理学专家彼特·史坦普说过，成功的企业领导不仅是控权高手，更是授权高手。随着团队的建设和发展，领导者要通过合理授权，让团队成员分担责任，使团队成员更多地参与项目的决策过程，允许个人或小组以自己更灵活的方式开展工作。

合理授权有 3 方面的意义：一是通过灵活授权，显示领导者对团队成员的信任，也给团队成员学习与成长的空间，这种信任可以奠定团队信任的基础，也是团队精神存在于领导者与团队之间的体现；二是合理授权有利于充分发挥团队队员的积极性和创造性，每个人都有实现自我价值的愿望，每一项工作的成功，不仅是领导管理的成功，更是所有实现自我价值的团队成员的成功；三是合理授权有利于及时决策。一方面，团队成员在自己授权范围内可根据内外部环境的变化及时决策；另一方面，通过灵活授权，领导者逐渐将工作重点转向关键点控制、目标控制和过程控制。

（3）积极沟通、善于倾听。

沟通是信息交流的重要手段，它就像一座桥梁，连接着不同的人、不同的文化和不同的理念。良好、有效的沟通能让交流的双方充分理解，达成共识。美国著名未来学家奈斯比特曾指出："未来竞争是管理的竞争，竞争的焦点在每一个社会组织内部成员之间及其与外部组织的有效沟通上"。

团队成员之间的有效沟通是任何团队管理艺术的精髓。团队成员之间需要沟通、交流、协作共事。是否善于倾听，不仅体现了一个人的道德修养，而且还关系到这个人能否与他人建立正常、和谐的人际关系。

（4）考核管理、赏罚分明。

绩效考核是现代组织不可或缺的管理工具之一，它是一种周期性检查与评估团队成员工作表现的管理系统。有效的绩效考核，不仅能确定每位团队成员对组织的贡献或不足，还可以在整体上为组织的人力资源管理提供客观的评估资料，为公平合理地付酬劳给团队成员提供客观依据，从而提升团队成员的工作效率。

坚持赏罚分明的原则意味着在涉及团队成员的个人利益时要坚持公平、公正和公开的分配原则，该奖赏的要奖赏，该惩罚的要惩罚。

（5）共同学习、学会分享。

进入 21 世纪，随着科技的进步和知识更新速度的加快，无论是哪一种类型的团队，要想成为一支素质过硬、能够打硬仗的高效能创业团队,团队成员需要不断地进行充电学习,弥补知识与技能上的不足。

要让团队成员在组织内通过团队学习,实现知识共享。实现个人学习向团队学习的飞跃,首先要实现每个人获得的新知识都能快捷地与团队其他成员分享。知识不会因为传播而减少,交流和分享却能使整个团队的集体智慧增加。尤其在知识经济时代,团队竞争就是学习速度的竞争。个人学习的成果,若不经团队学习的过程,就只是个人知识的增长,无法形成团队整体的学习力和竞争优势;相反,个人通过团队学习,实现成员的知识共享,就能快速提高团队的知识总量和集体智慧,增强企业竞争力。

三、创业机会识别

创业机会识别作为创业活动的初始阶段和核心环节,对新创企业起步与发展至关重要。

1. 创业机会的定义及特征

(1) 创业机会有几种不同的定义方式:

① 创业机会可以为购买者或使用者创造或增加价值的产品或服务,它具有吸引力、持久性和适时性;

② 创业机会可以引入新产品、新服务、新原材料和新组织方式,并能以高于成本价出售的情况;

③ 创业机会是一种新的"目的–手段"关系,它能为经济活动引入新产品、新服务、新原材料、新市场或新组织方式;

④ 创业机会主要是指具有较强吸引力的、较为持久的、有利于创业的商业机会,创业者据此可以为客户提供有价值的产品或服务,并同时使自身获益。

综上所述,创业机会是指在市场经济条件下,在社会的经济活动过程中产生和形成的一种有利于企业经营成功的因素,是一种带有偶然性并能被经营者认识和利用的契机。

(2) 创业机会具有以下4个显著特征。

① 普遍性。凡是有市场、有经营的地方,客观上就存在着创业机会。创业机会普遍存在于各种经营活动过程之中。

② 偶然性。对一个企业来说,创业机会的发现和捕捉带有很大的不确定性,任何创业机会的产生都有"意外"因素。

③ 时效性。俗话说:"机不可失,失不再来。"企业如果不能及时捕捉机会,就会丧失难得的市场良机。事物总是不断发展变化的,当事物发展对创业有利时,这就是创业机会,但事物还会继续发展,不会停滞不前,机会如果不被加以利用就会因为发展变化而消失。由于机会的公开性,别人也可能利用机会,这就改变了供需矛盾,加速了事物的变化过程,机会也就失去了效用,甚至成为创业者的威胁。对于创业者来说,要抓住创业机会并及时利用,越早发现创业机会并采取措施将机会付诸实施,成功的可能性也就越大。

④ 消逝性。创业机会存在于一定的时空范围内,随着产生创业机会的客观条件的变化,创业机会就会相应地消逝和流失。

2. 创业机会的识别

同样的机会,有的人留意并抓住了,而有的人则没有。正确的识别和筛选创业机会是创业成功者必备的重要素质之一。

(1) 识别创业机会的影响要素。

一个创业机会是否能被识别,存在着创业者的主观因素以及外部环境或资源等客观因素的影响,并不是每个创业机会都会得到创业者的识别。影响创业机会识别的因素主要有创业者的个人特质和创业环境。

① 创业者的个人特质。从本质上来说,创业机会的识别是一个相当主观的行为,现实中,即使某一个机会已经表现出良好的经济预期价值,但不是每个人都能识别出这是一个创业机会,或者由于创业者自身承受能力、个人经历等,从不同的观察和理解角度,对创业机会有着不同的认识与决策。所以,创业者的知识底蕴、已有经验、自信心、警觉心、风险感知力、创造力及社会网络等个人特质对创业机会识别具有很大的影响。

② 创业环境。如果空有一腔创业的热情与抱负,没有一个稳定安全的社会环境、一个发展良好的经济环境和氛围,创业机会也无法得到创业者的有效识别。良好的创业环境可以提高创业者的创业能力,也使创业者更容易在市场上捕捉到创业机会。

创业环境包括政治环境、经济环境、文化环境等,主要是指创业者所处的整个政治体制、政策法规、文化传统、经济模式以及个人的人际关系等。

③ 创业氛围。在一个没有人愿意创业的地区,创业被看作是异端,人们只安于现状,排斥任何形式的创业活动,那么,即使有创业者,也因为整个区域对创业持批评态度而将创业止于脚下。相反,在一个良好的创业氛围中,人人都热衷于谈创业、谈创业的故事、希望能寻找绝佳创业的机会时,创业者更容易通过在这种友好而积极的创业氛围中识别出适合自己的创业机会。

(2) 识别创业机会的方法。

在机会识别过程中,灵感和创造力确实十分重要,但是创业者在实际发现和评价创业机会过程中的艰苦努力和所采用的正确方法也同样不容忽视。

① 在偶然之中寻找机会,善于捕捉意外发现。索尼公司董事长盛田昭夫喜欢一边打网球一边听音乐,因此,他必须在球场边装配麦克风、扬声器及唱盘。"随身听"就是在这种需求下产生的,这是索尼公司有史以来最具革命性与利润性的产品。

② 问题分析法——提出问题,解决问题。埃德温·兰德(Edwin Land)跟女儿在新墨西哥州闲逛时,女儿问她:"为什么我不能马上看到你刚刚为我拍摄的照片?"兰德灵光一闪,一小时后,拍立得相机和软片的创意与构想浮现在她的脑海中。她迫不及待地前往当地拍立得公司所在的专利律师处,描述她的新产品。五年后,拍立得公司推出了拍立得照相机。

③ 启发式方法。启发式方法与创业者的创造性联系最为密切。它首先进行分析,即选取一个特定的市场或产品领域,弄清楚与这一领域相联系的概念;然后进行综合,即将这些概念以一种提供新视角的方式归拢到一起。这个过程是相互作用、相互启发的,每一个分析—综合的循环都改进了对机会的洞察方法,并使之更加清晰。

④ 市场坐标图法。市场坐标图的具体做法是:根据产品的价格、质量和功能等参数来定

义某一产品种类的维度,将顾客的特性参数作为另一类维度,这两类维度构成一种市场坐标图,产品基于在坐标图中的位置被定位于不同的组,即坐标图中的不同象限。这种图的制作需要有效地确定产品和顾客的维度,以及充分的市场信息和有关的统计技术。这种二维的市场坐标图不仅可以分析目前的产品在市场坐标图中所处的位置,而且可以表明产品之间的相互关系以及留下的市场空缺。

⑤ 特性延伸法。特性延伸是指确定一个特定产品或服务的基本特性,然后去考察它以某种方式发生变化,会发生什么事情。应用特性延伸法的技巧是,以一系列适当的形容词来试验每个特性,如"更大""更强""更快""更多乐趣""更方便"等。例如,"傻瓜"相机是以使用者的"更方便"取胜的,计算机的更新换代是以其芯片运行速度"更快"为标志的,低度白酒受欢迎是沿着"度数更低"特性展开的。当然,特性延伸也可采取更加复杂的、混合的方式,将不同产品的特性混合在一起创造新产品。实践证明,在产品的特性延伸上孕育着潜在的巨大商机。

(3) 创业机会的识别过程。

创业过程开始于创业者对创业机会的把握。创业者从成千上万繁杂的创意中选择了自己心目中的创业机会,随之不断持续开发这一机会,使之发展成为真正的企业,直至最终获得成功。这一过程中,机会的潜在预期价值以及创业者的自身能力得到反复权衡,创业者对创业机会的战略定位也越来越明确,这一过程称为创业机会的识别过程。应当注意到,这一识别过程是一种广义的识别过程,它囊括了大部分研究中提到的机会发现、机会鉴别、机会评价等创业活动,具体可将这一过程分为3个阶段。创业机会的识别过程3阶段模型如图9-1所示。

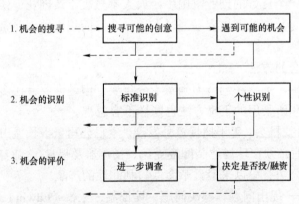

图9-1 创业机会的识别过程3阶段模型

① 机会的搜寻。这一阶段创业者对整个经济系统中可能的创意展开搜索,如果创业者意识到某一创意可能是潜在的商业机会,具有潜在的发展价值,就将进入机会识别的下一阶段。

② 机会的识别。相对整体意义上的机会识别过程,这里的机会识别应当是狭义上的识别,即从创意中筛选合适的机会。这一过程包括两个步骤:第一步是通过对整体的市场环境,以及一般的行业分析来判断该机会是否在广泛意义上属于有利的商业机会,可称之为机会的标准化识别阶段;第二步是对特定的创业者和投资者来说,考察这一机会是否有价值,也就是机会的个性化识别阶段。

③ 机会的评价。实际上这里的机会评价已经带有部分"尽职调查"的含义,相对比较正式。其考察内容主要是各项财务指标、创业团队的构成等,通过机会的评价,创业者决定是否正式组建企业,吸引投资。

值得一提的是,机会识别和机会评价并非是完全割裂的两个概念,创业者在机会识别中的每一步,都须要进行评价,也就是说,机会评价贯穿于整个机会识别的过程中。

3. 创业机会的评估

为了做好创业机会的评估,首先必须清楚什么样的创业机会才是有价值的创业机会。一般而言,一个有价值的创业机会有 5 方面的特征:第一,在前景市场中,前五年的市场需求会稳步快速增长;第二,创业者能够获得利用该机会所需的关键资源;第三,创业者不会被锁定在"刚性的创业路径"上,而是可以中途调整创业的"技术路径";第四,创业者有可能创造新的市场需求;第五,特定机会的商业风险是明朗的,且至少有部分创业者能够承受相应风险。

所有的创业行为都来自绝佳的创业机会,创业团队与投资者均对创业前景寄予极高的期待,创业者更是对创业机会在未来所能带来的丰厚利润满怀信心。但是,时常有悲剧发生。为了尽可能避免这样的情况出现,创业者应该先以比较客观的方式进行评估,评估主要涉及市场和效益两个方面。

(1)市场评估准则。

① 市场定位。一个好的创业机会,必然具有特定市场定位,专注于满足顾客需求,同时能为顾客带来增值的效果。因此评估创业机会的时候,可由市场定位是否明确、顾客需求分析是否清晰、顾客接触通道是否流畅、产品是否持续衍生等,来判断创业机会可能创造的市场价值。创业带给顾客的价值越高,创业成功的机会也会越大。

② 市场结构。针对创业机会的市场结构进行 6 项分析,包括进入障碍、供货商、顾客、经销商的谈判力量、替代性竞争产品的威胁以及市场内部竞争的激烈程度。由市场结构分析可以得知新企业未来在市场中的地位,以及可能遭遇竞争对手反击的程度。

③ 市场规模。市场规模大小与成长速度,也是影响新企业成败的重要因素。一般而言,市场规模大,进入障碍相对较低,市场竞争激烈程度也会下降。如果要进入的是一个十分成熟的市场,那么纵然市场规模很大,但由于其已经不再成长,利润空间必然很小,因此就不值得再投入。反之,一个正在成长的市场,通常也会是一个充满商机的市场,所谓水涨船高,只要进入时机正确,必然会有获利的空间。

④ 市场渗透力。对于一个具有巨大市场潜力的创业机会,市场渗透力评估将会是一项非常重要的影响因素。

⑤ 市场占有率。从创业机会预期可取得的市场占有率目标,可以看出这家新创公司未来的市场竞争力。一般而言,想成为市场的领导者,最少需要拥有 20%以上的市场占有率。尤其是在具有赢家通吃特点的高科技产业,新企业必须拥有成为市场前几名的能力,才具有投资价值。

⑥ 产品的成本结构。产品的成本结构,也可以反映新企业的前景。例如,从物料与人工成本所占比重的高低、变动成本与固定成本的比重以及经济规模产量的大小,可以判断出企

业创造附加价值的幅度以及未来可能的获利空间。

(2) 效益评估准则。

① 合理的税后净利。一般而言,具有吸引力的创业机会,至少能够创造15%以上的税后净利。如果创业预期的税后净利在5%以下,那么这就不是一个好的创业机会。

② 达到损益平衡所需的时间。合理的损益平衡时间是两年以内。但有的创业机会确实需要比较长的平衡时间,通过这些前期投入,创造进入障碍,以保证后期的持续获利。在这种情况下,可以将前期投入视为一种投资,这样才能容忍较长的损益平衡时间。

③ 投资回报率。考虑到创业可能面临的各项风险,合理的投资回报率应该在25%以上。一般而言,15%以下的投资回报率,是不值得考虑进行创业的。

④ 资本需求。资本需求量较低的创业机会,投资者一般会比较欢迎。事实上,许多个案显示,资本额过高其实并不利于创业成功,有时还会带来稀释投资回报率的效果。通常情况下,知识越密集的创业机会,对资本的需求量越低,投资回报率反而越高。因此在创业开始的时候,不要募集太多资金,最好通过盈余积累的方式来创造资金。而比较低的资本额,将有利于提高每股盈余,并且还可以进一步提高未来上市的价格。

⑤ 策略性价值。能否创造新企业在市场上的策略性价值,也是一项重要的评价指标。一般而言,策略性价值与产业网络规模、利益机制、竞争程度密切相关,而创业机会对于产业价值链所能创造的加值效果,也与它所采取的经营策略与经营模式密切相关。

⑥ 退出机制与策略。所有投资的目的都在于回收,因此退出机制与策略就成为评估创业机会的一项重要指标。企业的价值一般也要由具有客观鉴价能力的交易市场来决定,而这种交易机制的完善程度也会影响新企业退出机制的弹性。由于退出的难度普遍要高于进入,所以一个具有吸引力的创业机会,要为所有投资者考虑退出机制,以及退出的策略规划。

四、对大学生创业环境的 SWOT 分析

SWOT 分析法又称为态势分析法,是一种能够较客观而准确地分析和研究一个单位现实情况的方法。SWOT 是优势 (Strengths)、劣势 (Weaknesses)、机会 (Opportunities)、威胁 (Threats) 的英文缩写。其中 S 和 W 主要用来分析内部自身条件,O 和 T 主要用来分析外部环境条件。在清楚了自身的优劣势后,要与外部环境的机遇与威胁放在一起进行综合性分析,该方法是将外部环境的机会与威胁,内部条件的优势与劣势分为纵横两个维度,加以对照分析,既可以一目了然,又可以从内外环境条件的相互联系中作出更深入的分析评价。

SWOT 分析要求正确识别出优势、劣势、机会与威胁因素,发挥优势,抓住机会,明确发展方向,并找出主体实际情况的差距和不足,针对威胁因素采取相应措施,最终实现自己的目标。企业要从组织目标出发,依据自身与环境的匹配分析,从而制订出适合自己的发展策略。

1. 大学生创业的优势

大学生是一个知识和智力都相对密集的群体,他们知识层次较高,具有较强的专业能力。大学生最大的优势是知识资源丰富、年轻有活力、勇于拼搏、思维活跃。

具体来讲,大学生创业的主要优势有以下几个方面:

(1) 当代大学生自主创业意识较强,对创业有着浓厚的兴趣,渴望成功,充满生命活力,

有创业的激情和梦想；

（2）大学生想通过创业展示自我生命的价值和才能，为社会和自己创造财富；

（3）当代大学生有较好的文化素养和创业潜能，他们往往在人际交往、协调沟通、想象空间、运动空间、团队合作、组织管理、敢想敢干等方面表现出较强的才华和活力，在非智力因素和创业心理素质方面有较大的优势；

（4）对事物有领悟力，自主学习知识的能力强，接受新鲜事物快，甚至是潮流的引领者；

（5）运用 IT 技术能力强，能够在互联网上搜寻到许多信息；

（6）自信心较足，对认准的事情有激情去做；

（7）年纪轻，精力旺盛，故有"年轻是最大的资本"之说；

（8）没有成家的大学生暂无家庭负担，其创业很可能获得家庭或家族的支持。

2. 大学生创业的劣势

大学生创业也存在一些劣势：如缺乏社会经验和职业经历，尤其缺乏人际关系和商业网络；缺乏真正有商业前景的项目，许多创业想法经不起市场的考验；缺乏商业信用，在校大学生的信用档案没有与社会接轨，导致融资借贷困难重重；市场预测普遍过于乐观等。

3. 大学生创业的机会

当前"大众创业，万众创新"的时代背景，是大学生创业的最好机遇，工商、税务、卫生等部门对应届大学生创业实行了多项优惠政策，如免息小额贷款等。

这种支持体现在两方面。一方面，具备一定的创业环境和条件，国家的相关法律制度和政策逐步健全和完善，为大学生创业提供了法律制度保障。大量的基础服务机构和设施如电力、通信、交通、金融、保险等条件也得到改善并逐步完备，为大学生自主创业提供了较好的环境和条件。另一方面，来自高校的支持，为解决大学生就业难的问题，各高校及其就业指导部门也做了大量工作，如开设大学生创业选修课，邀请创业成功人士谈创业经历，让大学生掌握创业的基本政策和相关知识；开展大学生创业计划大赛、创业论坛等活动，培养大学生的创业兴趣，在实践中锻炼大学生的创业能力。

4. 大学生创业的威胁

具体来讲，大学生创业的主要威胁有以下几个方面。

（1）越来越大的创业竞争压力。大学生创业可能会面临同学、校友的竞争，传统从业者的竞争等。

（2）大学开设的创业教育课程少，缺乏对大学生创业能力的训练，造成大学生自主创业缺乏相关的氛围和环境。

（3）经济危机的威胁。在全球经济形势不明朗的大环境下，创业环境不佳也是一个不容忽视的原因。

（4）从家庭方面来看，很多家长要求自己的孩子有一份安稳的工作，而不要一进入社会就承担太大的风险。这种潜在的对创业不信任的心态对想创业的大学生来说是一种巨大的心理压力。

SWOT 分析法，可以使当代大学生正视自己的优势与劣势，提早规划自己的创业计划，并努力珍惜在学校里的学习机会,充分利用学校资源,扬长避短,根据自身特点进行客观的决策,选准"落脚点",创出一片真正属于自己的新天地。

第二节 大学生创业的优惠政策

教育部新修订的《普通高等学校学生管理规定》(以下简称《规定》),要求学生应履行恪守学术道德、坚守学术诚信的义务。此外,针对近年来兴起的大学生创业潮,《规定》也给予了支持,明确大学生创新创业可折算成学分。

政府对大学生创业的扶持可以细分为物质上的鼓励和精神上的支持,具体包含以下几个方面。

1. 大学生创业税收优惠

持人社部门核发的就业创业证(注明"毕业年度内自主创业税收政策")的高校毕业生在毕业年度内(指毕业所在自然年,即 1 月 1 日至 12 月 31 日)创办个体工商户、个人独资企业的,3 年内按每户每年 8 000 元为限额依次扣减其当年实际应缴纳的相关税费。对高校毕业生创办的小型微利企业,按国家规定享受相关税收支持政策。

2. 创业担保贷款和贴息

对符合条件的大学生自主创业的,可在创业地按规定申请创业担保贷款,贷款额度为 10 万元。鼓励金融机构参照贷款基础利率,结合风险分担情况,合理确定贷款利率水平,对个人发放的创业担保贷款,在贷款基础利率基础上上浮 3 个百分点以内的,由财政给予贴息。

3. 免收有关行政事业性收费

毕业 2 年以内的普通高校学生从事个体经营(除国家限制的行业外)的,自其在工商部门首次注册登记之日起 3 年内,免收管理类、登记类和证照类等有关行政事业性收费。

4. 享受培训补贴

对大学生创办的小微企业新招用毕业年度高校毕业生,签订 1 年以上劳动合同并缴纳社会保险费的,给予 1 年社会保险补贴。对大学生在毕业学年(即从毕业前一年 7 月 1 日起的 12 个月)内参加创业培训的,根据其获得创业培训合格证书或就业、创业情况,按规定给予培训补贴。

5. 免费创业服务

有创业意愿的大学生,可免费获得公共就业和人才服务机构提供的创业指导服务,包括政策咨询、信息服务、项目开发、风险评估、开业指导、融资服务、跟踪扶持等。

6. 取消高校毕业生落户限制

高校毕业生可在创业地办理落户手续(直辖市按有关规定执行)。

7. 创新人才培养

创业大学生可享受各地各高校实施的系列"卓越计划"、科教结合协同育人行动计划等,同时享受跨学科专业开设的交叉课程、创新创业教育实验班等，以及探索建立的跨院系、跨学科、跨专业交叉培养创新创业人才的新机制。

8. 开设创新创业教育课程

自主创业大学生可享受各高校挖掘和充实的各类专业课程和创新创业教育资源，以及面向全体学生开发开设的研究方法、学科前沿、创业基础、就业创业指导等方面的必修课和选修课；享受各地区、各高校资源共享的慕课、视频公开课等在线开放课程，以及在线开放课程学习认证和学分认定制度。

9. 强化创新创业实践

自主创业大学生可共享学校面向全体学生开放的大学科技园、创业园、创业孵化基地、教育部工程研究中心、各类实验室、教学仪器设备等科技创新资源和实验教学平台，还可以参加全国大学生创新创业大赛和各类科技创新、创意设计、创业计划等专题竞赛，以及高校学生成立的创新创业协会、创业俱乐部等社团，提升创新创业实践能力。

10. 改革教学制度

自主创业大学生可享受各高校建立的自主创业大学生创新创业学分累计与转换制度，学生开展创新实验、发表论文、获得专利和自主创业等情况折算为学分，将大学生参与课题研究、项目实验等活动认定为课堂学习的新探索。各高校优先支持参与创业的大学生转入相关专业学习。

11. 完善学籍管理规定

有自主创业意愿的大学生，可享受高校实施的弹性学制，放宽修业年限，允许调整学业进程、保留学籍，休学创新创业等管理规定。

12. 大学生创业指导服务

自主创业大学生可享受各地各高校对自主创业大学生实行的持续帮扶、全程指导、一站式服务，以及地方、高校两级信息服务平台为大学生实时提供国家政策、市场动向等信息，创业项目对接、知识产权交易等服务；可享受各地在充分发挥各类创业孵化基地作用的基础上因地制宜建设的大学生创业孵化基地以及相关培训、指导服务等扶持政策。

第十章

创业准备

第一节 明确创业目标

人类任何实践活动都离不开一定的目标。创业活动也是如此,因为它是一项复杂的社会实践活动,尤其需要找准目标、果断决策和周密计划。

一、确立目标

有目标才会成功。那么,在成百上千个行业中,究竟选择哪个行业作为自己一显身手的领域?其选择依据主要体现在以下三个方面。

1. 社会需求

社会是创业的大舞台,要想在社会大舞台上获得创业的一席之地,就必须使创业目标与社会需求保持一致。正如人们常说的那样,急社会发展之所急,供社会发展之所求;只有这样做,社会才能支持创业行为,认同创业成果。总之,要摒弃职业有贵贱的观念,以社会需求作为确立创业目标的首要依据,力争在社会发展的大舞台上有所作为。

2. 扬其所长

不同的行业因其性质、特点不同,对创业者的能力要求也不同,精于此,往往疏于彼。因此,在选择创业目标时,必须正确认识自己的能力倾向及优势所在,力求与创业的具体要求相匹配。所谓能力倾向,通俗地讲就是指能力的现有水平和发展的可能性。创业者在评价自己的能力时,既不能狂妄,也不能自卑。正确的态度是全面分析自己的潜能,因为任何创业者的成功都不是与生俱来的,成功的根本原因是他们极大限度的挖掘了自己的潜能。

3. 符合兴趣

兴趣是做好一件事情的动力。兴趣可分为"有趣、乐趣、志趣"三个层次。当乐趣与创业意向、社会责任感结合起来时，便进入了兴趣的更高层次。根据自己的兴趣来确定创业目标，就是指实现由第二层次的乐趣向第三层次的志趣的转变过程。当然，人的兴趣并不是绝对固定不变的。由于诸多原因，有时创业目标的确定与自己的兴趣不完全符合，在这种情况下，就应当从与自己兴趣相近的职业中进行选择，并培养自己的职业兴趣。否则，完全拘泥于自己现有的兴趣，反而会作茧自缚，不利于创业目标的正确选择。

二、明确目标内容

创业目标是指创业者在创业过程中努力争取达到的预期结果。创业目标一般包括干什么、怎么干、干的结果是什么三方面内容。如果这三方面的问题都回答清楚了，那么，创业目标的内容就基本明确了。

1. 干什么

回答这一问题看似简单，其实需要仔细思考。干什么，是目标确定的逻辑起点。如果这个"点"选准了，创业就有成功的希望；如果选得不够准确，创业活动就会走弯路；如果完全选错了，创业就会失败。

2. 怎么干

"干什么"问题的解决和内容的明确，只是找到了"过河的渡口"，"怎么干"问题的回答，要求我们还要找到"过河的船"，没有"船"，"河"是过不去的。因此，我们在确定创业目标时，要系统思考实施创业的措施、方法和步骤。只有创业目标实施措施得力、方法科学、步骤合理恰当，创业才能有所进展。

3. 干的结果

创业的结果大致可分为理想和不理想两大类。在理想类中又可分为很理想、基本理想两个层次；在不理想类中又有程度不同的区别。总之，在对创业结果进行预测时，应将各种可能出现的创业结果考虑周全，同时，要有全面的心理准备和相应的对策，既要向最好的方向努力，也要做最坏的打算。

当创业目标的上述三方面内容得到明确之后，所确定的创业目标就具有下列作用：一是具有指向作用，使创业的目的性、针对性更强；二是具有激励作用，能激发创业者加倍努力，克服困难，为创业目标的实现而奋斗；三是具有标尺作用，即用已经制订好的目标去衡量和判断创业行为的成效；四是具有凝聚作用，使参与创业的所有成员都能心往一处想，劲往一处使。

三、论证目标

创业目标的论证，实际上是指依据一定的标准对目标进行分析、研究得出结论的过程。不管是何种创业目标，对其论证的通用性标准有两个：一是科学性，二是可行性。科学性的核心内容是切合实际，可行性的核心内容是能够付诸实践。也就是说，创业目标既要切合实际，又要可以付诸实践。对创业目标进行论证，也就是对这两方面问题进行研究、分析，并得出结论。

创业目标切合实际，主要是指要切合社会需要的实际，切合已经具备的和能够争取到的创业条件的实际，切合创业者自身能力和兴趣的实际。这三个方面如果有一个方面出现了脱离实际的问题，都有可能导致创业行为受挫或创业目标落空。这是因为任何创业目标的实现，都有其必要的先决条件。那种不考虑创业所必要的先决条件，仅凭主观想象而确定的创业目标，不仅难以指导创业实践，难以带来创业的成功，而且还会将创业引入歧途。当我们对创业目标是否切合实际这一科学性问题进行论证之后，还必须进一步对可行性方案进行分析。这是因为任何好的创业目标，都要通过实践才能变成现实，否则只能算是纸上谈兵。

创业目标的论证方法是多种多样的，可以向行家咨询；可以邀请他人一起讨论分析；也可以自己去查看市场行情等。究竟采取何种论证方法，要因人、因项目、因条件而异，没必要强求统一，但这项工作是创业决策的必要条件之一，所以，要认真做好。

第二节　创业项目选择

当今的经济市场充满着各种各样的创业机遇，创业项目也是纷繁复杂。由于大学生创业群体的特殊性，他们应尽量选择能够发挥其优势的创业项目。

一、创业项目选择原则

1. 市场原则

以满足市场需求为前提，重点发展需求量大、前景广阔的产业或项目。正如人们常说的："急市场之所急，供市场之所求。"只有这样，市场才会支持创业行为。

2. 效益原则

讲求投资项目有较高的投入产出比，即投资要讲究一定的回报率。只有具有较高的投资回报率，才能够吸引投资者进行投资。

3. 符合国家产业政策原则

大学生创业要选择的创业项目应该是国家政策鼓励、支持的项目，对于国家产业投资明确限制和压产的项目应尽量回避，同时还要考虑所选项目是否需要特别资格特许经营，自己是否具备相应资格或能力申请到相应的资格等问题。

4. 充分利用当地资源优势和业主自身优势的原则

选择自己熟悉并拥有资源优势的项目，不盲目追求社会经济热点，以避免决策失误，浪费劳动和投资。不同行业因其性质、特点不同，对创业者的能力要求也不同，精于此而疏于彼的现象在日常生活中随处可见，因此大学生创业一定要认清自己的能力倾向以及优势所在，力求与创业的具体要求相匹配。例如，具备某一类商品的知识、制造技术与从业经验；懂得某种服务性行业的服务要求和服务方法以及相关技术，还具备相应的经营管理能力与经验；懂得供应商的供货方式；了解顾客群的基本情况等。

二、创业项目选择注意事项

1. 慎重选择创业项目

隔行太大的项目要慎重；市场消费对象不明确的项目要慎重；本地一家都没有的项目要慎重；号称低投入高回报的项目要慎重；远距离加工回收的项目要慎重；号称高科技转让的项目要慎重。

2. 慎重对待加盟、招商、特许经营项目

（1）有些商家主要欺骗没有创业经验的人。

这些商家针对的都是一些想创业但没有经验的人。这些商家在报纸上、杂志上、网络上做的广告都非常吸引人，都说自己的项目是零风险，只赚不赔，然而，经过考察就会发现很多项目都有问题。例如某些加工项目，当地就有很多劳动力，却要在全国进行招商。全国招商的生产成本肯定要比当地的生产成本高，因为外地的加工成本要加上通信费用、交通费用等，其谎言不攻自破。

（2）有些商家用收取保证金来骗钱。

有些加盟商不收取加盟费，只收取保证金，名义上是要确保加盟商可以按照公司所谓的划分区域经营，或者为了保证生产经营信誉，并且承诺保证金可以退还，而实际上他们会找各种理由拒绝退还保证金。

（3）有些商家以收取加盟费为由进行诈骗。

商家往往会说因为自己是一个品牌，所以想要加盟经营必须交加盟费。对于动辄几万元的加盟费，大学生创业者要慎重考虑，在考察的基础上要再次进行论证。

第三节　创业模式选择与市场分析

一、创业模式选择

如今创业市场商机无限，但对于资金、能力、经验都有限的大学生创业者来说，并非都是"遍地黄金"。在这种情况下，大学生创业者只有根据自身特点，找准"落脚点"，才能创出一片新天地。目前来说，大学生创业主要有以下8种常见的模式。

1. 加盟创业

加盟创业是指创业者以合同形式从盟主企业那里获得加盟店经销权或营业权。其最大的特点是利用盟主企业的招牌和现有市场实现利益共享、风险共担。这种创业模式由于可复制，所以创业难度相对较低。

加盟者只需支付一定的费用，包括加盟费、利润比值等，就可以站在"巨人"肩膀上。加盟者通过加盟可以得到一个成熟品牌的使用权，可以获得管理和技术方面的支持，同时也可以获得广告的帮助，这就极大地降低了创业失败的风险。因为加盟品牌是经过市场验证的，这就表示该品牌的商业模式是可行的。

当然，加盟创业并不是没有风险，如今的加盟企业数量众多而且鱼龙混杂，甚至有一些是具有诈骗性质的。因此，选择加盟企业，应当先看到其中的风险，不要急功近利。投资者在加盟前一定要睁大眼睛，不要过分相信加盟总部所提供的报表、数据及分析资料，不要以为自己会稳赚不赔，同时也要做好详细的计划书，明确准备投入多少资金、每月预期有多少收入、毛利多少、净利多少、总投资什么时候可以收回等。计划书越详细越有利于规避风险。

2. 网络创业

网络购物已成为现代人的生活常态，人们已习惯足不出户、通过互联网享受购物的乐趣。这种满足现代人"宅"的需求的电子商务的发展为大学生的网络创业提供了基础。所谓网络创业就是利用网络资源进行创业。其形式主要有以下三种。

（1）网上开店，即自行在网上注册成立网络商店，销售自己选定的商品。随着新媒体、新应用的不断涌现，网上开店还拓展到了更多的平台，如微信上面的微店，利用朋友圈的人脉资源以及零成本的推广优势，正如火如荼地发展着。

（2）网上加盟，即利用母网站的货源和销售渠道以某个电子商务网站门店的形式开展经营，如经营者通过加盟淘宝网这一网上销售和服务平台，获取淘宝的销售渠道和客户资源。除了淘宝，现在很多大型电商都可以加盟开网店，如天猫商城、京东商城、当当网、1号店、苏宁易购、国美商城等。

（3）网络服务，即利用互联网强大的客户资源，通过为广大网民提供某种服务从而获得利益的经营模式。

网络创业的优势在于，成本较低、风险较小、方式灵活，创业门槛也不高。这种创业模式非常适合在校大学生等初涉商海的创业者。

3. 兼职创业

兼职创业是指在学习、工作之余利用日常积累的商业资源和人脉关系进行创业。这种创业模式一方面可以使创业者利用业余时间积累创业经验，另一方面可以使有创业志向的大学生逐步实现从学生向创业者的转变。

该类创业模式较适合有创业梦想的大学生、白领、有一定商业资源的在职人士等。兼职创业如果能借助创业者所学专业知识或其他优势资源，定会收到事半功倍的效果。

4. 团队创业

团队创业是相对于个人创业而言的。由于不是单枪匹马，团队成员往往在研发、技术、市场、融资等各方面能够实现优势互补，汇集群体的智慧和力量，更容易获得创业的成功。正所谓"众人拾柴火焰高"，一个优秀的创业团队是创业成功的重要保障。

5. 大赛创业

创业大赛最早起源于美国，又称为商业计划竞赛。此类竞赛主要是为参赛者展示创业项目、获得资金提供一个良性的互动平台，世界上很多著名的企业都是从创业大赛中脱颖而出的，如雅虎、网景等。在国内，自20世纪90年代清华大学率先举办创业大赛以来，各种创业大赛层出不穷，不断发展，形势一片大好，受到众多创业青年的追捧和关注，也催生了一大批企业的诞生，造就了一批优秀的创业者。

创业大赛提供给创业者一个展示的平台，它一般要求参赛者能够组建一支优势互补的竞赛团队，提出一项具有市场前景的技术产品或服务，并且围绕这一产品或服务，以最终获得风险投资为目的，完成一份完整、务实、科学、具体、深入的创业计划书。计划书中必须包括企业概述、业务与业务展望、风险因素、投资回报与退出策略、组织管理、财务预测等方面的内容。在国内，创业大赛已经发展到了相当成熟的阶段，引起了包括在校大学生、新闻媒体、企业界以及风险资本的广泛关注，已经成为创业的一个不可忽视的重要途径。很多创业者通过参加创业大赛全面地了解了创业者所必须具备的知识和技能体系，锻炼了自己的组织能力和协调能力，获得了综合素质的提升。很多创业者通过参加创业大赛结识了志同道合的合作伙伴，共同开辟了新的事业。也有一些创业者最终通过参加比赛获得奖金或赢得风险投资等，走上了创业的道路，并且获得了巨大的成功。

6. 内部创业

内部创业是一种新兴的创业模式，它是指一些有创业意向的员工在企业的支持下，承担起企业内部某些业务或项目的研究开发工作，最终与企业共享创业成果的创业模式。创业者一般无须自己投资，可以充分利用企业已有的各项丰富创业资源，企业也会在其他方面给予创业者一定的优惠和便利。内部创业具有成本低、风险小等优势，已经在很多世界著名企业内部取得了成功，如松下电器公司、沃尔玛公司、丰田汽车公司等，越来越受到创业者的青睐和关注。

作为一种相对独辟蹊径、自力更生的创业方式，内部创业这种模式在资金、设备、人才等各方面都具有十分明显的资源优势：企业本身已经形成一定的规模，可以为内部创业人员提供一定的资金、技术、人才等方面的支持，同时企业在相关机制和管理政策上也会对内部创业进行优待和照顾，创业人员可以充分利用企业已经积累多年的财力、市场、人力以及营销网络等，一展抱负。创业成功了，企业可以丰富自身的经营方式，扩大市场领域，提高市场份额，节约成本，延续企业的发展周期。而个人可以满足自己的创业理想，获得晋升的机会，企业和个人可以达到"双赢"。即使创业失败了，后果也主要由企业来负责，个人所需要承担的责任很小。这样，在创业过程中，个人就不必瞻前顾后，完全可以轻装上阵，也不必为成本担忧。创业者所承受的压力将大大降低，思想包袱也没那么重，有更多的时间和精力投入到创业项目上去。

内部创业关乎企业和个人两方面的利益，如若处理得当，就能达到双赢的局面；如若处理不当，不仅个人的创业要宣告失败，而且对企业也会造成一定的损失。因此，内部创业，关键在于正确处理在创业过程中企业和个人创业者之间的关系。

7. 公益创业

公益创业主要指个人、社会组织或者网络等在社会使命感激发下，追求创新效果和社会效果，是面向社会需要、建立新的组织、向公众提供产品或服务的社会活动。公益创业区别于传统的办企业、开公司的创业模式，它以公益取向、进入门槛低、社会服务和创新性等优势为大学生就业提供了一个新的视角。以社会公益为导向，兼顾经济效益与社会效益的大学生公益创业是近年来创业带动就业的新思路。

目前，志愿公益活动是大学生公益创业的主要实践活动形式。在一些高校和社会企业的支持帮助下，通过建立公益创业集群、培育公益组织、孵化公益项目等，以公益事业为目的的营利公司处于初步探索中。

8. 概念创业

概念创业即凭借创意、点子、想法开创的创业活动。概念创业适合本身没有很多资源的创业者，他们需要通过独特的创意来获得各种资源，包括资金、人才等。这些创业概念必须足够新颖，至少在计划进入的行业或领域是个创举，只有这样，才能抢占市场先机、吸引风险投资商的眼球。同时，这些超常规的想法还必须具有可操作性。

（1）概念创业的基本条件。

① 它必须是个创举，至少在所投入的行业或领域，没有人这么做过。

② 只是前无古人还不够，还必须让人眼睛一亮，甚至让人脱口而出："厉害，我怎么没有想到？"

③ 创业者本身没有多少资源，必须凭创业计划书去寻找所需要的资金与搭档。

（2）概念创业的4大模式。

① 异想天开型。异想天开中蕴藏着诸多的成功机会，飞机的发明源于莱特兄弟"人类也能像鸟一样飞翔"的想法；大卫·H·克罗克的离奇想法则造就了"会飞的邮件"——电子邮件。创业也是如此，奇特的创意有时也能成为一种创业资本，有着剑走偏锋的神奇作用。当然，与众不同的创意，在创业初始会受到怀疑甚至嘲弄，禁不起考验的就会如昙花一现，而那些坚持下来并积极把想法转化成实际的创业者，往往有着抢占先机的优势。

② 问题解决型。每个人在日常生活中都会碰到或大或小的问题，有人埋怨几声就息事宁人，有人则从自身经历或朋友的困境中发现商机。例如，晚上遛狗时，狗差点被汽车撞了，由此发明了宠物反光衣；发现孩子不会用大人的吸管，就开始生产弯曲吸管等。这一类型的创业者能一针见血地抓住问题的本源所在，并且很快想出解决问题的方法。

③ 异业复制型。创业成功者未必都是新领域中第一个"吃螃蟹"的人，有时他们的创业想法来自成熟领域，只是在某些方面进行了创新。如果没有很好的创意，但很会举一反三，有丰富的联想能力，那么可以试着把一个行业的原创概念复制到另一个行业中。异业复制的好处是有范本可循，不必盲目摸索，但不同行业的经营模式能否复制成功，则是对创业者智慧的考验。

④ 国外移植型。如果经常出国旅游或浏览国外资讯，见多识广，洞察力强，那么可以把国外的新鲜创意搬回来，这是最便捷的创业方式。当然也须注意文化差异，要对国外的创业概念进行本土化改造，以免好创意"水土不服"。

二、创业项目市场分析

市场分析的主要目的是研究商品的潜在销售量，开拓潜在市场，安排好商品在地区之间的合理分配，以及企业经营商品的地区市场占有率。通过市场分析，可以更好地认识市场的商品供应和需求的比例关系，采取正确的经营战略，满足市场需要，提高企业经营活动的经济效益。

1. 行业分析

行业分析是指根据经济学原理，综合应用统计学、计量经济学等分析工具对行业经济的运行状况、产品生产、销售、消费、技术、行业竞争力、市场竞争格局、行业政策等行业要素进行深入的分析，从而发现行业运行的内在经济规律，进一步预测未来行业发展的趋势。行业分析是介于宏观经济与微观经济分析之间的中观层次的分析，是发现和掌握行业运行规律的必经之路，是行业内企业发展的大脑，对指导行业内企业的经营规划和发展具有决定性的意义。

各行业的经济性质、竞争状况、竞争力、吸引力以及发展前景是不同的。企业所在的行业环境影响着行业内的企业，企业要密切关注行业环境。行业吸引力和竞争力分析是创业者决定进入一个行业，以及明确自己所处位置以采取相应行动的基础。

（1）行业吸引力分析。

行业吸引力是企业进行行业比较和选择的价值标准，也称为行业价值。行业吸引力取决于行业的发展潜力、平均盈利水平等因素，同时也取决于行业的竞争结构。

行业结构和行业分析因素提供的信息是比较局部和静态的，大多数情况下每个行业都处于不断的变化之中，所处的宏观环境也在不断变化，并给行业带来机会和威胁，因此，行业吸引力（价值）的大小应该把行业本身的特征和宏观环境的变化带来的主要机会和威胁结合起来进行评价，才能真正作为企业战略选择的依据。

（2）行业竞争力分析。

"五力模型"（图10-1）是由迈克尔·波特（Michael Porter）于20世纪80年代初提出的用于竞争战略分析的模型，可以有效地分析客户的竞争环境。"五力模型"认为：行业现有的竞争状况、供应商的议价能力、客户的议价能力、替代产品或服务的威胁、新进入者的威胁这五大竞争驱动力，决定了企业的盈利能力，并指出公司的战略核心在于选择正确的行业以及行业中最具有吸引力的竞争位置。

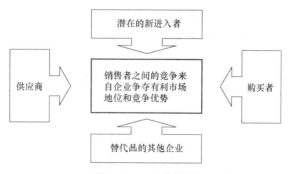

图 10-1 五力模型

① 供应商的讨价还价能力。供应商影响一个行业竞争者的主要方式是提高价格（以此榨取买方的盈利），降低所提供产品或服务的质量，下面 8 个因素决定它的影响力：

a. 供应商所在行业的集中化程度；

b. 供应商产品的标准化程度；

c. 供应商提供的产品在企业整体产品成本中的比例；

d. 供应商提供的产品对行业生产流程的重要性；
e. 供应商提供的产品的成本与企业自己生产的产品的成本之间的比较；
f. 供应商提供的产品对企业产品质量的影响；
g. 企业原材料采购的转换成本；
h. 供应商前向一体化的战略意图。

② 购买者的讨价还价能力。与供应商一样，购买者也能够对行业盈利性造成威胁。购买者能够强行压低价格，或要求更高的质量或更多的服务。为达到目的，他们可能使生产者互相竞争，或者不从任何单个生产者那里购买商品。以下7个因素影响着购买者的议价能力：

a. 集体购买；
b. 产品的标准化程度；
c. 购买者对产品质量的敏感性；
d. 替代品的替代程度；
e. 大批量购买的普遍性；
f. 产品在购买者成本中所占的比例；
g. 购买者后向一体化的战略意图。

③ 新进入者的威胁。一个行业的新进入者通常带来大量的资源和额外的生产能力，并且要求获得市场份额。除了完全竞争的市场以外，行业的新进入者可能使整个市场发生动摇。尤其是当有步骤、有目的的进入某一行业时，情况更是如此。新进入者威胁的严峻性取决于一家新的企业进入该行业的可能性和进入壁垒。其中主要取决于该行业的前景如何，行业增长率高表明未来的盈利性强，而眼前的高利润也颇具诱惑力。对于新进入者的威胁，客户需要研究进入壁垒难易的条件因素，如钢铁业、造船业、汽车工业，规模经济是进入壁垒的重要条件；而化妆品及保健品业，产品的差异条件是进入壁垒的主要条件之一。

④ 替代品的威胁。替代品是指那些与客户产品具有相同功能或类似功能的产品。如糖精从功能上可以替代食糖，飞机远距离运输可以被火车运输替代等。生产替代品的企业本身就给客户甚至行业带来威胁，替代竞争的压力越大，对客户的威胁越大。决定替代竞争压力大小的因素主要有以下3个：

a. 替代品的盈利能力；
b. 替代品生产企业的经营策略；
c. 购买者的转换成本。

⑤ 行业内现有竞争者的竞争。大部分行业中的企业，相互之间的利益都是紧密联系在一起的，作为企业整体战略一部分的企业竞争战略，其目标都在于使自己的企业获得相对于竞争对手的优势，因此，在实施中就必然会产生冲突与对抗现象，这些冲突与对抗就构成了现有企业之间的竞争。现有企业之间的竞争常常表现在价格、广告、售后服务等方面，其竞争强度与许多因素有关。一般来说，行业内的竞争往往表现为：完全竞争、垄断竞争、寡头竞争和完全垄断。

2. 竞争对手分析

进行竞争对手分析的目的是通过了解竞争对手的信息，获知竞争对手的发展策略和行动，以作出最适当的应对。对于创业者而言，竞争对手分析就是要借此寻找自己创业项目的核心优势。

企业竞争对手是指在市场上和本企业提供相同或者类似的产品和服务，且在配置和使用市场资源的过程中与本企业有竞争性的企业。一旦确定了竞争对手，那么从战略制订上讲，需要对竞争对手做以下4个方面的分析：

（1）竞争对手的各期目标和战略；

（2）经营状况和财务状况分析；

（3）技术经济实力分析；

（4）领导者和管理者背景分析。

对竞争对手与自身之间进行分析比较，须坚持客观、中肯的原则，以数据为依据，以市场需求为标准，兼顾政府政策和社会利益，从而为公司作出决策提供可靠的理论依据。

3. 组合分析

组合分析是一种用来研究消费者对产品或服务偏好的技术。通过这种技术，我们可以获取有关新产品的各种相关属性在消费者的购买行为中的影响程度，及在各种属性中各种可替换因素的具体效用函数，从而帮助客户从多种可选择的产品性能中作出准确判断。组合分析还可以模拟出理想状态下的市场份额分布，对新产品的每一种组合有可能占据的市场地位及其竞争产品的市场占有情况进行形象的描述。

第十一章

创业实施

第一节 创业实用技能

一、创业计划书的制订

创业计划是创业者在创业初期为企业勾画的蓝图，包括产品开发生产、市场营销、财务、人力资源等职能计划的综合。通过撰写创业计划书可以对创业的内外环境及必要条件进行全面、系统的客观分析，帮助创业者理清思路，引导企业顺利度过起步阶段。

1. 创业计划书的基本要素

尽管创业计划书有很多种，但其基本要素主要有以下6个方面，即 6 个 "C"。

① 概念（Concept），即计划书中必须明确所卖产品或所提供的服务是什么。

② 顾客（Customers），即顾客是谁，且范围要明确。例如，顾客是女性，适合的年龄段为三四十岁。

③ 竞争者（Competitors），即所卖产品或所提供的服务，有没有人做过，有没有其他东西可以替代，这些竞争者跟自己的关系是直接的还是间接的。

④ 能力（Capabilities），即该项目自己掌握的程度如何。

⑤ 资本（Capital），可以是现金，也可以是资产，或者是可以换成现金的东西。资本在哪里，有多少，自有的部分有多少，可以借贷的部分有多少，都要清楚。

⑥ 永续经营（Continuation），即事业发展的可持续性情况。

不管在哪方面创业，不管计划书怎么写，上述 6 个要素都是创业者必须考虑和明确的。

2. 创业计划书的主要内容

一般来说，在创业计划书中应该包括创业的种类、资金规划及资金来源、资金总额的分配比例、阶段目标、财务预估、行销策略、风险评估、创业动机、股东名册、预定员工人数等要素，具体内容可概括为以下 11 个方面。

（1）封面。

封面的设计要兼具美观和艺术性，一个吸引人的封面会使阅读者产生最初的好感，形成良好的第一印象。

（2）计划摘要。

计划摘要浓缩了创业计划书的精华，要涵盖计划的要点，尽量简明、生动，以求一目了然，使投资人能在最短的时间内评审计划并作出正确判断。要注意特别说明自己企业的不同之处。

计划摘要一般包括以下内容：公司介绍；管理者及其组织；主要产品和业务范围；市场概貌；营销策略；销售计划；生产管理计划；财务计划；资金需求状况等。

（3）企业介绍。

这部分的目的不是描述整个计划，也不是提供另外一个概要，而是对自己公司的介绍，因而重点是公司的经营理念和如何制订公司的战略目标。

（4）行业分析。

在行业分析中，应该正确评价所选行业的基本特点、竞争状况以及未来的发展趋势等内容。

关于行业分析的典型问题如下。

① 该行业发展程度如何？现在的发展动态如何？
② 创新和技术进步在该行业中扮演着一个怎样的角色？
③ 该行业的总销售额有多少？总收入为多少？发展趋势怎样？
④ 价格趋向如何？
⑤ 经济发展对该行业的影响程度如何？政府是如何影响该行业的？
⑥ 是什么因素决定着它的发展？
⑦ 竞争的本质是什么？将采取什么样的策略？
⑧ 进入该行业的障碍是什么？将如何克服？该行业典型的投资回报率有多少？

（5）产品和服务介绍。

产品介绍应包括以下内容：产品的概念、性能及特性；主要产品介绍；产品的市场竞争力；产品的研究和开发过程；发展新产品的计划和成本分析；产品的市场前景预测；产品的品牌和专利等。

在产品和服务介绍部分，创业者要对产品和服务作出详细的说明，说明既要准确，也要通俗易懂，让非专业的投资人也能明白。产品介绍要附上产品原型、照片或其他介绍。

（6）人员及组织结构。

在企业的生产活动中，存在着人力资源管理、技术管理、财务管理、作业管理、产品管理等环节。而人力资源管理是其中很重要的一个环节。

社会发展到今天，人已经成为最宝贵的资源，这是由人的主动性和创造性决定的。企业要管理好这种资源，要遵循科学的原则和方法。

在创业计划书中，必须要对主要管理人员加以阐明，介绍他们所具有的能力，他们在本企业中的职务和责任，他们过去的详细经历及背景。此外，在创业计划书中，还应对企业结构进行简要介绍，包括：企业的组织机构图；各部门的功能与责任；各部门的负责人及主要成员；企业的薪酬体系；企业的股东名单，包括认股权、持股比例和特权；企业的董事会成员；各位董事的背景资料等。

（7）市场预测。

市场预测应包括以下5方面内容：

① 对需求进行预测；

② 市场预测：市场现状综述；

③ 竞争厂商概览；

④ 目标顾客和目标市场；

⑤ 本企业产品的市场地位等。

（8）营销策略。

对市场的错误认识是企业经营失败的主要原因之一。在创业计划书中，营销策略应包括以下4方面内容：

① 市场机构和营销渠道的选择；

② 营销队伍和管理；

③ 促销计划和广告策略；

④ 价格决策。

（9）制造计划。

创业计划书中的生产制造计划应包括以下4方面内容：

① 产品制造和技术设备现状；

② 新产品投产计划；

③ 技术提升和设备更新的要求；

④ 质量控制和质量改进计划。

（10）财务规划。

财务规划的重点是现金流量表、资产负债表以及损益表的制备。流动资金是企业的生命线，因此企业在初创或扩张时，对流动资金的安排需要预先有周详的计划，以及在使用过程中需要有严格的控制；损益表反映的是企业的盈利状况，体现的是企业在一段时间运作后的经营结果；资产负债表则反映的是企业在某一时刻的状况，投资人可以利用资产负债表中的数据所反映的比率指标来衡量企业的经营状况以及可能得到的投资回报率。

（11）风险与风险管理。

关于风险与风险管理的典型问题有以下5方面：

① 企业在市场、竞争和技术方面都有哪些基本的风险？

② 准备怎样应付这些风险？

③ 企业还有一些什么样的附加机会？

④ 在现有资本基础上如何进行扩展？

⑤ 在最好和最坏的情形下，5年计划表现如何？

如果估计不那么准确，应该估计出误差范围到底有多大。如果有可能，对关键性参数做最好和最坏的设定。

3. 创业计划书的作用

（1）帮助创业者自我评价，理清思路。

在创业融资之前，创业计划书首先应该是给创业者自己看的。创办企业不是"过家家"，创业者应该以认真的态度对自己所有的资源、已知的市场情况和初步的竞争策略做尽可能详尽的分析，并提出一个初步的行动计划，做到心中有数。另外，创业计划书还是创业资金准备和风险分析的必要手段。对初创的风险企业来说，创业计划书的作用尤为重要，一个酝酿中的项目，往往很模糊，通过制订创业计划书，把正反理由都书写下来，然后再逐条推敲，创业者就能对这一项目有更加清晰的认识。

（2）帮助创业者凝聚人心，有效管理。

一份完美的创业计划书可以增强创业者的自信，使创业者明显感到对企业更容易控制、对经营更有把握。因为创业计划书提供了企业全部的现状和未来的发展方向，也为企业提供了良好的效益评价体系和管理监控指标。创业计划书使创业者在创业实践中有章可循。

创业计划书通过描绘新创企业的发展前景和成长潜力，使管理层和基层员工对企业及个人的未来充满信心，并明确企业将要从事什么项目和活动，从而使大家了解自己将要充当什么角色，完成哪些工作，以及自己是否可以胜任这些工作。因此，创业计划书为创业者吸引所需要的人力资源和凝聚人心，具有重要作用。

（3）帮助创业者对外宣传，获得融资。

创业计划书作为一份全方位的项目计划，它对即将展开的创业项目进行可行性分析的过程，也是在向风险投资商、银行、客户和供应商宣传拟建的企业及其经营方式，包括企业的产品、营销、市场及人员、制度、管理等各个方面。在一定程度上也是拟建企业对外进行宣传和包装的文件。

一份完美的创业计划书不仅会增强创业者自己的信心，也会增强风险投资人、合作伙伴、员工、供应商、分销商对创业者的信心。而这些信心，正是企业走向创业成功的基础。

4. 创业计划书的撰写

在创业之前，创业者必须开始学习如何"推销"自己的经营思路、设想，因此，首先要学会撰写一份专业并且内容完整的创业计划书，去说服团队、客户以及投资人。创业课程教师和创业导师只能起到指路的作用，离开了实践锻炼，也不可能在教室里让大学生学会和掌握所有的经营技巧。所以，创业者要真正提高和强化自己的经营能力和商机捕捉能力，还需要在实践中慢慢摸索，悉心体会。

当创业者确定了创业项目以后，就需要对这个项目进行更深一步的细化和分解，并通过一系列的调研和论证，最后制订出一份具有可操作性的行动指南。可以说，创业计划书是对创业者整个经营设想的总结和概括，它既为创业者的行动提供指导和规划，也为创业者与外界沟通提供基本依据。

（1）创业计划书撰写的原则。

一份好的创业计划书必须呈现竞争优势与投资人的利益，同时也要具体可行，并提出尽可能多的客观数据来加以佐证。在撰写创业计划书的过程中，应遵循以下6个原则。

① 市场导向。利润来自市场的需求，没有对市场进行深入的调查和分析，所撰写的创业计划书将是空泛的。创业计划书应该以市场导向的观点来写，并充分展现创业者对市场现状的掌握和对未来发展趋势的预测能力。

② 简明扼要。风险投资人不会花过多的时间来阅读一份对他来说毫无意义的创业计划书。因此，开门见山、直切主题的写法较容易引起风险投资人的注意和兴趣。

③ 条理清晰。投资者真正关心的问题都是相同的，即做的是什么产品，怎么赚钱，能赚多少钱，为什么能赚这么多钱，创业计划书应该把这些问题回答清楚，使投资人看完后，能很清晰地了解拟创企业的商业机会、所需资源、风险和预期投资回报率。

④ 观点客观。创业计划书中的所有内容必须实事求是，尤其是财务规划，必须事先进行大量的调研和科学分析，在分析调研数据的基础上得出合理的结论。在创业计划书中，数据越充分，就越容易让投资人信服。

⑤ 突出优势。突出优势也就是突出这份创业计划书的"卖点"。例如，创业者有非凡的经营管理能力和目标一致的管理团队、独一无二的技术优势、对市场的清晰认识等。

⑥ 注意用语。创业计划书应力求语言生动，尽量避免使用技术性很强的专业术语。风险投资人更关心企业能创造多少价值，过多的专业术语会影响他们的兴趣。即使不得已要使用专业术语，也应在附录中解释说明。

（2）创业计划书撰写的步骤。

① 第一阶段：创业构思。创业者的一些新奇想法需要经过可行性分析，只有通过市场需求评价以及商机评估等才能真正成为创业商机。因此，创业者需要对所谓的"金点子"进行甄别，确定创业目标，初步形成创业构思。首先，要进行环境分析。创业环境包括宏观环境、中观环境和微观环境。宏观环境是指能对企业活动产生强制性、不定性和不可控性影响的因素，如自然环境、政治与法律环境、科技环境以及人文环境。一般来说，企业对宏观环境只能选择适应，因而，企业可以通过关注宏观环境的变化把握社会的大趋势，从中获得商机。中观环境是指企业所属行业的状态，主要包括行业环境、地域环境、业务环境。大部分创业者是根据中观环境的变化获知机遇和挑战，对创业进行战略部署。微观环境是指直接制约和影响企业活动的力量和因素，包括供应商、企业内各部门、顾客、竞争者、社会公众等。创业者必须对不断变化的环境有敏感的体会，把握因变化产生的机遇和挑战，规避风险，充分利用其中蕴含的巨大商机，获得创业先机。其次，要做好产品和服务的定位。好的企业建立在好的创业构思上，而好的创业构思则建立在市场需求和产品或服务项目的开发上。创业者在开创自己的事业前需明确产品或服务的定位，清楚分析市场的需求（如需求的类型、需求的客户、行业态势、市场特征等），根据实际情况设计开发出有价值的新产品或服务，这样才能牢牢把握住市场的发展趋势。如果创业构思能有所创新，那就是锦上添花。创新可以是引入一种新的产品或提供一种产品的新用途；可以是采用一种新的生产方法；可以是开辟一个新的市场；可以是获得一种原料或半成品新的供给来源；也可以是实行一种新的企业组织形式。

② 第二阶段：市场调研。市场调研是运用科学的方法，有目的、有计划地收集、整理和分析创业信息和资料。没有进行深入透彻的市场调研，就不能准确把握市场脉搏，无法了解适合环境并满足客户需求的商机。市场调研的具体执行是一项繁杂的工作，需要创业者亲身体验，站在消费者的角度思考和分析客户需求、偏好，将获得的信息融入未来产品或服务方案的设计中，满足市场和消费者的需求。创业者可以通过问卷调查、企业网站的在线调查、随访或者团队中一线销售人员直接面对市场和消费者获得市场信息。如果企业的产品或服务能够满足社会需求，那就会为创业者带来利润，但如果产品或服务并非市场所需，无法达到预期的销售目标，那对刚刚起步的创业者来说必然是一个巨大的打击，甚至会因此而导致其创业失败。因此，市场调研是创业构思不可或缺的部分。

③ 第三阶段：起草大纲。创业计划书的大纲相当于建筑物的框架结构，只有坚实、牢固的结构才能支撑起一份优秀的创业计划书。创业者经过环境分析和市场调研，确定创业目标后，就要开始着手起草创业计划书的大纲。大纲框架搭建越详细，对创业者思考创业过程越有益，同时，可以让投资人清楚了解创业者的意图。在完成大纲的起草后，创业者还必须对大纲进行细化和完善，尤其是进一步获得市场信息时，要对大纲做相应的修改和补充，以适应市场的需要。一份比较完整的大纲应包括以下 9 方面内容：

a. 企业介绍；

b. 产品或服务介绍；

c. 管理团队介绍；

d. 商业模式；

e. 营销策略；

f. 市场分析及风险管理；

g. 发展规划；

h. 财务规划；

i. 融资需求及资金用途。

④ 第四阶段：起草计划。一份出色的创业计划书，就像是一张藏宝图，指引人们获得宝贵的信息，帮助创业者得到更多的扶持和帮助，在创业的道路上旗开得胜。创业计划书要根据大纲来撰写，对大纲进行详细的扩充和延伸。它必须让投资人了解创业者建立的是怎样的企业，已经获得了什么样的成就，提供的是何种产品或服务，可以为客户带来什么样的便利，而创造这个产品或提供服务的又是一些什么样的人，他们组建了一个什么样的团队，面临着什么样的挑战和竞争，如何进一步发展这个企业，还需要多少资金支持，如果顺利获得融资，他们将如何安排资金走向并实现企业的发展规划等。一般来讲，创业计划书包括 4 方面内容。

a. 计划书执行摘要：这是浓缩版的创业计划书。一般来说执行摘要要精简，篇幅不超过 3 页，保证投资人在 5 分钟内能有效获得商业信息。

b. 演示文件：PPT，是创业计划书的另一种形式。它将创业计划书的完整内容浓缩在 30 分钟到 1 小时，创业者通过演讲的方式将创业信息展现给投资人，引起投资人的兴趣，同时，演讲的过程也是对创业者创新思维、灵活应变和表达能力的一种考验，是创业者展示个人魅力的时刻。一个拥有潜力的优秀创业者也是投资人考虑的重要因素。

c. 完整的创业计划书：当投资者对创业者的项目感兴趣时，会仔细阅读完整的创业计划书以获得更多的创业信息，比如产品的特性、消费市场、商业模式、竞争对手、财务预测等。

d. 未来 3~5 年的财务预测：财务预测是根据财务活动的历史资料，考虑现实的要求和条件，对企业未来的财务活动和财务成果作出的预计和测算。它是创业者经营决策的重要依据，也是合理安排收支、提高资金使用效益和企业管理水平的重要手段。展现未来 3~5 年的有效且能够让人信服的财务预测，不仅可以说服投资人进行投资，也能为创业者自身带来更多的信心。

⑤ 第五阶段：审核更新计划。完成一份创业计划书并不意味着一劳永逸，在实际操作过程中，由于环境、市场的变化，经常要对创业计划书进行检查更新，确保创业计划书的时效性、真实性和完备性。

（3）撰写创业计划书应注意的问题。

创业计划书撰写的目的是为创业融资、为宣传提供依据，同时也作为创业实施的规划方案。因此，创业计划书的撰写不仅要可能地展现创业项目的前景及收益水平，还要展现出创业项目的可实现性。

① 简洁完整，突出重点。一篇好的创业计划书需要对创业的目的、过程、预期结果进行描述，让读者（如投资人和政府人员）能了解创业的具体过程，同时也要简洁，注重实效，突出重点，显示出独特优势及竞争力，引起读者的兴趣。

② 语言通畅，表述精确。文字朴实，不需要用华丽的辞藻对创业计划书进行过度美化，只需让读者准确获知创业计划书所表述的内容即可。应尽量采用图表描述，直观形象地进行财务分析；使用战略、市场分析、营销策略、创业团队等管理学术语，尽可能做到规范化、科学化；保证创业计划书中的目录、摘要、图表、数据和附录等具有逻辑性、连贯性和前后一致性，体现创业者的专业素养。

③ 数据翔实，尊重事实。创业计划书中的数据应基于前期认真的市场调研和分析，而财务预测等也应由专业财务人员协助完成，不能随意拼凑数字或是凭感觉猜测，以致过分夸大事实，高估市场需求和创业成功率，忽视竞争威胁和重大风险，这样会使投资人产生不信任感，使可信度降低。

④ 保护产权，以防泄密。知识产权是企业的核心竞争力，是企业的生命，保护知识产权至关重要。创业者除要及时把最核心的技术用发明专利保护起来，还要对周边技术申请实用新型专利，同时最大限度地建立对竞争对手的优势壁垒；在撰写创业计划书时应注意不要将核心技术过于详细的描述，在无法避免详细描述或必须展示核心技术产品时，应提前和阅读创业计划书的投资人等签署保密协议，以防商业机密泄露造成不可挽回的损失。

⑤ 团队合作，优势互补。创业计划书中要详细介绍创业团队中核心人物的技术和能力以及团队成员间的优势互补，这对创业能否获得投资者的青睐有很重要的作用。很多投资者很大程度上投资的是人才，因为最终所有的创业项目都需要人来进行操作，没有实力的团队无法实现创业项目，因此他们重视创业者的技术能力、创业团队的人员构成和团队中核心人物的能力，如掌握的技术、专利发明、工作经历、以往具体的成功案例等，这些都会让投资者看到团队的战斗力，给予他们更多信心。

二、创业资源的整合

对于创业资源的含义,学术界有不同的定义。巴尼认为:"创业资源就是任意一个主体,在向社会提供产品或服务的过程中,所拥有或者所能够支配的能够实现自己目标的各种要素以及要素组合。"阿尔瓦雷斯和布森尼特斯认为:"创业本身是一种资源的重新整合。"我国学者林强和林嵩认为:"创业资源是企业成立以及成长过程中所需要的各种生产要素和支撑条件。"张斌认为:"创业资源是指新创企业在创造价值过程中需要的有形与无形资产,具体包括创业人才、创业资本、创业机会等。"综上所述,创业资源是指新创企业在创造价值的过程中所需要的特定资源的总称。从广义上看,创业资源可界定为能够支持创业者进行创业活动的一切资源。从狭义上看,创业资源是促使创业者启动创业活动的关键优势资源。

创业资源整合就是把企业所拥有的自然资源、信息资源等在时间和空间上加以合理配置、重新组合,以实现资源效用的最大化。

1. 创业资源的类型

(1) 直接资源和间接资源。

林强等按照资源要素在企业战略规划过程中的参与程度,认为创业资源有间接资源和直接资源之分。财务资源、经营管理资源、人才资源、市场资源是直接参与企业战略规划的资源要素,可以把它们定义为直接资源;政策资源、信息资源、科技资源这三类资源要素对企业成长的影响更多的是提供便利和支持,而非直接参与企业战略规划的制订和执行,因此,对企业战略规划是一种间接作用,可以把它们定义为间接资源。根据上述分析,创业资源的概念模型如图 11-1 所示。

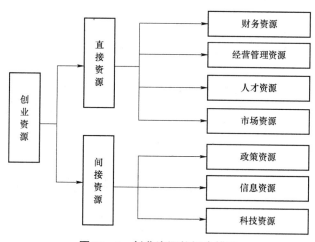

图 11-1 创业资源的概念模型

① 直接资源。

a. 财务资源:是否有足够的启动资金?是否有资金支持创业企业最初几个月的亏损?

b. 经营管理资源:怎样找到客户?怎样应对变化?怎样确保创业企业运营所能够及时足量地得到?怎样让创业企业内部能有效地按照最初的设想运转?

c. 人才资源:是否有合适的专业人才来完成所有的任务?

d. 市场资源：包括营销网络与客户资源、行业经验资源、人脉关系。怎样进入这个行业？这个行业的特点是什么？盈利模式是什么？是否有基础的商业人脉？市场和客户在哪里？销售的途径有哪些？

② 间接资源。

a. 政策资源：是否有"助推器"或"孵化器"推进我们的创业，比如某些准入政策、鼓励政策、扶持政策或者优惠等。

b. 信息资源：依靠什么来进行决策？从哪里获得决策所需的信息？从哪里获得有关创业资源的信息？

c. 科技资源：创业企业依靠什么在市场上去竞争，为社会提供什么样的产品和服务？大学生创业造就了惠普公司、英特尔公司等高科技企业，创造了硅谷神话，为美国创造了巨大的社会财富，其首先依靠的就是核心的科技资源。

（2）人力和技术资源、财务资源、生产经营性资源。

按照 Barney 分类法，将资源分为人力和技术资源、财务资源、生产经营性资源。

从 Barney 分类法出发，创业时期的资源就其重要性来说，可细分为组织资源、人力资源、物质资源。由于企业是新创立的，所以组织资源是三类资源中较为薄弱的部分；而人力资源为创业时期最为关键的因素，创业者及其团队的洞察力、知识、能力、经验及社会关系影响着整个创业过程的开始与成功；同时，在企业新创时期，专门的知识技能往往掌握在创业者等少数人手中，因而此时的技术资源在事实上和人力资源紧密结合，并且这两种资源可能成为企业竞争优势的重要来源。在物资资源中，创业时期的资源最初主要为财务资源和少量的厂房、设备等。细分后的创业资源经过重新归纳，主要分为以下三种。

① 人力和技术资源，包括创业者及其团队的能力、经验、社会关系及其掌握的关键技术等；

② 财务资源，即以货币形式存在的资源；

③ 生产经营性资源，即在企业新创过程中所需的厂房、设备、原材料等。

（3）核心资源与非核心资源。

根据资源基础论，创业资源可分为核心资源与非核心资源。识别和立足核心资源，发挥非核心资源的辐射作用，实现创业资源的最优组合，这是创业资源运用机制的基本思路。根据创业资源的分类，具体可做如下解释：核心资源主要包括人力、管理和科技资源。这几类资源涉及创业企业的核心竞争力，是创业机会识别、机会筛选和机会运用阶段的主线。人力资源对于企业来说，主要是一种知识财富，是企业创新的源泉。高素质人才的获取是现代企业可持续发展的关键因素。管理资源又可理解为创业者资源。创业者自身素质对创业企业的成长有至关重要的作用。创业者的个性，对机遇的识别和把握，对其他资源的整合能力，都直接影响着创业的成败。科技资源是一种积极的机会资源。对于新创企业来说，主动引进和寻找有商业价值的科技成果，是企业的立身之术和市场竞争力之源。

非核心资源主要包括资金、场地和环境资源。如何有效的吸收资金资源，并保持稳定的资金周转率，实现预期盈利目标，是创业成功与否的瓶颈课题。场地资源指的是高科技企业用于研发、生产、经营的场所。良好的场地资源能够为企业大幅度降低运营成本，提供便利的生产经营环境，短期内累积更多的客户或质优价廉的供应商。而环境资源作为一种外围资源影响着创业企业的发展。例如，信息资源可以提供给创业者优厚的资金、管理团队等关键资源，文化资源可以促进管理资源的持续发展等。

(4) 自有资源和外部资源。

自有资源来自内部机会积累，是创业者自身所拥有的可用于创业的资源，如创业者自身拥有的可用于创业的资金，自己拥有的技术，自己所获得的创业机会信息，自建的营销网络，自己拥有的物质资源或管理才能等。甚至在有的时候，创业者所发现的创业机会就是其所拥有的唯一创业资源。

外部资源包括朋友、亲戚、商务伙伴或其他投资人，或借到的人、空间、设备和其他原材料（有时是由客户或供应商免费或廉价提供的），或通过未来提供服务、机会等换取的，有些还可能是社会团体或政府资助的管理帮助计划。外部资源更多的来自外部机会发现，而外部机会发现在创业初期起着决定性作用。创业者在创业初期面临的一个重要问题就是资源不足。一方面，企业的创新和成长必须消耗大量资源；另一方面，企业自身还很弱小，无法实现资源自我积累和增值。所以，企业只有识别机会，从外部获取充足的创业资源，才能实现快速成长，这也是创业资源有别于一般企业资源的独特之处。对创业者来说，运用外部资源，是一种非常重要的方法，在企业的创立阶段和早期成长阶段尤其如此。其中的关键是具有资源的使用权并能控制或影响资源部署。

自有资源的拥有状况，将在很大程度上影响甚至决定获取外部资源的结果。因此，创业者首先要致力于扩大、提高自有资源的拥有状况。自有资源的拥有状况可以帮助创业者获得和运用外部资源。

(5) 基础资源和差异性资源。

一般来说，创业者不可能拥有上述谈到的所有资源，但进入创业阶段也必须要符合两个条件：一是要有进入一个行业的基础资源；二是要具备差异性资源。如果任何条件均不具备，创业成功的可能性很小。对于准备创业的人来说，首先必须用书面的方式列出：进入这个行业需要哪些基础资源？我已经具备哪些？尚未具备的如何获取？进入这个行业的差异性资源是什么？我已经具备哪些？尚未具备的如何获取？

2. 创业资源的整合方法

创业资源在未整合之前大多是零散的，要发挥其最大的效用，转化为竞争优势，为企业创造价值，还需要新创企业运用科学的方法将不同来源、不同效用的资源进行配置与优化，使有价值的资源融合起来，发挥出最大的功效。

(1) 创业资源的整合特点。

创业资源的整合呈现出以下3个特点：

① 渐进性。对任何一个创业企业或者创业团队来说，有利的创业资源往往都是难以完全发掘、配置和利用的。因此，就必须遵循渐进的原则，根据对资源的需求程度以及资源开发和利用的成本、收益和不确定性等综合考虑，逐步地寻找和利用各种创业资源。也就是说，对于每一种创业资源，都应当选择一个适当的整合时机，以降低资源的维护成本。

② 双赢。创业者所发掘和应用的每一种创业资源实际上也都只是一个相对独立的利益体，尤其是外部资源。因此，在开发和使用这些资源时，不能仅仅从自身利益出发，必须坚

持双赢的原则，也就是创业者（创业团队）与创业资源（活动）的所有利益相关者都能从创业中获得各自期望的利益。尤其是需要长期使用的创业资源，更要重视对方的利益。既然要双赢，合作过程中必定要创造出新的价值才行。因此，资源整合的核心就是创造价值。

③ 量力而行。不仅对不同的资源需要渐进开发和使用，即使对同一种创业资源，也存在着逐步开发的问题。尤其是对创业团队和创业企业来说，资源开发的能力和经验都相对较弱，因此就更需要采取量力而行的原则，按部就班地对所需要的创业资源进行开发和使用。

（2）创业资源的整合方法。

资源整合就是要优化资源配置，理智筛选、取舍、管理，从而获得部分乃至整体的资源。优化资源是整个创业活动的主线，大学生创业成功与否的关键就是能否有效地整合资源。在创业中，不同的创业过程和环节，运用不同的整合方法进行资源整合，这样才能使创业资源发挥它应有的效用。

① 寻找式资源整合。这主要是创业初期的资源整合方法，其基本方法是结合自身创业团队的资源情况，分析资源储备存在的不足，提出整合外界资源的方案，积极地寻找和整合所能利用的创业资源。

本阶段资源整合强调：具备较强的预见力和洞察力。

② 累积式资源整合。这主要是创业中期的资源整合方法，其基本方法是在初创企业的发展过程中，进一步了解创业资源的特征，对已有的资源进行准确的分析定位，并在此基础上进行进一步的整合利用，发挥资源的最大效能。

本阶段资源整合强调：对已有的资源进行准确的分析定位。

③ 开拓式资源整合。这主要是企业取得初步发展之后的资源整合方法，其基本方法是把创新式思维注入其中，用创新的视角去寻找具有创新点的创业资源。特别是继续寻找企业新的增长点，在新的增长点上充分开拓和整合利用资源，这一点对创业基础较为薄弱的大学生创业者来说尤为重要。

本阶段的资源整合强调：创新能力。

3. 大学生创业资源分析

在当前的创业热潮下，越来越多的大学生参与到创业活动中。在创业之前，大学生创业者有必要认真分析自己拥有的资源。

资源是我们用来实现自己目的的所有要素和条件的总和。大学生创业需要对各种创业资源进行认真分析，并在此基础上进行有效整合，从而让它们发挥出最大的效能，以便取得更好的创业成效。按照对企业的成长作用，可以把大学生创业资源分为两类：要素资源和环境资源。

（1）要素资源。

① 场地资源。大学生初创企业的场地选择很重要，这是创业最基础的资源。无论是生产经营型企业，还是服务类企业，都需要一定的场地。选择创业场地时，一方面要考虑市场价值和生产经营条件，另一方面要根据场地特点进行合理的平面布局和现场搭建，充分发挥场地优势。

② 资金资源。资金是大学生创业的关键资源，许多小、微型企业因为无法合理利用资金，导致企业发展举步维艰。这是造成大学生创业失败较为普遍的原因。这不仅是资金匮乏的问

题，更为重要的是无法有效整合与管理资金。

③ 人才资源。人才资源是创业成功的重要资源。创业成功离不开人才，企业持续发展更需要人才。企业的竞争就是人才的竞争，结构优化、种类齐全的人才群是企业生产力的源泉。大学生在创业过程中需要通过整合管理，科学利用人力资源，实现"人尽其才，才尽其用"。

④ 管理资源。一个企业的运转需要很多要素和资源，运转好坏的关键在于管理。管理资源包括管理人才、管理制度、管理考核等。有效整合管理资源是企业"人、财、物、产、供、销"有条不紊地运转的前提和基础，这对企业发展极其重要。

⑤ 科技资源。科技资源是科技创新的物质基础，也是提高企业发展速度、质量和效益的重要保障。当前，高科技创业是大学生创业的重要领域，科技资源对大学生创业至关重要。

（2）环境资源。

① 政策资源。政策资源主要是指政府大力扶持大学生创业的政策和措施，包括在税收、制度、保障等方面给予优于其他创业人员的优惠。利用好创业政策能够最大限度地降低各方面的限制和阻力，能够有效促进大学生创业。

② 信息资源。信息资源涉及企业生产和经营活动过程中的各种信息。信息资源的开发和利用是整个企业运作的核心内容，有效整合和管理信息是保障初创企业健康发展、快速发展的重要手段。

③ 品牌资源。品牌不仅涉及产品或服务信息的传播和沟通，还涉及整个企业管理体制的适应与变革，因此品牌资源是指围绕品牌的创建、传播、培育、维护、创新等方面而涉及的一切可利用的资源，包括品牌本身、企业内外部可以利用的资源。

④ 文化资源。企业文化是一个企业的灵魂，是企业经营发展的持续动力。文化资源是汇聚和积淀企业文化的各种要素，作为初创企业，要特别注意文化资源的整合和管理。

三、新创企业的融资

如何筹措到必要的资金，将手中的技术和资源转化为产品和业务，是创业者亟待解决的重要问题。

1. 企业融资的含义及类型

（1）企业融资的含义。

企业融资是指企业从自身生产经营现状及资金运用情况出发，根据企业未来经营与发展策略的需要，通过一定的渠道和方式，利用内部积累或向企业的投资人及债权人筹集生产经营所需资金的一种经济活动。企业的发展，是一个融资、发展、再融资、再发展的过程。

企业融资的过程是以企业为主体融通资金，使企业及其内部各环节之间资金供求由不平衡到平衡的运动过程。当资金短缺时，以最小的代价筹措到适当期限、适当额度的资金；当资金盈余时，以最低的风险、适当的期限投放出去，以取得最大的收益，从而实现资金供求的平衡。

（2）企业融资的类型。

根据资金来源、融资方式和期限的不同，融资可以分为不同的类型。不同企业对融资类型的选择,是企业在一定的融资环境下进行理性选择的结果。

① 根据资金的来源分为内源融资和外源融资。

内源融资是企业依靠其内部积累进行的融资,具体包括3种形式:资本金、折旧基金转化为重置投资、留存收益转化为新增投资。内源融资对企业的资本形成具有原始性、自主性、低成本和抗风险等特点,是企业原始积累的主要部分,也是企业生存与发展不可或缺的重要组成部分。初创企业一般依赖内源融资,但是资金量相当有限。

外源融资是指当企业内部融资不能满足需要时,通过一定方式从外部融入资金用于投资,吸收其他经济主体的资金,使之转化为自己的投资的过程。外源融资对企业的资本形成有高效性、灵活性、大量性和集中性等特点。与内源融资相比,外源融资成本较高、风险较大,但其在企业不同发展阶段发挥着不同程度的作用。外源融资将成为初创企业获得资金的主要方式,也是企业财务管理及其决策中的一项重要内容。

② 根据融资过程中是否存在中介分类可分为直接融资和间接融资。

直接融资是企业作为资金需求者与资金供应者通过一定的金融工具(债券或股票)直接形成债权、股权关系融通资金的方式。直接融资可以是股权融资,也可以是债权融资。另外,政府拨款、占用其他企业资金、民间借贷、内部集资等都属于直接融资范畴。直接融资的特点是直接性、长期性、不可逆性、流通性。

间接融资是企业通过金融中介机构间接向资金供应者融通资金的方式,是由金融机构充当信用媒介来实现资金在盈余部门和短缺部门之间的流动。间接融资中最为常见的是商业银行贷款,即储户的剩余资金通过银行贷给企业,银行在中间扮演了典型的金融中介机构的角色。具体的交易媒介包括货币、银行债券、存款、银行汇票等。另外,像"融资租赁""票据贴现"等方式也属于间接融资。间接融资的特点是间接性、短期性、可逆性、非流通性。

③ 根据融资过程中的产权关系分类可分为股权融资和债务融资。

股权融资是企业在证券交易所公开发行股票,或在企业内部向其股东筹措资金的一种方式。股权融资获取的资金形成企业的股本,股本代表着对企业的所有权,因而股权融资也称所有权融资。股权融资筹集的资金形成企业的股本,股本是企业从事生产经营活动和承担民事责任的基础,也是股东对企业实施股本控制和取得收益分配权以及剩余财产索取权的基础。股权融资是企业创办以及增资扩股时所采用的融资方式,目的是筹措股本以扩充企业资金实力。从严格意义上来说,内源融资也属于股权融资的范畴。

债务融资是企业向其债权人筹措资金的一种方式。债务融资获取的资金形成企业的债务,代表其对企业的债权。债务融资取得的资金形成企业的负债,因而在形式上采取的是有借有还的方式。对于负债,企业不仅要对债权人支付利息,即资金使用费,而且在债务到期时还要向债权人偿还本金。债务融资可以发生在企业生命周期的任何时期。债务融资包括:企业发行债券,向银行借款,商业信用以及其他应缴、应付的款项等。

④ 根据融资期限的不同分类可分为长期融资和短期融资。

长期融资是指企业需用期限在一年以上的融资,通常包括各种股权资本和长期借款、应付债券等债权资本。长期融资主要用于解决企业的扩展资本需要。长期融资主要来自资本市场,主要包括债权交易和产权交易。

短期融资是指企业需用期限在一年或一年以内的融资,一般包括短期借款、应付账款和应付票据等项目，通常是采用银行借款、商业信用等筹集方式取得或形成的。短期融资主要用于解决企业的短期资金使用和周转的需要。短期融资主要来自货币市场，完全是债权交易。

（3）中小企业融资的特点。

相对大企业来说，中小企业资产规模小、财务信息不透明、经营不确定性大、承受外部经济冲击的能力弱，加之自身经济灵活性的要求，其融资与大企业相比存在很大特殊性。表现在融资渠道的选择上，中小企业更依赖内源融资；在融资方式的选择上，中小企业更依赖债务融资，而在债务融资中又主要依赖来自银行等金融中介机构的贷款。中小企业的债务融资表现出规模小、频率高和流动性强的短期贷款的特点。

近几年来，随着劳动力成本的不断上升、出口退税政策的调整以及外部经济环境的变化和经济危机的影响，各种对资金的需要不断增加与银行的政策支持等问题都给中小企业的良性发展蒙上了阴影，资金短缺和融资困难的问题更加尖锐地显现出来了。

2. 新创企业融资的意义

资金资源是新创企业成长中最重要的资源。新创企业对资金的需求可以从以下 3 个方面来分析。

第一，在企业创办过程中，创业者需要资金。在企业成立过程中，注册并不是最需要资金的阶段。随着企业的成立，人工费用、房租、水电费用，这些每月都要支出的流水才是创业者最为迫切的资金需要。如果没有做好充分的准备，企业很快就会面临现金流枯竭的问题。很多创业者，特别是高科技创业者和海归创业人员，愿意在一些创业园中创办企业，就是因为这些园区能够在很大程度上为创业者减免这些费用，从而有效地降低创业的资金压力。

第二，在市场开拓方面，创业者也需要资金。市场开拓，特别是分销渠道的建设和营销方案的推行，需要耗费巨大的资金资源。刚刚成立的企业通常在声誉方面不能与成熟的企业相比，为了让创业者所推出的产品能够被消费者认可，创业者需要进行大量的市场推广工作。资金是市场开拓的必要支持。为了达到更好的宣传效果，如果创业者想在一些大型广告媒体上进行营销推广，那么所耗费的资金将会更多。

第三，在产品开发方面，同样需要创业者投入资金。产品开发是一项非常重要的企业经营规划内容，特别是对高科技创业企业来说，通过对产品性能的改进以及技术创新，能够极为有效地提升企业的竞争优势，但是，产品开发费用往往非常高。对新创企业来说，这种高额的费用往往难以负担，而且，由于技术发展的不确定性，前期投入的大笔资金并不一定会取得预期的效果。因此，产品开发不仅要耗费大量资金，同时还伴随着较大的技术风险，对新创企业来说，这些都是创业成长中的重大障碍。

3. 新创企业的融资渠道

目前国内创业者的融资渠道较为单一，主要依靠银行等金融中介机构来实现。创业融资要多管齐下，利用多种渠道，才能形成合力。

（1）债务性融资方式。

债务性融资方式主要是企业通过借贷的方式吸收资金。在这种融资方式下，企业需要定期归还利息以及按时返还本金。从现有的融资渠道看，债务性融资主要包括银行贷款融资、民间借贷、债券融资3种方式。

① 银行贷款融资。从银行贷款是企业最常用的融资渠道。从贷款方式来看，银行贷款又可以分为信用贷款、担保贷款、贴现贷款3种方式。总体上看，银行贷款方式对创业者来说门槛较高。出于资金安全考虑，银行往往在贷款评估时非常严格，要求创业者必须提供抵押或担保，贷款发放额度也要根据具体担保方式确定。这些贷款方式均提高了创业者融资的门槛。同时，出于对资金安全的考虑，银行往往会监督资金的使用，不允许企业将资金投入到高风险的项目中，因此，即使成功贷款的企业在资金使用方面也常常感到掣肘。由于这些限制，对新创企业来说，通过银行解决企业发展所需要的全部资金是比较困难的。

② 民间借贷。民间借贷是指自然人之间、自然人与企业（包括其他组织）之间，一方将一定数量的金钱转移给另一方，另一方到期返还借款并按约定支付利息的民事行为。近几年来，随着银行储蓄利率的下调和储蓄利息税的开征，民间借贷在很多地方活跃起来。民间借贷的资金往往来源于个人自有的闲散资金，民间借贷的双方可以自由协议资金借贷和偿还方式，但由于其不规范性，民间借贷的风险非常大，容易出现纠纷，难以保证双方的利益。

③ 债券融资。债券融资与股票融资一样，同属于直接融资。在发行债券融资方式中，企业需要直接到市场上融资，其融资的效果与企业的资信程度密切相关。刚刚创立的中小企业的资信程度一般较差。因此，从我国金融市场的发展现状来看，中小企业或者新创企业采用发行债权的方式进行融资的操作空间较小。

（2）股权性融资方式。

股权性融资方式是创业者进行融资的另外一个非常重要的方式。较之债权融资，股权融资的特点表现在其吸纳的是权益资本，因此，不需要债务融资中常见的抵押、质押和担保等方式，降低了融资成本，也在某种程度上简化了融资程序。如果吸引了拥有特定资源的战略投资者，还可以通过战略投资者的参与，为企业后续发展积累必要的资源，实现超常规发展。整体来看，新创企业的股权融资方式可以分为两类：私募融资和上市融资。

① 私募融资。在我国，目前尚没有私募概念和相应的法律法规，但是私募融资事实上也一直在运作之中。私募融资的领域主要集中于高增长型中小企业，这类企业的融资受制于保守的商业银行贷款规则而不能实现银行贷款融资，同时又达不到债券市场的投资等级要求和上市条件，而私募融资正好适应了这类企业的需要，既可以为它们带来必要的资本，同时又为其成长规划带来管理和发展经验。如果企业获得了国际知名投资人的投资，也有利于提高企业知名度。

② 上市融资。上市融资通常针对的是已经初具发展规模，成长速度稳定的企业，而非刚刚创立的企业。在现阶段，对新创企业来说，可以考虑的上市融资方法通常包括3种：第一种，中小企业板上市，国内中小企业板还停留在探索阶段，还不是真正意义上的创业板，中小企业板上市的主要弊端在于上市标准太高，锁定期也太长，新创企业通过上市融资的难度较大；第二种，买壳上市，是指非上市公司购买一家上市公司一定比例的股权来取得上市的地位，然后注入自己有关业务及资产，实现间接上市的目的，从实际情况来看，买壳上市的成本在逐年上升，同时，买壳上市的成功率并不高，如果买壳上市失败，企业的前期投入会付诸东流；第三种，境外上市，通过对境外金融市场的政策法规的学习，也督促企业建立完

善的治理结构,从而有利于企业的长期发展。

③ 直接投资。直接投资是投资人向新创企业直接投入资金并成为新创企业股东,这些投资人可能是新创企业的创业团队、亲朋好友或天使投资人,通常用货币、实物、知识产权、土地使用权等可估价财产出资。

④ 增资扩股。增资扩股是新创企业核心的融资方式之一,需要创业者高度重视。创业者撰写创业计划书就是为了吸引天使投资人、风险投资人、战略投资者、投资银行等外部投资,而这些投资大半都是以增资扩股的方式出资的。当然,能给新创企业带来先进的技术、产品、管理经验和购销网络等资源的战略投资者也把增资扩股看作是进入标的企业的两种主要手段之一(另外一种手段是向原股东受让股权)。

股权性融资方式的不利之处主要体现在控制权方面。由于股份稀释,创业者或者原有的创业团队可能失去企业的控制权。如果企业能够成功上市,在带来资金的同时,也会产生一些不利条件,例如,上市之后可能对企业的信息披露要求比较严格,各种信息公开可能会暴露商业秘密。因此,上市融资的成本也比较高。

(3) 其他融资方式。

除了债务性融资和股权性融资这两类非常传统和典型的融资方式以外,在金融市场上,还存在一些相对较为创新的融资方式。

① 融资租赁。融资租赁是一种集信贷、贸易、租赁于一体,以租赁物件的所有权与使用权相分离为特征的新型融资方式。出租人根据承租人选定的租赁设备和供应厂商,以对承租人提供资金融通为目的而购买该设备,承租人通过与出租人签订金融租赁合同,以支付租金为代价,而获得该设备的长期使用权。融资租赁的信用审查手续简便,使企业能在最短的时间内获得设备使用权,进行生产经营,迅速抓住市场机会,这对一些处于市场上升期的创业者来说尤为重要。由于企业只需支付较低的租金就可以实现融资目的,可减轻承租用户在项目采购时的流动资金压力。同时,融资租赁不体现在企业的资产负债表的负债项目中,因此,通过这种融资方式,可以解放流动资金,扩大资金来源,突破当前预算规模的限制。

② 商业信用融资。商业信用融资是通过商业信用来获取资金的融资方式。企业在销售产品或者提供服务的过程中,可以充分利用商业信用,推迟支付款项或者预先提取款项,从而为企业的经营活动募集到一定的资金。商业信用融资是一种短期融资方式,多数情况下无须进行正式协商,也无需正式文书,便可以享受商业信用,因此在实际操作中得到了广泛的应用。商业信用融资的缺点在于,与其他短期融资方式相比,商业信用融资的使用期限较短,金额也受到交易规模的限制,而且,商业信用融资是建立在企业良好的财务信誉基础上的,如果信用状态不佳,或者市场的整体信用环境恶化,商业信用融资就会受到很大的限制。

③ 典当融资。典当融资是用户将相关资产或财产权利质押给典当行,并交付一定比例的费用,取得临时性贷款的一种融资方式。典当融资方便快捷,融资手续简便迅速,受限制条件较少,能够迅速及时地解决企业的资金需求。由于典当融资是采用实物质押或抵押,因此不涉及信用问题。这些都很适合中小企业的资金需求特点。典当融资的不利之处在于,融资成本较高,除贷款利息外,典当融资还需要缴纳较高的综合费用,包括保管费、保险费、典当交易的成本支出等,它的融资成本往往高于银行贷款。此外,典当融资的规模也相对较小。

④ 内源融资。内源融资是源于企业内部的融资,其主要来源是企业的盈余、股东增资和员工集资。相对于前面几种融资方式,内源融资既无须定期偿还,也不改变企业原有的控制权结构,所以企业不必对外付出任何代价,不会减少企业的现金流量,是一种低成本、高效益的融资方式。在创业之初,由于受社会信用、创业风险和自身经营状况的影响,创业者得到银行信贷等外部融资的难度很大,数量也十分有限,依靠自身积累的内源融资应当成为创业者融资时的首要选择。内源融资的局限性在资金规模方面,作为新创企业,企业的自身积累能力和现有资源都非常有限,这就导致融资规模受到较大影响。因此,虽然在融资的时候,创业者需要首先想到内源融资,但是由于实力的局限性,企业往往很快就要再寻找新的融资方式。

第二节 创业风险的评估

"风险"一词的由来,最为普遍的一种说法是,在远古时期,以打鱼捕捞为生的渔民们,每次出海前都要祈祷,祈求自己能够平安归来,其中主要的祈祷内容就是让自己在出海时能够风平浪静、满载而归;他们在长期的捕捞实践中,深深地体会到"风"给他们带来的无法预测、无法确定的危险,他们认识到,在出海打鱼捕捞的生活中,"风"即意味着"险",因此有了"风险"一词。

一、创业风险的构成因素

1. 风险和创业风险

从不同的角度出发,风险有不同的意义。对风险的理解也应该是相对的,既可以是一个正面的概念,也可以是一个负面的概念,一方面与机会、概率、不测事件和随机性相结合,另一方面与危险、损失和破坏相结合。从广义上讲,只要某一事件的发生存在着两种或两种以上的可能性,那么就认为该事件存在着风险。通俗地讲,风险,就是指某种特定的危险事件(事故或意外事件)发生的可能性与其产生的后果的组合。

目前,对创业风险的界定,学术界还没有统一的观点,大多数国内外学者都只针对自己所研究的领域或角度来界定,而并没有将其一般的概念提炼出来。在企业的风险管理中,我们可以把风险理解为给创业企业财产与潜在获利机会带来的不确定性,也可以将风险看作是创业决策环境中的一个重要因素,包括处理进入新企业或新市场的决策环境以及新产品的引入。从创业人才角度来讲,创业风险是指人才在创业中存在的风险,即由于创业环境的不确定性,创业机会与创业企业的复杂性,创业者、创业团队与投资人的能力与实力的有限性,导致创业活动偏离预期目标的可能性及其后果。

2. 创业风险的特点

创业风险主要具有以下 6 个特点。

(1) 创业风险的客观存在性。

创业风险是客观存在的,是不以人的意志为转移的。在创业过程中,由于内外部事物发展的不确定性是客观存在的,因而创业风险也必然是客观存在的,如:天灾、人祸等风险。

(2) 创业风险的不确定性。

创业的过程往往是将创业者的某一个"奇思妙想"或创新技术变为现实的产品或服务的过程。在这一过程中,创业者会面临各种各样的不确定因素,如:可能遭受到市场竞争对手的排斥;新技术难以转化为生产力;市场需求不确定;资金不足等。这些因素是不断变化且难以预知的,因而造成了创业风险的不确定性。

(3) 创业风险的损益双重性。

创业风险带来的影响不仅包括损失,也包括收益。风险越高,收益可能越大,所以,回避风险,同样意味着回避收益,如:某些海外投资项目,部分理财产品。

(4) 创业风险的相关性。

创业者面临的风险与其创业行为及决策是紧密相连的。同一风险事件对不同的创业者会产生不同的风险,同一创业者由于其决策或采取的策略不同,会面临不同的风险结果。如:技术标准的提高,技术人员面临的可能是低风险,非技术人员面临的可能是高风险。

(5) 创业风险的可变性。

创业风险的可变性是指当创业的内部与外部条件发生变化时,必然会引起创业风险的变化,如:投资人变动,不再对创业企业进行投资。创业风险的可变性包括风险性质的变化、风险后果的变化以及出现新的创业风险 3 个方面。

(6) 创业风险的可测性与不确定性。

创业风险的可测性是指创业风险是可以通过各种方法对其进行估计预测的。创业风险的不确定性是指对创业风险的预测与实际结果常常会出现误差,如:对创业投资预测不准,对创业产品周期预测不准,对创业产品市场预测不准。

3. 创业风险的因素

创业者在创业过程中面临的风险主要有自身的原因及社会环境各方面的影响,具体来说,主要包括以下 5 方面因素。

(1) 融资缺口。

创业企业在发展过程中通常会面临融资"双缺口"的问题,即资本缺口和债务缺口。创业企业属于起步阶段,融资渠道不畅通已经成为制约其发展的重要因素。过分依赖内部资金,外部融资不足,利用股权、债务等其他方式进行融资的渠道很少,从而产生融资缺口,给创业带来一定的风险。

(2) 研究缺口。

在创业过程中,当创业者发现一个特定的科学突破或技术突破可以成为商业产品时,还需要面对大量艰巨的、可能耗资巨大的研究工作,进而形成创业风险。如:如何将某项科研成果转化为商业产品,还需要进行深入研究。

(3) 信息和信任缺口。

信息和信任缺口存在于技术人员和管理人、投资人之间。技术专家比较了解哪些内容在技术层面上是可行的,哪些内容是无法实现的;管理人员和投资人则比较了解如何将新产品引入市场,但涉及具体项目的技术部分时,他们不得不相信技术人员。如果技术人员和管理人员或投资人相互间不信任,或者不进行有效的交流,那么就会形成信息和信任缺口,从而造成创业风险。

(4) 资源缺口。

在大多数情况下,创业者不能拥有创业所需的全部资源,这就形成了资源缺口,给创业带来风险。如果创业者没有能力弥补相应的资源缺口,要么创业无法起步,要么在创业中受制于人。

(5) 管理缺口。

管理缺口是指创业者有某一"奇思妙想",但在战略规划上不具备出色的才能,也不擅长管理具体的事务,由此带来管理风险。如:创业者利用某一新技术进行创业,他可能是技术方面的专业人才,但却不一定具备专业的管理才能,从而形成管理缺口。

4. 创业风险的常见类型

根据不同的划分标准,创业风险的常见类型可以分为以下6种,如表11-1所示。

表11-1 创业风险的常见类型

序号	划分标准	常见类型	具体内容
1	按照风险的性质划分	纯粹风险	只有损失可能性而无获利可能性的风险,如地震、火灾、水灾、车祸、坠机、死亡、疾病和战争等
		投机风险	既存在损失可能性,也存在获利可能性的风险,如股市波动、商品价格变动、风险投资等
2	按照风险的状态划分	静态风险	在社会政治经济环境正常的情况下,由于自然的变动和人为的错误所导致的风险,如洪水、飓风等自然灾害,交通事故、火灾等意外事故
		动态风险	主要是社会经济、政治和技术等发生变动而产生的风险,如通货膨胀、罢工、暴动、国家政权变动等
3	按照风险产生的原因划分	主观风险	在创业阶段,由创业者的思想意识、心理素质等主观方面的因素导致的风险,如:认知偏见等
		客观风险	在创业阶段,由客观因素导致的风险,如:市场变动、政策变化、出现竞争对手、缺乏创业资金等
4	按照风险的影响范围划分	系统风险	由社会、经济、政治等外部经济社会的整体变化导致的风险,如:商品市场风险、资本市场风险等
		非系统风险	由企业的商业活动和财务活动等内部因素导致的风险,如:团队风险、技术风险和财务风险等
5	按照风险在创业过程中出现的环节划分	机会的识别与评估风险	由于信息缺失、推理偏误、处理不当等主、客观因素,使创业面临方向选择和决策失误的风险
		团队组建风险	由于团队成员选择不当或缺少合适的团队成员导致的风险,如:团队中缺乏管理人才或技术专家
		获取创业资源风险	由于存在资源缺口,无法获得所需资源,或获得资源成本较高给创业活动带来的风险
		创业计划风险	创业计划制订过程中未排除一些存在的不确定因素,或制订者自身能力的限制导致的风险,如:对市场需求规模缺乏调查分析

续表

序号	划分标准	常见类型	具体内容
		企业管理风险	企业文化、管理模式、细节管理等方面处理不当引发的风险，如：粗暴管理、拖欠员工工资等
		创业项目选择风险	在创业初期因选择的创业项目不当，导致企业无法盈利而难以生存的风险
6	按照风险内容的表现形式划分	机会选择风险	创业者选择创业而放弃原先从事的职业，丧失晋升或发展机会的风险，如：辞职开办网吧
		环境风险	由于社会、政治、经济、法律环境等变化或由于意外灾害导致损失的风险，如：战争、政策改变等
		人力资源风险	由于人的因素对创业活动的开展产生不良影响造成的风险，如：创业者和团队成员的知识和能力水平有限，管理过程中用人不当，关键员工离职等
		技术风险	由于技术方面的因素而导致创业失败的风险，如：技术前景的不确定性、技术寿命的不确定性、技术效果的不确定性、技术成果转化的不确定性等
		市场风险	由于市场情况不确定导致损失的风险，如：市场供需的变化、市场价格的变化、市场战略失误等
		管理风险	管理运作过程中因信息不对称、管理不善、判断失误等带来的风险，如：管理模式不当，管理者素质低下，权限分配不合理，管理不规范，随意决策等
		财务风险	公司财务结构不合理、融资不当、现金流管理不力等导致预期收益下降，形成财务风险，如：对创业所需资金估计不足、难以及时筹措创业资金等

二、创业风险的评估与分析

1. 创业风险评估

创业风险评估指在风险识别基础上，运用一定的方法对某一特定风险事件发生的概率、造成的损失或收益作出估计。

风险评估必须有充分有效的数据资料。对创业风险的评估主要有四点要求：第一，要求相关数据完整、准确，避免遗漏，以便发现风险产生的原因；第二，要求统计方法一致，以便进行比较分析；第三，要求数据与风险事件相关联，避开无关数据，突出数据有效性；第四，要求对数据进行排列组合，如：按损失大小列出数据，以便发现风险的来源。

创业风险评估能使企业上下获得安全感，从而增强扩大业务、开辟市场的信心，增加企业效益和减少现金流量的波动性；能增强经营管理决策的正确性，在决策从事某种业务时，能对风险进行正确的处理，使经营者变得更为明智，减少风险损失；有利于企业与顾客、供应商及债权人等进行有效交往，提升企业的信誉和知名度。

创业风险评估可以结合经验、知识、技能等，对事物的性质、发展规律、变化趋势进行评估，也可以根据统计数据，对事物进行分析，揭示事物的发展趋势以及事物间的相互关系和作用。主要有以下5个基本方法：

（1）市场测试法。

在一个小范围内，展示和促销一个产品。

（2）顾客调查法。

直接从顾客那里收集信息。

（3）意见集合法。

集合管理人员、销售人员、专家等不同人的意见。

（4）小组讨论法。

由小组讨论并作出判断和决定。

（5）数据分析法。

对财务指标等相关数据进行相互对比和分析。

2. 创业风险分析

创业风险分析指创业者依据创业活动的迹象，在各类风险事件发生之前运用各种方法对风险进行辨认和鉴别，是系统的、连续的发现风险的过程。

（1）创业风险分析的特点。

① 系统性。创业风险分析是一项复杂的系统工程，不能局限于某一部门和环节，而应该对整个企业的各个方面进行分析。不仅要分析实物资产风险、金融资产风险，还要分析客户资产、雇员、供应商资产和组织资产的风险。

② 连续性。创业风险分析是一项连续性的工作，不可能是一成不变、一劳永逸的。随着企业及其经营环境的不断变化，风险管理者必须时刻关注新出现的风险和各种潜在的风险。

③ 制度性。创业风险分析是一项制度性的工作，风险管理作为一项科学的管理活动本身需要有组织上和制度上的保障，否则就难以保证此项工作的系统性和连续性。

（2）创业风险分析的方法。

① 调查分析法。可通过风险管理部门、专业咨询企业、研究机构等，就企业可能遇到的问题加以详细调查与分析，也可以应用专家的经验、知识和能力，对风险的可能性及其后果作出估计，形成报告文件供企业经营管理人员使用。

② 环境分析法。可对自然、经济、政治、社会等企业宏观环境和对投资者、消费者、竞争者等企业微观环境进行分析，找出环境中可能引发风险的要素。

③ 图表分析法。可以企业的资产负债表、损益表和现金流量表等财务报表和企业的组织结构图为依据，或将企业的生产、经营、管理过程绘成流程图，利用这些数字、图表等，对企业未来的状态进行分析，以发现其潜在的风险。

④ 事件分析法。可选择某一风险事件作为分析对象，了解风险事件发生的原因和条件，掌握风险的发生规律，对事件可能产生的风险进行辨识和评价，从而深入地揭示出风险的潜在原因。

三、创业风险的防范与应对策略

1. 创业风险的防范

创业风险防范是在风险发生之前调整或重组企业经营过程中的某些方面,通过一定的手段预防和分散风险,以降低风险发生的概率和带来的损失。主要包括以下6个方面。

(1) 创业环境风险的防范。

创业环境风险是指在创业过程中由于环境发生变化而给创业带来的利益损失。这一风险也贯穿在创业过程中,一旦发生会给企业带来致命的打击。因此创业者在创业之前要先对创业环境进行仔细分析,首先是了解金融、政策方面的支持,其次还要了解当地的基础设施情况,最后要确保所创的企业符合当地的社会文化和经济发展趋势,进行创业环境风险的防范。

(2) 机会选择风险的防范。

创业的机会选择风险是指创业者在选择创业项目时没有做出正确的决定,对机会把握不准或者推理偏误,使创业在开始就面临方向错误的风险。因此创业者在创业准备之初就应该对创业的风险和收益进行全面权衡,将创业目标和目前的职业收益进行比较,结合当下的创业环境和自己的职业生涯规划进行权衡分析,进行机会选择风险的防范。

(3) 技能风险的防范。

创业本身是一个复杂的系统工程,创业者在面对社会和市场时,容易出现迷失和迷茫,思考问题理想化,对困难估计不足,而且缺乏创业必备的知识和能力,使创业面临技能匮乏的风险。因此创业者可通过组建技术团队或建立创新联盟等方式来分散技术创新的风险,提高自身技能,及时防范技能风险。

(4) 管理风险的防范。

管理风险是由于创业者缺乏实践经验和管理素质,出现决策随意、信息不通、用人不当等失误,缺乏开拓市场的相关经验和知识,忽略市场管理方面的创新,给企业带来的风险。创业者要阅读管理类书籍,掌握科学的管理理念和方法,并运用到创业团队的管理中去,才能有效防范管理风险。

(5) 人力资源风险的防范。

创业团队成员关系不和谐、团队角色配置不合理、成员目标与团队目标不一致、成员不能遵守团队纪律都会构成人力资源风险,创业者应招聘具有良好职业道德和团队合作意识、拥有与岗位需求相匹配技能的员工,通过沟通、协调、激励、奖惩、评价等多种手段管理团队,并在创业团队发展的不同阶段科学合理地对成员进行管理,防范人力资源风险。

(6) 财务风险的防范。

财务风险是客观存在的,只要有财务活动,就必然存在着财务风险。企业财务管理宏观环境的复杂性,财务决策缺乏科学性以及企业内部财务关系不明等都会产生财务风险。创业者要对创业所需资金进行科学估计,学会建立和经营信用,设置合理的财务结构,管理好企业的现金流,全面防范财务风险。

2. 创业风险的应对策略

创业虽然存在诸多风险,但机遇和挑战并存,只有冷静地分析风险,勇敢地面对挑战,创业者才能有效地防范风险,克服困难,走向创业成功。创业风险的应对策略有以下4种。

(1) 提升创业者自身的能力和素质。

创业者自身的能力和素质是创业的必备条件,既然要创业,就必须使自己具备创业的条件和能力。可以说,创新能力、策划能力、组织能力、领导能力、管理能力以及公关能力这6种能力是创业者必须具备的能力,同时创业者还要积累一些市场开拓、企业运营等方面的经验,具有一专多能的知识结构,才能进行创造性思维,作出正确的创业决策,提高创业成功率。因此想要创业,创业者必须从实际出发,提升自身能力、创业所需的技能与素质,才能在创业中技高一筹,有效地应对创业风险。

(2) 审时度势,做好创业准备。

创业路途充满艰辛,创业者应选择合适的时机、合适的项目和合适的规模来进行创业。首先,创业者要对自己的个性特征、特长等有充分的了解,选择适合自己个性特征,符合个人兴趣爱好的项目进行创业;其次,要做好创业方向的选择,在创业初期要做好市场调研,在了解市场的基础上,根据自身特点,正确选择创业方向;再次,如果是合伙创业,由于合伙人之间、股东之间可能会因经营理念、利益分割,甚至性格上发生冲突,因此还应注意选择志同道合、善于沟通的合作者;最后,还要准备好创业必备的硬件,主要是经验、资金和技术,经验的积累能避免陷入眼高手低、纸上谈兵的误区,资金能为成功创业建立物质基础,技术则是创业者想要在高科技领域占有一方天地的王牌。

(3) 提高风险防范意识,降低创业风险。

创业风险贯穿于整个创业过程中,创业者要能够清醒地认识到创业历程中存在的风险,以及如何对待和化解创业风险。创业者在创业之前要先对创业环境进行仔细分析,然后对目标市场的开放程度和进入难度进行考察,初步把握市场竞争的情况,谨慎选择创业项目,确保企业符合当地的社会文化和经济发展趋势;要合理组建团队,逐步完善组织架构,建立完整的财务信息网络,掌握科学的管理理念和方法,强化内部管理,树立团队意识,与他人合作共赢。在创业过程中要建立市场监测及策略调整机制,定期分析市场,保持对关键市场信号的敏感度,及时调整前期制订的营销策略;还要建立激励机制,凝聚创新人才,逐步合理扩张,健全制约机制,有效规避创业风险。

(4) 了解创业相关的政策和法律法规。

政策、法律法规等属于外部风险因素。要降低这些风险,应从以下3个方面展开:第一,要学习相关的法律知识,如工商注册登记、经济合同和税务等,这些是创业必备的知识,只有懂法、守法,并依据法律保护自己的合法权益,才能确保创业行动稳健与长久;第二,近年来,为支持创业,国家各级政府出台了许多优惠政策,创业者要充分了解这些相关的优惠政策,并把它们充分运用到自己的创业实践中,创业时对自己能享受到的优惠政策熟记在心;第三,要慎重选择一种适合自己的企业法律形态,企业运营应严格遵守法律规定,安分守己,合法经营,切不可为小利而做违法乱纪之事。要依法为企业员工交纳社会保险,降低企业风险，出现纠纷最好通过法律途径解决，依法维护企业的合法权益。

四、风险投资

风险投资（Venture Capital，VC）又名风投，在我国，它是一个约定俗成的具有特定内涵的概念，其实把它翻译成创业投资更为妥当。广义的风险投资泛指一切具有高风险、高潜在收益的投资；狭义的风险投资是指以高新技术为基础，生产与经营技术密集型产品的投资。根据美国全美风险投资协会的定义，风险投资是由职业金融家投入到新兴的、迅速发展的、具有巨大竞争潜力的企业中的一种权益资本。

从投资行为的角度来讲，风险投资是把资本投向蕴藏着失败风险的高新技术及其产品的研究开发领域，旨在促使高新技术成果尽快商品化、产业化，以取得高资本收益的一种投资过程。从运作方式来看，是指由专业化人才管理下的投资中介向特别具有潜能的高新技术企业投入风险资本的过程，也是协调风险投资家、技术专家、投资者的关系，利益共享，风险共担的一种投资方式。

（1）风险投资六要素。

风险资本、风险投资人、投资目的、投资期限、投资对象和投资方式构成了风险投资的6要素。

① 风险资本。风险资本是指由专业投资人提供给快速成长的新兴企业的一种资本。风险资本通过购买股权、提供贷款或既购买股权又提供贷款的方式进入这些企业。风险资本是一种以私募方式募集资金，以公司等组织形式设立，投资于未上市的新兴中小型企业（尤其是新兴高科技企业）的一种承担高风险、谋求高回报的资本形态。它和共同基金、单位信托等证券投资基金截然不同，在投资、募集等运作方式上有其自身的特点。产业投资基金实际上就是风险资本。

② 风险投资人。风险投资人大体可以分为以下几类。

a. 风险资本家。他们是向其他企业家投资的企业家，与其他风险投资人一样，他们通过投资来获得利润。但不同的是风险资本家所投出的资本全部归其自身所有，而不是受托管理的资本。

b. 风险投资公司。风险投资公司的种类有很多，但是大部分公司通过风险投资基金来进行投资，这些基金一般以有限合伙制为组织形式。

c. 产业附属投资公司。这类投资公司往往是一些非金融性实业公司下属的独立风险投资机构，它们代表母公司的利益进行投资。这类投资人通常主要将资金投向一些特定的行业。和传统风险投资一样，产业附属投资公司也会对被投资企业递交的投资建议书进行评估，深入企业调查并期待得到较高的回报。

d. 天使投资人。在风险投资领域，"天使投资人"这个词指的是企业的第一批投资人，这些投资人在公司产品和业务成型之前就把资金投入进来。

③ 投资目的。风险投资虽然是一种股权投资，但投资的目的并不是为了获得企业的所有权，不是为了控股，更不是为了经营企业，而是通过投资和提供增值服务把投资企业做大，然后通过首次公开募股（Initial Public Offerings，IPO）、兼并收购或其他方式退出，在产权流动中实现投资回报。

④ 投资期限。风险投资人帮助企业成长，但他们最终寻求渠道将投资撤出，以实现增值。风险资本从投入到撤出所间隔的时间长短称为风险投资的投资期限。作为股权投资的一种，风险投资的期限一般较长。其中，创业期风险投资通常在 7~10 年进入成熟期，而后续投资大多只有几年的期限。

⑤ 投资对象。风险投资的产业领域主要是高新技术产业。

⑥ 投资方式。从投资性质看，风险投资的方式有 3 种：一是直接投资；二是提供贷款或贷款担保；三是提供一部分贷款或担保资金，同时投入一部分风险资本购买被投资企业的股权。但不管是哪种投资方式，风险投资人一般都附带提供增值服务。风险投资还有两种进入方式：分次投入和一次性投入。分次投入可减少风险且有利于加速资金周转。而一次性投入并不常见，一般风险资本家和天使投资人可能采取这种方式，一次投入后，很难也不愿提供后续资金支持。

（2）获得风险投资的关键因素。

① 创新不是一切。一般而言，风险投资人特别偏爱那些创新性非常强的领域，比如软件、药品、通信技术领域，他们甚至乐于为一些空泛的"概念"型创业买单——只要这些创业项目真地具有丰厚的市场潜力。比如，分众传媒、占座网都是靠创意而融资成功的典型案例。因此很多创业者认为只要有了好创意就一定能获得风险投资，其实不尽然。在风险投资人眼里，好项目的标准是项目具有独特性，别人很难模仿，不可以在短时间内复制，拥有庞大的客户群，未来有望占有超过 30% 的市场份额，甚至可能成为行业领头羊，项目至少可以拥有 5 年的盈利期。最好是项目已经投入到市场中，有较好的发展前景，只是资金不足而已。

② 盈利模式最受风险投资人重视。风险投资人的最终目的是赚钱，不是扶植高新技术。一个项目有没有好的盈利模式才是他们最关心的事情。盈利模式是可以让风险投资人看得到、摸得到的一种赚钱方式，用现在行业中最成熟的盈利模式往往更能吸引风险投资人。

③ 团队比项目前景更重要。风险投资人除了为创业者提供资金以外，还提供法律、财务、人力资源、政府关系、企业关系等一系列的服务。对创业者来说，风险投资人相当于合作伙伴。因此，风险投资人更看重将要合作的团队的实力和发展空间，他们甚至会将未来的合作伙伴的经历调查清楚。对风险投资人来说，一个好团队必须要具备以下几个条件：负责市场开发、营销的人员是团队的主体，技术人员是辅助；团队成员合作时间较长，不会轻易出现分歧；团队中有一个领导者，领导者具有绝对权威；团队成员中 50% 以上的人有一定的从业经验；团队成员具有良好的教育背景；团队成员没有不良的商业记录；团队成员都具备一定吃苦耐劳、开拓进取的精神；团队成员具有永不言败的精神等。

④ 自身必须具备良好素质。创业者的创业素质对融资起决定性作用。风险投资人从感情上愿意将合作者（创业者）当作朋友，如果风险投资人不欣赏创业者的自身素质，即使创业者有了好项目、好团队也难以融到资金。风险投资人判断这一切仅有几秒钟，因为他们有着自己独特的评价标准。风险投资人认为创业者必须具备以下素质才能让他们放心：具有坚持不懈的意志；丰富的人脉关系，一定的处世能力；清晰的语言表达能力；具有一定的大局观；有创业经验，最好是创业成功经验；勇于冒险；具备一定的商业素养，对所处行业整体竞争情况十分熟悉；为人直率；具有一定的领导能力，具备成为行业领头羊的潜质等。

（3）新创企业引进风险投资的步骤。

① 熟悉融资过程。在进入融资程序之前，首先要了解风险投资人对产业的偏好，特别是要了解他们对一个投资项目的详细评审过程，要学会从他们的角度来客观地分析本企业。很多创业者出身于技术人员，很看重自己的技术，对自己一手创立的企业有很深的感情。其实投资者看重的不是技术，而是由技术、市场、管理团队等资源配置起来而产生的盈利模式。投资者要的是回报，不是技术或企业。

② 发现企业的价值。通过对企业技术资料的收集，包括详细的市场调查和管理团队的组合，认真分析从产品到市场、从人员到管理、从现金流到财务状况、从无形资产到有形资产等方面的优势、劣势，把优势的部分充分体现出来，对劣势的部分创造条件加以弥补。要注意增加企业的无形资产，实事求是地把企业的价值挖掘出来。

③ 写好创业计划书。创业计划书是获得创业投资的敲门砖。创业计划书的重要性在于：首先，它使投资人快速了解项目的概要，评估项目的投资价值，并作为调查与谈判的基础性文件；其次，它作为创业蓝图和行动指南，是企业发展的里程碑。撰写创业计划书的理念是：首先是为客户创造价值，因为没有客户价值就没有销售，也就没有利润；其次是为风险投资人提供投资回报；最后是作为指导企业运行的发展策略。站在风险投资人的立场上，一份好的创业计划书应该包括详细的市场规模和市场份额分析；清晰明了的商业模式介绍，集技术、管理、市场等方面人才的团队构建；良好的现金流和实事求是的财务计划。

④ 推销自己的企业。可以通过各种途径，包括上网、参加会议、直接上门等方式寻找创业资本，但最有效的方式还是通过有影响的人士推荐。这种推荐使风险投资人与创业者迅速建立信用关系，消除很多不必要的猜疑、顾虑，特别是道德风险方面的担忧。要认真做好第一次见面的准备，以及之后锲而不舍地追踪，并根据风险投资人的要求不断修改创业计划书的内容。

⑤ 价值评估与调查。随着接触的深入，如果风险投资人对该项目产生了兴趣，准备进一步考察，为此，他将与创业企业签署一份投资意向书；接下来的工作就是对创业企业的价值评估与调查。通常创业者与风险投资人对创业企业进行价值评估时的着眼点是不一样的。一方面，创业者总是希望能尽可能提高企业的评估价值；另一方面，只有当期望收益能够补偿预期的风险时，风险投资人才会接受这一定价。所以，创业者要实事求是地看待自己的企业，配合风险投资人做好调查，努力消除信息不对称的问题。

⑥ 交易谈判与协议签订。最后，双方还将就投资金额、投资方式、投资回报的实现、投资后的管理和权益保证、企业的股权结构和管理结构等问题进行细致而又艰苦的谈判。如达成一致，将签订正式的投资协议。在此过程中，创业企业要摆正自己的位置，要充分考虑风险投资人的利益，并在具体的实施过程中给予足够的保证。要清楚，吸引创业投资的不仅是资金，还有投资后可以得到的增值服务。

在校大学生创业实践活动载体

一、四川青年创业促进计划（SYE）

1. 什么是SYE

"四川青年创业促进计划"（Sichuan Youth Entrepreneurship Promotion Plan，SYE），是共青团四川省委为贯彻落实《关于加大力度促进高校毕业生就业创业的意见》，多渠道引导、激励、帮助、支持广大青年创业就业，在四川省范围内实施的青年创业扶持项目。

SYE帮扶对象为四川省18~40岁的青年人，有创业梦想和创业激情，有很好的商业点子，但是筹措不到创业启动资金，同时又缺乏商业经验，创业在一年以内的创业青年群体。

SYE核心服务内容包括提供3万~10万元免息、免担保的创业启动资金贷款，提供咨询培训和"一对一"志愿者导师辅导，引导创业青年进入工商网络，帮助青年创业成功。

2. SYE平台的创业扶持项目

（1）四川省青年大学生创业就业帮扶计划。

SYE通过向社会公开征集并聘请知名专家、学者、青年企业家组成讲师团，走进高校开展"青春创业大讲堂"的巡讲；并在省内各高校建立"大学生创业就业导航站"，上传和发布创业就业信息，为学生提供职业生涯规划、创业就业政策咨询、法律援助等服务，以更好地服务大学生创业就业。

资助对象：有创业和就业意愿或正在创业的在校青年大学生。

（2）四川省促进青年创业就业行动。

四川省促进青年创业就业行动是共青团四川省委发起倡导并组织实施的一项社会公益事业，其宗旨是通过资金扶持、技能培训、信息服务、政策协调和社会倡导，帮助四川省青年创业就业，促进四川青年发展。青年小额贷款、青年创业就业素质训练营、青年创业大赛、青年创业就业在线学院是其中 4 个主要公益项目。

① 青年小额贷款。

SYE 联合中国邮政储蓄银行，并邀请专业担保机构和保险公司，创立了为贷款的青年进行贴息、担保、保险的服务项目，为更多拥有创业梦想的青年提供帮助。

资助对象：城乡创业青年（40 岁以下），创业项目可行性较强。

② 青年创业就业素质训练营。

SYE 建立素质训练营的目的，就是通过专业导师的培训和辅导，帮助创业青年尽快提高创业就业的综合素质，帮助他们实现创业就业的梦想。

资助对象：有就业或创业意愿和正在创业的大学生、返乡青年、进城务工青年及部分优秀团干部（40 岁以下）。

③ 青年创业大赛。

当代青年是思维活跃、敢想敢做的一代，特别是在全国上下提倡创业带动就业的背景下，许多青年都萌生出创业的意愿，而他们几乎不懂怎样去评估、完善自己的创意和想法，或是因为缺少启动资金，让许多创业项目都只能停留在书面上，无法付诸实施。SYE 通过每年举办一届创业大赛的方式为青年提供交流和学习的平台，组织权威专家对创业项目进行一对一的创业指导，并提供优厚的奖金作为获奖项目的启动资金。

资助对象：高校青年、城乡青年、灾区青年（40 岁以下）。

④ 青年创业就业在线学院。

SYE 依靠青年喜爱的专业网站的力量，通过青年创业讲堂、就业课堂的方式以及线上和线下的互动模式，打破时间和地域的限制，打造全新的青年创业上升平台。

资助对象：有创业或就业意愿和正在创业的城乡青年（40 岁以下）。

3. SYE 的申报流程

（1）创业青年咨询、培训。

（2）提交创业申请。

创业青年提交以下材料：创业资金申请表；商业计划书；房屋或土地租赁协议复印件；申请人身份证复印件；交通银行四川省分行个人委托贷款借款申请书；委托贷款单项协议；个人信用信息查询及提供授权书。

（3）项目初筛。

（4）项目初审。

（5）实地面试。

（6）银行征信。

（7）项目复审。

（8）开卡、面签、面谈：

办公室通知创业青年到银行办理开卡和面签、面谈需向银行提交以下材料：身份证原件和复印件（2 份）；户口本原件和复印件（2 份）；结婚证原件或声明书（单身）；银行当面填写面签、面谈表。

备注：创业青年到柜台向柜面人员表明前来办理的是"SYE 创业贷款"业务并需与客户经理合影。

（9）项目放款。

二、"SYB"创业培训计划

1. SIYB 项目简介

"创办和改善你的企业"（Start and Improve Your Business，SIYB）中国项目是由人力资源和社会保障部推动，国际劳工组织提供技术支持，英国国际发展部和日本劳动厚生省提供资助的国际合作项目。

SIYB 培训共分为四个模块，包括"产生你的企业想法"（Generate Your Business Idea，GYB）、"创办你的企业"（Start Your Business，SYB）、"改善你的企业"（Improve Your Business，IYB）和"扩大你的企业"（Expand Your Business，EYB）培训课程。这套培训课程专门培养潜在的和现有的小企业者，使他们有可行的企业，提高现有企业的生命力和盈利能力，并在此过程中为他人创造就业机会。目前 SIYB 已成为国际劳工组织的创业培训品牌，在全球 80 多个国家使用并取得了很好的效果，受到各国的普遍欢迎。

2. SYB 项目培训

"创办你的企业"（Start Your Business，SYB），是 SIYB 系列培训教程的一个重要组成部分。

（1）SYB 项目的培训对象：为应届和历届大中专/本科毕业大学生。

（2）如何参加 SYB 培训：SYB 培训是免费的，不收取培训费用。目前，大部分高校都有相关机构组织本校大学生参加 SYB 培训，已毕业的大学生可凭毕业证书、身份证到当地人力资源和社会保障局、劳动局及相关单位报名。

三、大学生创业孵化园

当前，随着国家"促进以创业带动就业战略部署"的逐步推进，各级政府和高校纷纷开展了形式多样的大学生创业孵化园建设，例如大学生创业孵化园、大学生创业苗圃、大学生创业中心、大学科技孵化园等。这些创业基地都能够为在校大学生和近年内毕业的大学生提供创新创业帮助和指导，是大学生自主创业的实践基地和自主开展创造、创新的实验基地。大学生创业孵化园提供的服务包括创业辅导、人才推荐、技术咨询、财税咨询、法律咨询、市场开发、生产办公场地等。

四、"挑战杯"大学生课外科技作品大赛

"挑战杯"全国大学生系列科技学术竞赛是由共青团中央、中国科协、教育部和全国学联共同主办的全国性的大学生课外学术实践竞赛。"挑战杯"竞赛在中国共有两个并列项目，一个是"挑战杯"中国大学生创业计划竞赛，另一个则是"挑战杯"全国大学生课外学术科技作品竞赛。这两个项目的全国竞赛交叉轮流开展，每两年举办一届。

1. "挑战杯"中国大学生创业计划竞赛简介

创业计划竞赛起源于美国，又称商业计划竞赛，是风靡全球高校的重要赛事。它借用风险投资的运作模式，要求参赛者组成优势互补的竞赛小组，提出一项具有市场前景的技术、产品或服务，并围绕这一技术、产品或服务，以获得风险投资为目的，完成一份完整、具体、深入的创业计划。

2. "挑战杯"全国大学生课外学术科技作品竞赛简介

"挑战杯"全国大学生课外学术科技作品竞赛是由共青团中央、中国科协、教育部、全国学联和地方政府共同主办，国内著名大学、新闻媒体联合发起的一项具有导向性、示范性和群众性的全国竞赛活动。

3. "挑战杯"参赛事项

（1）竞赛目的。

引导和激励高校大学生弘扬时代精神，把握时代脉搏，将所学知识与经济社会发展紧密结合，培养和提高创新、创造、创业的意识和能力，并在此基础上促进高校大学生就业创业教育蓬勃开展，发现和培养一批具有创新思维和创业潜力的优秀人才。

（2）竞赛方式。

竞赛采取学校、省（自治区、直辖市）和全国三级赛制，分预赛、复赛、决赛三个赛段进行。高校在校大学生通过申报商业计划书参赛，有条件的团队可在此基础上进行商业运营实践；聘请专家评定出具备一定操作性、应用性以及良好市场潜力和发展前景的优秀作品，给予奖励；组织作品和成果的交流、展览、转让活动。

（3）参赛资格。

凡在举办竞赛终审决赛的当年7月1日以前正式注册的全日制非成人教育的各类高等院校在校专科生、本科生、硕士研究生和博士研究生（均不含在职研究生）都可参赛。

（4）参赛形式。

以学校为单位统一申报，以创业团队形式参赛，原则上每个团队人数不超过10人。跨校组队参赛的作品，各成员须事先协商，明确作品的申报单位。

（5）作品交流。

"挑战杯"竞赛全国组织委员会将在竞赛决赛阶段组织多种形式的交流、展示活动和适时举办其他活动，丰富"挑战杯"竞赛的内容。

（6）成果孵化。

在每届竞赛举办期间，全国组织委员会将适时在全国范围遴选确定若干家大学生创业示范园区，并联合园区及风险投资机构举办项目对接和孵化活动，对竞赛中涌现出的优秀作品优先转化。适时设立大学生创业基金，加强与有关方面特别是创业投资公司、金融机构等的合作，为高校大学生通过参与竞赛实现创业提供支持。

五、中国"互联网+"大学生创新创业大赛

"互联网+"是对创新2.0时代新一代信息技术与创新2.0相互作用共同演化推进经济社会

发展新形态的高度概括。2015年7月，国务院印发了《关于积极推进"互联网+"行动的指导意见》，明确了未来3年以及10年的发展目标，明确推进"互联网+"，促进创业创新、协同制造、现代农业、智慧能源、普惠金融、公共服务、高效物流、电子商务、便捷交通、绿色生态、人工智能等若干能形成新产业模式的重点领域的发展，并确定了相关支持措施。到2018年，互联网与经济社会各领域的融合发展进一步深化，基于互联网的新业态成为新的经济增长动力，互联网支撑大众创业、万众创新的作用进一步增强，互联网成为提供公共服务的重要手段，网络经济与实体经济协同互动的发展格局基本形成。

1. 中国"互联网+"大学生创新创业大赛简介

大赛由教育部、中央网络安全和信息化委员会办公室、国家发展和改革委员会、共青团中央等主办，旨在深化高等教育综合改革，激发大学生的创造力，培养造就"大众创业、万众创新"的生力军；推动赛事成果转化和产学研用紧密结合，促进"互联网+"新业态形成，服务经济提质增效升级；以创新引领创业、创业带动就业，推动高校毕业生更高质量创业就业。

2. "互联网+"参赛事项（以第二届中国"互联网+"大学生创新创业大赛为例）

（1）参赛资格。

根据参赛项目所处的创业阶段及已获投资情况，大赛分为创意组、初创组和成长组。具体参赛条件如下。

① 创意组。

参赛项目具有较好的创意和较为成型的产品原型或服务模式，但尚未完成工商登记注册。参赛申报人须为团队负责人，须为普通高等学校在校生（可为本专科生、研究生，不含在职生）。

② 初创组。

参赛项目工商登记注册未满3年，且获机构或个人股权投资不超过1轮次。参赛申报人须为企业法人代表，须为普通高等学校在校生（可为本专科生、研究生，不含在职生），或毕业5年以内的毕业生。

③ 成长组。

参赛项目工商登记注册3年以上；或工商登记注册未满3年，且获机构或个人股权投资2轮次以上（含2轮次）。参赛申报人须为企业法人代表，须为普通高等学校在校生（可为本专科生、研究生，不含在职生），或毕业5年以内的毕业生。

以团队为单位报名参赛。允许跨校组建团队。每个团队的参赛成员不少于3人，须为项目的实际成员。参赛团队所报参赛创业项目，须为本团队策划或经营的项目，不可借用他人项目参赛。已获首届中国"互联网+"大学生创新创业大赛金奖和银奖的项目，不再报名参赛。

（2）竞赛方式。

大赛采用校级初赛、省级复赛、全国总决赛三级赛制。校级初赛由各高校负责组织，省级复赛由各省（区、市）负责组织，全国总决赛由各省（区、市）按照大赛组委会确定的配额择优遴选推荐项目。大赛组委会将综合考虑各省（区、市）报名团队数、参赛高校数和创新创业教育工作情况等因素分配名额。每所高校入选全国总决赛团队总数不超过4个。全国共产生 600 个项目入围全国总决赛。通过网上评审，产生 120 个项目进入全国总决赛现场比赛。

（3）赛程安排（以第二届中国"互联网+"大学生创新创业大赛为例）。

① 参赛报名（3—5 月）。

参赛团队可通过登录"全国大学生创业服务网"、大赛 APP（名称为"大创空间"）或大赛微信公众号（名称为"大学生创业服务网"）任一方式进行报名。报名系统开放时间为 2016 年 3 月 25 日，截止时间由各省（区、市）根据复赛安排自行决定，但不得晚于 8 月 31 日。

② 初赛复赛（6—9 月）。

各省（区、市）各高校登录"全国大学生创业服务网"进行报名信息的查看和管理。省级账号由大赛组委会统一创建及分配；校级账号由各省（区、市）进行创建、分配及管理。初赛复赛的比赛环节、评审方式等由各高校、各省（区、市）自行决定。各省（区、市）在 9 月 15 日前完成省级复赛，遴选参加全国总决赛的候选项目。

③ 全国总决赛（10 月中下旬）。

大赛评审委员会对入围全国总决赛的项目进行网上评审，择优选拔 120 个项目进行现场比赛，决出金、银奖。

大赛组委会将通过"全国大学生创业服务网"为参赛团队提供项目展示、创业指导、投资对接等服务。各项目团队可以登录"全国大学生创业服务网"查看相关信息。各省（区、市）可以利用网站提供的资源，为参赛团队做好服务。各高校还可以通过腾讯微校提供的资源推广大赛。

（4）竞赛奖励。

大赛设 30 个金奖、90 个银奖、480 个铜奖。设最佳创意奖、最具商业价值奖、最佳带动就业奖、最具人气奖各 1 个。获奖项目颁发获奖证书，提供投融资对接、落地孵化等服务。

设高校集体奖 20 个、省市优秀组织奖 10 个和优秀创新创业导师若干名，颁发获奖证书及奖牌。

六、"中国创翼"青年创业创新大赛

1. 大赛简介

"中国创翼"青年创业创新大赛由中国宋庆龄基金会、人力资源和社会保障部联合主办，大赛采用"创业赛事+项目企业孵化+协助项目企业落地+加速项目企业快速成长"的特有方式，将全国涌现出的优质"双创"项目和企业评选展示出来。大赛选择落地在全国优质"双创"城市，如广州、成都、临沂、长沙、海口等地举办半决赛和决赛，并针对相关城市的特点，引导参与大赛的项目和企业在举办城市落地。大赛自有资方将全力协助优质项目、企业的创投和孵化，带动项目成长、推动企业发展，帮助本次大赛评选出的优质项目和企业快速成长，并促进大赛承办地区的城乡就业，提高税收，拉动经济可持续增长。

2. "中国创翼"青年创业创新大赛参赛事项（以第二届"中国创翼"青年创业创新大赛为例）

（1）参赛对象。

大赛分团队组和企业组进行比赛。报名参赛团队（企业）应符合国家法律法规和国家产业政策，经营规范，社会信誉良好，无不良记录，不侵犯任何第三方知识产权。报名参赛人员须年满18周岁但不超过40周岁，可以是境内高校青年学生、青年务工农民、社会青年、港澳台青年以及海外留学青年。

① 团队组报名参赛条件。

a. 截至2016年1月15日，尚未在中华人民共和国境内工商、民政部门注册的，拥有科技创新成果或创业计划的团队；2015年7月15日（含）以后在中华人民共和国境内工商、民政部门注册的合法企业及机构（含个体工商户）。

b. 核心团队成员不少于3人。

c. 参赛者须为参赛团队核心成员或创始人。

d. 团队负责人及主要创始人不担任其他企业法人代表。

e. 专项赛"农民工创业创新大赛"要求参赛项目创始人或主要负责人为在本地乡镇企业或进入城镇务工的农业户口人员，或曾有1年以上（含1年）务工经验的农业户口人员。

f. 参赛项目非"中国创翼"（2015）青年创业创新大赛全国总决赛团队组前6名项目。

② 企业组报名参赛条件。

a. 该企业为2013年1月15日（含）以后在中华人民共和国境内工商、民政部门注册的合法企业及机构（含个体工商户）。

b. 该企业有股权融资需求，尚未接受投资或仅接受过早期投资。

c. 该企业有创新性的产品、技术或商业模式，具有较高成长潜力。

d. 专项赛"农民工创业创新大赛"要求参赛项目创始人或主要负责人是在本地乡镇企业或进入城镇务工的农业户口人员，或曾有1年以上（含1年）务工经历的农业户口人员。

e. 参赛项目非"中国创翼"（2015）青年创业创新大赛全国总决赛企业组前6名项目。

（2）竞赛方式。

大赛设四个行业赛和一个专项赛。行业赛分为"新能源及环保产业类""高端装备制造业类""生活性服务业类"以及"综合类"4项；专项赛即农民工创业创新大赛。

（3）参赛项目要求。

① 参赛项目内容须健康、合法，无任何不良信息。参赛项目所涉及的发明创造、专利技术、资源等必须拥有清晰合法的知识产权或物权，报名时需提交完整的具有法律效力的所有人书面授权许可书、项目鉴定证书、专利证书等。抄袭、盗用、提供虚假材料或违反相关法律法规一经发现即刻丧失参赛相关权利并自负一切法律责任。

② 对于已注册运营的项目，在报名时需提交单位概况、法定代表人情况、组织机构代码复印件等相关证明材料。

③ 积极鼓励与移动互联网、云计算、大数据、物联网等新一代信息技术结合的"互联网+"创新创业项目参赛。

（4）赛程安排。

大赛分为省级初赛、行业赛和专项赛。初赛由各省级组委会组织实施；行业赛分行业全国半决赛和行业全国总决赛，由举办省市行业赛组委会在大赛组委会的指导下组织实施；专项赛分为全国半决赛和全国总决赛，全国半决赛由举办省市专项赛全国半决赛组委会在大赛组委会指导下组织实施，全国总决赛由大赛组委会直接组织实施。

(5) 竞赛奖励。

每个行业全国半决赛将最终角逐出团队组 20 个，企业组 20 个，共计 40 个名额参加行业全国总决赛；对未晋级总决赛的项目，授予"中国创翼"青年创业创新大赛"银翼"奖。每个行业赛全国总决赛将分别评选出团队组和企业组一等奖 1 名、二等奖 2 名、三等奖 3 名、优胜奖 4 名；对其他 20 个项目，授予"中国创翼"青年创业创新大赛"金翼"奖。

七、"创青春"全国大学生创业大赛

1. 参赛资格

凡在举办大赛终审决赛的当年 7 月 1 日以前正式注册的全日制非成人教育的各类高等院校在校专科生、本科生、硕士研究生和博士研究生（均不含在职研究生）可参加全部 3 项主体赛事；毕业 5 年以内（时间截至举办大赛终审决赛的当年 7 月 1 日）的专科生、本科生、硕士研究生和博士研究生可代表原所在高校参加创业实践挑战赛（需提供毕业证证明，仅可代表最终学历颁发高校参赛）。

2. 项目申报

（1）大学生创业计划竞赛：参加竞赛项目分为已创业与未创业两类；分为农林、畜牧、食品及相关产业，生物医药，化工技术和环境科学，信息技术和电子商务，材料，机械能源，文化创意和服务咨询 7 个组别。实行分类、分组申报。

（2）创业实践挑战赛：拥有或授权拥有产品或服务，并已在工商、民政等政府部门注册登记为企业、个体工商户、民办非企业单位等组织形式，且法人代表或经营者符合相关规定、运营时间在 3 个月以上（以预赛网络报备时间为截止日期）的项目，可申报该赛事。申报不区分具体类别、组别。

（3）公益创业赛：拥有较强的公益特征（有效解决社会问题，项目收益主要用于进一步扩大项目的范围、规模或水平）、创业特征（通过商业运作的方式，运用前期的少量资源撬动外界更广大的资源来解决社会问题，并形成可自身维持的商业模式）、实践特征（团队须实践其公益创业计划，形成可衡量的项目成果，部分或完全实现其计划的目标成果）的项目，且参赛学生符合相关规定，可申报该赛事。申报不区分具体类别、组别。

（4）以学校为单位统一申报，以创业团队形式参赛，原则上每个团队人数不超过 10 人。对于跨校组队参赛的项目，各成员须事先协商明确项目的申报单位。对于经授权的发明创造或专利技术，在报名时需提交具有法律效力的发明创造或专利技术所有人的书面授权许可、项目鉴定证书、专利证书等。对于已注册运营项目的，在报名时需提交相关证明材料（含单位概况、法定代表人情况、营业执照复印件、税务登记证复印件、组织机构代码复印件等材料）。

3. 竞赛奖励

全国评审委员会对各省（自治区、直辖市）报送的 3 项主体赛事的参赛项目进行复审，分别评出参赛项目的 90% 左右进入决赛。3 项主体赛事的奖项设置统一为金奖、银奖、铜奖，分别约占进入决赛项目总数的 10%、20% 和 70%。在每次大赛举办期间，全国组织委员会将

联合地方政府、园区及风险投资机构举办项目对接和孵化活动,对大赛中涌现出的优秀项目优先转化。

八、大学生创新创业实践训练计划项目

根据《教育部财政部关于"十二五"期间实施"高等学校本科教学质量与教学改革工程"的意见》(教高〔2011〕6号)和《教育部关于批准实施"十二五"期间"高等学校本科教学质量与教学改革工程"2012年建设项目的通知》(教高函〔2012〕2号),教育部决定在"十二五"期间实施国家级大学生创新创业训练计划。

(1)国家级大学生创新创业训练计划内容包括创新训练项目、创业训练项目和创业实践项目3类。

(2)创新训练项目是本科生个人或团队,在导师指导下,自主完成创新性研究项目设计、研究条件准备和项目实施、研究报告撰写、成果(学术)交流等工作。

(3)创业训练项目是本科生团队,在导师指导下,团队中每个学生在项目实施过程中扮演一个或多个具体的角色,开展编制商业计划书、开展可行性研究、模拟企业运行、参加企业实践、撰写创业报告等活动。

(4)创业实践项目是学生团队,在学校导师和企业导师共同指导下,采用前期创新训练项目(或创新性实验)的成果,提出一项具有市场前景的创新性产品或者服务,以此为基础开展创业实践活动。

附 录

附录一 国家支持大学生就业创业系列文件及优惠政策

一、支持大学生就业创业系列文件

1.《中共中央国务院关于深化体制改革加快实施创新驱动发展战略的若干意见》中发〔2015〕8号
2.《关于进一步做好新形势下就业创业工作的意见》国发〔2015〕23号
3.《关于大力发展电子商务加快培育经济新动力的意见》国发〔2015〕24号
4.《关于大力推进大众创业万众创新若干政策措施的意见》国发〔2015〕32号
5.《关于支持农民工等人员返乡创业的意见》国发〔2015〕47号
6.《关于积极推进"互联网+"行动的指导意见》国发〔2015〕40号
7.《关于加快构建大众创业万众创新支撑平台的指导意见》国发〔2015〕53号
8.《教育部关于做好2017届全国普通高等学校毕业生就业创业工作的通知》教学〔2016〕11号

二、支持大学生就业创业优惠政策

（一）税收优惠

持人社部门核发就业创业证（注明"毕业年度内自主创业税收政策"）的高校毕业生在毕业年度内（指毕业所在自然年，即1月1日至12月31日）创办个体工商户、个人独资企业的，3年内按每户每年8 000元为限额依次扣减其当年实际应缴纳的相关税费。对高校毕业生创办的小型微利企业，按国家规定享受相关税收支持政策。

（二）创业担保贷款和贴息

对符合创业担保贷款申请条件的大学生在内的自主创业的人员，可在创业地按规定申请创业担保贷款，贷款额度为10万元。鼓励金融机构参照贷款基础利率，结合风险分担情况，合理确定贷款利率水平，对个人发放的创业担保贷款，在贷款基础利率基础上上浮3个百分点以内的，由财政给予贴息。

（三）免收有关行政事业性收费

毕业 2 年以内的普通高校学生从事个体经营（除国家限制的行业外）的，自其在工商部门首次注册登记之日起 3 年内，免收管理类、登记类和证照类等有关行政事业性收费。

（四）享受培训补贴

对大学生创办的小微企业新招用毕业年度高校毕业生，签订 1 年以上劳动合同并交纳社会保险费的，给予 1 年社会保险补贴。对大学生在毕业学年（即从毕业前一年 7 月 1 日起的 12 个月）内参加创业培训的，根据其获得创业培训合格证书或就业、创业情况，按规定给予培训补贴。

（五）免费创业服务

有创业意愿的大学生，可免费获得公共就业和人才服务机构提供的创业指导服务，包括政策咨询、信息服务、项目开发、风险评估、开业指导、融资服务、跟踪扶持等创业服务。

（六）取消高校毕业生落户限制

高校毕业生可在创业地办理落户手续（直辖市按有关规定执行）。

（七）创新人才培养

创业大学生可享受各地各高校实施的系列"卓越计划"、科教结合协同育人行动计划等，同时享受跨学科专业开设的交叉课程、创新创业教育实验班等，以及探索建立的跨院系、跨学科、跨专业交叉培养创新创业人才的新机制。

（八）开设创新创业教育课程

自主创业大学生可享受各高校挖掘和充实的各类专业课程和创新创业教育资源，以及面向全体学生开发开设的研究方法、学科前沿、创业基础、就业创业指导等方面的必修课和选修课；同时享受各地区、各高校推出的资源共享的慕课、视频公开课等在线开放课程以及在线开放课程学习认证和学分认定制度。

（九）强化创新创业实践

自主创业大学生可共享学校面向全体学生开放的大学科技园、创业园、创业孵化基地、教育部工程研究中心、各类实验室、教学仪器设备等科技创新资源和实验教学平台。参加全国大学生创新创业大赛、全国高职院校技能大赛和各类科技创新、创意设计、创业计划等专题竞赛，以及高校学生成立的创新创业协会、创业俱乐部等社团，提升创新创业实践能力。

（十）改革教学制度

自主创业大学生可享受各高校建立的自主创业大学生创新创业学分累计与转换制度；还可享受学生开展创新实验、发表论文、获得专利和自主创业等情况折算为学分，将学生参与课题研究、项目实验等活动认定为课堂学习的新探索。同时享受为有意愿有潜质的学生制订的创新创业能力培养计划，以及创新创业档案和成绩单等系列客观记录并量化评价学生开展创新创业活动情况的教学实践活动。优先支持参与创业的学生转入相关专业学习。

（十一）完善学籍管理规定

有自主创业意愿的大学生，可享受高校实施的弹性学制，放宽学生修业年限，允许调整学业进程、保留学籍休学创新创业。

（十二）大学生创业指导服务

自主创业大学生可享受各地各高校对自主创业大学生实行的持续帮扶、全程指导、一站式服务。以及地方、高校两级信息服务平台，为大学生实时提供国家政策、市场动向等信息和创业项目对接、知识产权交易等服务。可享受各地在充分发挥各类创业孵化基地作用的基础上，因地制宜建设的大学生创业孵化基地和相关培训、指导服务等扶持政策。

附录二　四川省大学生就业创业扶持政策清单
（2018年版）

四川省就业创业工作联席会议办公室

2019年3月

前　言

　　大学生是宝贵的人才资源。省委、省政府高度重视大学生就业创业工作，出台了一系列政策措施。为切实做好大学生就业创业工作，省就业创业工作联席会议办公室会同省级相关部门（单位），汇总、编辑了《四川省大学生就业创业扶持政策清单（2018年版）》，现印发各地、各高校和各成员单位，作为学习宣传和执行政策的参考资料。各地、各高校在使用本政策清单时，要注意结合具体文件和本地情况，切实把政策领会好、宣传好、落实好。

　　由于涉及部门多，政策点分散，难免有疏漏之处。若遇相关问题，请及时与省就业创业工作联席会议办公室反映，以便明年编印新的政策清单时改进。联系人：省人力资源和社会保障厅就业促进处崔慧英；联系电话（传真）：028-86111756。

四川省就业创业工作联席会议办公室
2019年3月

目 录

一、就业扶持政策
（一）离校前
1. 求职创业补贴
2. 职业培训和技能鉴定补贴
3. 家庭经济困难和就业困难毕业生帮扶补助
4. 机关考录公务员、事业单位招聘工作人员
5. 鼓励应征入伍服义务兵役
6. 建立大学生实训基地
7. 高校双选会补助

（二）离校后
8. 就业见习补贴
9. 岗位补贴和社保补贴
10. 技能提升补贴
11. 创业担保贷款及贴息
12. 基层和艰苦边区地区工资待遇提高
13. 专业技术职称评定
14. 鼓励参加"三支一扶"项目
15. 鼓励参加"农村义务教育阶段学校教师特设岗位"项目
16. 鼓励参加"大学生志愿服务西部计划"
17. 公开国有企业招聘应届高校毕业生信息
18. 基层单位就业学费补偿和国家助学贷款代偿
19. 鼓励应征入伍服兵役（含义务兵和志愿兵役）
20. 鼓励继续升学
21. 税收优惠
22. 中小企业补助
23. 鼓励科研项目单位吸纳就业

二、创业扶持政策
（一）扶持创业大学生
24. 扶持对象
25. 创业培训补贴
26. 创业补贴
27. 省级创业大赛获奖项目前期孵化补助
28. 创业担保贷款贴息
29. 创业吸纳就业奖励

30. 青年创业基金贷款

31. 创业提升培训

32. 新型职业农民培育

33. 税费减免

34. 科技创新苗子补助

（二）扶持创业服务平台和创业指导专家

35. 省级大学生创新创业园区（孵化基地）补贴

36. 创业指导补贴

37. 科技创新苗子基地补助

（三）扶持创业服务活动

38. 创业活动补贴

三、综合扶持政策

39. 取消户籍限制

40. 享受公共就业创业服务

41. 就业创业指导教师队伍建设

42. 学分管理

一、就业扶持政策

（一）离校前

1. 求职创业补贴

对学籍在省内高校的城乡低保家庭毕业生、贫困残疾人家庭毕业生、建档立卡贫困家庭毕业生、残疾毕业生、已获得国家助学贷款的毕业生，一次性给予每人 1 200 元的求职创业补贴。同时符合两个及以上条件的，不重复享受。由高校会同校区所在市（州）人社部门和财政部门负责办理。

2. 职业培训和技能鉴定补贴

大学生在校期间参加职业培训和技能鉴定，可以享受一次培训补贴和鉴定补贴。由校区所在地人社部门负责办理。

3. 家庭经济困难和就业困难毕业生帮扶补助

对家庭经济困难和就业困难毕业生，离校前给予一次性就业帮扶补助 600 元。由高校和教育厅负责办理。

4. 机关考录公务员、事业单位招聘工作人员

应届毕业生毕业学年可报考市（州）及以下机关公务员。国家统一组织的政法体改生专项招考项目单设名额，定向招录应届毕业生。艰苦边远地区基层招录毕业生，可适当放宽学历、专业等条件，降低开考比例，可设置一定数量的职位面向具有本市、县户籍或在本市、县长期生活的毕业生招考。民族地区、艰苦边远地区、贫困县和革命老区县县、乡事业单位考核招聘专业技术人员的学历条件，可结合实际分别放宽到本科、大专。公务员公招考试中，特殊困难家庭毕业生免收公共科目笔试考务费用。

5. 鼓励应征入伍服义务兵役

应征入伍的大学生（含新生），服役期间保留学籍或入学资格，退役后 2 年内允许复学或入学。入伍时对其在校期间缴纳的学费实行一次性补偿或获得的国家助学贷款实行代偿，退役后自愿复学或入学的，实行学费减免。标准：本、专科（高职）学生每人每年最高不超过 8 000 元，研究生每人每年最高不超过 12 000 元。高职（专科）在校生（含高校新生）入伍经历可作为毕业实习经历和基层工作经历；具有高职（专科）学历的毕业生，退役后免试入读成人本科；荣立三等功以上奖励的高职（专科）在校生（含高校新生），在完成高职（专科）学业后，免试入读普通本科；退役大学生士兵专升本实行招生计划单列，录取比例我省扩大至 50%。面向退役大学生士兵硕士研究生实行专项招生；将服兵役情况纳入推免生遴选指标体系；在部队荣立二等功及以上的退役人员，符合研究生报名条件的可免试（指初试）攻读硕士研究生；将考研加分范围扩大至在校生（含新生），在继续实行普通高校应届毕业生退役后按规定享受加分政策的基础上，允许在完成本科学业后 3 年内参加全国硕士研究生招生考试，初试总分加 10 分，同等条件下优先录取。放宽退役大学生士兵复学转专业限制，退役后

复学，经学校同意并履行相关程序可转入本校其他专业学习。应届毕业生应征服兵役，退役后 1 年内可同等享受离校未就业毕业生就业扶持政策。

6. 建立大学生实训基地

支持高校实行校企对接，鼓励和支持各类企业接纳大学生实习，建立相对稳定的大学生实习基地。组织开展"逐梦计划"大学生实习活动。拓展就业实习、见习基地的领域和功能，积极培育、认定一批学科门类齐全、基础条件完备且集实习、见习功能于一体的实训基地。相关补贴按现行政策规定执行。由高校创办及高校与企业联办的大学科技园、电商基地，纳入实训基地认定范围。对认定的实训基地实行动态管理。

7. 高校双选会补助

对省内地方属公办高校（不含国有企业办院校）举办毕业生就业双选会给予适当经费补助，由教育厅负责办理。

（二）离校后

8. 就业见习补贴

离校 2 年内未就业毕业生，可参加 3~12 个月的就业见习，并享受就业见习补贴和人身意外伤害保险。就业见习补贴标准按当地最低工资标准的 80% 执行。其中，国家级见习基地补贴标准可上浮 20%，省级见习基地补贴标准可上浮 10%。对留用的毕业生，见习期应作为工龄计算。

9. 岗位补贴和社保补贴

对离校 1 年内未就业的毕业生灵活就业后缴纳社会保险费，给予最长不超过 2 年、标准不超过其实际缴费 2/3 的社保补贴。小微企业、新型农业经营主体和社会组织新招用毕业年度高校毕业生，签订 1 年以上劳动合同并为其缴纳社会保险费，给予最长不超过 1 年的社保补贴（不包括个人应缴纳部分）。用人单位招用认定为就业困难人员的大学生，可给予最长不超过 3 年的社保补贴（不包括个人应缴纳部分）和岗位补贴（标准不低于当地最低工资标准）。

10. 技能提升补贴

在企业工作，依法参加失业保险 3 年以上，取得相关职业资格证书或职业技能等级证书的大学生，可申请技能提升补贴。所需资金从失业保险基金中列支。2019 年 1 月 1 日至 2020 年 12 月 31 日，放宽申领条件，依法参加失业保险 1 年以上即可。

11. 创业担保贷款及贴息

小微企业当年新招用包括大学生在内的符合创业担保贷款申请条件的人员，数量达到企业现有在职职工人数 25%（超过 100 人的企业达 15%）并与其签订 1 年以上劳动合同的，可申请最高不超过 300 万元的创业担保贷款。符合创业担保贷款贴息条件的，各级财政按规定及时足额予以贴息。

12. 基层和艰苦边区地区工资待遇激励

到县以下机关事业单位工作的大学生，新录用为公务员的，试用期工资可直接按试用期满后工资确定，试用期满考核合格后的级别工资，在未列入艰苦边远地区或国家扶贫开发工作重点县的地区高定一档，在三类及以下艰苦边远地区或国家扶贫开发工作重点县的高定两档，在四类及以上艰苦边远地区的高定三档；招聘为事业单位正式工作人员的，可提前转正定级，转正定级时的薪级工资，在未列入艰苦边远地区或国家扶贫开发工作重点县的地区高定一级，在三类及以下艰苦边远地区或国家扶贫开发工作重点县的高定两级，在四类及以上艰苦边远地区的高定三级。按规定实行乡镇工作补贴、艰苦边远地区津贴。

13. 专业技术职称评定

到中小企业就业，在职称评定方面，享受国有企事业单位同类人员同等待遇。对在基层工作的高校毕业生，首次申报评审职称可提前1年，对论文、科研、外语和计算机应用能力等不作为统一或硬性要求。

14. 鼓励参加"三支一扶"项目

从年龄不超过30周岁的全日制专科及以上学历的毕业生中，招募到农村基层从事支教、支农、支医和扶贫服务。服务期间，享受工作生活补贴（参照本地乡镇事业单位从高校毕业生中新聘用工作人员试用期满后工资收入水平确定，在艰苦边远地区工作的，发放艰苦边远地区津贴），参加社会保险（在建立补充医疗保险制度的地方，办理补充医疗保险），新招募且服务满6个月以上给予一次性安家补贴2 000元；支医人员在乡镇卫生院的服务时间，计算为城市医生在晋升主治医师或副主任医师前到基层累计服务的时间；"三支一扶"服务年限计算为专业技术工作年限，在乡镇工作的，对论文、科研、外语和计算机应用能力等不作为统一或硬性要求。服务期满考核合格，可报名参加服务基层项目人员中定向考录公务员的考试；结合服务县乡镇事业单位岗位空缺情况和岗位基本聘用条件，可通过考核方式直接聘用为乡镇事业单位工作人员（在民族地区、艰苦边远地区和贫困县服务的人员，可招聘到服务所在县（市、区）的县、乡事业单位）；报考事业单位工作人员时，在乡镇及以下每服务满1周年，笔试总成绩加2分，最高加6分；进入事业单位工作，不再约定试用期；服务期间考核合格后满3年内报考硕士研究生的，初试总分加10分，同等条件下优先录取；高职（大专）毕业生可免试入读成人高等学历教育专科起点本科；已被录取为研究生的应届高校毕业生参加"三支一扶"计划，学校为其保留学籍；考录为公务员或事业单位工作人员后，其服务期计算工龄；按规定享受学费和助学贷款代偿政策。经服务单位所在县"三支一扶"办同意，按省"三支一扶"办统一安排，可续期服务2年。

15. 鼓励参加"农村义务教育阶段学校教师特设岗位"项目

从具有相应的教师资格条件、年龄在30岁以下、本科及以上或高等师范专科应往届毕业生中，招聘到项目实施县的乡村学校任教。聘期3年，其间执行国家统一的工资制度和标准，其他津补贴由各地根据当地同等条件公办教师年收入水平和中央补助水平综合确定。享受当地相应社会保障待遇。服务期满、每年年度考核合格，且自愿留在本地学校的，在编制和岗位总量内，经县教育部门审核，县人社部门批准，由县教育部门办理事业单位人员聘用手续。

期满报考硕士研究生的，3年内享受"初试总分加10分，同等条件下优先录取"的优惠政策。推荐免试攻读教育硕士，三年聘期视同"农村学校教育硕士师资培养计划"要求的3年基层教学实践。

16. **鼓励参加"大学生志愿服务西部计划"**

从普通高等院校应届毕业生或在读研究生中选拔招募，实施基础教育、服务三农、医疗卫生、基层青年工作、基层社会管理等专项服务。服务期为1~3年，服务协议1年1签。服务期间，享受生活工作补贴（省项目办每月发放1 600元，服务地每月发放不低于800元），艰苦边远地区补贴根据国家政策标准予以发放，在当地参加社会保险，统一为其购买综合保障险。志愿者依实际服务年限计算服务期及工龄；服务期满，可报名参加从服务基层项目大学生中定向考录公务员的考试；服务2年以上且考核合格，服务期满3年内报考硕士研究生的，初试总分加10分，同等条件下优先录取；报考事业单位工作人员时享受相关优惠政策。

17. **公开国有企业招聘应届高校毕业生信息**

国有企业要建立公开招聘应届高校毕业生制度，在企业官方网站和四川公共招聘网、四川省人才网上联合发布公开招聘信息。除涉密等不适宜公开招聘的特殊岗位外，坚持公开、平等、竞争、择优的原则，普遍实行公开招聘，扩大选人用人范围，切实做到信息公开、过程公开、结果公开。

18. **基层单位就业学费补偿和国家助学贷款代偿**

中央部门所属全日制普通高等学校应届毕业生，自愿到中西部地区和艰苦边远地区县以下基层单位工作、服务期在3年以上（含3年）的，可分年度向就读高校申请学费补偿和国家助学贷款代偿，资助标准为：本专科学生每年最高8 000元、研究生每年最高12 000元。省级部门所属全日制普通高等学校应届毕业生，到我省艰苦边远地区（国家规定的77个县市区）县以下基层单位，连续不间断服务满3年的，可向就业所在地县（市、区）教育局申请学费奖补。奖补金额按在校期间实际缴纳的学费计算（享受了部分减免的应予以扣除），每学年最高不超过6 000元。

19. **鼓励应征入伍服兵役（含义务兵和志愿兵役）**

对参军入伍的大学生（包含往届毕业生）发放一次性入伍奖励。入伍时，对其在校期间缴纳的学费实行一次性补偿或获得的国家助学贷款实行代偿。标准：本、专科（高职）学生每人每年最高不超过8 000元，研究生每人每年不超过12 000元。设立"退役大学生士兵"专项研究生招生计划，专门面向退役大学生士兵招生。应届毕业生应征入伍服义务兵役退役后3年内参加全国硕士研究生招生考试，初试总分加10分，同等条件下优先录取。对报考川内高校和研究生培养单位并通过全国硕士研究生招生考试（指初试）的退役大学生士兵，同等条件下，优先复试和录取。高校毕业生士兵退役后1年内，可视同当年的应届毕业生，凭用人单位录（聘）用手续，向原就读高校再次申请办理就业报到手续，户档随迁（直辖市按照有关规定执行）。入伍经历可作为基层工作经历。国家统一组织的政法体改生专项招考项目中，单设名额定向招录大学生退役士兵。

20. 鼓励继续升学

落实专升本政策。对未就业本科毕业生，鼓励参加各类继续教育。

21. 税收优惠

自 2017 年 1 月 1 日至 2019 年 12 月 31 日，对商贸企业、服务型企业、劳动就业服务企业中的加工型企业和街道社区具有加工性质的小型企业实体，在新增加的岗位中，当年新招用在人力资源社会保障部门公共就业服务机构登记失业半年以上且持就业创业证或就业失业登记证（注明"企业吸纳税收政策"）的高校毕业生等人员，与其签订 1 年以上期限劳动合同并依法缴纳社会保险费的，在 3 年内以实际招用人数按每人每年 5 200 元为定额依次扣减增值税、城市维护建设税、教育费附加、地方教育附加和企业所得税。纳税人在 2019 年 12 月 31 日未享受满 3 年的，可继续享受至 3 年期满为止。

22. 中小企业补助

招收高校毕业生达到当年新增职工人数 20%及以上的中小企业，申报中小企业补助项目时，在符合项目条件情况下，优先考虑安排中小企业发展专项资金予以支持。

23. 鼓励科研项目单位吸纳就业

高校、科研机构和企业，在所承担的民口科技重大专项、"973"计划、"863"计划、科技支撑计划、国家自然科学基金以及省级各类科技计划等重大重点项目实施过程中，通过签订项目聘用合同，聘用优秀毕业生为研究助理或辅助人员参与研究工作，聘用毕业生的劳务性费用和有关社会保险费补助可从项目经费中列支。合同期满，根据工作需要可以续聘或到其他岗位就业，就业后工龄与参与研究期间的工作时间合并计算，社会保险缴费年限合并计算。

二、创业扶持政策

（一）扶持创业大学生

24. 扶持对象

省内普通高等学校全日制在校大学生和毕业 5 年内、处于登记失业状态的普通高等学校全日制毕业生（含国家承认学历的留学回国人员）。服务基层项目的大学生同等享受大学生创业培训补贴和创业补贴。大学生村官、服务期满"三支一扶"人员可按规定享受创业担保贷款政策。

25. 创业培训补贴

大学生在常住地（在校生可在就读高校）参加创业培训并取得培训合格证的，可享受培训补贴。在校大学生可以利用周末、节假日和晚自习等时间，在 40 天内完成规定的培训内容。

26. 创业补贴

对大学生创业实体和创业项目,给予 1 万元补贴。领办多个创业项目,最高不超过 10 万元。创办家庭农场和农民合作社达到财政项目扶持条件的,优先纳入支持范围。

27. 省级创业大赛获奖项目前期孵化补助

对省级及以上相关部门(单位)组织的创业大赛获奖项目,进入前期孵化,可享受5万~20万元的补助。

28. 创业担保贷款贴息

毕业生创业可申请贷款额度最高不超过 15 万元、贷款期限最长不超过 3 年的创业担保贷款,贷款利率可在贷款合同签订日贷款基础利率的基础上上浮一定幅度,其中:贫困地区(含国家扶贫开发工作重点县、全国 14 个集中连片特殊困难地区)上浮不超过 3 个百分点,其余地区上浮不超过 2 个百分点(含)。对贫困地区毕业生由各级财政部门在贷款期限内给予全额贴息;对其余地区毕业生由各级财政部门前 2 年给予全额贴息(贷款期限的第 1 年,第 2 年),贷款期限为 3 年的最后 1 年,市、县财政可自主给予贴息。领办创业实体的在校生,可向就读高校申请额度不超过 10 万元、期限不超过 2 年的创业担保贷款。获得贷款后,由所在县(市、区)人社部门负责贴息。

29. 创业吸纳就业奖励

大学生创业实体吸纳就业并按规定缴纳社会保险费的,可向创业所在地公共就业服务机构申请一次性奖励。招用 3 人(含 3 人)以下的按每人 2 000 元给予奖励,招用 3 人以上的每增加 1 人给予 3 000 元奖励,总额最高不超过 10 万元。

30. 青年创业基金贷款

创业大学生可向创业所在地市(州)团委申请额度不超过 10 万元、期限不超过 3 年的免息、免担保青年创业基金贷款,并配备一名志愿者导师"一对一"帮扶。在蓉在校大学生创业,可向省大学生创新创业活动中心申请。

31. 创业提升培训

对创办企业或从事个体经营的大学生,以及在大学生创新创业园区(孵化基地)内有创业项目的大学生,每年组织一定数量的人员免费参加全省"我能飞"大学生成功创业者提升培训。

32. 新型职业农民培育

在项目区域内,将符合政策条件的从事农业就业创业的大学生纳入新型职业农民培育计划。

33. 税费减免

2019 年 12 月 31 日前,对持就业创业证(注明"自主创业税收政策"或"毕业年度内自主创业税收政策")或就业失业登记证(注明"自主创业税收政策"或附着高校毕业生自主创业证)的大学生从事个体经营的,在 3 年内按每户每年 9 600 元为限额依次扣减其当年实际应缴纳的增值税、城市维护建设税、教育费附加、地方教育附加和个人所得税。纳税人在2019年12月31日未享受满3年的，可继续享受至3年期满为止。

对符合条件的大学生自主创业者，按规定免征文化事业建设费、教育费附加、地方教育附加、残疾人就业保障金、不动产登记费、渔业资源增殖保护费、药品注册费、医疗器械产品注册费。

34. 科技创新苗子补助

科技厅采取"人才+项目"的方式，对大学生创新创业给予支持，其中，重点项目补助10万元/个，培育项目补助2万~5万元/个。

（二）扶持创业服务平台和创业指导专家

35. 省级大学生创新创业园区（孵化基地）补贴

对评定为省级大学生创新创业园区（孵化基地）的，由人力资源社会保障厅给予30万元补助；对每年复核合格的省级大学生创新创业园区（孵化基地），由人力资源社会保障厅给予15万元补助。支持民族地区依托"飞地"产业园区建设大学生创新创业园区（孵化基地）。

36. 创业指导补贴

县级以上人社部门认定的创业专家、顾问，为大学生创业提供指导服务的，给予一定补贴。

37. 科技创新苗子基地补助

科技厅重点支持大学生创新创业俱乐部、大学生创新创业示范园、大学生创新创业苗圃、大学生创新创业众创空间等基地或平台建设，补助金额不超过60万元/个。

（三）扶持创业服务活动

38. 创业活动补贴

县级以上人社部门和省级相关部门为增强大学生创业意识，提高大学生创业能力，举办创业讲座、报告、大赛、表彰、宣传等活动，可给予创业活动补贴。

三、综合扶持政策

39. 取消户籍限制

农村户籍、异地户籍离校未就业高校毕业生，可凭本人居民身份证、毕业证、居住证（暂住证），在常住地公共就业服务机构办理失业登记，领取就业创业证，享受相关扶持政策。

40. 享受公共就业创业服务

公共就业人才服务机构为大学生提供免费的就业失业登记、职业指导、职业介绍、就业见习、人事档案管理等公共就业服务，以及项目选择、开业指导、投（融）资等公共创业服务。各地将符合当地住房保障条件的稳定就业创业的大学生纳入住房保障和住房公积金缴存范围，支持使用住房公积金贷款购房。

41. 就业创业指导教师队伍建设

建设职业化、专业化、专家化的就业创业指导工作队伍，建立相关专业教师、创新创业教育专职教师每 2 年至少 2 个月到行业企业挂职锻炼制度。高等学校、园区对作出贡献的导师，在工作量认定、职称评定、待遇报酬等方面给予激励，支持就业创业指导教师到机关、企事业单位实践，建立完善符合职业指导教师特点的职称评价标准，同等条件下优先评审职称。专职就业指导教师和专职工作人员，与应届毕业生的比例原则上不低于 1:500。鼓励机关、企事业单位相关人员兼任高校就业创业工作义务辅导员。

42. 学分管理

高校将就业创业课程列入必修课或必选课，纳入学分管理。建立创新创业档案和成绩单，实施弹性学制、保留学籍休学创新创业等具体措施，优先支持参与创新创业的学生转入相关专业学习。设置合理的创新创业学分，建立创新创业学分积累与转换制度，设立创新创业奖学金。